Forneck · Moderne und Bildung

121: Bildungs-definition (vgl. dazu S.124)
125: Moderne und Bildung
126: Problematisierung d. bgl. Bildung

Studien zur Philosophie und Theorie der Bildung
Band 19

Herausgegeben von
Otto Hansmann und Winfried Marotzki

Hermann J. Forneck

Moderne und Bildung

Modernitätstheoretische Studie
zur sozialwissenschaftlichen Reformulierung
allgemeiner Bildung

Deutscher Studien Verlag · Weinheim 1992

Über den Autor:
PD Dr. Hermann J. Forneck, Jg. 50, ist Erziehungswissenschaftler
an der Universität Zürich.

Die Deutsche Bibliothek – CIP-Einheitsaufnahme

Forneck, Hermann-Josef:
Moderne und Bildung : modernitätstheoretische Studie zur
sozialwissenschaftlichen Reformulierung allgemeiner Bildung /
Hermann J. Forneck. – Weinheim : Deutscher Studien Verlag, 1992
  (Studien zur Philosophie und Theorie der Bildung ; Bd. 19)
  ISBN 3-89271-328-6
NE: GT

Publiziert mit Unterstützung des Schweizerischen Nationalfonds
zur Förderung der wissenschaftlichen Forschung

Druck nach Typoskript

Alle Rechte, insbesondere das Recht der Vervielfältigung und Verbreitung sowie
der Übersetzung, vorbehalten. Kein Teil des Werkes darf in irgendeiner Form
(durch Photokopie, Mikrofilm oder ein anderes Verfahren) ohne schriftliche
Genehmigung des Verlages reproduziert oder unter Verwendung elektronischer
Systeme verarbeitet, vervielfältigt oder verbreitet werden.

© 1992 Deutscher Studien Verlag · Weinheim
Druck: Druck Partner Rübelmann, 6944 Hemsbach
Seriengestaltung des Umschlags: Atelier Warminski, 6470 Büdingen 8
Printed in Germany

ISBN 3 89271 328 6

Inhaltsverzeichnis

0. Einleitung — 9

I. Abschnitt: Rationalität und Subjekt — 26

1. Kapitel: Dialektik der Aufklärung — 32

    1. Exkurs: Bildung als Akt der Selbstbemächtigung — 40

2. Kapitel: 'Überschreitung' der Rationalität: die Postmoderne — 42

    1. Die Archäologie des Subjekts — 46
    1.1. Die Rationalitätsformen — 51
    1.1.1. Das Zeitalter des Mittelalters — 52
    1.1.2. Das Zeitalter der Klassik — 56
    1.1.3. Exkurs: Erziehung und Tableau — 59
    1.1.4. Das Zeitalter der Moderne — 61
    1.1.4.1. Die Trennung von Wesen und Erscheinung — 61
    1.1.4.2. Die Suche nach der Entwicklung und dem festen Grund: Historizität und Anthropologie — 64
    1.1.4.3. Selbstreflexion und Subjektivität — 67
    1.1.5. Exkurs: Bildung als Selbstwerdung — 69
    1.2. Sein, Endlichkeit und Unendlichkeit: Die Dekonstruktion des Subjekts — 70
    1.2.1. Exkurs: Bildung als Selbstverlust des Menschen — 84
    2. Der Verlust der grossen Sprachspiele — 84
    2.1. Exkurs: Bildung als paralogischer, fabulöser Zusammenhang — 90
    3. Der Verlust der Realität — 94
    3.1. Exkurs: Die Implosion der Pädagogik — 96

3. Kapitel: Die Aufhebung der Rationalität: zu sich selbst geläuterte Vernunft — 99

1. Dialektik von Mythos und Rationalität I — 102
2. Dialektik von Mythos und Rationalität II — 109
3. Dialektik von Mythos und Rationalität III — 113
4. Erweiterung des Rationalitätsverständnisses — 116
5. Rational gestiftete Sprachspiele und kommunikative Konstitution von Subjektivität und Objektivität — 121

II. Abschnitt: Moderne und Bildung — 125

4. Kapitel: Bildung als Selbsterschaffung des Menschen — 126

1. Die Archäologie der Subjektivität — 134
2. Hegels Theorie der Selbstkonstitution des Selbst — 136
3. Der Angelpunkt der Weltkonstitution: Die Selbsterschaffung des Individuums — 144
4. Der Widerspruch der identitätstheoretischen Bildungstheorie — 149

5. Kapitel: Die Transzendierung der Subjektzentrierung: Kommunikative Weltbezüge — 153

1. Die Rationalität der Weltbezüge — 163
2. Kommunikativer Weltbezug und die transmoderne Rationalität des Handelnden — 168
3. Diskurs und Reflexion — 171
4. Welt, Lebenswelt, System und Situation — 174

III. Abschnitt: Die kommunikative Konstitution des Subjekts — 183

6. Kapitel: Das Allgemeine der Bildung — 191

1. Der Bildungsdiskurs — 193
2. Bildungsdiskurs und Bildungsprozeß — 198
2.1. Das Spezifische des Bildungsdiskurses — 202
3. Der Bildungsprozeß — 210
3.1. Das Verhältnis von zweckrationalem und verständigungsorientiertem Handeln im Bildungsprozeß — 216
3.2. Freiheit und Gleichheit im Bildungsprozeß — 227
4. Die Rationalitätsdimensionen im Bildungsdiskurs — 232
4.1. Die Rationalitätsdimension des teleologischen Handelns im Bildungsprozeß — 237
4.2. Die Rationalitätsdimension des normenregulierten Handelns im Bildungsprozeß — 241
4.3. Die Rationalitätsdimension des dramaturgischen Handelns im Bildungsprozeß — 246
4.4. Die Rationalitätsdimension des kommunikativen Handelns im Bildungsprozeß — 247
4.5. Die Schichtung und Perspektivenverschränkungen im Bildungsprozeß — 252

7. Kapitel: Situation und Bildung: - die handlungstheoretische Bestimmung von Bildungssituationen — 267

1. Interaktionsstufen im normenorientierten Handeln — 274
2. Interaktionsstufen im teleologischen Handeln — 278
3. Interaktionsstufen im dramaturgischen Handeln — 285

8. Kapitel: Der gesellschaftliche Ort des Handelns:
Die zwischen Lebenswelt und System
angesiedelte Praxis   290

9. Kapitel: Schlußbetrachtung   294

10. Literaturverzeichnis   297

Einleitung

Die vorliegende Arbeit verdankt sich ursprünglich dem Versuch einer curricularen Bestimmung der Unterrichtsinhalte des Faches Informatik. Dabei ging es um die Frage: Was sollten Schüler einer allgemeinbildenden Schule an Wissen und Kenntnissen erwerben, an Fertigkeiten und Fähigkeiten angesichts dessen entwickeln, was als die 'neue technologische Revolution' bezeichnet wird.

Der Versuch, diese Frage zu beantworten, stieß sofort von zumindest zwei Seiten auf grundlegende Schwierigkeiten, nämlich bezüglich der quantitativen Entgrenzung von Information und der qualitativen Folgen dieses Vorgangs.

Einmal wurde sichtbar, daß die gegenwärtige Situation wissenschaftlicher Forschung und technischer Instrumentalisierung von Wirklichkeit umfassend ist: Diese Aneignung betrifft "die technisch-wissenschaftliche Aneignung der äußeren Natur, die Aneignung des menschlichen Körpers, bis hin zur weitgehenden pränatalen Verfügbarkeit und zur Technologie der Gene, das betrifft die informationelle Aneignung der Individuen und ihre fortgeschrittenen Manipulationsmöglichkeiten." (1) Die Informatisierung unserer Lebenswelten stellt also keine abgetrennte Sphäre gegenüber anderen Bereichen technologischer und nichttechnologischer Entwicklung dar. Der spezifische Charakter der Informationstechnologie besteht vielmehr darin, daß sie sich in unzähligen Facetten und filigran mit allen anderen Bereichen des wissenschaftlichen, gesellschaftlichen und kulturellen Lebens amalgamiert. Von ihm sind Bereiche wie Genforschung, Medizin, Physik ebenso durchdrungen wie die Geisteswissenschaften, um nur einige Beispiele aus dem Wissenschaftsbetrieb zu nehmen. Durch diesen besonderen Charakter der Informatisierung entzieht sich der auf den ersten Blick curricular noch leicht abgrenzbare Gegenstand Informatik einer Bestimmung, je mehr man ihn zu bestimmen sucht.

---

1. Piepmeier 1988, S. 147

Die Entgrenzung des Gegenstandes 'Informatik' hat mit der eigentümlichen Spezifität der neuen Technologien zu tun: Ihr Inhalt ist die Immaterialität von Information. Die Mikroelektronik ist lediglich die materielle Grundlage, auf der Information transportiert wird. Durch dieses neue Medium wird Informationsverarbeitung in einem bisher ungekannten Ausmaß realisierbar. Was aufgrund anthropologischer Begrenzungen des Menschen in der bisherigen kulturellen Entwicklungsgeschichte zwar existent war, aber an leicht bestimmbare Grenzen stieß, wird nun entgrenzt. Diese Grenzen werden durch die Mikroelektronik durchbrochen; die Möglichkeiten zur Informationsverarbeitung werden gleichsam grenzenlos.

Damit kommen wir zu der zweiten Schwierigkeit einer curricularen Bestimmung von Bildungsinhalten. Die Entgrenzung der Information ist nicht nur ein quantitatives, sondern auch ein qualitatives Problem. Vielfach wird die These von dem informationellen Zeitalter oder der informationellen Gesellschaft vertreten, was bedeutet, daß mit der informationstechnischen Entwicklung ein tiefgreifender kultureller Wandel eintreten werde. Zu der Schwierigkeit, wie sich der 'entgrenzte' Gegenstand Informatik fassen lasse, tritt so das Problem, daß sich auch die kulturelle und gesellschaftliche Praxis grundlegend wandelt, auf die hin Bildung vorbereiten soll. Die westlichen Industriegesellschaften scheinen sich in einem fundamentalen Modernisierungsprozeß zu befinden. Modernisierung wird als ein Prozeß verstanden, "durch den diese Entität »moderne Gesellschaft« ursprünglich geschaffen wurde und durch den sie weiterhin verbreitet wird." (2)

Begreift man diesen Wandlungsprozeß als einen Modernisierungsprozeß, dann wird die curriculare Bestimmung von Bildungsinhalten für das Unterrichtsfach Informatik (3) ihren theoretischen Hintergrund bei der Modernisierungstheorie suchen müssen. Pollak und Heid haben darauf hingewiesen, daß in letzter Zeit einige erziehungswissenschaftliche Beiträge mit modernisierungstheoretischen Fragestellungen erschienen sind.

---

2. Berger, P.L., Berger, B. 1975, S. 13
3. Wir wollen hier davon absehen, daß man diesen Unterricht auch fächerübergreifend realisieren könnte.

(4) Im Anschluß an diesen Hinweis halten die Autoren fest, daß solche modernisierungstheoretische Fragestellungen für forschungspraktische Unternehmungen äußerst fruchtbar sein können, aber unzureichend sind angesichts "der 'theoretisch' viel weiter ausgreifenderen Perspektiven, unter denen die 'Moderne' im 'postmodernen' Diskurs thematisiert, problematisiert und vor allem kritisiert wird." (5)
In Bezug auf die curricurale Bestimmung von Bildungsinhalten im 'Informationszeitalter' heißt dies, daß die grundlegende Wandlung, die sich durch die mikroelektronische Entwicklung abzeichnet, die Moderne selbst und damit die Grundlage, auf der Modernisierungstheorien basieren, zur Disposition stellt. Wenn die Moderne durch die mit der Informationstechnologie einhergehenden grundlegenden gesellschaftlichen Veränderungen selbst aufgelöst wird, dann ist es evident, daß ein kategorialer Rahmen, der sich der Moderne verdankt, diesen Phänomenen nicht mehr gerecht zu werden vermag. Zugleich würde eine solche tiefgreifende Veränderung auch die hier implizit vorausgesetzte Theorie der Bildung tangieren, denn diese ist mit der Moderne und ihrer Vorstellung von Mündigkeit aufs engste verbunden. Die Bildungstheorie stellt dabei einen grundlegenden kategorialen Rahmen für den Umgang der älteren mit der jüngeren Generation bereit: "Im Bildungsbegriff", so bemerkt Tenorth zu Recht, "wird offenkundig mehr als nur soziale Distinktion oder politische Kontroverse aufbewahrt. ..., er erscheint für systematische Diskussionen dann unentbehrlich, wenn nicht allein die partikularen Ansprüche der Fachqualifizierung, sondern universalisierbare oder mit dem Anspruch auf allgemeine Geltung auftretende Erwartungen an das Bildungswesen behandelt werden." (6)

Die indessen unüberhörbare Rede von der Postmoderne macht deutlich, daß ein solcher paradigmatischer Wandlungsprozeß sich schon einige Zeit andeutet. So thematisiert Koslowski bereits 1952 die gesellschaftlichen Konsequenzen der technischen Entwicklung und prognostiziert den Übergang in eine postmoderne Gesellschaft. Inzwischen sind eine Reihe

---

4. Pollak, Heid 1989, S. 3 - 4; sh. Treml 1987, Fend 1988, Tenorth 1988
5. Pollak, Heid 1989, S. 4
6. Tenorth 1986, S. 9

von Befunden hinzugekommen, die das Ende der Moderne konstatieren. So propagiert z.B. Hassan den Zusammenhang von Informationstechnologie und einer postmodernen Gesellschaft, in der die kulturellen Heilserwartungen eingelöst werden. (7) Jameson, ein amerikanischer, vergleichender Literaturwissenschaftler, begreift die Postmoderne als den Reflex technologischer Veränderungen.

In dem hier zu behandelnden bildungstheoretischen Zusammenhang ist die Arbeit über die »condition postmoderne« von Lyotard entscheidend. Lyotard diagnostiziert unter einer erkenntnistheoretischen Perspektive die Unmöglichkeit, im informationstechnischen Zeitalter eine einheitliche, handlungsleitende Lebens und Weltanschauung herauszubilden. Träfe diese postmoderne Analyse zu, so wäre damit Bildung im modernen Sinne, verstanden als der Versuch, einen individuellen einheitlichen Lebenssinn zu realisieren, nicht mehr möglich. Denn die moderne Ausprägung dieser Bildungskonzeption basiert u.a. auf der Vorstellung, daß ein einsames, selbstreflexives Subjekt sich in der Auseinandersetzung mit der gesellschaftlichen und kulturellen Wirklichkeit eine solche einheitliche Lebensanschauung und Weltsicht erarbeitet, die dann handlungsrelevant wird.

Angesichts dieser möglichen epochalen Veränderungen, die auch die Grundlagen der Bildungstheorie und damit den Versuch der curricularen Bestimmung von Bildungsinhalten für das Unterrichtsfach 'Informatik' tangieren, kommen wir also zu einem ersten Resultat: Wer heute Bildungstheorie zu legitimieren sucht, der wird eine solche stringente Begründung nicht mehr so ohne weiteres herleiten können. Der letzte, große bildungstheoretische Begründungsversuch Heydorns, der sich auf die Selbstbestimmung qua Selbstbewußtsein berief und die Rechte des Individuums einklagte, gerät heute unter das postmoderne Diktum, mit seiner Option für eine rationale Auseinandersetzung mit der Welt doch nur ein Moment moderner Herrschaft zu sein. Der Postmodernismus hat insbesondere die reflexionsphilosophische Fundierung der Moderne ins Wanken gebracht und mit ihr eine Bildungstheorie, die an diese Reflexionsphilosophie anknüpft. Nun kann die Bildungstheorie außerhalb

---

7. Hassan 1988, S. 362 - 363

der Basis, der sie sich verdankt, keinen Legitimationsgrund finden. Die Moderne selbst ist ihre Legitimation: "Der dem kritisch-rationalen Verfahren, deren sich die Wissenschaft beim Zustandekommen ihres Aussagesystems bedient, zugrunde liegende Begriff der Rationalität ist zugleich Kriterium für gelungene oder mißglückte Erziehung." (8) Damit läßt sich eine erste zentrale Aufgabe der vorliegenden Untersuchung positiv angeben:
Bildungstheorie muß angesichts der Krise der Moderne durch diese hindurch sich begründen. Dieser Gedanke wird hier als Programm verfolgt. Es soll im Durchgang durch die Kritik der Moderne deren Legitimität aufgesucht und formuliert werden, um an der Identifizierung und Bestimmung rationaler Weltbezüge Bildungstheorie zu konstituieren. Der Focus der Fragestellung liegt somit nicht auf Modernisierungsprozessen, sondern auf der Legitimierbarkeit von Bildung in der Moderne. Es handelt sich bei dieser Arbeit um eine modernitätstheoretische Studie.
Eine solche Zielsetzung enthält eine entscheidende Implikation. Angesichts der Krise der Moderne, könnte es angezeigt sein, in erziehungswissenschaftlicher Theoriebildung das anzuerkennen, was seit der Romantik von der Pädagogik immer gefordert wird: Ihre "Rationalität müsse begrenzt sein, sie sei ihrem Gegenstand zuliebe gezwungen, von wissenschaftlich nicht weiter auflösbaren Entscheidungen und Wertungen auszugehen, sei genötigt, diese in ihrem Verfahren wie in ihren Sätzen ins Spiel zu bringen. Infolgedessen sei nur eine sich selbst beschränkende Rationalität in der Lage, die Erziehungsphänomene der wissenschaftlichen Analyse zugänglich zu machen." (9) Ein solches idealistisches Wissenschaftsverständnis trifft sich mit dem Affekt des Praktikers gegen den Theoretiker, der latent die deutschsprachige Pädagogik seit der Romantik auszeichnet.
Neben der Gefahr der Idealisierung liegt eine weitere darin, daß bildungstheoretische Untersuchungen ihr Rationalitätsverständnis so einschränken, daß vorab der "in Frage stehende Prozeß als ein quasi natürlicher Prozeß angesehen ...", der Gegenstand also naturalisiert wird. (10)

---

8. Mollenhauer 1969, S. 67
9. Mollenhauer 1969, S. 56 - 57
10. Groothoff 1988, S. 32

Mit der Naturalisierung des Gegenstandes werden diesem vorab jeder wissenschaftlichen Beschäftigung mit ihm bestimmte Qualitäten zugeschrieben: er ist Bildungs*geschehen*.
Hier wird ein anderer Weg beschritten. Der unbestreitbar normativen Dimension des Gegenstandes wird nicht dadurch begegnet, daß dieser in rational zugängliche und nicht rational zugängliche Bestandteile auseinandergerissen wird, was seine vorgängige Bestimmung notwendig machen würde. Stattdessen wird das moderne Rationalitätsverständnis, auf dem Bildungstheorie basiert, kritisch hinterfragt und erweitert. Indem das erweiterte Rationalitätsverständnis auf einer streng universalpragmatischen (quasi transzendentalen) Ebene bestimmt wird, kann eine Naturalisierung unseres Gegenstandes vermieden werden.

Auf der Basis eines derart erweiterten Rationalitätsverständnisses wird ein Bildungsbegriff expliziert, den wir als transmodernes Bildungsverständnis bezeichnen. Damit wird der Problem- und Begründungshorizont dieser Untersuchung angebbar:
Ausgangspunkt der Analyse ist die postmoderne Kritik an jedwedem Einheitsgedanken, welcher für die Moderne gerade kennzeichnend ist. Bildung stellt einen solchen Einheitsgedanken dar.
Der Begriff der Moderne wird heute zumeist als absoluter Begriff aufgefaßt, d.h. "er setzt zu seiner Bestimmung keinen anderen Begriff mehr voraus ...". (11) Die Moderne als ein in sich abgeschlossenes Zeitalter stellt den Vorbildcharakter der Tradition unter den Vorbehalt kritischer Prüfung. Träger dieser andauernd zu leistenden Kritik ist das Subjekt, jenes eigenartige Gebilde, das Hegel als das sich selbst wissende Bewußtsein bestimmt. Diesem Subjekt wird in der Moderne ein zentraler Stellenwert eingeräumt: "Dessen Kritik soll die Möglichkeiten einer fiktiven Totalität freilegen und befördern." (12) Die Möglichkeit positiver Entwürfe verläuft in der Moderne über die kritische Reflexion des selbstreflexiven Subjekts. Die Vorstellung von Bildung gehört nun aus mindestens zwei Gründen der Moderne an: Einmal sollen aus dem Bildungsprozeß Subjekte hervorgehen. Zum anderen ist mit der Vor-

---

11. Zimmerli 1988, S. 15
12. Frese 1985, S. 119

stellung einer Allgemeinbildung die Möglichkeit positiver, sinnstiftender Lebensentwürfe impliziert, welche Leistungen dieses Subjekts sind.

Wenn ein zentrales Ergebnis der postmodernen Analyse der Moderne, daß sich das Allgemeine nicht mehr widerspruchsfrei denken läßt, zutreffend ist, dann entfällt damit auch die Möglichkeit von Allgemeinbildung. Dies macht auf einen entscheidenden Sachverhalt aufmerksam. Bildungstheorie und Bildungspraxis halten an einem Einheitsgedanken fest, der durch die grundlegenden erkenntnistheoretischen Untersuchungen zumindest auf der subjektphilosophischen Grundlage der Moderne als nicht legitimierbar nachgewiesen worden ist. Angesichts der Gefährdung einer individuell verantwortbaren Existenz in einer technologisierten Lebenswelt wird Bildung, die zu dieser Verantwortung befähigen soll, einerseits immer dringlicher, andererseits soll sie prinzipiell unmöglich sein.
Diese Paradoxie verdankt sich einer erkenntnistheoretischen Entwicklung des 20. Jahrhunderts, die der Bildungstheorie ihre eigenen Grundlagen entzieht, ohne daß bisher bildungstheoretische Untersuchungen vorlägen, die diese Entwicklung angemessen verarbeiten würden. Gemeint ist eine wissenschaftstheoretische Entwicklung, die als 'linguistic turn' bezeichnet wird und die einen Paradigmenwechsel von der Subjektphilosophie zur Sprachanalyse darstellt. Die postmoderne Kritik an der Moderne ist auf dieser sprachanalytischen Grundlage formuliert.

Bewußtsein wird in dem neuen Paradigma durch Sprache ersetzt. "Dieser Paradigmenwechsel hat zur Folge, daß nicht mehr das epistemologische Subjekt und die privaten Inhalte seines Bewußtseins, sondern die öffentlichen, signifikanten Tätigkeiten einer Gruppe von Subjekten im Mittelpunkt stehen." (13) Es finden nun Kategorien wie »Vorstellung, Wahrnehmung, Begriff« ihre Ersetzung durch »Signifikant, Signifikat, Interpret«. Nicht mehr das Subjekt ist das Unhintergehbare, sondern die Struktur der Sprache. Die 'Repräsentation', also der Vorgang der Rückführung eines Zeichens auf seine Bedeutung, gilt in diesem Paradigma "als metaphysisches (...) Verfahren, denn es negiert das Vorhandene

---

13. Benhabib 1986, S. 109

zugunsten einer Ebene, die dahinter oder darunter liegt, ist also Pessimismus, Nihilismus im Sinne von Nietzsches Kritik einer »Philosophie der Wünschbarkeit«." (14) Der 'linguistic turn' ist eine erkenntnistheoretische Entwicklung, welche das Paradigma des Bewußtseins in das des Zeichens überführt: "Transzendentalphilosophie geht über oder geht auf in Semiologie, d.h. in Zeichentheorie." (15) Es ist vor allem Wittgenstein, der das mit der Subjektphilosophie implizierte Repräsentationsmodell der Sprache widerlegt hat. Das Modell unterstellt, Sprechen sei die Abbildung von Gedanken oder Vorstellungen durch Wörter. Dies gilt auch für das Selbstbewußtsein, das als Bewußtsein von einem Selbst, also von intentionalen Erlebnissen, konzipiert ist. Wittgenstein macht nun deutlich, daß die Bedeutung eines Wortes nicht in der Entsprechung zu einem Gedanken oder einer Wahrnehmung besteht, sondern sich in der 'Regel seines Gebrauchs' expliziert. Damit ist der Grund von Aussagen des Subjekts in die Sprache verlegt, womit die Möglichkeit eines transzendentalen Selbstbewußtseins verneint wird. Bewußtsein ist nämlich immer nur von einem wie auch immer bestimmten Sachverhalt, nie von einem isolierten Selbst möglich. Der Sachverhalt wiederum ist ausschließlich in einer dem Menschen immer schon vorgelagerten sprachlichen Struktur zu denken. Damit wird das Subjekt durch die Sprachstruktur, in die es sich verstrickt, ersetzt. Es hat prinzipiell keine Möglichkeit, hinter sein 'In-Strukturen-Sein' zu kommen (Derrida).
Durch den sprachanalytisch fundierten erkenntnistheoretischen Paradigmenwechsel, der hier angedeutet ist, verändert sich für die postmoderne Philosophie die Identität des epistemologischen Subjekts in mehrfacher Hinsicht. Das epistemologische Subjekt wird nicht mehr als einsames, unabhängiges Ich gedacht, sondern als eine Gruppe von Sprachbenutzern, denen eine sprachliche Struktur immer vorgelagert ist. Gleichzeitig sind

---

14. Bürger, C. 1987, S. 130 Sh. dazu die sprach bzw. kommunikationsanalytische Auflösung des Subjekts in Lyotard 1987, S. 111 - 117. Lyotard kommt dort zu dem Ergebnis: "Das Subjekt ist ... in einem Regelsystem von Sätzen befangen / sich selbst mit einem Satz eines anderen Regelsystem konfrontiert und, wenn nicht nach den Regeln ihrer Versöhnung, so doch wenigstens nach den Regeln ihres Konflikts sucht, das heißt nach seiner immer bedrohten Einheit." (Lyotard 1987, S. 116)
15. Frank, M. 1984, S. 282

die Sprachbenutzer nicht in der Lage, einen einheitlichen Diskurs zu legitimieren, weil hinter die Sprachstrukturen selbst nicht mehr zurückgefragt werden kann und daher keine für alle Diskurse verbindliche Metaregeln existieren. Damit gibt es auch kein Subjekt mehr, denn ein solches kann sich nur dann als Identität setzen, wenn es, sprachanalytisch formuliert, die Möglichkeit eines Metadiskurses gibt.

In einer postmodernen oder auch neostrukturalistischen Position, die auf diesem Pradigmenwechsel basiert, lösen sich das Subjekt sowie die Möglichkeit eines Allgemeinen, das die Leistung dieses Subjektes ist, 'wie eine Spinne im strukturalen Netz auf' (Frank). Folglich müßte die Vorstellung einer Allgemeinen Bildung aufgegeben werden.

In der vorliegenden Untersuchung wird als Postmoderne vorläufig jene erkenntnistheoretische Position verstanden, die die Subjektphilosophie der Moderne auf der Grundlage eines sprachanalytischen Paradigmenwechsels ablehnt. (16)

Dabei liegt der Focus aus bildungstheoretischen Gründen auf der epistemologischen Kritik der Postmoderne an der Moderne. Im Gegensatz zu der Auffassung von Welsch, der mit dem Begriff der Postmoderne einen in den unterschiedlichsten kulturellen Wertsphären einheitlich konturierten Gegenstand unterstellt, handelt es sich bei der Postmoderne nach der hier vertretenen Ansicht um sehr unterschiedliche Phänomene. Wissenssoziologisch betrachtet ergibt die Bezeichnung Postmoderne, welche Habermas in die deutschsprachige sozialwissenschaftliche Diskussion eingeführt hat, indessen einen Sinn: "Habermas hat dazu angeregt, Postmoderne als allgemeines Phänomen im geistigen Leben der Gegenwart zu sehen und dementsprechend auch außerhalb von Architektur, Literatur und Philosophie postmoderne Tendenzen zu identifizieren." (17) Als gemeinsamer Nenner des postmodernen Zeitgeistes lassen sich die Absage an den 'Fortschrittsglauben' der Moderne und die Hinwendung zum Ekklektizismus festhalten.

---

16. Welsch definiert die Postmoderne positiv, ohne damit aber systematisch etwas zu gewinnen, weil die Definition ebenso für die Moderne gelten könnte. "»Postmoderne« bezeichnet in meinem Verständnis dann diejenige Geisteshaltung und Praxis von Pluralität, die nicht mehr vereinigungs oder konkordanzversessen, sondern kollisions und irritationsbereit ist." (Welsch 1988, S. 37)
17. Nonne 1985, S. 35

Die philosophische Postmoderne, die in dieser Untersuchung ausschließlich thematisiert wird, beschäftigt sich vornehmlich mit der Kritik des modernen Epistemes, hat also keine eigentlich postmoderne Erkenntnistheorie entwickelt. Sie basiert auf strukturalistischen Grundlagen, ohne mit dem Post bzw. Neostrukturalismus identisch zu sein: Deshalb "ist die vorschnelle Gleichsetzung von Postmoderne mit Poststrukturalismus grundsätzlich abzulehnen. Nicht nur in Frankreich, sondern auch in den Vereinigten Staaten bietet der Poststrukturalismus vornehmlich eine Theorie der Moderne, nicht der Postmoderne, die damit freilich noch einmal um eine Spur undefinierbarer wird." (18)

Die Ablehnung des modernen Epistemes ist historisch nicht neu. Neu hingegen ist, daß die grundlegende epistemische Kritik mit gesellschaftlichen Entwicklungen zu koinzidieren scheint: "Das Bewußtsein besonderer Grundsätzlichkeit rührt daher, daß die philosophischen Behauptungen sich zusammenzufügen scheinen mit der Evidenz historischer Realität und mit der Evidenz lebensweltlicher Erfahrbarkeit." (19) Die Bedeutung der postmodernen Kritik kann in einer systematischen Untersuchung nicht ausschließlich durch deren Übereinstimmung mit gesellschaftlichen und kulturellen Erscheinungen legitimiert werden (wenn es überhaupt Übereinstimmungen zwischen Phänomenen und epistemologischen Konstruktionen geben kann). Was aber die Kritik an der erkenntnistheoretischen Grundlage der Moderne wesentlich macht, ist ihr systematischer Gehalt im Zusammenhang mit der in dieser Untersuchung verfolgten Fragestellung. Wenn es um eine Auseinandersetzung mit der subjektphilosophischen Grundlage der Bildungstheorie geht, so muß auch der systematische Gehalt der postmodernen Kritik jeweils aus dieser Perspektive bestimmt werden. Es wird sich dabei erweisen, daß sich die postmoderne erkenntniskritische Analyse der Subjektphilosophie auf drei wesentliche Einwände reduzieren läßt. Die gewählte Focusierung läßt deutlich werden, daß die postmoderne Kritik die zentralen bildungstheoretischen Begriffe tangiert.

---

18. Huyssen 1986 a, S. 39 40
19. Piepmeier 1988, S. 127

Mit der letzten Bemerkung sind wir bei der Komposition dieser Untersuchung angelangt. Sie beginnt mit einer bildungstheoretischen Auseinandersetzung der Kritik am modernen Episteme. Eine im 19. Jahrhundert entstandene Linie der Kritik, die von Nietzsche über Heidegger zu Adorno und Horkheimer reicht, ist von besonderer Bedeutung. In dieser Tradition wird der Versuch unternommen, den Zusammenhang zwischen Rationalität und Macht nachzuweisen. Moderne Rationalität reduziert demnach die Phänomene auf das, was verfügbar ist, um die Erscheinungen zu beherrschen. Diese kritische Tradition hat ihren vorläufig letzten Höhepunkt in der 'Dialektik der Aufklärung' von Horkheimer und Adorno gefunden: "Die Schrift umriß auf den ersten Blick eine einzige ... Idee, nämlich die Idee einer von der Urgeschichte der Subjektivität her fast gradlinig verlaufenden Selbstzerstörung der okzidentalen Zivilisation insgesamt." (20) Indem nämlich der Heterogenität des Materials die Homogenität des begrifflichen, auf Identität ausgerichteten Denkens übergestülpt würde, richte sich die Moderne selbst zugrunde. Bildung wäre in dieser Tradition dazu verdammt, trotz ihrer Zielsetzung, der Ermöglichung einer selbstbestimmten Existenz, doch immer nur zu einem Moment von Herrschaft zu werden. Auf diese Kritik soll im ersten Kapitel eingegangen werden.

Im zweiten Kapitel wird eine bildungstheoretische Analyse des sich philosophisch und zugleich sozialwissenschaftlich verstehenden Postmodernismus durchgeführt. Dieser setzt eine weitere modernitätskritische Tradition fort, die auf einem sprachanalytischen Paradigmenwechsel beruht.
Zunächst wird die Foucaultsche Kritik an dem modernen Episteme aufgegriffen. Foucault wird also nicht als der Theoretiker vorgestellt, der den Zusammenhang von Rationalität und Macht thematisiert. Hier, in einem bildungstheoretischen Zusammenhang, interessiert seine 'archäologische' Kritik an dem Subjektmodell der Moderne. In der breit angelegten Untersuchung über die erkenntnistheoretischen Paradigmen des Abendlandes gelangt Foucault zu dem Resultat, daß das Subjekt, das allererst durch die

---

20. Kunneman, de Vries 1989, S. 9

Moderne hervorgebracht wird, in sich notwendig widersprüchlich konzipiert sein muß. Es gibt danach nur eine Möglichkeit, um aus diesem Widerspruch der modernen Subjektvorstellung herauszufinden, nämlich die der Verabschiedung des Subjekts. Es ist unmittelbar evident, daß dieser Schluß Bildungstheorie tangiert, ist der Bildungsprozeß doch jener Vorgang, in dem sich das Subjekt selbst hervorbringt.

Eine zweite Dimension postmoderner Kritik, die für Bildungstheorie zentral ist, stammt von Lyotard, der als der eigentlich philosophische Vertreter der Postmoderne gilt. Seine Untersuchung über das postmoderne Wissen thematisiert die Möglichkeit von Wissensformen in einer informationellen Gesellschaft. Die so formulierte Problemstellung verdeckt allerdings den erkenntnistheoretischen Stellenwert der Arbeit. Denn es geht Lyotard um eine erkenntnistheoretische Bestimmung der Möglichkeit eines einheitlichen Diskurses. Diese Fragestellung hat auch für Bildungstheorie Bedeutung. Das Konzept eines Bildungskanons beruht auf der Vorstellung, daß die Auseinandersetzung von Individuen zu einer einheitlichen Lebensperspektive verarbeitet werden kann, daß also die Hervorbringung des einheitlichen Diskurses prinzipiell möglich ist. Genau diese Möglichkeit negiert Lyotard. Diskurse, in der sprachanalytisch-strukturalistischen Diktion Lyotards 'Sprachspiele' genannt, sind prinzipiell nicht aufeinander beziehbar, weil sich die Möglichkeit einer 'großen Erzählung', also eines Metadiskurses, der alle anderen Diskurse umfaßt, als aus grundsätzlichen Erwägungen nicht realisierbar erwiesen hat. Die postmoderne Kritik verabschiedet also nicht nur das einheitsstiftende Subjekt, sondern auch die Möglichkeit der Einheit von Diskursen selbst. Einen legitimierbaren Bildungskanon kann es nach Lyotard nicht mehr geben.

Die Kritik am modernen erkenntnistheoretischen Modell wird von Baudrillard nochmals überboten. Er geht davon aus, daß die kulturelle Entwicklungslogik auf eine zunehmende Differenzierung hinauslaufe. In diesem Prozeß der Ausdifferenzierung werde aber eine Dialektik sichtbar, welche die ungebremste Steigerung von Differenzen letztlich gleichgültig werden lasse. Der Differenzierungsprozeß der Moderne mündet nach Baudrillard in einen Zustand der absoluten Indifferenz, in dem die ehe-

mals konstitutive Differenz von Realität und von Abbildung dieser Realität aufgehoben wird.
Das aber hat die 'Verwandlung der Subjekte in Objekte' (21) zur Folge. Exakt dieser erkenntnistheoretische Hintergrund der Argumentation Baudrillards ist es, der uns in einem bildungstheoretischen Zusammenhang interessiert. Die Moderne nämlich verankert das Subjekt in einer realen, wissenschaftlich fixierten Weltordnung, in der Modell und Realität, Schein und Wesen, Objektivität und Subjektivität konstitutive Bedingungen der Subjektwerdung sind. Die Selbsterschaffung des Subjekts soll sich im Prozeß der Aneignung dieser realen Weltordnung qua Bildung vollziehen, in dem sich das Individuum an der Differenz von Schein und Wesen abarbeitet. Zugleich soll sich in diesem Bildungsprozeß Lebenssinn konstituieren. Die Kritik Baudrillards überbietet die Positionen Foucaults und Lyotards insofern, als sie das ganze Verhältnis von Subjektivität und Objektivität 'implodieren' läßt. Bildung läßt sich aus der Perspektive Baudrillards gar nicht mehr denken.
Vier unterschiedliche Argumentationsstränge der Kritik an der Moderne sind folglich unter einer bildungstheoretischen Perspektive relevant:

1. Ist Rationalität prinzipiell mit Herrschaft verbunden, oder läßt sich ein Verständnis von Rationalität gewinnen, das sich nicht gegen den Menschen verkehrt?
2. Ist die moderne und bildungstheoretisch entscheidende Vorstellung des erkennenden und dadurch die Welt zentrierenden Subjekts haltbar?
3. Sind übergreifende Entwicklungsaspekte noch zu gewinnen, die Kriterien für einen Bildungskanon abgeben können?
4. Gibt es überhaupt noch Spannungsverhältnisse bzw. produktive Differenzen zwischen Subjekt und Realität, an denen sich Bildungsprozesse in Gang setzen lassen?

Aus der bisher übersichtsartig dargestellten Argumentation mag deutlich geworden sein, daß hier weder einer modischen Übernahme postmoderner Positionen noch einer vorschnellen Zurückweisung ernsthafter

---

21. sh. Sander 1986, S. 143

postmoderner Auseinandersetzung mit den bewußtseinsphilosophischen Grundlagen der Moderne und damit der Bildungstheorie das Wort geredet wird. Es muß also im dritten Kapitel darum gehen, die aufgeworfenen Fragestellungen soweit zu untersuchen, daß zumindest deutlich wird, welche Berechtigung ihnen zugebilligt werden kann. (22)
Der von Horkheimer und Adorno behauptete prinzipielle Zusammenhang von Rationalität und Herrschaft wird abgewiesen, weil er systematische und empirische Geltung nicht ausreichend differenziert.
Die Untersuchung der Position Baudrillards führt ebenfalls zu einer Ablehnung. Die These von der Entstehung von Indifferenz durch die unendliche Zunahme von Differenzen ist nur unter einer strukturalistischen Perspektive plausibel, in der das schon vorausgesetzt wird, was erst bewiesen werden soll, nämlich daß die zunehmend entstehenden Differenzen gleich gültig und damit gleichgültig sind. Diese Unterstellung aber läßt sich nur unter Absehung der Bedeutungsunterschiede vornehmen, welche Differenzierungen lebenspraktisch für Menschen haben.
Foucaults kritische Untersuchung der Verdoppelung des erkennenden Subjekts wird hier anerkannt, ohne zugleich seine Aussagen über die Humanwissenschaften anzunehmen. Auf einer subjektphilosophischen Grundlage ist auf einer transzendentalen Ebene keine widerspruchsfreie Bestimmung des erkennenden Subjekts möglich.
Der von Foucault (23) nachgewiesenen widersprüchlichen Verdoppelung des Subjekts im bewußtseinphilosophischen Episteme soll in dieser Arbeit durch das Verständigungsparadigma entgangen werden. In diesem ist jene "transzendental-empirische Verdoppelung des Selbstbezugs ... nur solange unausweichlich, wie es keine Alternative zu dieser Beobachterperspektive gibt: nur dann muss sich das Subjekt als das beherrschende Gegenüber zur Welt im ganzen betrachten ..." (24) Die Überwindung des Widerspruchs von empirischem und transzendentalem Subjekt ist in der Universalpragmatik, so wird zu zeigen sein, das Werk einer kommunika-

---

22. Das können in dieser Übersicht allerdings lediglich Hinweise auf eine in den einzelnen Kapiteln ausdifferenzierte Analyse sein.
23. Natürlich ist Foucault nicht der einzige, der diese Kritik vertritt. Er ist aber derjenige, der dies zugleich mit einer grundlegenden Kritik am modernen Episteme selbst verbunden hat.
24. Habermas 1986 b, S. 347

tiven Praxis sich verständigender Subjekte. Mit dem Verständigungsparadigma wird zugleich der erkenntnistheoretische 'linguistic turn' übernommen.
Auf einer sprachanalytischen Grundlage jedoch, so die Analyse Lyotards, sei kein umfassender Diskurs und damit keine Allgemeinbildung mehr möglich. Nun steht aber mit der transzendentalkritischen Theorie des Kommunikativen Handelns, die dieses Verständigungsparadigma enthält, der Diskursbegriff zur Verfügung, der diskursives Wissen und alltägliche Praxis in einem unlösbaren Zusammenhang faßt. Damit wird die sprachanalytisch gefaßte Kontextabhängigkeit von Sprachspielen an den Wahrheitsbegriff zurückgebunden, womit die Lyotardsche Kritik hinfällig wird.
Nach dem Versuch, im vierten Kapitel die wesentlichen klassischen bildungstheoretischen Begriffe aufzunehmen, ist der weitere Gang der Untersuchung vorgezeichnet: Das Paradigma der identitätstheoretischen Subjektkonstitution wird überwunden, indem eine Neukonzeptionierung der Bildungstheorie auf einer anderen epistemischen Grundlage vorgenommen wird.

Im fünften Kapitel wird das Verständigungsparadigma in der Habermasschen Form übernommen. (25) Der Rückgriff auf die Theorie des kommunikativen Handelns liegt deshalb nahe, weil mit ihr die am weitesten entwickelte Theorie auf diesem Gebiet vorliegen dürfte.
Im Anschluß an die Habermassche Theorie erfolgt im sechsten Kapitel eine sozialwissenschaftliche Reformulierung von Bildungstheorie und der im vierten Kapitel aufgenommenen zentralen bildungstheoretischen Begriffe auf der epistemologischen Grundlage des Verständigungsparadigmas. Im ersten Teil wird zunächst der Versuch unternommen, die durch die Auseinandersetzung mit der Lyotardschen Verabschiedung der 'großen Erzählung' gewonnene Problemsicht zu einer Bestimmung des Allgemeinen der Bildung nutzbar zu machen. In einem zweiten Schritt soll das für das moderne Episteme entscheidende Thema von zweckratio-

---

25. Dies geschieht allerdings unter der im vierten Kapitel aufgenommenen Perspektive und den dort rekonstruierten zentralen bildungstheoretischen Begriffen.

nalem und verständigungsorientiertem Handeln im Bildungsdiskurs untersucht werden. Bei diesen beiden Fragestellungen geht es um eine universalpragmatische Bestimmung des Bildungsdiskurses. Ein weiterer Gegenstand der Betrachtung ist das Verhältnis von Freiheit und Gleichheit im Bildungsgeschehen.

Im vierten Teil des sechsten Kapitels gilt es dann die vier Rationalitätsdimensionen des Bildungsprozesses zu analysieren: Der Bildungsprozeß wird dabei als ein Geschehen verstanden, in welchem in die kulturell etablierten Rationalitätsdimensionen des teleologischen, normativen, dramaturgischen und kommunikativen Handelns einführt wird. Im kommunikativen Handeln ändert sich das Subjekt von Bildung, womit die bildungstheoretische Konsequenz aus der erkenntnistheoretisch angestrebten Überwindung der Subjektphilosophie gezogen wird. Nun stehen teleologisches, normatives und dramaturgisches Handeln logisch in einer anderen Beziehung zueinander als diese drei Handlungsdimensionen zum kommunikativen (resp. diskursiven) Handeln. Wenn der Bildungsprozeß zur Teilhabe an diskursiven Verständigungsprozessen befähigen soll und wenn diese sich durch besondere Reflexivität auszeichnen, dann muß es eine Entwicklungslogik des Bildungsprozesses geben. Diese wird als die Schichtung des Bildungsprozesses bezeichnet.

In jeder Dimension (Schicht) des Bildungsprozesses ergibt sich ebenfalls eine Entwicklungslogik, die über drei Stufen, die des impliziten, des expliziten und des explizit-reflexiven Weltbezugs verläuft.

Nun läßt sich die Gesamtheit möglicher Weltbezüge über die Differenzierung in eine teleogische, normative und subjektive Dimension in Bereiche z.B. in einen mathematischen, soziologischen, physikalischen u.a. Weltbezug unterteilen. In der hier vorliegenden Untersuchung wurden zwölf grundlegende Bereiche unterschieden, wobei jeweils drei Bereiche einer Gruppe zugeordnet werden können.

Im siebten Kapitel geht es darum, die bisher erfolgte Bestimmung des Bildungsprozesses auf einer interaktionellen Ebene zu konzeptionalisieren. Für teleologisches, normenorientiertes und dramaturgisches Handeln werden der Schichtung des Bildungsprozesses korrespondierend Interaktionsstufen bestimmt. Zugleich wird mit den Interaktionsstufen ein sozialwissenschaftlich gehaltvoller Situationsbegriff eingeführt, der bereits zum letzten Kapitel dieser Untersuchung überleitet.

In diesem wird eine unter bildungstheoretischer Perspektive entscheidende Differenzierung eingeführt. Habermas unterscheidet zwei grundlegende gesellschaftliche 'Orte' des Handelns: Lebenswelt und System. Diese zugleich aus erkenntnis-, evolutions-, als auch aus gesellschaftstheoretischen Interessen eingeführte Unterscheidung ist aus bildungstheoretischen Gründen nicht annehmbar. Unter einer bildungstheoretischen Perspektive wird der Begriff der 'Praxis' eingeführt, der aus einer sozialwissenschaftlichen Perspektive zwischen den Begriffen Lebenswelt und System angesiedelt ist.

I. Abschnitt: Rationalität und Subjekt

In der Einleitung zur 'Phänomenologie des Geistes' nimmt Hegel die alltägliche Vorstellung auf, die meint, ehe man sich an das Erkennen begeben könne, müsse man sich über das Erkennen verständigen. Dies scheine dem alltäglichen Bewußtsein vor allem deshalb, da es ja unterschiedene 'Arten der Erkenntnis' gebe und somit die Möglichkeit bestehe, daß die eine eben angemessener sein könne als die andere. Die 'falsche' 'Wahl' einer Erkenntnisart könne somit das ganze Unterfangen der Erkenntnis scheitern lassen. Wenn man sich, so Hegel, einmal auf den alltäglichen Gedanken einlasse, verstärke sich der Zweifel und die Unsicherheit am Ausgangspunkt des alltäglichen Erkennens. Denn immerhin sei ja die angewandte Methode ein Erkenntniswerkzeug und "so fällt zugleich auf, daß die Anwendung eines Werkzeugs auf eine Sache sie vielmehr nicht läßt, wie sie für sich ist, sondern eine Formierung und Veränderung mit ihr vornimmt." (1)
Die Unsicherheit bezüglich der adäquaten Erkenntnismethode bleibe auch dann bestehen, wenn wir uns die Erkenntnis als ein passives Medium vorstellten, durch das hindurch uns unser Erkenntnisgegenstand entgegentrete; so erscheine er uns eben nur so, wie er durch dieses und in diesem Medium sei. (2) Die Schwierigkeit der adäquaten Wahl des Erkennismittels bleibe folglich bestehen.
Immerhin bestehe die Möglichkeit der Einschätzung, wie sehr unser Erkenntnisgegenstand durch unsere Erkenntnistätigkeit verändert oder auch allererst konstituiert werde, sodaß wir die Möglichkeit hätten, "den Teil, welcher in der Vorstellung, die wir durch es vom Absoluten erhalten, dem Werkzeuge angehört, im Resultate abzuziehen und so das Wahre rein zu erhalten." (3) Die Kenntnis der Wirkungsweise des 'Erkenntniswerkzeugs' scheint also dessen verfälschende Wirkung auf den Erkenntnisprozeß wieder korrigierbar zu machen.
Ein solcher Gedanke findet aber in der Hegelschen Argumentation keine Anerkennung, er wird zugleich destruiert: "Allein diese Verbesserung

---

1. Hegel 1970, 3, S. 68
2. Sh. Hegel 1970, 3, S. 68
3. Hegel 1970, 3, S. 69

würde uns in der Tat nur dahin zurückbringen, wo wir vorher waren." (4) Mit diesem Einwand beginnt die eigentliche Argumentation Hegels. Indem er den Zweifel am Beginn der Erkenntnistätigkeit ins Grundsätzliche hebt, widerlegt er ihn aus seiner eigenen Kraft heraus: "Inzwischen, wenn die Besorgnis, in Irrtum zu geraten, ein Mißtrauen in die Wissenschaft setzt, welche ohne dergleichen Bedenklichkeiten ans Werk selbst geht und wirklich erkennt, so ist nicht abzusehen, warum nicht umgekehrt ein Mißtrauen in dies Mißtrauen gesetzt und besorgt werden soll, daß diese Furcht zu irren schon der Irrtum selbst ist." (5) Hegel thematisiert hier das erkenntnistheoretisch bedeutsame gegenseitige Voraussetzungsverhältnis von Erkenntnismethode und Erkenntnis. Da Erkenntnis immer nur als spezifische Erkenntnistätigkeit (eines spezifischen Gegenstandes) existiert, bedarf sie einer dieser Spezifität adäquaten methodischen Vorgehensweise. Damit setzt die Methodik (in Hegels Terminologie: Werkzeug) schon ein Wissen über diesen Gegenstand voraus. Nun gehört das Bewußtsein über das gegenseitige Voraussetzungsverhältnis von Methodologie und bestimmter Erkenntnis zum Problembewußtsein anspruchsvoller Forschungstätigkeit. Für Hegel allerdings, und dies ist in dem hier verfolgten Zusammenhang von Interesse, entäußert der 'Zweifel in die Erkenntnis' sein Wesen: Was als Furcht vor dem Irrtum erscheint, ist nach dem Autor der 'Phänomenologie des Geistes' wesentlich Furcht vor der Erkenntnis. Erkenntnis müsse sich vielmehr ohne solche Bedenklichkeiten ans Werk machen, müsse sich an die 'Arbeit des Begriffs' begeben.

Die Moderne, deren Selbstverständnis paradigmatisch in der Einleitung zur 'Phänomeneologie des Geistes' aufscheint, ist sich der Möglichkeit ihrer Erkenntnis gewiß. Zu ihren beiden grundlegenden, sie konstituierenden Idealisierungen gehören die Begriffe Subjekt und Rationalität. Diese Konstitutionsbasis ist mit der Moderne gewußt, wird zunächst aber selbst nicht hinterfragt. Sie ist die apriorische Setzung, durch die deutlich wird, daß sich kein eindeutiges teleologisches Prinzip in der Entwicklungsgeschichte des Menschen finden läßt, sondern vielmehr der Mensch die Freiheit dieser Setzung wahrnimmt. Das Subjekt

---

4. Hegel 1970, 3, S. 69
5. Hegel 1970, 3, S. 69

tritt in dem Augenblick in die Welt, in dem das Ich die eigene Konstitutionsleistung erkennt und bejaht. Der Subjektbegriff bleibt folglich in dieser Analyse der Moderne vorbehalten, in der das Subjekt zum Ursprung aller Setzungen wird: "L'exigence, pour le sujet, de se penser comme autonome est inséparable d'une modernité où les valeurs (éthiques, juridiques, politiques) sont, non plus reçues d'une nature des choses les contenant déjà en elle, mais autofondées ou autoinstituées, en tant que les normes qu'une humanité se donne à elle même, comme constitutives d'une intersubjectivité, à partir de l'idée qu'elle se forge de sa dignité." (6) Wenn sich das Subjekt als das die Welt Konstituierende begreift, so ist es sich auch des normativen Gehalts der Moderne bewußt, der dem Zeitalter innewohnt. (7)

Rationalität wird hier zunächst in einem allgemeinen Sinne verstanden. Der Begriff soll auf Merkmale der abendländischen Kultur verweisen, die, wie Schnädelbach feststellt, ein Gesamtbild nahelegen: "Allgemeinheit statt Besonderheit, Universalität statt Individualität; Gesetzmäßigkeit, Regelhaftigkeit, Berechenbarkeit statt Zufall, Willkür oder Chaos; Bevorzugung des Stabilen, Bleibenden, der Ordnung gegenüber dem Ephemeren, Vergänglichen, Ungegliederten; Mißtrauen gegenüber allem bloß Natürlichen als dem Unkontrollierbaren, und das heißt gegenüber den Gefühlen und Affekten." (8) Damit ist bereits angedeutet, daß sich die Rationalität in einer Krise befindet und es im weiteren Verlauf dieser Untersuchung um eine Verabschiedung oder eine Neubestimmung von Rationalität gehen muß.

Die Begriffe »Subjekt« und »Rationalität« umschreiben das grundlegende Selbstverständnis der Moderne. Rationalität, die das Resultat gelungener, subjekthafter Erkenntnistätigkeit darstellt, wird zu einem zentralen Kristallisationspunkt der Moderne. Die Stiftung von Rationalität obliegt

---

6. Renaut 1989, S. 258
7. »Unter den Titeln von Selbstbewußtsein, Selbstbestimmung und Selbstverwirklichung ist ein normativer Gehalt der Moderne entfaltet worden, der nicht mit der erblindeten Subjektivität von Selbsterhaltung oder Verfügung über sich selbst identifiziert werden darf.« (Habermas 1990, S. 427)
8. Schnädelbach 1986, S. 78

dem Subjekt. Letzteres wiederum ist das Resultat eines Prozesses, den Hegel in der 'Phänomenologie des Geistes' nachzeichnet. Dieser Prozeß wird in der Moderne als Bildung bezeichnet. Im Bildungsprozeß erschafft sich das Subjekt selbst. Indem es nämlich die chaotische Fülle von Phänomenen in der Welt zu einer Einheit zentriert, zentriert sich das Subjekt selbst und dezentriert zugleich die ursprünglich amorphe Einheit von Mensch und Welt zur Differenz von Subjekt und Objekt. Den Zustand dieser Zentrierung, der immer wieder neu zu erwerben ist, faßt die Moderne auf der subjektiven Seite begrifflich als Identität, auf der objektiven Seite als einheitliche Weltsicht. Wir sprechen von einem Subjekt bzw. einem gebildeten Menschen, wenn er in der Lage ist, solche Zustände herzustellen. Bildungstheorie basiert also auf der subjektphilosophischen Grundlage der Moderne. (9)

150 Jahre später hat sich die Situation für die Fundierung von Bildungstheorie grundlegend verändert. Die Moderne entdeckt, daß ihre eigene Konstitutionsbasis in sich widersprüchlich ist. Dem kritischen Blick zeigt sich die Rationalität vermeintlich als herrschaftliches Denken: "Die Allgemeinheit der Gedanken, wie die diskursive Logik sie entwickelt, die Herrschaft in der Sphäre des Begriffs, erhebt sich auf dem Fundament der Herrschaft in der Wirklichkeit. ... Das Selbst, das die Ordnung und Unterordnung an der Unterwerfung der Welt lernte, hat bald Wahrheit überhaupt mit dem disponierenden Denken einsgesetzt, ..." (10) Die 'Dialektik der Aufklärung', die Horkheimer und Adorno diagnostizieren, ist zugleich der Ausgangspunkt postmoderner Theoriebildung. Was also als philosophische Analyse anhob, in der dem Zusammenhang zwischen nazistischem Massenmord und erkenntnistheoretischem Paradigma nachgegangen werden sollte, hat sich in eine postmoderne Rationalitätskritik transformiert. Im Ausgang des zwanzigsten Jahrhunderts scheint Rationalität als Grundlage der Erkenntnistätigkeit und damit auch als Grundlage für Bildungstheorie

---

9. Die Moderne beginnt also historisch gesehen etwa ab dem Ende des 18. Jahrhunderts. Systematisch gesehen beginnt sie mit dem Reflexivwerden der Neuzeit. Die Moderne ist also nicht identisch mit der Neuzeit, sondern wird "nur mit ihrem Auslauf gleichgesetzt". (sh. Türk 1990, S. 94)
10. Horkheimer, Adorno 1969, S. 20

obsolet geworden zu sein, wird sie doch mit kulturellen, gesellschaftichen, technischen und ökologischen Phänomenen identifiziert, die als irritierend erlebt und denen Begriffe wie Unmittelbarkeit, Leben, Einfachkeit, Phantasie entgegengesetzt werden, die z.T. eine deutlich antirationale Bedeutung annehmen. "Der Prädikator »postmodern«" schreibt Frank, "scheint für ein dumpfes, wenn auch verbreitetes Gefühl zu stehen, wonach die Deutungspotentiale und Sinnstiftungsreserven des letzten Ausläufers abendländischer Kultur, eben der Neuzeit, sich erschöpft haben oder wonach deren Selbstverständnis unglaubwürdig geworden sei." (11)

Die postmoderne Thematisierung der Moderne verschafft dieser ein Selbstbewußtsein von jenen Gegenden des Nicht-Gedachten, die Foucault die »zone de non-pensé« nennt. Die Wahrheit hat nun ihre Voraussetzungen über das Subjekt und sein Selbstbewußtsein hinaus. Foucault weist auf, daß das Denken den Menschen immer wieder entgleitet, weil das Subjekt nicht die Bedingung des Prädikats »denke« ist: "Die Zumutung dieser Kritik besteht in der Einsicht, daß die menschliche Subjektivität diese Welten keineswegs begründe und gestalte, sondern nur eine ihrer mehr oder minder zufälligen Hervorbringungen sei, die weder in ihrem Denken noch in ihrer Existenz Originalität beanspruchen könne." (12)
Mit der postmodernen Kritik gerät auch das ins Wanken, was wir in kontinentaler Tradition als Bildung bezeichnen und das seine erstmalige moderne theoretische Fundierung in der 'Phänomenologie des Geistes' findet. Hegel denkt Bildung als den Konstitutionsprozeß des Subjekts. Dieser Prozeß der Selbsterschaffung durch Bildung verlangt nach Hegel die 'Arbeit des Begriffs'. Folglich ist Bildung immer Selbstbildung, denn Wahrheit kann für Hegel, und hier zeigt sich die subjektphilosophische Grundlage des Bildungsbegriffs, immer nur in Bezug auf denjenigen, der sie sich aneignet, wirklich zur Wahrheit werden. Bildung, als ein zentrales Projekt der Moderne, bleibt auf deren grundlegende konstitutive Idealisierungen »Rationalität« und »Subjekt« verwiesen.

---

11. Frank, M. 1986, S.7
12. Konersman 1991, S. 65

Zugleich kann Bildung nicht mehr, quasi unschuldig, wie dies Hegel und Kant noch dachten, in Rationalität und Kritik am Nichtrationalen begründet werden. Die Kritik am Nichtrationalen vermag die Kritik an der Rationalität selbst nicht aus der Welt zu schaffen, vermag also Rationalität nicht zu begründen. Die Rationalitätskritik läßt sich nicht mehr ignorieren. Mit ihr steht auch das Subjekt und mit diesem die Vorstellung von Bildung in Frage. Die bildungstheoretische Reflexion steht angesichts der postmodernen Kritik vor der Situation, daß ihr ihre subjektphilosophische Grundlage entzogen zu sein scheint. Damit muß bildungstheoretische Forschung gegenwärtig wesentlich in der Wiedergewinnung einer erkenntnistheoretischen Grundlage bestehen.

Es geht in dieser Untersuchung folglich um die Erarbeitung eines Fundaments, auf dem Bildungstheorie wieder errichtet werden kann. Dazu müssen zunächst die für Bildungstheorie zentralen Dimensionen der Kritik an der Subjektphilosophie freigelegt werden, was nichts anderes heißt, als das moderne Verhältnis von Rationalität und Subjekt neu zu untersuchen. Diese Untersuchung geschieht in diesem Abschnitt in vier Schritten. Zunächst wird die in der 'Dialektik der Aufklärung' von Horkheimer und Adorno vorgetragene Kritik an der Rationalität in den Blick genommen.

Dann wird die postmoderne 'Hintergehung' der Moderne bezüglich ihrer Subjektvorstellung untersucht. Dies geschieht in einer Rekonstruktion der Foucault'schen Untersuchung der nichtformalen Wissenssysteme. Foucault thematisiert nämlich in seiner vergleichenden Studie der epochalen Wissensformationen das Verhältnis von Rationalität und Subjekt, macht also die Konstitutionsbasis der Moderne selbst zu seinem Untersuchungsgegenstand.

Zwei weitere, bildungstheoretisch bedeutsame Dimensionen der postmodernen Dekonstruktion der subjektphilosophischen Grundlage der Moderne sollen verfolgt werden. Es ist dies einmal der von Lyotard diagnostizierte 'Verlust sprachlicher Verständigung', der nicht nur die Unmöglichkeit von Rationalität, sondern auch die von Bildungsprozessen impliziert. Zum zweiten soll der von Baudrillard behauptete 'Verlust der Wirklichkeit' nachgezeichnet werden, da er die für die Moderne und damit für Bildungstheorie konstitutive Differenzierung von Subjekt und Objekt negiert.

Diese Untersuchungen münden in die erste vorläufige und entwicklungsbedürftige Neuformulierung eines Rationalitätsverständnisses, das die postmoderne Kritik aufnimmt, ohne aber selbst postmodern zu sein. Bevor also eine neue erkenntnistheoretische Grundlage für Bildungstheorie im zweiten und dritten Abschnitt formuliert wird, muß Rationalität im Durchgang durch ihre Kritik wiedergewonnen werden.

1. Kapitel: Dialektik der Aufklärung

Aufklärung, deren Programm die Loslösung des kulturellen Zusammmenhangs von der Tradition und dessen Überführung in Wissen sei, ziele auf die Herrschaft über die entzauberte Natur. Die damit von Adorno und Horkheimer zum Ausgangspunkt genommene These, Rationalität berge in sich mit Notwendigkeit Herrschaft, die an Nietzsches Kritik der Moderne heranreicht, ist eine, angesichts des Selbstverständnisses der Moderne, ungeheuerliche Aussage: Denn diese geht davon aus, daß Vernunft der objektiven Wirklichkeit selbst innewohnt, insofern sie sich auf ein rationales und sinnhaftes Universum beziehen kann, das unabhängig von subjektiven Bedürfnissen und Neigungen, also objektiv, existiert. Vernunft ist damit Ausdruck des logos der Welt; sie gewinnt ihre Integrität und Validität unabhängig vom flüchtigen Aufscheinen menschlicher Wünsche und Interessen. Die Möglichkeit, sich dadurch von den autoritären Verbindlichkeiten der Tradition zu lösen und sich stattdessen auf die Vernunfttätigkeit als subjektives Vermögen zu stützen, bietet im Selbstverständnis der Aufklärung die Chance, daß sich die Menschen zugleich als soziale und freie Individuen, als Subjekte, konstituieren. Letzteres impliziert die moderne Utopie des 'ewigen Friedens', der den Menschen durch Anwendung der Vernunft möglich werden soll. Die von Adorno und Horkheimer gesetzte Ausgangsthese der heimlichen Komplizenschaft von Aufklärung und Mythos ist bereits deshalb gewagt, weil sie den fundamentalsten Widerspruch zum Selbstverständnis der Moderne ausdrückt. Dieses geht davon aus, daß die Aufklärung dem Mythos widerspreche und sich seiner Gewalt entziehe. Daneben gehen die Autoren forschungsmethodisch davon aus, daß die zur Aufklärung, zur Moderne geronnene geschichtliche Wirklichkeit auf eine einzige objektive Antinomie, nämlich die von Rationalität und Herrschaft, zurückzuführen ist. Die in der 'Dialektik der Aufklärung' unternommene intellektuelle Anstrengung ist auf nichts anderes gerichtet, als diese Ausgangsthese argumentativ einzulösen. (13) Die durch Horkheimer und Adorno durchgeführte Analyse der Antinomie der Rationalität soll im folgenden nachgezeichnet werden.

Ihre Argumenation setzt bei dem Verhältnis moderner Wissenschaft zur Natur an. Die Natur in ihrer Objektivität zu untersuchen und zu beherrschen, um den Naturzwang zu brechen, setze eine vorgängige 'Überwindung' der ursprünglichen Einheit von Mensch und Natur voraus. Der Descartessche Dualismus von erkennendem Subjekt und und zu erkennender Objektivität leiste historisch diese Aufgabe, bestimme Natur und Mensch als unterschiedene Identitäten und setze damit den Anfang der Entfremdung des Menschen von der Natur in ihr 'Recht'.

Was als Entzweiung von Mensch und Natur anhebe, setze ein ungeheures Programm in die Welt. Das, was mit der Aufklärung an rationaler Welterkenntnis angestrebt werde, sei "das Systematische der Erkenntniss ..., d.i. der Zusammenhang derselben (der Vernunft - HJF) aus einem Princip." (14) Damit sei aufklärerisches Denken als eines charakterisiert, das auf eine einheitliche Ordnung und auf die Ableitung von Tatsachenerkenntnis aus Prinzipien ziele, wobei es gleichgültig sei, ob es sich bei letzteren um willkürliche Axiome oder begründete Setzungen handele. Das Ideal der Rationalität sei ihre systematische Einheit. "Die Einheit liegt in der Einstimmigkeit. Der Satz vom Widerspruch ist das System in nuce. Erkenntnis besteht in der Subsumption unter Prinzipien. Sie ist eins mit dem Urteil, das dem System eingliedert." (15) Was hier

---

13. "Von Benjamin entlehnte Adorno ein Kompositionsverfahren, das in der Überzeugung gründet, daß »objektive Antinomien nicht anders zu überwinden sind, als wenn sie illusionslos bis zum Ende ausgetragen werden« ..." (Baars 1989, S. 212)
14. Kant 1968, S. 428
15. Horkheimer, Adorno 1969, S. 88

als der Diskurs der Moderne auftrete, habe Kant in seinen Konstitutionsprinzipien der reinen Erkenntnis kritisch benannt. Der Rationalität gehe nämlich die Vorstellung voraus, Welt sei rational geordnet und damit als ganze auch rational erfaßbar: "Diese Vernunfteinheit setzt jederzeit eine Idee voraus, nämlich die von der Form eines Ganzen der Erkenntniß, welches vor der bestimmten Erkenntniß der Theile vorhergeht und die Bedingungen enthält, jedem Theile seine Stelle und Verhältniß zu den übrigen a priori zu bestimmen." (16)

Worauf Kant sich durchaus noch positiv bezieht, wird um die Jahrhundertwende von Nietzsche schon als fundamentales Problem der Rationalität diagnostiziert: "Die Logik ist geknüpft an die Bedingung: gesetzt es gibt identische Fälle. Tatsächlich, damit logisch gedacht und geschlossen wird, muß diese Bedingung erst als erfüllt fingiert werden. Das heißt: der Wille zur logischen Wahrheit kann erst sich vollziehen, nachdem eine grundsätzliche Fälschung alles Geschehenen angenommen ist..." (17) Angesichts der Katastrophen des 20. Jahrhunderts heben Horkheimer und Adorno zur 'Liquidierung' der Moderne an, indem sie über die Dialektik dieses Programms der Moderne aufzuklären suchen. Dieser Akt von Aufklärung wird von den Autoren als der letzte Akt, zu dem die moderne Rationalität noch fähig ist, verstanden.

Der Grund, weshalb das Programm von rationaler Naturerkenntnis notwendig scheitern müsse, liege in dem immer wieder hoffnungslosen Versuch, Fortschritt qua Naturerkenntnis in der Naturbeherrschung realisieren zu wollen. Die Moderne verfalle mit der Überwindung des Mythos selbst wiederum der Mythologie, da die Naturerkenntnis notwendigerweise totalitär werde.

Mit der Gesetzmäßigkeit, die sie dem Mythos entgegensetze, grenze sie das Einzelne, Einzigartige, immer wieder Neue aus sich aus. "Das Prinzip der Immanenz", so argumentieren Horkheimer und Adorno, "der Erklärung jeden Geschehens als Wiederholung , das die Aufklärung wider die mythische Einbildungskraft vertritt, ist das des Mythos selber." (18) In der Ausgrenzung des Einzigartigen, des neuen Gedankens, der

---

16. Kant 1968, S. 428
17. Nietzsche 1966, 3, S. 476
18. Horkheimer, Adorno 1969, S. 18

sich nicht der Gesetzmäßigkeit unterordne, werde eine neue Grenze der Erfahrung gesetzt. Im Beziehen jeglichen Seienden auf jegliches sei sowohl die Identität von allem mit allem, als auch das Verdikt, daß nichts mit sich selber identisch sein dürfe, unterstellt.
Hier wird die 'archäologische' Grundlage (19) der abendländischen Kultur offengelegt. Adorno entwickelt, an diese Diagnose anschließend, das Programm einer die Ausgrenzungen der Moderne kritisch reflektierenden Wissenschaft. Diese hat, "nach dem geschichtlichen Stande, ihr wahres Interesse dort, wo Hegel, einig mit der Tradition, sein Desinteressement bekundete: beim Begriffslosen, Einzelnen und Besonderen; bei dem, was seit Platon als vergänglich und unerheblich abgefertigt wurde und worauf Hegel das Etikett der faulen Existenz klebte. Ihr Thema wären die von ihr als kontingent zur quantité négligeable degradierten Qualitäten." (20)
Der hier aufscheinende Erkenntnisbegriff allerdings macht auch den der Moderne unterstellten Erkenntnisbegriff deutlich. Die Autoren gehen davon aus, daß sich 'moderne' Vernunft "von allem Anfang an dem Antrieb einer Selbsterhaltung verdankt, der die Vernunft verstümmelt, weil er diese nur in Formen zweckrationaler Natur- und Triebbeherrschung, eben als instrumentelle Vernunft beansprucht." (21)
Eine solche Argumentation hat aber die Ausgangsthese von der Mythologie der Moderne noch nicht eingeholt. Zunächst sind nur die Ausgrenzungen angedeutet, die sich die Moderne durch ihr Erkenntnisideal einhandelt. Das aber hatte z.B. Husserl in der 'Krisis der europäischen Wissenschaften' bereits eigehend analysiert. Adorno und Horkheimer verfolgen die Auswirkungen dieser Ausgrenzungen für die Erkenntnis der menschlichen Natur.
Eine weitere Ausgrenzung tauche in der Moderne im Umgang mit Furcht auf. Der Mensch der Moderne wähne sich furchtlos, wenn es nichts

---

19. Die Verwendung des Begriffs der Archäologie verweist auf die Studien Foucaults, die dieser im Anschluß an die Arbeiten der Kritischen Theorie unternommen hat.
20. Adorno 1975 b, S. 19-20. Das Zitat bezieht sich hier auf die Philosophie, hat allerdings auch für Wissenschaft und Rationalität Gültigkeit, da auch diese 'über den Begriff durch den Begriff', also qua Selbstüberschreitung, über sich hinausgelangen müssen, es also für Adorno eine strukturelle Gleichheit zwischen der Philosophie und der Wissenschaft der Moderne gibt.
21. Habermas 1986 b, S. 135. Der Implikation, die in dem hier unterstellten Vernunftbegriff liegt, wird im dritten Kapitel nachgegangen.

Unbekanntes mehr gebe. Damit werde der Prozeß der Entmythologisierung quasi endlos. Das Unbekannte sei für den modernen Menschen das Bedrohende, weshalb es zur Selbsterhaltung des modernen Subjekts notwendig werde, die ihm gegenüberstehende Objektivität abzuarbeiten. (22)

Der Rastlosigkeit dieser Abarbeitung verbleibe ein einziger Mythos, nämlich der, daß alles Seiende in sich eine rationale Alleinheit und damit im ganzen analytisch zu erfassen sei. Damit werde im rationalen, wie im mythologischen Denken, unterstellt, das Gegenwärtige sei bloße Wiederholung immer wieder sich vollziehender archetypischer Vorgänge, womit die Grundlage für eine Analyse geschaffen sei, in der alle Phänomene qua Mathematik auf eine Welt von Idealitäten reduziert würden.

Aber auch diese Entwicklungslogik zweckrationaler Welterfassung hatte Husserl als Ursache der Krisis der europäischen Wissenschaften analysiert: "Die Konzeption dieser Idee eines rationalen unendlichen Seinsalls mit einer systematisch es beherrschenden rationalen Wissenschaft ist das unerhört Neue. Eine unendliche Welt, hier eine Welt von Idealitäten, ist konzipiert als eine solche, deren Objekte nicht einzelweise unvollkommen und wie zufällig unserer Erkenntnis zugänglich werden, sondern eine rationale, systematisch einheitliche Methode erreicht - im unendlichen Fortschreiten - schließlich jedes

---

22. Siehe dazu auch Guzzoni, die aufzeigt, daß es für die Moderne solange kein Ans-Ziel-Kommen gibt, als das Subjekt sich mit einer ihm gegenüberstehenden Objektivität konfrontiert sieht.(Guzzoni 1976, S. 320) Buck hat nun diese Überlegungen weitergetrieben und charakterisiert die Selbsterhaltung als Selbststeigerung: "Selbsterhaltung als Selbststeigerung: das ist aber ein Aspekt von Finalität, wie er einer Seinsweise zukommt, die Hegel zum ersten Mal im positiven Sinn als Subjektivität bezeichnet hat, um das in der Geschichte erreichte allgemeine Prinzip zu charakterisieren und zugleich »den konstitutiven Zusammenhang von Subjektivität und Geschichte« deutlich zu machen." (Buck 1976, S. 217) Adorno selbst differenziert zwischen Furcht und Angst als das Movens von Rationalität. Angst ist historischgesellschaftlich bedingte Folge der Rationalität: "Wesentlicher als subjektives Motiv der objektiven Rationalität ist die Angst. Sie ist vermittelt. Wer sich nicht nach den ökonomischen Regeln verhält, wird heutzutage selten sogleich untergehen. Aber am Horizont zeichnet die Deklassierung sich ab. ... Die Angst ... ist geschichtlich zur zweiten Natur geworden; ..." (Adorno 1975 a, S. 99)

Objekt nach seinem vollen Ansichsein." (23) In dieser Konstitution von Welt und Erkenntnis, die mit der Moderne anhebt, wird das menschliche Denken -sofern es mathematisches Denken bei Husserl und zweckrationales Denken bei Horkheimer und Adorno ist- zum Werkzeug, und damit den Objekten gleichgemacht: "Trotz der axiomatischen Selbstbeschränkung instauriert sie sich als notwendig und objektiv: sie macht das Denken zur Sache, zum Werkzeug,..." (24) Die Autoren der 'Dialektik der Aufklärung' messen nun, im Gegensatz zu Husserl, dieses Denken an seinem eigenen Anspruch. Dies hat erkenntnismethodologische Gründe. Husserl kann im Grunde nicht angeben, von welcher erkenntnistheoretischen Position er die europäische Wissenschaft, der er doch angehört, kritisiert. Adorno und Horkheimer aber sprechen der modernen Rationalität nicht ihre Erkenntnisfähigkeit ab, sondern halten an der 'Anstrengung des Begriffs' fest, um diese begriffliche Anstrengung zugleich als paradox zu bezeichnen. Die 'Dialektik der Aufklärung' ist somit ein Moment moderner Selbstaufklärung.

Deshalb können sie auch konstatieren, daß die Moderne in der diagnostizierten verdinglichten Gestalt des aufklärerischen Denkens ihre eigene Verwirklichung verfehle, da mit dem Programm der Aufklärung folgenschwere Ausgrenzungen vorgenommen würden. Sinn, Ursache, Qualität, Substanz, Sein und Dasein würden ins vorwissenschaftliche Vokabular abgedrängt. Stattdessen werde die 'Zahl zum Kanon der Aufklärung'. Begriffe wie Freiheit oder Gleichheit würden in geometrische und arithmetische Proportionen überführt. Zugleich werde der Gedanke der Rechenschaft und Verantwortung annulliert, indem die Natur vorgängig vom Menschen abgespalten werde.

Der Prozeß der Erkenntnis führe zu einem eindeutigen Resultat: "Macht und Erkenntnis sind synonym." (25)

Es sind in der 'Dialektik der Aufklärung' also diese Ausgrenzungen der modernen Rationalität, die die Grundlage für den Zusammenhang von Rationalität und Macht abgeben. Deshalb deuten Horkheimer und Adorno die erkenntnistheoretische Trias der Moderne von Subjekt, Objekt und

---

23. Husserl 1977, S. 21
24. Horkheimer, Adorno 1969, S. 32
25. Horkheimer, Adorno 1969, S. 10

Begriff als ein Unterdrückungs und Überwältigungsverhältnis. Wissenschaft verwandle die Objekte in bekannte Dinge. Damit könne der moderne Mensch diese Dinge manipulieren, handhaben oder selbst herstellen. "Dadurch wird ihr An sich Für ihn. In der Verwandlung enthüllt sich das Wesen der Dinge immer als je dasselbe, als Substrat von Herrschaft." (26) Es ist evident, daß damit die neuzeitliche Wissenschaft von den beiden Autoren als identisch mit dem logischen Positivismus gesetzt wird. Aufklärerisches Denken habe, so erklären die Autoren denn auch, die klassische Forderung, das Denken zu Denken zugunsten des Gebots, der Praxis zu gebieten, aufgegeben. Damit trete der Positivismus das Erbe des aufklärerischen Denkens an: "Dem Positivismus, der das Richteramt der aufgeklärten Vernunft antrat, gilt in intelligible Welten auszuschweifen nicht mehr bloß als verboten, sondern als sinnloses Geplapper." (27)

Der in der 'Dialektik der Aufklärung' nun folgende Argumentationsschritt besteht darin, diesen als hermetisch existierend unterstellten Zusammenhang von Rationalität und Macht auf die Folgen für die Subjektkonstitution hin zu untersuchen.
Die Verkehrung der Rationalität hat nach Adorno und Horkheimer ihre materiellen Ursachen. Materialisiere man nämlich die aus der objektiven Vernunft gewonnenen Ziele nach Freiheit und Autonomie, so müsse Freiheit nicht nur als ein strukturelles Problem, sondern auch als eines materieller Mittel bestimmt werden, um diese realisieren zu können. Dies wiederum bedinge die Notwendigkeit der Kontrolle über die äußere Natur. Ähnlich verhalte es sich mit der Autonomie. Diese könne nicht nur als Selbstdarstellung verstanden werden. Autonomie sei notwendigerweise immer auch Selbstdisziplin, die sich den archaischen Regungen der inneren Natur widersetzen könne.
Die Herrschaft des Menschen wende sich deshalb notwendig in zweifacher Weise gegen den Menschen selbst; zum einen wenn er selbst zum Objekt dieser Rationalität werde; zum anderen im Erkenntnisakt, da dieser die Unterdrückung der inneren Natur mit ihren Glücksimpulsen

---

26. Horkheimer, Adorno 1969, S. 15 Siehe zu dieser Frage des "Für-ihn" bzw. des "Anders-Sein" Wimmer 1988, S. 16 - 90
27. Horkheimer, Adorno 1969, S. 32

verlange. Das Mißachten der Natur im Subjekt habe seinen Preis: Der Mensch sei am Ende das überwältigte Opfer. (28) Denken als Herrschaftsinstrument führe so zur Aufhebung jedes Individuellen. Die Menschen werden "zum Material wie die gesamte Natur für die Gesellschaft." (29)

Die angezeigte Spaltung von Mensch und Natur und die Ausgrenzungsmechanismen, die als Grundlage von Konformität und damit auch von Herrschaft gelten, verweisen für Adorno und Horkheimer auf die aktuelle Situation der europäischen Kultur: "Jeder Versuch, den Naturzwang zu brechen, indem Natur gebrochen wird, gerät nur um so tiefer in den Naturzwang hinein." (30) Eine solche Diagnose läßt sich allerdings nur dann aufrecht erhalten, wenn man davon ausgeht, daß in der Natur des Menschen ein Freiheitspotential liegt, das sich nicht total beherrschen läßt. Erst unter dieser Voraussetzung schlägt die Rationalität der vernünftigen Kultur notwendigerweise ins Obsolete, weil herrschaftlich Mythologische, um.

Damit endet die Rationalitätskritik in einer nicht mehr zu überbietenden Widersprüchlichkeit: Rationalität bleibt, um sich selbst widerspruchsfrei zu bestimmen, als letzte Möglichkeit nur, sich selbst aufzuheben. Daraus ergibt sich zumindest für Adorno zeitlebens kein Ausweg: Fortschritt qua Rationalität bleibe notwendig in sich widersprüchlich: "Die Fetischisierung des Fortschritts bekräftigt dessen Partikularität, seine Begrenztheit auf Techniken." (31) Keine Theorie läßt sich positiv auf dieser bodenlosen Grundlage aufbauen. Lediglich die Möglichkeit der bestimmten Negation, mit der Hegel ein Element hervorgehoben habe, das Aufklärung von dem positivistischen Verfall unterscheide, sei als nichtherrschaftlicher Denkprozeß denkbar: "Solche Durchführung, »bestimmte Negation«, ist nicht durch die Souveränität des abstrakten Begriffs gegen die verführende Anschauung gefeit, so wie die Skepsis es ist, der das Falsche wie das Wahre als nichtig gilt. Die bestimmte Negation verwirft die unvollkommenen Vorstellungen des Absoluten, die

---

28. "So greift das Tabu auf die tabuierende Macht über, die Aufklärung auf den Geist, der sie selber ist." (Horkheimer, Adorno 1969, S. 37)
29. Horkheimer, Adorno 1969, S. 94
30. Horkheimer, Adorno 1969, S. 19
31. Adorno 1970, S. 49

Götzen, nicht wie der Rigorismus, indem sie ihnen die Idee entgegenhält, der sie nicht genügen können." (32)
Für die Autoren ist die Aufklärung an ihr Ende angelangt. Die einzige Option, die noch getroffen werden und nicht mehr theoretisch überboten werden kann, verbleibt negativ. Die Moderne wird in der 'Dialektik der Aufklärung' mit dem einzigen Moment der Rationalität negiert, das nicht der Herrschaft anheimfällt. Das in der Komposition der 'Dialektik der Aufklärung' entwickelte und realisierte Verfahren, kennt nur noch eine Möglichkeit der Rationalität: Das "Innewerden des Geistes als Gewalt, als mit sich entzweiter Natur, trägt den Namen des 'Eingedenkens der Natur im Subjekt'." (33) Rationalität läßt sich widerspruchfrei nur noch als Negation denken. Die Grundlage der Moderne, die Rationalität ist leer und damit obsolet geworden. Lebens- und Weltentwürfe lassen sich darauf nicht mehr fundieren.

1. Exkurs: Bildung als Akt der Selbstbemächtigung

In der 'Dialektik der Aufklärung' geht es mit der Vernunftkritik zugleich auch um die Einsicht in die Genese des Subjekts: entstanden als Aktor und Moment der Naturbeherrschung, ist es jetzt konfrontiert mit den regressiven Folgen dieser seiner Genese.
Bildung als der Akt der Selbsterschaffung des Subjekts erscheint in der Dialektik der Aufklärung im Resultat als ein Akt, in dem sich die Aufklärung des Geistes bemächtigt, der sie selber ist: "Das von Zivilisation vollends erfaßte Selbst löst sich auf in ein Element jener Unmenschlichkeit, der Zivilisation von Anbeginn zu entrinnen trachtete." (34) Die Gewalt, die dem Selbst dabei angetan werde, liege in der "methodischen Ausmerzung aller natürlichen Spuren" im trans-

---

32. Horkheimer, Adorno 1969, S. 30
33. Schmid Noerr 1988, S. 70
34. Horkheimer, Adorno 1969, S. 37

zendentalen oder logischen Subjekt. (35) Selbsterschaffung und Selbsterhaltung verkomme zur gelungenen Angleichung des Selbst an die Objektivität seiner Funktion. Das transzendentale Subjekt sei 'gereinigt' von jedweder Subjektivität. Das Subjekt 'übermanne' sich im Bildungsprozeß selbst. Es kann für Horkheimer und Adorno nur einen Bildungsprozeß jenseits des systematisierenden, rationalen Denkens in einer mimetischen Späre geben, die die beiden Autoren als gewaltfrei, expressiv, zwanglos umschreiben. Aber diese Sphäre des Mimetischen ist nicht mehr rational bestimmbar und das mimetische 'Subjekt' kann nicht mehr die Möglichkeit von Intersubjektivität sicherstellen. (36)

Halten Adorno und Horkheimer, zumindest negativ, noch an einer wie unbestimmt auch immer belassenen 'mimetischen' Rationalität als wesentliches Bildungsmoment des Subjekts fest, so verabschiedet der Postmodernismus diese Rationalität und damit die subjektphilosophische Grundlage. Die Subjektkonstitution wird nun radikal anders gedacht.

---

35. Horkheimer, Adorno 1969, S. 36
36. Es erscheint nur konsequent, die mimetische Vernunft theoretisch und
    diskursiv nicht zu explizieren. Dann aber gibt es nur noch einen
    irrationalen Ort der Vernunft: "Interesanterweise haben beide,
    Horkheimer ebenso wie Adorno, wenn auch mit unterschiedlicher
    Akzentuierung und Gewichtung, in ihren Spätwerken versucht, die
    Vernunft und damit die normativen Grundlagen ihrer
    Zivilisationskritik jenseits der eigentlichen Geschichte, in einem Reich
    Gottes zu verordnen." (Kneer 1990, S. 36)

2. Kapitel: 'Überschreitung' der Rationalität: die Postmoderne

Die in der 'Dialektik der Aufklärung' entwickelte Kritik an der Rationalität wird von dem Postmodernismus aufgegriffen, ohne aber die Dialektik der Rationalität, an der Horkheimer und Adorno immer festgehalten hatten, selbst aufzunehmen. Hatten Adorno und Horkheimer noch die Auffassung vertreten, bei der modernen Rationalität handele es sich um eine gespaltene Form von Rationalität, was die Vorstellung impliziert, es gebe auch die Möglichkeit einer Vernunft, die diese Aporien nicht enthält, so weist die Postmoderne diese Auffassung zurück. Für sie hat jede Rationalität totalitäre Implikationen. Die Postmoderne stellt somit eine Seite der "Bifurkation der philosophischen Denkwege nach Adorno" dar. (1) Selbst noch die radikalste Vernunftkritik Adornos in der negativen Dialektik würde Foucault als eine kryptische Form von Versöhnung mit der Rationalität ablehnen.

Die 'Rationalitätskonzeption' des Postmodernismus impliziert vornehmlich eine Verabschiedung des Subjekts. War in der 'Dialektik' noch das Andenken an ein gequältes und verstummtes Subjekt vorhanden, so gibt die Postmoderne dieses Subjekt auf. Das Subjekt verschwindet und mit ihm einerseits die Möglichkeit umfassender sprachlicher Verständigung über das was ist, als auch andererseits die Realität selbst.

Der Ansatzpunkt, den wir hier als erstes verfolgen, ist die Leugnung der für die Moderne konstitutiven Subjekt - Objekt - Trennung. Diese Trennung ist in der Moderne die grundlegende Bedingung von rationaler Erkenntnis. Für den Postmodernismus ist die Stunde der Einsicht gekommen, "daß die Entmaterialisierung der Welt, ihre Transformation in Bilder, in Vorstellungen, in Zeichen sich zu einer imaginären Obsession ohnegleichen ausgewachsen hat, die jeglichen Unterschied von Realität und Fiktion tendenziell annuliert und damit einen unaufhörlichen Schwindel erzeugt; ..." (2) Allerdings suggeriert der Begriff der Postmoderne einen von der Moderne abgrenz und somit definierbaren Gegenstand, der so nicht existiert. Vielmehr verstehen wir das, was hier als

---

1. Kimmerle 1988, S. 101
2. Kamper 1987, S. 37

Postmoderne bezeichnet werden soll, als eine Suchbewegung, "als ein Versuch, Spuren der Veränderung" (3) nachzuzeichnen, die sich in Lebenssphären, Systemen, Praktiken und Diskursen unserer Kultur, zu denen auch der erkenntnistheoretische Diskurs gehört, abzeichnen: In "an important sector of our culture there is a noticeable shift in sensibility, practices and discourse formations which distinguishes a postmodern set of assumptions, experiences and propositions from that of a preceding period." (4)

Der Postmodernismus (5) als eine solche kulturelle Veränderung soll allerdings hier nur insofern ins Blickfeld genommen werden, als er unter erkenntnistheoretischer Perspektive die vom Postmodernismus proklamierte Abwendung von der Rationalität und seine Konsequenzen für die Subjektkonstitution in den Blick bringt. Dies hat auch Konsequenzen für eine Bestimmung des Postmodernismus. (6)

Welsch hat die Auffassung vertreten, Postmoderne zeichne sich durch fünf grundlegende Merkmale aus, zu denen er die 'radikale Pluralität', die 'hochgradig differenten Wissensformen', eine 'antitotalitäre Option', die 'Focusierung aller Vertreter auf die Pluralität' und die 'exoterische Einlösungsform der einst esoterischen Moderne' zählt. (7) Eine solche präskriptive Bestimmung des Begriffs der Postmoderne ist für den hier

---

3. Wellmer 1985, S. 109
4. Huyssen 1986, S. 253 Der Begriff des Postmodernismus interessiert uns hier allerdings nur insoweit, als er die Rationalität als den Erkenntnismodus der Moderne tangiert. Der Begriff selbst stammt aus der Literaturkritik der sechziger Jahre und dehnte sich dann auf andere Lebensbereiche aus. Zur Diskussion über Moderne und Modernisierung in den Sozialwissenschaften sh. Wehler 1975. Der Zusammenhang zwischen der Postmoderne und den Sozialwissenschaften ist komplexer als bei Wehler in seiner modernisierungstheoretischen Untersuchung dargestellt. Sh. dazu Huyssen 1986, S. 271 - 278
5. Die Bezeichnungen Postmoderne und Postmodernismus werden von mir synonym verwendet. Geyer-Ryan ordnet den Begriff der Postmoderne dem philosophischen und den Begriff des Postmodernismus dem kunstgeschichtlichen Diskurs zu. (sh. Geyer-Ryan 1989, S. 114) Eine solche Differenzierung ist in dem Zusammenhang dieser Untersuchung nicht notwendig.
6. Koslowski differenziert zwischen zwei Varianten der Postmoderne, der dekonstruktivistischen und der essentialistischen. Nach dieser Sprachregelung geht es im folgenden um die dekonstruktivistische Postmoderne. (sh. Koslowski 1990, S. 91 - 97)
7. Welsch 1988 a, S. 4 - 6

verfolgten Zusammenhang unzureichend, weil sie Postmoderne lediglich auf einer vordergründigen Ebene bestimmt, die hier nicht von Interesse ist. Welsch selbst unterscheidet neben einem negativen Minimalbegriff einen positiven Begriff der Postmoderne: "Der positive Begriff des Postmodernen hingegen bezieht sich auf die Freigabe und Potenzierung der Sprachspiele in ihrer Heterogenität, Autonomie und Irreduzibilität" (8), um dann Jean-Pierre Dubost zu zitieren, der in einem Gespräch äußert: "Die Gerechtigkeit wäre folgende: der Vielfalt und Unübersetzbarkeit der ineinander verschachtelten Sprachspiele ihre Autonomie, ihre Spezifität zuzuerkennen, sie nicht aufeinander zu reduzieren; mit einer Regel, die trotzdem eine allgemeine Regel wäre, nämlich 'laßt spielen ... und laßt uns in Ruhe spielen'." (9) Implizit enthalten solche Sätze selbstverständlich eine Theorie des 'postmodernen Subjekts', was Welsch indirekt ebenfalls anerkennt, wenn er schreibt: "Zu ihren Konsequenzen zählt dann freilich die Schwierigkeit der Vereinbarung des Heterogenen." (10) Um das 'Heteronome zu vereinbaren', bedarf es eines Diskurses, in dem die einzelnen »ineinander verschachtelten« Sprachspiele aufeinander bezogen werden. Die Leistung, die unterschiedlichen Sprachspiele aufeinander zu beziehen, muß aber wiederum durch Subjekte geleistet werden. Anders ausgedrückt: Das Subjekt muß in diesen miteinander verschachtelten Sprachspielen eine Rolle spielen. Dieser Sachverhalt ist für Bildungstheorie von eminenter Bedeutung. Läßt man sich, wie Welsch dies tut, auf ein postmodernes Philosophieren ein, dann treten bald die durch die postmodernen Prämissen geschaffenen Probleme in den Blick. Dies soll hier nicht geschehen.

Der Postmodernismus ist uns in dieser Untersuchung insofern von Interesse, als er in einer die moderne Subjekt-Objekt Trennung überbietenden Denkbewegung über die Moderne hinauszugehen versucht. Postmodern werden jene Theorien bzw. Theoriefragmente genannt, die auf eine von der Moderne dezidiert unterschiedene Art den Erkenntnisprozeß und die Zentrierung des Individuums (Subjektkonstitution) denken. Nun hat

---

8. Welsch 1988 a, S. 33
9. Dubost, J.P, abgedruckt im Anhang der ersten deutschen Ausgabe von 'Das postmoderne Wissen', Bremen 1982, S. 127 - 150, hier 131; zit. n. Welsch 1988 a, S. 33
10. Welsch 1988 a, S. 34

Welsch mit Recht darauf aufmerksam gemacht, daß die verschiedenen Postmoderne-Versionen auf die unterschiedliche Verwendung des Begriffs der Moderne zurückzuführen sind. Moderne meint in dieser Untersuchung ein Zeitalter, das etwa mit dem Ende des 18. Jahrhunderts beginnt. Mit der Moderne wird die 'reflexive Vergegenwärtigung des eigenen Standortes' zentral. (11) Die Moderne bringt qua Rationalität die 'Freiheit der Subjektivität' (12) hervor. Der hier gewählte Begriff der Moderne focusiert folglich auch den Schwerpunkt der Auseinandersetzung mit der postmodernen Philosophie, nämlich ihre Versuche der Überwindung der subjektphilosophischen Grundlage der Moderne. Diese Herangehensweise an den Gegenstand ist bildungstheoretisch motiviert, ist doch der Konstitutionsprozeß des Subjekts identisch mit dessen Bildungsprozeß. Wenn dieser aber aus systematischen Gründen als nicht mehr widerspruchsfrei denkbar gedacht wird, tangiert dies Bildungstheorie. Diese muß also die postmoderne Kritik an der modernen Konzeption der Subjektkonstitution aufarbeiten. (13)

Damit ist die Einschätzung verbunden, die Postmoderne enthalte einen vernünftigen Gehalt unabhängig von ihrem Epochenanspruch und ihren zweifelhaften modischen Erscheinungen, die sich das Etikett 'postmodern' zulegen. (14)

Dies gilt auch für das Werk Foucaults. Foucault, der wie kein anderer in den Mittelpunkt seines Denkens die These vom Zusammenhang von Rationalität und Macht gestellt hat, wird nicht müde, darauf zu verweisen, "daß sich Macht immer an Wissen und Wissen immer an Macht anschließt. Es genügt nicht zu sagen, daß die Macht dieser oder jener Ent-

---

11. Habermas 1986 b, S. 14
12. Sh. dazu Hegel 1970 a, S. 439
13. Eßbach schreibt diesen Focus der Untersuchung einer typisch deutschen Fragestellung zu: "Es ist für den Kultursoziologen nicht einfach, die Herkunft des seltsamen Eigenwerts ausfindig zu machen, den das Thema »Subjekt« in Deutschland hat. Eigenwert, damit meine ich, das Thema hat einen impliziten Status. In jedem Fall fühlen wir uns bei diesem Thema wohl." (Eßbach 1991, S. 81) Dieser Hinweis dürfte zutreffend sein, womit allerdings noch nicht der systematische Gehalt der Fragestellung selbst unsinnig wird.
14. Welsch vertritt eine ähnliche Auffassung: "Es ist an der Zeit, über Postmoderne anders zu sprechen. Heute ist es möglich geworden, sich dem vernünftigen Kern des Themas zuzuwenden." (Welsch 1988 a, S. 1)

deckung, dieser oder jener Wissensform bedarf. Vielmehr bringt die Ausübung von Macht Wissensgegenstände hervor; ..." (15) Foucault gilt vielerorts als der Theoretiker, bei dem die Verknüpfung von Herrschaft und modernen Sozialwissenschaften eine zentrale Bedeutung einnimmt. Als Theoretiker der Genealogie der Humanwissenschaften hat er viele Anhänger gefunden. Für den hier zu untersuchenden Zusammenhang allerdings dürften seine frühen 'archäologischen' Arbeiten bedeutsamer sein, in denen er die Struktur des modernen Wissens analysiert. (16) Mit diesen Arbeiten verabschiedet sich Foucault grundsätzlich von dem Projekt der 'Befreiung aus selbstverschuldeter Unmündigkeit', weil es für ihn niemals bestanden hat. Diese Auffassung fußt zumindest grundlagentheoretisch auf einer umfassenden Beschäftigung mit den Wissensformen der Moderne, ihrer Wissensarchäologie. Die in Foucaults Analyse enthaltene Kritik der modernen Subjektvorstellung, bzw. der Nachweis der Aporien dieser Vorstellung, soll der nächste Gegenstand dieser Untersuchung sein.

1. Die Archäologie des Subjekts

Bei seinem Versuch, die Rationalität des menschlichen Wissens, den Diskurs der Humanwissenschaften nachzuzeichnen, geht es Foucault um die Enthüllung des 'positiven Unbewussten' am wissenschaftlichen Wissensbesitz, indem er einen Vergleich der Isomorpheme des 17., 18. und 19. Jahrhunderts vornimmt. Mit dem Begriff der Isomorpheme werden die basalen Systeme des Wissens bezeichnet, die das Denken und Forschen der Wissenschaftler in den unterschiedlichsten Disziplinen in einer bestimmten Zeitepoche bestimmt haben. Foucault ist also der Auffassung, daß es eine über die Grenzen der Wissenschaftsdisziplinen hinweg-

---

15. Foucault 1976, S. 45
16. Man kann Foucaults Werk in zwei grundlegende Teile ordnen, der Archäologie, also in dem Versuch, die Humanwissenschaften vernunftkritisch zu 'entlarven' und der Genealogie, dem Versuch, die Abhängigkeit diskursiver Praktiken von gesellschaftlichen Institutionen aufzuweisen.

gehende grundlegende Struktur (Isomorphem) gibt, auf der alle einzelwissenschaftlichen Diskurse beruhen. Foucaults Interesse gilt also der fundamentalsten Typik des Wissens, einer Struktur, die nicht mehr ableitbar ist. Dies impliziert auch, daß es zwischen diesen Isomorphemen keine kontinuierlichen Übergänge gibt. (17)
Nun ähnelt dieser hier angedeutete Grundgedanke dem vornehmlich von Kuhn in die wissenschaftstheoretische Diskussion gebrachten Begriff des Paradigmenwechsels. (18) Während jedoch Kuhn 'lediglich' Belegmaterial für seine These sammelt, setzt Foucault die in der französischen wissenschaftstheoretischen Tradition von Gaston Bachelard vertretene Auffassung von den coupures épistémologiques in eine umfassende strukturalistische Analyse der abendländischen Isomorpheme um. (19)
Das Unternehmen Foucaults zielt auf die Entwicklung einer Archäologie der Wissensformen: "Diese Gesetze des Aufbaus, die für sich selbst nie formuliert worden sind, sondern nur in weit auseinanderklaffenden Theorien, Begriffen und Untersuchungsobjekten zu finden sind, habe ich zu enthüllen versucht, indem ich als den für sie spezifischen Ort eine Ebene isolierte, die ich, vielleicht zu willkürlich, die archäologische genannt habe." (20) Foucault untersucht die innere Struktur der verschiedenen épistémè, die in der abendländischen Geschichte die Diskurse bestimmt haben. Ziel der großangelegten Untersuchung ist es, den Strukturalismus zu überwinden, indem die 'Bodenlosigkeit'(21) des modernen Denkens

---

17. Habermas hat darauf hingewiesen, daß gleichwohl ein transzendentaler Rest bleibt: "»Transzendental« in einem schwachen Sinne bleibt Foucaults radikale Geschichtsschreibung insofern, als sie die Gegenstände des historisch-hermeneutischen Sinnverstehens als konstituiert begreift - als Objektivationen einer jeweils zugrundeliegenden, strukturalistisch zu erfassenden Diskurspraxis." (Habermas 1986 b, S. 296)
18. Auch Kuhn verweist auf die wissenschaftstheoretischen Implikationen, die dies haben könnte: "Die gleiche historische Forschung, welche die Schwierigkeiten bei der Isolierung einzelner Erfindungen und Entdeckungen hervorkehrt, gibt auch Anlaß zu tiefgehendem Zweifel an dem kumulativen Prozeß, von dem man glaubte, er habe die einzelnen Beiträge zur Wissenschaft zusammengefügt." (Kuhn 1981, S. 17)
19. "Das substantialistische Erkenntnishindernis ... besteht aus einer Ansammlung der disparatesten, ja gegensätzlichsten Vorstellungen." (Bachelard 1987, S. 158) Allerdings ist Bachelard im Unterschied zu Foucault der Auffassung, daß es auch einen Zusammenhang zwischen den coupures épistémologiques gibt.
20. Foucault 1974, S.12
21. Sh. dazu Bürger, C. 1987, S. 114, die diese Intentionalität auf das nachkantische Denken beschränkt.

nachgewiesen wird. Die Überwindung des Strukturalismus von und durch Foucault soll durch eine Analyse der grundlegenden Strukturen der Isomorpheme der abendländischen Geschichte erfolgen. Indem diese aber nicht mehr aufeinander beziehbar, also radikal diskontinuierlich sind, sind sie auch nicht auf eine noch tiefer liegende strukturalistische Grundlage zurückzuführen, sie sind 'bodenlos'. Der Nachweis der absoluten Differenz der verschiedenen Isomorpheme stellt zugleich die Überwindung der strukturalistischen Theorie dar. Foucaults Analyse, die die Diskontinuität und Heterogenität der Isomorpheme freilegt, überwindet so mit strukturalistischen Methoden den Strukturalismus. (22)

Ein so grundlegend angelegtes Unternehmen muß nun von einem Standpunkt aus operieren, der selbst nicht mehr dem eigenen Isomorpheme angehören darf. "Daher stellt sich für Foucault die Aufgabe, seiner eigenen Gesellschaftstheorie die Fähigkeit zur Fremdwahrnehmung der eigenen Kultur methodisch überhaupt erst beibringen zu müssen, da sie doch zunächst wie alle anderen Wissenschaften an das ihre Zeit beherrschende Denkmuster gebunden ist." (23) Dies soll die archäologische Methode leisten, die es erlauben soll, hinter den abendländischen Rationalismus zurückzugehen und von diesem Standpunkt aus sozialwissenschaftliche Theoriebildung zu ermöglichen.

Unter Archäologie wird also die von Foucault angewandte Methode verstanden: "Seine (Foucaults - HJF) Erforschung der Geschichte und Struktur des menschlichen Wissens wird somit zur Archäologie des Wissens; zur Methode, die bestrebt ist, die innere Rationalität, quasi die Skelette und Grundgerüste der verschiedenen Wissenschaftssysteme und Diskursordnungen zu vergleichen, die diversen Einschnitte in der Kulturgeschichte aufzuzeigen, die verschiedenen Diskontinuitäten in ihrer rationellen inneren Zuordnung aufzudecken und ihre inneren Mutations-

---

22. Welsch chrakterisiert die Bedeutung dieser strukturalistischen Überwindung des Strukturalismus wie folgt: "Typologisch gesprochen, kommt hier der schwächere Neuzeitstrang - der differenzbewußte - gegen den dominanten - den einheitseffizienten - zum Durchbruch. Im Strukturalismus kulminierte die Mathesis-universalis-Tradition der Neuzeit, in Poststrukturalismus und Postmoderne tritt deren Gegentradition ans Licht." (Welsch 1988 a, S. 141) Eine solche Einschätzung kann allerdings nur dann aufrechterhalten werden, wenn man die Moderne im Wesentlichen als Epoche der Einheitsentwürfe konzipiert.
23. Honneth 1986 a, S. 126 - 127

gesetze und Regulierungen zu erforschen." (24) In den späteren Phasen der Foucault'schen Forschungen steht dann die Genealogie, die Methode in der der Zusammenhang von Diskursen und Herrschaftssystemen freigelegt wird, im Vordergrund.

Jeder Diskursformation ist ein epistemologisches Feld vorgeordnet, welches Foucault als épistémè (Isomorphem) bezeichnet. Das épistémè gibt also die Grundlage ab, auf der sich wissenschaftliche, ästhetische etc. Diskurse aufbauen, bzw. durch die die Diskurse strukturiert werden. "Unter Episteme versteht man in der Tat die Gesamtheit der Beziehungen, die in einer gegebenen Zeit die diskursiven Praktiken vereinigen können, ..." (25) Der Begriff des Epistemes wird notwendigerweise außerordentlich weit gefaßt, weshalb Foucault auch auf die prinzipielle Unabschließbarkeit der epistemologischen Analyse hinweist: Die Beschreibung der Episteme "eröffnet ein unerschöpfliches Feld und kann nie geschlossen werden;...". (26) Damit stellt die archäologische Ebene eine "konfuse, schwierig zu analysierende Mittelregion dar zwischen den determinierenden Codes einer Kultur und der Reflexion über die Ordnung." (27) Diese Unschärfe aber ist nicht das zentrale methodische Problem.

Die archäologische Ebene stellt vielmehr methodisch eine grundlegende Neuerung dar. Foucault verabschiedet sich damit nämlich generell von einer wie virtuos auch immer gehandhabten Hermeneutik. Diese stellt für ihn immer der Versuch des evokativen Zugangs zu einem Gegenstand dar. "Eine wie immer auch entlarvende Hermeneutik verbindet mit ihrer Kritik immer noch Verheißung; davon soll sich eine ernüchterte Archäologie freimachen: »Wäre nicht eine Diskursanalyse möglich, die in dem, was gesagt worden ist, keinen Rest und keinen Überschuß (von Bedeutung), sondern nur noch das Faktum seines historischen Erscheinens voraussetzt?" (28) Dies soll die archäologische Methode leisten, indem sie ihre Gegenstände lediglich noch als Ereignisse behandelt und diese unter funktionellen Gesichtspunkten analysiert. Im Vorwort zu seinem wissenschaftsmethodologischen Werk beschreibt Foucault diesen Unterschied wie folgt: "Um der Kürze willen sagen wir also, daß die Geschichte in

---
24. Münster 1987, S. 20 - 21
25. Foucault 1986, S. 272
26. Foucault 1986, S. 273
27. Marti 1988, S. 38
28. Habermas 1986 b, S. 283

ihrer traditionellen Form es unternahm, die Monumente der Vergangenheit zu »memorisieren«, sie in Dokumente zu transformieren und diese Spuren sprechen zu lassen, die an sich oft nicht sprachlicher Natur sind oder insgeheim etwas anderes sagen, als sie sagen; heutzutage ist die Geschichte das, was die Dokumente in Monumente transformiert und was dort, wo man von den Menschen hinterlassene Spuren entzifferte, dort, wo man in Aushöhlungen das wieder zu erkennen versuchte, was sie gewesen war, eine Masse von Elementen entfaltet, die es zu isolieren, zu gruppieren, passend werden zu lassen, in Beziehung zu setzen und als Gesamtheiten zu konstituieren gilt." (29) In der Methode liegen damit bereits bestimmte inhaltliche Implikationen, deren wichtigste mit dem Begriff der Differenz angesprochen ist. Die archäologische Methode zielt also nicht darauf, Zusammenhänge deutlich werden zu lassen, sondern (absolute) Differenzen, die Foucault auch als Brüche bezeichnet, aufzuweisen.

Die verschiedenen épistémès sind durch einen epistemologischen Bruch voneinander geschieden. Deshalb will die 'archäologische Beschreibung' "allein die Regelmäßigkeit der Aussagen innerhalb eines Isomorphemes feststellen und somit zugleich die Diskontinuität zwischen Zeitaltern aufweisen. Regelmäßigkeit steht hier nicht im Gegensatz zur Unregelmäßigkeit, ... So verstanden, charakterisiert die Regelmäßigkeit ... ein tatsächliches Erscheinungsfeld. Jede Aussage ist Träger einer gewissen Regelmäßigkeit und kann davon nicht getrennt werden. Man hat also die Regelmäßigkeit einer Aussage nicht der Unregelmäßigkeit einer anderen gegenüberzustellen (...), sondern anderen Regelmäßigkeiten, die andere Aussagen charakterisieren." (30) Gerade durch die strukturalistische Analyse der Regelmäßigkeit verschiedenster Diskurse gelangt Foucault zur Identifizierung der Isomorpheme und vermittels dieser zur absoluten Differenz zwischen diesen.

Bevor die, mit Hilfe der von Foucault entwickelten archäologischen Methode, freigelegten Isomorpheme unter der Perspektive der Subjektkonstitution nachgezeichnet werden, soll auf eine für den hier untersuchten Zusammenhang wesentliche Implikation hingewiesen werden.

---

29. Foucault 1986, S. 15
30. Foucault 1986, S. 205 - 206.

Foucault hat nämlich das moderne Rationalitätsverständnis, welchem Adorno und Habermas sich noch verpflichtet fühlten, hinter sich gelassen. Foucault geht davon aus, "daß wir nicht von der Rationalität und ihrer Geschichte als solcher sprechen können, sondern nur von einer Pluralität von Praktiken oder »Rationalitätsformen«, die miteinander konkurrieren und einander überlappen." (31) Diese Auffassung enthält als Implikation bereits seine Methode. Doch diese Voraussetzung birgt, so wird noch zu zeigen sein, eine entscheidende logische Schwierigkeit in sich.

1.1. Die Rationalitätsformen

Mit dem Begriff der Rationalitätsformen soll in dieser Untersuchung der Zusammenhang zwischen den von Foucault freigelegten Isomorphemen und der damit implizierten Auffassung von Rationalität thematisiert werden. (32) Das Isomorphem definiert nicht nur die Träger des Wissens, sondern ebenso die Spezifik des Wissens und damit das, was als Rationalität zu gelten hat.

Die Frage nach der Geburt des Menschen, wie Foucault das moderne Subjekt nennt, durchzieht implizit die gesamte Untersuchung Foucaults und ist neben der Analyse der verschiedenen Isomorpheme das zweite »heimliche« Thema der Untersuchung: die Konstitution des Menschen in den Isomorphemen der Neuzeit. Das wird sofort am Beginn von »Die Ordnung der Dinge« deutlich.
»Die Ordnung der Dinge« beginnt mit einer Betrachtung der »Meninas« von Velasquez. In diesem Gemälde hat sich der Maler selbst festgehalten, während sein eigentliches Motiv, das Königspaar, lediglich im Spiegel erscheint. Foucault hält dieses Bild für die gelungene Umsetzung des vor-

---

31. Dews 1989, S. 90
32. Kunneman vertritt die plausible These, daß diese Spezifität sich notwendigerweise als ein "Trichter" auswirken müsse: "Wissenschaftliche Problemlösungsmuster funktionieren in westlichen Gesellschaften, ..., in der Art eines gewaltigen Trichters, ..." (Kunneman 1991, S. 14)

klassischen Isomorphems, in der das Subjekt gar nicht existiert: "Dieses Sujet selbst, das gleichzeitig Subjekt ist, ist ausgelassen worden." (33) Isomorpheme, archäologische Methode und Rationalitätsformen stehen in einem spezifischen Zusammenhang mit der Konstitution des Trägers des Wissens: "Die kontinuierliche Geschichte ist das unerläßliche Korrelat für die Stifterfunktion des Subjekts: die Garantie, daß alles, was ihm entgangen ist, ihm wiedergegeben werden kann; ...; das Versprechen, daß all diese in der Ferne durch den Unterschied aufrechterhaltenen Dinge eines Tages in der Form des historischen Bewußtseins vom Subjekt erneut angeeignet werden können und dieses dort seine Herrschaft errichten und darin finden kann, was man durchaus seine Bleibe nennen könnte." (34) Mit dem Nachweis der nichtexistierenden Kontinuität von Geschichte ist für Foucault auch der Nachweis der Zeitlichkeit und damit des absehbaren Ende des Subjekts erbracht. Auf diesen Nachweis zielt letztlich die »Archäologie«.

Von dem vorklassischen, bzw. mittelalterlichen Isomorphem ausgehend, soll im folgenden das Auftauchen des Subjekts bis zu dessen von Foucault diagnostizierten neuerlichem Verschwinden dargestellt werden.

1.1.1. Das Zeitalter des Mittelalters

Das 'archäologische' Erkenntnisschema, das épistémè des ausgehenden Mittelalters, das bis ins beginnende 17. Jahrhundert hinein wirksam ist, beschreibt Foucault mit dem Begriff der Ähnlichkeit. In ihm existiert kein Bruch zwischen Bezeichnetem und Bezeichnendem. Die Ähnlichkeit selbst weist vier essentielle Figuren auf:
a) Die convenientia meint die "Ähnlichkeit des Ortes, des Platzes, an den die Natur zwei Dinge gestellt hat, folglich Ähnlichkeit der Eigenheiten; denn in diesem natürlichen Behältnis, der Welt, ist die

---

33. Foucault 1974, S. 45
34. Foucault 1986, S. 23

Nachbarschaft keine äußerliche Beziehung zwischen den Dingen, sondern Zeichen einer zumindest dunklen Verwandschaft." (35)

b) Die zweite Form, die aemulutio ist quasi eine von der örtlichen Nähe befreite convenientia, die als Nachahmung bezeichnet werden kann. "In der aemulatio gibt es etwas wie den Reflex oder den Spiegel; in ihr antworten die in der Welt verstreuten Dinge aufeinander. ... Durch diese Beziehung der aemulatio können die Dinge sich von einem Ende des Universums zum anderen ohne Verkettung oder unmittelbare Nähe nachahmen." (36) Die Nachahmung schafft quasi zwei selbständige Pole, die sich gegenseitig beeinflussen: "Die Gestirne sind die Matrix aller Gräser, und jeder Stern am Himmel ist lediglich die geistige Präfiguration eines Grases, so wie er es darstellt, und genau so, wie jedes Gras oder jede Pflanze ein irdischer Stern ist, der den Himmel betrachtet, so ist auch jeder Stern eine himmlische Pflanze in geistiger Form, die von dem Irdischen allein durch die Materie unterschieden ist..., die Pflanzen und die himmlischen Gräser sind zur Erde gerichtet und betrachten die direkt von ihnen vorgebildeten Gräser, wobei sie eine besondere Kraft in sie hineinfließen lassen." (37)

c) Die Analogie, dem griechischen Denken bekannt, erhält im mittelalterlichen Denken eine andere Funktion. Sie stellt die Gegenüberstellung der Ähnlichkeiten durch den Raum hindurch sicher. Die Verbindungen, die in der Analogie hergestellt werden, sind subtiler als die in der convenienta hergestellten. Es geht um die Ähnlichkeiten der Verhältnisse. Die mittelalterliche Analogie ist aber nicht realwissenschaftliche Fixierung wirklicher Zusammenhänge. Die an den Gegenständen gefundenen Ähnlichkeiten würden von den heutigen erkenntnistheoretischen Prämissen her als äußerlich hergestellte Zusammenhänge bezeichnet werden: In der mittelalterlichen Analogie ist die "Pflanze ein aufrechtes Tier ..., dessen Ernährungsprinzipien von unten nach oben einen Stengel entlanglau-

---

35. Foucault 1974, S. 47
36. Foucault 1974, S. 49
37. Crollius, O., Traité des signatures, in, La Royale Chymie de Crollius, frz. Übersetzung, Lyon 1624, S. 18, zit. n. Foucault 1974, S. 49 - 50

fen, der sich wie ein Körper erstreckt und in einem Kopf endet, mit Blüten und Blättern...".(38)

d) Die Sympathie, der die Antipathie korrespondiert, ist die vierte Form der Ähnlichkeit. Die Sympathie allerdings schafft Ähnlichkeit: "Sie hat die gefährliche Kraft, zu assimilieren, die Dinge miteinander identisch zu machen, sie zu mischen und in ihrer Individualität verschwinden zu lassen, sie also dem fremd zu machen, was sie waren." (39) Die Sympathie ist so der mittelalterliche Modus der Ganzheit. Die Antipathie hingegen fixiert die Dinge in ihrer Einzelheit: "Die erdgewechs (...) dann das sie hassen und lieben (...) ist gnügsam offenbar. Man sagt, daß der Oelbaum un die räben das Kolraut hassen, darzu fleucht die kürbss den oelbaum." (40) In Sympathie und Antipathie sind die drei vorgenannten Formen der Ähnlichkeit aufgehoben: "Das ganze Volumen der Welt, alle übereinstimmenden Nachbarschaften, alle Echos der aemulatio, alle Verkettungen der Analogie werden unterstützt, aufrechterhalten und verdoppelt durch jenen Raum der Sympathie und der Antipathie, der die Dinge unablässig einander annähert und sie auf Entfernung hält." (41)

Das System der Ähnlichkeiten bleibt quasi gleichgültig gegenüber dem gestifteten Zusammenhang. Die Auffindung der Eigengesetzlichkeit der Zeichen ist identisch mit ihrer Sinnfindung. Die Feststellung von verborgener Ähnlichkeit kann nur mit Hilfe eines Zeichens, einer Regel oder eines Hinweises getroffen werden. Foucault nennt diese Bezeichnung der Welt, der Sprachregelung des beginnenden 17. Jahrhunderts entsprechend, **Signatur**. Die Signatur schließt das System der Ähnlichkeit. Foucault verdeutlicht die Funktion der Signatur an einem Zitat von Crollius: "Ebenso wie die geheimen Bewegungen seines Verstehens durch die Stimme manifestiert werden, ebenso scheint es, daß die Gräser

---

38. Foucault 1974, S. 51
39. Foucault 1974, S. 54
40. Cardano, G., Offenbarung der Natur und natürlicher Dingen auch mancherley subtiler Würckungen, Basel 1559, Buch 8 ff., S. 883 ff. zit. n. Foucault 1974, S.54
41. Foucault 1974, S. 55 - 56

zu dem neugierigen Arzt durch ihre Signatur sprechen, indem sie ihm ihre inneren, unter dem Schleier der Natur verborgenen Kräfte enthüllen." (42)
"Bei dieser Sprache muß man aber einen Augenblick verharren, oder bei den Zeichen, aus denen sie gebildet ist, und bei der Weise, auf die diese Zeichen auf das zurückweisen, was sie bezeichnen.
Zwischen den Augen und dem Eisenhut besteht eine Sympathie. Diese unvorhergesehene Affinität bliebe im Schatten, wenn es auf der Pflanze nicht eine Signatur, ein Zeichen und gewissermaßen ein Wort gäbe, das besagte, daß sie für die Augenkrankheiten gut ist. Dieses Zeichen ist vollkommen lesbar in ihren Samenkörnern: das sind kleine dunkle Kügelchen, eingefaßt in weisse Schalen, die ungefähr das darstellen, was die Lider für die Augen sind....Das Zeichen der Affinität, und was sie sichtbar macht, ist ganz einfach die Analogie. Die Chiffre der Sympathie liegt in der Proportion." (43) Die Signatur ist also die Identifikation von Sein und Erscheinung im Zeichen.
So schließt sich das épistémè des sechzehnten Jahrhunderts. Der Zusammenhang der Dinge ist identisch mit ihrer Ähnlichkeit. Diese konstituiert eine Natur, die mysteriös und verhüllt bleibt.(44) Der Mensch selbst bleibt in diese Natur eingewoben, er bleibt unidentifizierbar. Seine Konturen sind nicht abhebbar, verschwimmen mit dieser undurchdringlichen Wirklichkeit. Das Isomorphem läßt folglich eine spezifische Art der Qualifizierung von Menschen zu, die Meisterlehre. Diese baut auf der Grundlage von privilegierten Zugängen zu dieser undurchdringlichen Wirklichkeit auf. Der Meister wird als jemand vorgestellt, der einen besonderen sympathischen, respektive antipathischen Zugang zu den Dingen hat. Dieser erlaubt ihm einerseits ein Wissen über verborgene Ähnlichkeiten zu erwerben und andererseits rituelle Handlungen auszuführen bzw. zu entwickeln, die ihrerseits als sympathisch bzw. antipathisch wirkende Signaturen für Dinge gelten. Das Verhältnis des gelehrten

---

42. Crollius 1624, S. 6, zit. n. Foucault 1974, S. 57 - 58
43. Foucault 1974, S. 58
44. Im Mittelalter schiebt sich die Kirche zwischen die Signaturen und den Menschen. Welche Ähnlichkeiten - und damit welche Bedeutungen - gültig sind, wird von der alles beherrschenden Institution bestimmt, da ja Gott als der Schöpfer aller Ähnlichkeiten seinen Willen qua Institution mitteilt.

Meisters zu den Dingen ist ein vertrautes, das durch ein nie abschließendes Sprechen mit den Dingen aufrechterhalten wird.

1.1.2. Das Zeitalter der Klassik

Die Neuzeit (45), die nun für Foucault anhebt, kritisiert das System der Ähnlichkeiten. Bacon etwa bemerkt, daß der menschliche Geist natürlicherweise eine größere Regelmäßigkeit und Gleichheit in den Dingen voraussetze, als er dann später tatsächlich finde. (46)
Nach dem klassischen Erkenntnisschema muß der Geist seine Leichtigkeit und Hast verlieren, um 'durchdringend' zu werden. Die Dinge zu beobachten, um die ihnen zugrundeliegenden Ähnlichkeiten zu erkennen ist nicht mehr mit Leichtigkeit, quasi okkasionell, möglich. Bei der Feststellung von Ähnlichkeiten bedarf es der Werkzeuge, der Regeln, der Anleitung.
Literarischer Ausdruck dieses Bruchs, der nun einsetzt, ist für Foucault Don Quichotte, der von der neuzeitlichen Episteme aus, zu einer tragikomischen Figur wird, da er sich in den Fallstricken der Ähnlichkeit, also des vorklassischen Isomorphems, verfängt.
Descartes nun, der den Vergleich (und damit auch die Möglichkeit der Ähnlichkeit) als die Grundlage jeder Erkenntnis nimmt (47), gebührt das historische Verdienst, dem Geist an der Schwelle der Moderne diese methodische Anleitung zu liefern und so Geist erst zum Denken zu qualifizieren. Foucault archäologisiert zwei Typen des Vergleichs:

> "Das sind die beiden Typen des Vergleichs: der eine analysiert in Einheiten, um Beziehungen der Gleichheit und Ungleichheit festzustellen, und der andere richtet Elemente ein, die möglichst einfach sind, und disponiert die Unterschiede nach möglichst schwachen Graden. ... Und darin genau besteht

---

45. Neuzeit setzt also mit dem klassischem Isomorphem ein. Davon abzuheben ist die Moderne.
46. Bacon 1981, Aphorismus 45, S. 34
47. Descartes 1906, S. 81

die Methode und ihr »Fortschritt«: jedes Maß (jede Determination durch Gleichheit und durch Ungleichheit) auf die Herstellung einer Serie zurückzuführen, die, wenn man vom Einzelnen ausgeht, die Unterschiede als Grade der Komplexität entstehen läßt." (48)

Damit 'herrschen' nun neue Begriffe. Im Zentrum stehen Termini wie Ordnung und Differenz und die Unterscheidung zwischen Quantitativem und Qualitativem.
Das Ähnliche des vormodernen, klassischen Denkens findet sich in einer in den Begriffen der Identität und des Unterschieds erstellten Analyse aufgelöst. Diese hat als ihr einziges Ziel die Ordnung der Dinge und damit die Größe der göttlichen Schöpfung freizulegen.
Die Ähnlichkeit wird am Beginn der Neuzeit an den Rand des Wissens zurückgedrängt und der Imagination als der 'unklaren Ähnlichkeit, dem vagen Gemurmel der Übereinstimmungen' überantwortet. Foucault weist dem Naturbegriff und dem Begriff der menschlichen Natur der Neuzeit die Funktion zu, "die Zugehörigkeit, das reziproke Band der Imagination und der Ähnlichkeit zu sichern." (49)
Ordnung wird durch ein methodisches System der Ordnung möglich. Einfache Größen werden mit Hilfe der mathesis und komplexe Größen unter Zuhilfenahme der taxinomia bewerkstelligt. Die Taxonomie enthält, in sich verborgen, die Kontinuität der Dinge, weshalb immer wieder eine Analyse der Genese der Bildung von Ordnungen notwendig wird, über die die Kontinuität der Dinge, die in der Algebra und in der Taxonomie nicht dargestellt werden können, freigelegt werden.
Damit aber ändert sich auch das Verhältnis von Bezeichnetem und Bezeichnendem. Sprache wird nun zur Repräsentationsform der Dinge. Sie ist nicht länger Abbild oder identischer Ausdruck des Denkens und des Seins, sondern sie wird zu einem fundamentalen Instrument der Repräsentation. Die Wörter sind nicht länger die Dinge. "Der Diskurs", schreibt Foucault, "ist nicht mehr als die Repräsentation selbst, die durch sprachliche Zeichen repräsentiert wird." (50) Diese Repräsentationsfunktion der

---

48. Foucault 1974, S. 86
49. Foucault 1974, S. 106. Aus diesem Episteme ergibt sich dann auch die Aufgabe und die Stellung der Naturphilosophie.
50. Foucault 1974, S. 118

Sprache im klassischen Episteme bringt dann auch die Grammatik hervor: "Die allgemeine Grammatik ist die Untersuchung der sprachlichen Ordnung in ihrer Beziehung zur Gleichzeitigkeit, die sie ihrer Aufgabe nach repräsentieren soll. " (51)

Grundlegend für die Frage, ob die Sprache die Dinge auch adäquat zu repräsentieren vermag, ist die Zeichentheorie der Logik von Port-Royal. Danach ruft das Zeichen "mittels der Vorstellung des repräsentierenden Elementes jene des repräsentierten hervor, sein einziger Inhalt ist dieses Repräsentierte, das seinerseits vollkommen durch das Zeichen erfaßt wird." (52) Es geht im klassischen Diskurs darum, den Dingen einen Namen zuzuteilen und ihre Existenz in diesem Namen zu benennen. Damit übernimmt die Sprache eine wesentliche Funktion im Erkenntnisprozeß. Indem sie nämlich gegenständlichen Realitäten diese repräsentierende Namen zuteilt, werden erstere zu Objekten der Erkenntnis. Aber es bleibt eine klassische Form von Erkenntnis, in der im wesentlichen die Klassifikation eine zentrale Rolle spielt. "Die Menschen des siebzehnten und achtzehnten Jahrhunderts ... denken ausgehend von einer allgemeinen Einteilung, die ihnen nicht nur Begriffe und Methoden vorschreibt, sondern die, auf fundamentalere Weise, eine bestimmte Seinsweise für die Sprache, die Einzelwesen, die Natur, die Gegenstände des Bedürfnisses und des Verlangens vorschreibt." (53)

Die Sprache gibt auf dem so entstehenden Ordnungstableau alles auf der gleichen Ebene wieder: "Auf ihrem Tableau genießt also die Natur des Menschen kein Privileg vor der Natur der Dinge." (54)

In diesem Sinne kennt das klassische Isomorphem keine wissenschaftsmethodischen Unterschiede zur Untersuchung von Innen und Außen. Innere und äußere Natur werden auf die gleiche Weise klassifiziert, analysiert und kombiniert. Darin spiegelt sich die Abhängigkeit des Wissens von der Repräsentationsfunktion der Sprache wider. Die synthetisierende Leistung des die Dinge sprachlich repräsentierenden Menschen kommt nicht ins Blickfeld. Das klassische Isomorphem enthält in sich nicht die Einsicht, die Dinge der Welt als durch das erkennende Subjekt konsti-

---

51. Foucault 1974, S. 120
52. Marti 1988, S. 27
53. Foucault 1974, S. 260
54. Habermas 1986 b, S. 304

tuiert zu begreifen, da es das Subjekt selbst noch nicht kennt. Die Dinge sind das, was man in enzyklopädischer (tableauartiger) Breite über sie weiß. Dies hat auch Konsequenzen für die Funktion des Menschen in diesem Prozeß der Erkenntnis: "Der Mensch klärte, aber er schuf nicht; er war keine transzendentale Quelle der Bedeutung. Wenn wir also fragten, was die besondere Aktivität des Subjekts, des »Ich denke«, war, bekämen wir folglich die relativ triviale Antwort, es sei das Bestreben, Klarheit über Begriffe zu schaffen, gewesen." (55)
Die Rolle, die dem Menschen im klassischen Erkenntnisprozeß zukommt, hat für das angeleitete Aufwachsen von Individuen entscheidende Implikationen. Dieser Vorgang wird Erziehung genannt und kann im klassischen Episteme immer nur tableauartig aufgefaßt werden.

1.1.3. Exkurs: Erziehung und Tableau

Die Konsequenzen dieser neuzeitlichen Rationalitätsform sind für das Heranwachsen von Menschen entscheidend. Sowohl der Mensch als auch die ihn umgebenden Dinge sind das, was man in enzyklopädischer (tableauartiger) Breite weiß. Entsprechend wird das angeleitete Aufwachsen des Menschen als Wissens-, Kenntnis- und Fähigkeitsvermittlung aufgefaßt. Dieser Vorgang wird Erziehung genannt. In ihm wird der heranwachsende Mensch in die tableauartige Ordnung der Kultur eingeführt, was wesentlich ein Prozeß des Wissens- und Kenntniserwerbs ist. Gerade weil das Wissen, bzw. die die Dinge repräsentierenden Namen eine vollständige Repräsentation der Dinge darstellen, kann sich der Wissenserwerb legitimieren: Wissensbesitz leitet das Handeln. Die quantitative Wissenszunahme ergibt eine Ausweitung der Handlungsfähigkeiten der durch die Erziehung hindurchgegangenen. In diesen strukturalen Zusammenhängen liegt der Grund für die Tatsache, daß die Schule der Aufklärung wesentlich eine Lernschule ist. Der von einem modernen

---

55. Dreyfus, Rabinow 1987, S. 45

Standpunkt aus betrachtete neuzeitliche Lernprozeß ist ein fremdbestimmter Vorgang. Die Heranwachsenden müssen sich den kulturellen Wissensbesitz vermitteln lassen: »er wird beigebracht«. Innerhalb des neuzeitlichen Epistemes jedoch führt die Fremdbestimmung notwendigerweise zur Selbstbestimmung. Der Lebenssinn ergibt sich für den neuzeitlichen Menschen aus dem kumulierbaren Wissen. Das Wissen (die Namen) repräsentieren die Wirklichkeit. Der neuzeitliche Wissenstypus impliziert eine Kontingenz zwischen Sein und Sollen.

Zwischen dem Wintersemester 1776/77 und 1786/87 hielt Kant mehrmals seine Vorlesung über Pädagogik in Königsberg. Die pädagogischen Gedankengänge Kants atmen den Geist der Aufklärung (Neuzeit) und erreichen nicht die Qualität seiner Kritischen Philosophie, mit der sich der Beginn der modernen Erkenntniskritik ansetzen läßt. In der Mitschrift von Rink findet sich eine Stelle, die sich zunächst als Überwindung der Aufklärungspädagogik lesen läßt. Kant sagt dort: "Eines der größten Probleme der Erziehung ist, wie man die Unterwerfung unter den gesetzlichen Zwang mit der Fähigkeit, sich seiner Freiheit zu bedienen, vereinigen könne. Denn Zwang ist: Wie kultiviere ich die Freiheit bei dem Zwange? Ich soll meinen Zögling gewöhnen einen Zwang seiner Freiheit zu dulden, und soll ihn selbst zugleich anführen, seine Freiheit gut zu gebrauchen." (56) Kant formuliert hier die, vom Episteme der Moderne aus betrachtet, grundlegende, für jede neuzeitliche Erziehungstheorie unlösbare Fragestellung: Wie kann aus Heteronomie Autonomie werden?

Eine solche Frage scheint Kant, in seiner Vorlesung über Pädagogik noch in einem neuzeitlichen Episteme denkend, unproblematisch: "Muß man ihm (dem Kind - HJF) beweisen, daß man ihm einen Zwang auflegt, der es zum Gebrauche seiner eigenen Fähigkeit führt, daß man es kultiviere, damit es einst frei sein könne, d.h. nicht von der Vorsorge anderer abhängen dürfe." (57)

Der Erzieher und die geforderte erzieherische Unterordnung des Zöglings sind im klassischen Episteme in die Kontingenz von Sein und Sollen eingebunden. Der Lehrer ist in seinem Wissen, seiner menschlichen Natur selbst ein funktionales Element im Erziehungsprozeß. Das aber ändert sich in der Moderne.

---

56. Kant 1963, S. 20
57. Kant 1963, S. 20

1.1.4. Das Zeitalter der Moderne

In den letzten Jahren des achtzehnten Jahrhunderts, genauer zwischen 1775 und 1825, findet ein ebenso bedeutsamer Bruch statt, wie er zu Beginn des 17. Jahrhunderts mit dem Denken der Renaissance aufgetreten war. In diesem Zeitraum beginnt das Denken der Moderne. Das moderne Episteme etabliert sich. Philosophisch markiert Kants transzendentalkritische 'Kritik der reinen Vernunft' den Beginn des neuen Isomorphems.

1.1.4.1. Die Trennung von Wesen und Erscheinung

Dieser Bruch ist dadurch gekennzeichnet, daß der "allgemeine Raum nicht mehr der der Identitäten oder der Unterschiede ist, der der quantitativen Ordnungen, der einer universellen Charakterisierung, einer allgemeinen Taxinomie, einer Mathesis des Nicht-Meßbaren, sondern ein Raum, der geprägt ist von Organisationen, das heißt von inneren Beziehungen zwischen den Elementen, deren Gesamtheit eine Funktion sichert. Sie wird zeigen, daß diese Organisationen diskontinuierlich sind, daß sie also kein Tableau von bruchlosen Gleichzeitigkeiten bilden, sondern daß bestimmte von gleichem Niveau sind, während andere lineare Serien oder Folgen bilden. Infolgedessen sieht man als Organisationsprinzipien dieses Raums von Empirizitäten die Analogie und die Folge entstehen: die Verbindung von einer Organisation zur anderen kann in der Tat nicht mehr die Identität eines oder mehrerer Elemente sein, sondern die Identität der Beziehung zwischen den Elementen (wo die Erscheinung keine Rolle mehr spielt) und der Funktion, die sie ausüben." (58)
Es zerfällt in diesem modernen épistémè die Repräsentationswelt der Klassik mit ihrer Vorstellung von der fixen Repräsentation des Seins durch ein Denken, das einerseits transzendentalkritisch nach den Be-

---

58. Foucault 1974, S. 270

dingungen des Denkens fragt und andererseits 'tieferliegende' Zusammenhänge an Begriffen wie Arbeit und Produktion, also nicht mehr an einem Tableau, festmacht.
Foucault zeigt dies am Beispiel der ökonomischen Analyse von Adam Smith: Smith verläßt die gewohnte Analyse der Positivitäten, die Reichtum mit Gebrauchsgegenständen gleichsetzte, also mit dem Augenschein, der Repräsentation. Diesen Gebrauchsgegenständen, die selbst natürlich als Warentausch in Bewegung sind und an denen Prozesse durch mathesis und taxinomia in ein Tableau, also eine Ordnung, gebracht werden, entringt Smith ein Ordnungsprinzip, das nicht auf die Analyse der Repräsentation reduzibel ist. Er bringt die Arbeit ans Licht. "Man sieht, auf welche Weise die Reflexion über die Reichtümer mit Adam Smith beginnt, den Raum zu überschreiten, der ihr in der Klassik bestimmt war. Man siedelte sie damals innerhalb der »Ideologie« - innerhalb der Analyse der Repräsentation - an. Künftig bezieht sie sich gewissermaßen verquer auf zwei Gebiete, die beide den Formen und Gesetzen der Zerlegung der Repräsentationen sich entziehen." (59)

- Für Foucault ist dies einmal die Anthropologie, die sowohl das Wesen des Menschen als auch das Objekt, mit dem sich der Mensch beschäftigt, in Frage stellt.
- Zugleich scheint die Möglichkeit einer Politischen Ökonomie auf, die nicht mehr den Austausch von Reichtümern analysiert, sondern ihre wirkliche Produktion: die Formen der Arbeit und des Kapitals. (60)

Arbeit und Kapital aber sind Begriffe, die nicht durch Vergleich gewonnen werden. Die Begriffe, die nun Erkenntnis 'anleiten', sind Funktionsbegriffe, die von den Phänomenen abgehoben sind:
"Während des ganzen achtzehnten Jahrhunderts hatten die Klassifikatoren das wesentliche Merkmal durch den Vergleich der sichtbaren Strukturen festgestellt, das heißt dadurch, daß sie Elemente in Beziehung setzten, die homogen waren, da jedes nach dem gewählten Ordnungsprinzip als Repräsentation der anderen dienen konnte. ... Seit Jussieu, Lamarck und Vicq d'Azyr hat das Merkmal oder eher die Transformation der Struktur in ein Merkmal sich auf ein dem Gebiet des Sichtbaren fremdes Prinzip

---

59. Foucault 1974, S. 279
60. Sh. Foucault 1974, S. 279

gegründet - ein inneres, auf das reziproke Spiel der Repräsentationen nicht reduzierbares Prinzip." (61)
Was vorgängig auf dem Gebiet der Ökonomie analysiert wurde, wird nun von Foucault für das Gebiet der Organisation der Wesen, also für Biologie und Medizin, freigelegt:
Das erste Organisationsprinzip stellt dabei die Hierarchie der Merkmale dar. (Es wird fortan unterschieden zwischen primären (uniformen), sekundären (subuniformen) etc. Merkmalen.) "So ist der Same, weil die Reproduktion die Hauptfunktion der Pflanze ist, der wichtigste Teil der Pflanze, und man wird die Pflanzen in drei Klassen aufteilen können: in Nacktkeimende, Einsamenlappige und Zweisamenlappige. Auf dem Hintergrund dieser wesentlichen und »primären« Merkmale werden die anderen erscheinen und feinere Unterscheidungen einführen können. Man sieht, daß das Merkmal nicht mehr direkt der sichtbaren Struktur entnommen wird ... Es gründet sich auf die Existenz für das Lebewesen wesentlicher Funktionen und auf Beziehungen der Wichtigkeit, die nicht mehr allein von der Beschreibung abhängen." (62)
Allerdings kommt man in einer Hinsicht zur alten Theorie der Signaturen oder der Markierungen zurück, die annahm, daß die Wesen am sichtbarsten Punkt ihrer Oberfläche das Zeichen dessen tragen, was an ihnen das Wesentlichste ist. Aber nun "sind die Beziehungen der Wichtigkeit Beziehungen der funktionalen Subordination." (63)
Damit aber verändert sich auch der Begriff der Klassifikation. "Klassifizieren heißt also nicht mehr, das Sichtbare auf sich selbst beziehen, indem man einem seiner Elemente die Aufgabe überträgt, die anderen zu repräsentieren, sondern heißt, in einer die Analyse drehenden Bewegung, das Sichtbare wie auf seine tiefe Ursache auf das Unsichtbare zu beziehen, dann aus dieser geheimen Architektur wieder zu deren manifesten Zeichen hinaufzusteigen, die an der Oberfläche der Körper gegeben sind." (64)
Der Parallelismus zwischen Klassifikation und Nomenklatur löst sich auf. Dies hat u.a. zur Konsequenz, daß nun neue bzw. neu eingeteilte und be-

---

61. Foucault 1974, S. 280
62. Foucault 1974, S. 281
63. Foucault 1974, S. 281
64. Foucault 1974, S. 283

gründete 'empirische Felder' und damit wissenschaftliche Disziplinen entstehen. Deren grundlegendste Trennung besteht darin, daß sich ein "Gebiet von aposteriorischen, von empirischen Wissenschaften herauslöst, die die deduktiven Formen nur fragmentarisch und in eng begrenzten Gebieten benutzen." (65)

1.1.4.2. Die Suche nach der Entwicklung und dem festen Grund: Historizität und Anthropologie

In der Analyse der ökonomischen Theorie von Ricardo geht Foucault weiteren Dimensionen des Bruchs mit dem klassischen épistémè nach. Die neuen Empirizitäten, die durch das neue Isomorphem entstehen und durch die Begriffe Arbeit, Leben, Sprache allererst konstituiert werden, zeigen weitreichende Folgen:
Eine weitere, entscheidende Veränderung in der Archäologie des neuen Wissens ist, daß die Historizität eingeführt wird. Der Wert eines Gegenstandes wird nun nach den Produktionsbedingungen, die ihn haben entstehen lassen, bemessen. Die Produktionsbedingungen und die Entstehung des Gegenstandes in den Blick zu nehmen, wird allererst durch die Zentrierung der Analyse an einem abstrakten Begriff, dem der Arbeit, möglich. Dadurch entsteht eine gegenüber dem klassischen Episteme völlig neue Kausalkette. Es entsteht eine lineare und homogene Folge, das ist der Produktionsprozeß, und mit ihm entsteht die Historizität der modernen Analyse.
Die zweite ist die Einbettung der wissenschaftlichen Theorie in eine anthropologische Ordnung des Menschen. Foucault weist dies am modernen Verständnis des 'Mangels' nach. Im klassischen Verständnis war Mangel ein Zustand, in dem sich etwas repräsentierte, was man nicht hatte. Die Ursache des Mangels liegt in der Repräsentation. Im modernen Verständnis hingegen liegt der Mangel in

---

65. Foucault 1974, S. 303

der Unwirtlichkeit der Natur. Diese garantiert den Menschen nur durch Arbeit ihr Überleben. Es sei, so Foucault, nicht mehr das Spiel der Repräsentation, worin die Ökonomie ihr Prinzip finde, sondern sie finde ihren Ursprung in jenem gefährlichen Gebiet, in dem das Leben dem Tod gegenüberstehe. Die empirischen Wissenschaften werden also in eine anthropologische Ordnung der natürlichen Endlichkeit des Menschen eingebettet. Dadurch wiederum werden im modernen Episteme 'Bedürfnis' und 'Verlangen' in die subjektive Sphäre verlagert. Es entsteht so ein neues empirisches Feld, das wiederum die Voraussetzung von wissenschaftlicher Psychologie ist.

Die dritte markiert die Folgen, die sich aus der Durchkreuzung von Historizität und Anthropologie ergeben. Es entsteht mit dem modernen Denken ein neuer Entwicklungsbegriff, der zum ersten Mal den Stillstand der Geschichte denken kann. Im klassischen Episteme war Geschichte als immerwährende Modifikation der Elemente des Tableaus konzipiert worden. In der Moderne kann zum ersten Mal das 'Ende der Geschichte' als Gleichgewichtszustand gedacht werden. Dies tun in einer pessimistischen Variante Ricardo und in einer optimistischen Marx. Positiv gedacht wird nunmehr ein neuer Utopiebegriff wirksam. Im klassischen Denken war die Utopie eher wie ein Traum vom Ursprung. Nun wird die Geschichte, an ihrem Ende angekommen, die anthropologische Wahrheit des Menschen zum Vorschein kommen lassen. Der Utopiebegriff lebt von der Hoffnung auf eine bessere Zukunft. Auf einer archäologischen Ebene gedacht, kommt bei beiden, Ricardo und Marx, die geschichtliche Entwicklung zu ihrem Ende. Diese archäologische Chiffre der Endlichkeit der Geschichte verdankt sich der Reflexion, daß es der Mensch ist, der seine Geschichte ist. Zwar verlängert sich die Geschichte über die ursprüngliche Endlichkeit des Individuums hinaus, "hört aber nicht auf, wenigstens heimlich, die ganze Bewegung der Zivilisation zu begleiten." (66) Denn je mehr der Mensch in der Naturbeherrschung fortschreitet, umso mehr wird er mit der 'Tatsache' der Endlichkeit der natürlichen Welt, auf die er

---

66. Foucault 1974, S. 317

anthropologisch verwiesen ist, konfrontiert. Ein solcher Zustand kann sich bis zu seiner Selbstaufhebung dramatisieren.

Die empirischen Felder sind also in der Moderne durch einen spezifischen Zusammenhang von Historizität, Anthropologie und Unentschiedenheit des Werdens konstituiert.

Diese epistemische Formation weist Foucault nach der Analyse der ökonomischen Theorie nun bei Cuvier für die Naturwissenschaften nach (wie vorher bei Jussieu). Dieser löst zunächst die Unabhängigkeit des einzelnen Organs auf, um es nur noch unter seiner Funktion zu betrachten. Dies impliziert wiederum, daß der Organismus einem Plan gehorcht, denn nur von diesem Plan her läßt sich die Funktion bestimmen. Klassifikationen werden nun also nicht mehr nach Oberflächenerscheinungen vorgenommen, sondern nach Maßgabe des Plans, der selbst unsichtbar ist. Damit ist der Übergang von einem taxinomischen Begriff zum synthetischen Begriff des Lebens vollzogen und somit die Möglichkeit der Biologie als wissenschaftlicher Disziplin gegeben.

Zugleich ist auch der Zugang zu einer 'Historizität des Lebens' vorhanden. Im klassischen Denken war Geschichte des Lebens immer Geschichte auf einer vorbestimmten Bahn von Möglichkeiten. Jetzt aber, mit der bei Cuvier eingeführten Denkfigur einer planvollen Funktionalität, also einem synthetischen Begriff von Leben, kann Geschichte des Lebens als Geschichte der Aufrechterhaltung seiner Lebensbedingungen gefaßt werden. "Die Historizität ist also jetzt in die Natur oder vielmehr in das Lebendige eingedrungen. Sie ist darin aber mehr als eine wahrscheinliche Form der Abfolge. Sie bildet gewissermaßen eine fundamentale Seinsweise." (67)

Das gleiche epistemische Grundmuster weist Foucault für die Sprachwissenschaft nach, die am Beginn des 19. Jahrhunderts die Anatomie der Sprache zu entziffern beginnt (Bopp, Schlegel, Grimm).

---

67. Foucault 1974, S. 337

1.1.4.3. Selbstreflexion und Subjektivität

Die Konsequenzen, die die Trennung von Wesen und Erscheinung im Episteme des 19. Jahrhunderts zeigen, waren bisher in den neu entstehenden und neu gruppierten empirischen Feldern aufgezeigt worden. Das war unvollständig. Mit dem Auftauchen neuer empirischer Felder und ihrer modernen Erforschung geht das Auftauchen einer transzendentalen Fragestellung einher. Letztere "fragt nach den Bedingungen eines Verhältnisses zwischen den Repräsentationen dort, wo sie im allgemeinen möglich gemacht werden: sie deckt so ein transzendentales Feld auf,...". (68) Demgegenüber "fragt eine andere Form des Denkens nach den Bedingungen eines Verhältnisses zwischen den Repräsentationen auf seiten des Seins selbst, das sich darin repräsentiert findet." (69) Dieser von Foucault sprachlich schwierig vermittelte Gedankengang meint die nun auf den Plan tretende Selbstreflexion wissenschaftlicher Tätigkeiten: Foucault hat in den unterschiedlichsten empirischen Feldern (bzw. wissenschaftlichen Disziplinen) nachgewiesen, daß die Ordnung der Dinge, die durch das moderne Denken konstituiert wird, sich um Begriffe wie Arbeit, Leben, Mangel u.a. gruppiert. Diese aber verweisen auf Objekte (Arbeits-, Lebens, Selbsterhaltungskraft), die selbst nie objektivierbar sind. Auf der Seite des Objekts liegt somit bereits eine Transzendentalität: "Die Arbeit, das Leben und die Sprache erscheinen jeweils als »Transzendentalien«, die die objektive Erfahrung der Lebewesen, der Produktionsgesetze und der Formen der Sprache ermöglichen." (70) Vor jeder Erkenntnis konstituieren sie einheitliche Erkenntnisgegenstände (bzw. -felder). Es gibt somit auf der Seite des Objekts selbst außererkenntnismäßige Bedingungen der Erkenntnis. (71) Foucault ist nun der Auffassung, daß diese 'neue Positivität der Wissenschaften', die zugleich auf objektiven Transzendentalien beruht, zur ersten erkenntnistheore-

---

68. Foucault 1974, S. 300
69. Foucault 1974, S. 300
70. Foucault 1974, S. 301
71. Foucault ist der Auffassung, daß dies der Grund ist, warum sich noch nach Kant Metaphysiken entwickeln. Solche hinter Kant zurückfallende metaphysische Positionen beziehen sich unter Ignorierung der Kantischen 'subjektiven Transzendentalphilosophie' auf objektive Transzendentalien.

tischen Bestandsaufnahme des durch die Moderne hervorgebrachten Verhältnisses von Sein und Repräsentation führt. Die Transzendentalphilosophie, die die Bedingungen der Erkenntnis zum Gegenstand hat, entsteht. Von nun an bemüht sich die Moderne um die reflexive Vergegenwärtigung des eigenen Standorts. Im modernen Episteme wird die Grenze menschlicher Erkenntnis transzendentalkritisch zur Möglichkeit aller positiven Erkenntnis: "Als Grundlage aller empirischen Positivitäten und dessen, was sich der Existenz des Menschen als konkrete Begrenzung anzeigen kann, entdeckt man eine Endlichkeit, die in einem bestimmten Sinne dieselbe ist. ... Dennoch ist sie radikal eine andere. Dort manifestiert sich die Grenze nicht als dem Menschen von außen auferlegte Bestimmung ..., sondern als fundamentale Endlichkeit, die nur auf ihrer eigenen Tatsache beruht und sich auf die Positivität jeder konkreten Grenze hin öffnet." (72) Dies ist die Geburtsstunde des Subjekts. Das Subjekt bestimmt in dem zu einem Objekt eingegangenen Verhältnis durch den Akt des 'ich denke' alle formalen Bedingungen der Erfahrung rsp. der Erkenntnis. Alles Erkennen geht nun vom Subjekt aus. Handlungstheoretisch gewendet bedeutet dies, daß das Subjekt in der Moderne als ein "autonomes Handlungszentrum gedacht (wird), dem das Handeln sowohl seine Gestalt als auch seine Existenz verdankt." (73) Foucaults Archäologie versteht sich als ein Beitrag zu einer Ontologie der Gegenwart, in der erhellt wird, daß auch der moderne Diskurs ein historischer und kontingenter ist. (74)

---

72. Foucault 1974, S. 380
73. Schwemmer 1987, S. 196
74. Sh. Schäfer 1990, S. 77 - 79

1.1.5. Exkurs: Bildung als Selbstwerdung

Diese subjektphilosophische Grundlage der Moderne verlangt nach einer Entwicklungstheorie des Subjekts, die zu Beginn des 19. Jahrhunderts entsteht und die Aporien der Erziehungstheorie des achtzehnten Jahrhunderts überwindet.

Erziehung war in der Neuzeit (75) die Institution, die in einen kulturellen Bestand einführte und somit den heranwachsenden Menschen allererst mündig **machte**. Mündigkeit bestand im Wissensbesitz des kulturellen Erkenntnisstandes.

Vom Standpunkt des modernen Epistemes kann Erziehungstheorie nicht mehr erklären, wie in einem asymmetrisch bestimmten Erziehungsverhältnis ein autonomes Subjekt entstehen soll.

Das Subjekt ist ein Wesen, welches sich selbstbewußt seine Zwecke setzt, seine Verhältnisse einrichtet, Sachverhalte verändert. Nur so kann es seine Subjektivität gegenüber der Objektivität behaupten. Aber diese Behauptung der Subjektivität gegenüber der Objektivität wird in der Moderne radikaler gedacht. Selbstbewußtsein soll nämlich sicherstellen, daß der Grund der eigenen Handlungen ausschließlich im Subjekt selbst liegt. Dadurch wird das Subjekt in der Moderne zum unhintergehbaren Wesen, womit die Frage der Konstitution des Subjekts in den Mittelpunkt der Betrachtung rückt. Im Erziehungsprozeß bringt die Institution »Erziehung« das mündige Individuum hervor. Dies aber ist im modernen Episteme für das Subjekt nicht mehr denkbar. Fortan lautet die Frage: Wie kann ein Subjekt 'hervorgebracht' werden, das unbedingt sein soll? In der neuzeitlichen Erziehungstheorie war der Mensch nichts anderes als das Produkt der Erziehung; er war bedingtes. Das aber ändert sich in der Moderne entscheidend.

Die Bildungstheorie mit ihrer im Zentrum stehenden modernen Vorstellung von der Selbsterschaffung des Subjekts stellt von nun an die Entwicklungstheorie des modernen Epistemes dar. Die Moderne bringt also einen synthetischen Entwicklungsbegriff hervor. Entwicklung be-

---

75. Ich unterscheide hier und im folgenden zwischen Neuzeit (Klassik) und Moderne, weil mir dies eine sinnvollere Bezeichnung scheint, als die von Klassik und Moderne.

deutet nicht länger die Ausbildung eines tableaus von Fähigkeiten. Entwicklung wird auf eine spezifische, fundamentale Funktion des modernen Menschen, auf seine Subjektivität, ausgelegt.
Fortan ist Bildungstheorie immer Theorie der Selbstwerdung des Subjekts und somit ein wesentliches Moment der grundlegenden Struktur des modernen Epistemes.
Die moderne Entwicklungsvorstellung wird in dieser Untersuchung im zweiten Abschnitt systematisch aufgenommen. Bevor dies geschieht, muß aber auf die postmoderne Dekonstruktion des Subjekts eingegangen werden. Die Foucaultsche 'Archäologie' der Wissensformen läuft nämlich auf das Resultat heraus, daß das in der Moderne transzendental konzipierte Subjekt nicht mehr widerspruchsfrei zu denken ist. Sollte dies zutreffen, würde der Bildungstheorie die subjektphilosophische Grundlage entzogen.

1.2. Sein, Endlichkeit und Unendlichkeit: die Dekonstruktion des Subjekts

Dem Subjekt kommt in der Moderne eine die Welt zentrierende Aufgabe zu. Das Subjekt erkennt sich selbst und mit dieser Selbsterkenntnis wird Geschichte im ganzen in der gleichen Weise als Produkt gefaßt, wie die Welt von Gegenständen als das Resultat menschlicher Vergegenständlichung durchschaut wird: "Der Singular des Subjekts, dem die konstitutiven Leistungen sowohl der Erzeugung von Gegenständen möglicher Erfahrungen als auch der Emanation von Ereignissen historischen Charakters zugemutet wird, verbürgt die Einheitlichkeit und dadurch die Kontinuität des geschichtlichen Geschehens;...". (76) Das Subjekt zentriert damit die Vielgestaltigkeit der Welt. Das Subjekt aber, so zeigen die Erkenntnisse der modernen Humanwissenschaften, allen voran die Psychoanalyse, ist empirisch dazu selbst nicht in der Lage. Deshalb ist das Sub-

---

76. Honneth 1986 a, S. 134

jekt erkenntnistheoretisch als eine transzendental gedachte Instanz konzipiert. Hier scheint die seit Kant existierende doppelte Stellung des Ichs auf, das gleichzeitig die 'Stellung eines empirischen Subjekts in der Welt einnimmt, wo es sich als Objekt unter anderen Objekten vorfindet'. (77) Zugleich ist es transzendentales Subjekt gegenüber der Welt im ganzen. Als empirischer Gegenstand taucht nun auf der Grundlage des modernen Epistemes der Mensch auf. Er, der transzendentaler Grund von Erkenntnis ist, wird Objekt der Wissenschaft. Es entstehen die Humanwissenschaften. In diesen humanwissenschaftlichen Forschungen kommt mit der Moderne eine neue Endlichkeit, die den empirischen Begrenzungen des Menschen vorgeordnet ist, zum Vorschein. Gemeint ist die Erkenntnis der fundamentalen Endlichkeit des Menschen. "Das heißt, daß jede dieser positiven Formen, in denen der Mensch erfahren kann, daß er endlich ist, ihm nur auf dem Hintergrund seiner eigenen Endlichkeit gegeben ist. ... Die Seinsweise des Lebens und das, was bewirkt, daß das Leben nicht existiert, ohne mir seine Formen vorzuschreiben, sind mir fundamental durch meinen Körper gegeben. Die Seinsweise meiner Produktion, das Lasten ihrer Bestimmungen auf meiner Existenz sind mir durch mein Verlangen gegeben. Die Seinsweise der Sprache, die ganzen historischen Furchen, die die Wörter in dem Augenblick aufleuchten lassen, in dem man sie ausspricht, und vielleicht in einer noch unwahrnehmbareren Zeit, werden mir nur entlang der feinen Kette meines sprechenden Denkens gegeben." (78) Die moderne Wissenschaft, die sich dem Menschen nun zuwendet und ihm erkenntnistheoretisch einen besonderen Platz zuschreibt, dezentriert jedoch damit das Subjekt, indem sie deutlich werden läßt, daß es keine exponierte, voraussetzungslose Position mehr einnimmt: Das Subjekt ist entgegen dem Selbstverständnis der Moderne nicht länger das voraussetzungslose Subjekt. Vielmehr bringt das moderne épistémè den Menschen als 'Naturwesen' hervor: Er ist ein Wesen, "das von objektiven Strukturen geprägt ist, als ein cogito ohne das obligate ergo sum." (79) Das Subjekt steht nun einem "Objekt nicht klar abgegrenzt als Subjekt gegenüber, vielmehr besteht seine Subjektivität nur darin, daß es »hinter seinem Rücken« von Objektivitäten

---

77. Sh. Habermas 1986 b, S. 308
78. Foucault 1974, S. 380
79. Münster 1987, S. 28

durchkreuzt wird, die sich in ihm und die es transformieren." (80) Der Mensch der Moderne ist für Foucault als eine 'seltsame, empirisch-transzendentale Dublette' konzipiert. Dies bedeutet, die "Bedingungen der Erkenntnis verweisen auf ein Wesen, das selbst empirischer Inhalt der Erkenntnis ist." (81)

Diese widersprüchliche Subjektkonzeption der Moderne zeigt nach Foucault erhebliche Folgen. Eine, wenn nicht die wesentlichste, ist im Verhältnis von Denken und Sein anzusiedeln. Indem die symbolische Ordnung von der Moderne als eine nachweisbare und kritisierbare Beziehung zwischen Wirklichkeit und Theorie angesehen wurde, konnte immer ein fester archimedischer Punkt, eine Grundlage allen Wissens und damit Sinnkonstitution angenommen werden. Wenn es aber nun eine dem Menschen vorgelagerte, ihn determinierende Realität gibt, dann sind die Bedingungen, unter denen das Selbstbewußtsein zur Selbstgewißheit kommen konnte, nicht mehr vorhanden. Dort, wo diese subjektphilosophische Grundlage negiert wird, sind "demzufolge keine verbindlichen Aussagen über die Wirklichkeit möglich." (82) Der Mensch ist vielmehr mit einem, ihm immer schon Vorgelagerten, mit dem Ungedachten, dem Unbewußten, der Entfremdung konfrontiert. Dieser Verlust der Realität führt wiederum zu einer entscheidenden Konsequenz.

Mit der Loslösung der empirischen Inhalte von der Repräsentation (Erscheinung) im modernen Isomorphem, womit die Inhalte das Prinzip ihrer Existenz in sich selbst enthüllten, sollte sich im 19. Jahrhundert die Notwendigkeit einer Metaphysik auflösen. Jetzt sollte die Unendlichkeit in der Endlichkeit selbst festgemacht werden. Auf der Grundlage dieses Menschenbildes hat das moderne Denken in der Analyse des Erlebten versucht, die Spaltung zwischen positivistischem und eschatologischem Denken zu überwinden (Psychologie und Anthropologie). Die Frage lautet nun nicht mehr, "wie die Erfahrung der Natur notwendigen Urteilen Raum gibt, sondern wie es kommt, daß der Mensch denkt, was er nicht denkt, wie er auf die Weise einer stummen Besetzung in dem wohnt, was ihm entgeht, in einer Art geronnenen Bewegung jene Gestalt seiner selbst

---

80. Seitter 1987, S. 117
81. Marti 1988, S. 32
82. Reijen 1988, S. 380

belebt, die sich ihm in der Form einer hartnäckigen Exteriorität präsentiert." (83)
Nun wird auch das Cogito Descartes' neu gedacht. Es gibt nun keine Evidenz mehr, sondern immer nur das Fragen nach dem im Denken nicht Gedachten. "Es ist das An sich gegenüber dem Für sich in der Hegelschen 'Phänomenologie' gewesen, es ist das Unbewußte für Schopenhauer gewesen. Für Marx war es der entfremdete Mensch, in den Analysen von Husserl das Implizite, das Unaktuelle, das Sedimentierte, das Nichtausgeführte: auf jeden Fall die unausschöpfliche Unterlage, die sich dem reflexiven Denken als die wirre Projektion dessen, was der Mensch in seiner Arbeit ist, bietet, die aber ebensowohl die Rolle des im Vorhinein bestehenden Hintergrundes spielt, von wo aus der Mensch sich selbst sammeln und sich zu seiner Wahrheit bringen muß." (84) Dies ist nun eine zentrale Bestimmung des Wesens der Subjektivität, die sich aufgrund der archäologischen Untersuchung ergibt: "Es wird nämlich dadurch unterstellt, daß Subjektivität immer in der Position eines Eingesetzten, genauer: in der Position eines durch eine symbolische Ordnung Instituierten, sich befindet. Der Blick, unter dem wir unsere Welt und uns selbst erschließen, ist ein vom unhintergehbaren Apriori der epistemischen Struktur uns Eingesetztes oder, wörtlich verstanden, Inokultiertes. Wir sehen, wenn eine symbolische Ordnung in uns schon eingegriffen hat; danach ist es zu spät, uns für die Instituenten dieser Sicht zu erklären." (85) Mit anderen Worten stößt der Mensch in seiner Erkenntnistätigkeit immer auf das, was seiner Erkenntnis vorgelagert ist, ohne dieses Vorgelagerte durchdringen zu können. "Die letzte Konsequenz ist der Verlust des Ursprungs, denn der Mensch existiert unter Voraussetzungen, die sich im Dunkel einer mit seiner Biographie nicht identischen Geschichte verlieren: Gemeint sind biologische Prozesse, institutionalisierte Formen des Wirtschaftens, etablierte Sprachen." (86)

Die hier nachgezeichnete Entwicklung dieser Veränderungen bis zum épistémè der Moderne wird im Selbstverständnis der Moderne als Fort-

---

83. Foucault 1974, S. 390
84. Foucault 1974, S. 394
85. Frank, M. 1984, S. 197
86. Marti 1988, S. 33

schreiten von Rationalität verstanden. Foucault jedoch sperrt sich angesichts der von ihm angewandten archäologischen Methode gegen diese Auffassung und verweist darauf, daß sich die Bedeutung der Repräsentation verändert und mit dieser Bedeutungsveränderung eine entscheidende Unfähigkeit der Moderne ergeben hat. Die in der Moderne etablierte Bedeutung des Subjekts läßt sich auch als ein Repräsentationsproblem fassen. In dem Augenblick, in dem das "metaphysische Siegel der Korrespondenz zwischen Sprache und Welt zerbricht, wird die Repräsentationsfunktion der Sprache selbst zum Problem: das vorstellende Subjekt muß sich zum Objekt machen, um sich über den problematischen Vorgang der Repräsentation selbst Klarheit zu verschaffen." (87) Das sich selbstreflexiv vergewissernde Subjekt wird, nach dem Selbstverständnis der Moderne, zum einzigen Fundament von Erkenntnis. Dem entspricht ein gegenüber der Neuzeit grundlegend veränderte Funktion der Sprache. Diese repräsentiert nicht mehr die Objekte, sondern wird zu einem autonomen Regelsystem, das sich nicht auf reine Repräsentationsfunktionen reduzieren läßt. Dadurch repräsentieren die Elemente der Sprache nicht mehr die Elemente der Welt. In der Moderne wird die Repräsentation durch die Analytik ersetzt: "Dagegen steht die Analyse der Seinsweise des Menschen, ..., nicht innerhalb der Theorie einer Repräsentation. Es ist im Gegenteil ihre Aufgabe, zu zeigen, wie die Dinge im allgemeinen der Repräsentation gegeben werden können ..." (88) Die Analytik ersetzt die Repräsentation, die wir seit Kant das Bemühen nennen, "zu zeigen, auf welchen Grundlagen Repräsentation und die Analyse der Repräsentation möglich und in welchem Ausmaß sie legitim sind." (89) Die Probleme moderner Erkenntnistätigkeit werden also von Foucault als Folge des modernen Isomorphems gesehen, das im Wesentlichen durch eine gegenüber dem klassischen Episteme veränderten Status der erscheinenden Phänomene zustandekommt:
"Die Repräsentation hat die Kraft verloren, von ihr selbst ausgehend, in ihrer eigenen Entfaltung und durch das sie reduplizierende Spiel die Bande zu stiften, die ihre verschiedenen Elemente vereinen können. Keine Zusammensetzung, keine Zerlegung, keine Auflösung in Identitä-

---

87. Habermas 1985, S. 306
88. Foucault 1974, S. 406
89. Dreyfus/Rabinow 1987, S. 53

ten und Unterschiede kann mehr die Verbindung der Repräsentationen miteinander rechtfertigen. Die Ordnung, die Tabelle, in der sie sich räumlich aufteilt, die von ihr definierten Nachbarschaften, die von ihr als ebenso viele mögliche Wege (parcours) zwischen den Punkten an ihrer Oberfläche gestatteten Abfolgen vermögen nicht mehr, die Repräsentationen oder die Elemente jeder einzelnen untereinander zu verbinden. Die Bedingung dieser Verbindungen ruht künftig außerhalb der Repräsentation, jenseits ihrer unmittelbaren Erscheinung (visibilité), in einer Art Hinterwelt, die tiefer und dicker als sie selbst ist." (90)
Diese Veränderung der Repräsentation bringt nun allererst das Subjekt hervor: Einerseits gibt es die Dinge mit ihrer eigenen Ordnung, ihrer eigenen Struktur, ihrer inneren Kohäsion. Davon abgetrennt gibt es die Repräsentation, quasi die Erscheinung des Dings "in der sie sich stets stückweise einer Subjektivität, einem Bewußtsein, dem einzelnen Bemühen um Erkenntnis, dem »psychologischen« Individuum ankündigen, das vom Grunde seiner eigenen Geschichte oder ausgehend von der Tradition, die man ihm überliefert hat, zu wissen versucht. Die Repräsentation ist auf dem Wege, nicht mehr die den Dingen und der Erkenntnis gemeinsame Seinsweise definieren zu können. Das eigentliche Wesen dessen, was repräsentiert wird, wird jetzt aus der Repräsentation selbst herausfallen." (91) Damit ist es nun die neuzeitliche Subjektivität des reflektierenden Menschen, die diese unendliche Aufgabe, zwischen Repräsentation (Erscheinung) und Wesen zu vermitteln und so allererst eine Einheit zu stiften, lösen muß. "An ihre Stelle kann das menschliche Individuum nun deswegen selber treten, weil es infolge einer Transformation des gesamten Wissenssystems mit einem Mal zum konstitutiven Teil nicht nur der Subjekt-, sondern auch der Objektseite von Erkenntnis wird, nämlich zur transzendentalen Bedingung der Möglichkeit einer wiederum auf den empirischen Menschen und seine Welt gerichteten Erkenntnis." (92) Diese »Erkenntnisarchäologie« ist die Geburtsstunde einer neuen wissenschaftlichen Disziplin, der Bildungstheorie, die die Subjektkonstitution an diese Aufgabe bindet.

---

90. Foucault 1974, S. 294 - 295
91. Foucault 1974, S. 295 - 296
92. Honneth 1986 a, S. 130 - 131

Aber diese Vermittlung von Erscheinung und Wesen ist wiederum nur denkbar, wenn der Mensch als transzendentales Wesen gefaßt wird. Das war die Leistung Kants gewesen, der in seiner Erkenntnistheorie die Beschränkung eines endlichen Erkenntnisvermögens zu transzendentalen Bedingungen einer ins Unendliche zielenden Erkenntnis umdeutet: "Die Moderne beginnt mit der unglaublichen und unpraktikablen Vorstellung von einem Wesen, das kraft seiner Versklavung Souverän ist, einem Wesen, dessen Endlichkeit es ihm erlaubt, die Stelle Gottes einzunehmen." (93) Aber als ein solches Wesen ist der Mensch eben durch jenes épistémè des 19. Jahrhunderts lange desavouiert. Er wird als positiver Gegenstand von Wissenschaft nicht als dieses transzendentale Subjekt, sondern als empirisches Subjekt gesehen. Der Mensch wird zu einer empirisch-transzendentalen Duplette, einem sich ins Unendliche transzendierenden, endlichen Subjekt.

Die Analyse dieser Subjektkonstitution führt zur zentralen These Foucaults. Hier beginnt sich für den Autor der 'Archäologie des Wissens' ein Begriff des erkennenden Subjekts zu konstituieren, der die Moderne in eine Reihe von Aporien hineintreibt. Deren wesentlichste ist die Verdopplung des Subjekts in ein empirisches und in ein transzendentales Wesen. Als ersteres ist es Gegenstand und als letzteres Garant von Erkenntnis.

Über eine solche Einsicht, wie sie hier in postmodernistischer Auffassung vertreten wird, verfügt die Moderne selbst nicht. Der Drang, aus dem instabilen, widersprüchlichen modernen Subjektmodell auszubrechen, macht sich nach Foucault, ohne die postmoderne Einsicht, als der Wille zu einer ungebremsten Wissensanhäufung, als Wille zur Wahrheit bemerkbar. "Dieser Wille zur Wahrheit ist nun für Foucault der Schlüssel zum inneren Zusammenhang von Wissen und Macht. Die Humanwissenschaften besetzen das Terrain, das durch die aporetische Selbstthematisierung des erkennenden Subjekts erschlossen worden ist. Sie errichten mit ihren prätentiösen und niemals eingelösten Ansprüchen die Fassade eines allgemeingültigen Wissens, hinter der sich die Faktizität des schieren Willens zur bodenlos produktiven Wissensteigerung, in deren

---

93. Dreyfus, Rabinow 1987, S. 54

Sog sich Subjektivität und Selbstbewußtsein allererst bilden." (94) Die Transformation, die Foucault von dem 'Willen zur Wahrheit' zum 'Willen zur Macht' vornimmt, also den Wechsel von einer archäologischen zu einer genealogischen Fragestellung, wollen wir hier nicht weiter verfolgen. Sie markiert aber den Zusammenhang seiner 'Archäologie des Wissens' mit seinen späteren Untersuchungen über Psychiatrie und Sexualität. Hier soll es vielmehr um den wissenschaftstheoretischen Status der Humanwissenschaften gehen, der sich aus diesem Gedankengang ergibt.

In der 'Archäologie des Wissens' geht Foucault nun den Folgen dieser Aporie für die Humanwissenschaften nach. Der epistemische Bruch hat danach zur Folge, daß den Humanwissenschaften kein eigentlich existierendes erkenntnistheoretisches Feld vorgegeben ist: "Das achtzehnte Jahrhundert hat den Humanwissenschaften unter dem Namen des Menschen oder der Natur keinen von außen umschriebenen, aber noch leeren Raum überliefert, den in der Folge zu bedecken und zu analysieren sie zur Aufgabe gehabt hätten." (95) Dies einfach deshalb, weil es im achtzehnten Jahrhundert den Menschen als wissenschaftlichen Gegenstand noch nicht gegeben habe. Wie aber, so fragt Foucault, haben sich die Humanwissenschaften ihr erkenntnistheoretisches Feld schaffen können?

Das moderne erkenntnistheoretische Feld ist nach ihm auf drei Dimensionen angeordnet. In einer ersten Dimension siedelt er die mathematischen und nichtmathematischen Naturwissenschaften an, für die die Folge immer eine deduktive und lineare Verkettung evidenter oder verifizierbarer Aussagen sei. In einer zweiten Dimension existieren wissenschaftliche Disziplinen (Biologie, Ökonomie, Sprachwissenschaft), die diskontinuierliche, aber analoge Elemente in Beziehung setzen, so daß sie untereinander kausale Relationen und Strukturkonstanten errichten können. Auf einer dritten Dimension ordnet Foucault die philosophische Reflexion an, die sich als Denken des Gleichen entwickelt. Jede der drei Dimensionen steht in einem Zusammenhang mit den anderen Dimensionen. Die Humanwissenschaften entstehen im Zwischenraum dieser drei

---

94. Habermas 1986 b, S. 307
95. Foucault 1974, S. 413

Dimensionen. Deshalb sind sie stets in einer wissenschaftlichen Unsicherheit befangen.

Die Humanwissenschaften konstituieren sich, indem sie sich die durch Ökonomie, Sprachwissenschaft und Biologie entstehende Perspektive des arbeitenden, sprechenden und sich reproduzierenden Lebewesens zu eigen machen. Sie untersuchen den Menschen als ein, im modernen Sinne, lebendiges Wesen: "Die Humanwissenschaften wenden sich in der Tat insoweit an den Menschen, als er lebt, spricht und produziert."(96) Aber Gegenstand dieses Typus von Wissenschaften sind Objektbereiche, die durch die Subjektivität der Menschen konstituiert sind. Bei den Gegenständen handelt es sich um jene "Schicht von Verhaltensweisen, Benehmen, Attitüden, bereits vollzogenen Gesten, bereits ausgesprochenen oder geschriebenen Sätzen, innerhalb deren sie vorab ein erstes Mal denen gegeben worden sind, die handeln, sich verhalten, tauschen, arbeiten und sprechen." (97) Das Wissen der Humanwissenschaften ist, für Foucault, eben durch ein sich selbst setzendes Subjekt auch jederzeit instrumentalisierbar.

Die eigentümliche Zwischenstellung der Humanwissenschaften führt zu einer methodischen Anleihe bei der Biologie durch die Psychologie. Der ersten entnimmt die Psychologie das Modell des Menschen, in dem dieser als ein Wesen mit Funktionen aufgefaßt wird.

Die Soziologie orientiert sich an den Methoden der Ökonomie. Hier herrscht die Vorstellung, der Mensch sei ein mit Bedürfnissen ausgestattetes Wesen, welches dann Interessen vertritt, die im Gegensatz zu anderen Interessen anderer Menschen stehen. Der Konflikt spielt in diesem Modell eine entscheidende Rolle.

Die Literaturwissenschaft orientiert sich an der Sprachwissenschaft. Menschliches Verhalten bzw. menschliche Objektivationen erscheinen als etwas, das Bedeutung hat: "Seine geringsten Gesten haben bis hinein in ihre unfreiwilligen Mechanismen und bis zu ihrem Mißlingen eine Bedeutung." (98) Foucault ist der Auffassung, daß die Geschichte der Humanwissenschaften seit dem 19. Jahrhundert diesen drei Modellen folgt: Zunächst wird im beginnenden 19.Jahrhundert der Mensch in

---

96. Foucault 1974, S. 421
97. Foucault 1974, S. 425
98. Foucault 1974, S. 428

Termini des funktionalen (Comte), dann in Begriffen des ökonomischen (Marx) und am Ausgang des Jahrhunderts in der Logik des philologischen Modells (Freud) gedacht. Der Mensch ist für die Humanwissenschaften lediglich, weil er im Episteme angelegt ist. Dieses Episteme aber ist eine historische Disposition, die ebenso wieder verschwinden kann. Dann aber, endet Foucault, "kann man sehr wohl wetten, daß der Mensch (das Subjekt - HJF) verschwindet wie am Meeresufer ein Gesicht im Sand." (99)

Das Verschwinden des Menschen sieht Foucault voraus, weil das am Ende des 18. Jahrhunderts auftauchende moderne Episteme durch eine Verdopplung der Frage nach der Möglichkeit von Erkenntnis gekennzeichnet ist. Im 19. Jahrhundert treten mit den Realwissenschaften und der transzendentalen Fragestellung zwei korrespondierende Entwicklungen mit gegensätzlichen Positionen auf, die nach den Bedingungen des modernen Erkenntnismodells fragen: "Man sucht so nach den Bedingungen der Möglichkeit für die Erfahrung in den Bedingungen der Möglichkeit des Objekts und seiner Existenz, während man in der transzendentalen Reflexion die Bedingungen der Möglichkeit der Erfahrungsgegenstände mit den Bedingungen der Möglichkeit der Erfahrung selbst identifiziert." (100) Erkenntnis- und wissenschaftstheoretische Entwicklungen des 19. Jahrhunderts verdanken sich dieser gedoppelten Frage nach der Möglichkeit von Erkenntnis.

In dieser Situation ergeben sich auf drei Ebenen widersprüchliche Entwicklungslinien: Einmal greift der Empirismus jene Trennung von Wesen und Repräsentation mit dem Argument der Überprüfbarkeit an, die in dem épistémè des 19. Jahrhunderts nun zum Problem wird. Da aber diese Trennung selbst nicht auf der Grundlage der Moderne rückgängig gemacht werden kann, schlägt der Positivismus in eine Metaphysik um bzw. er bedingt diese, da er vorgängig diese Unterscheidung machen muß.

Diese Metaphysik des Objekts (Wort Gottes, Willen, Leben) kann allerdings nur deshalb entstehen, weil bestimmte Objekte vorab aus dem Feld

---

99. Foucault 1974, S. 462
100. Foucault 1974, S. 301

der Repräsentation (Gott, Wunder etc.) ausgegrenzt worden sind. (101) Somit wird ein neues Feld der Metaphysik eröffnet.

Ein zweites Gegensatzpaar wird auf einer anderen Ebene hervorgebracht: Auf der einen Seite handelt es sich um den Versuch, ein einheitliches erkenntnistheoretisches Feld zu rekonstruieren: "die Klassifizierung der Wissensgebiete ausgehend von der Mathematik, die zur Erreichung des Komplexesten und am wenigsten Exakten hergestellte Hierarchie, die Reflexion über empirische Induktionsmethoden und die Anstrengung sie gleichzeitig philosophisch zu begründen und unter formalem Gesichtspunkt zu rechtfertigen, der Versuch, die Gebiete der Biologie, der Ökonomie und schließlich der Linguistik selbst zu reinigen, zu formalisieren und vielleicht zu mathematisieren." (102) Es handelt sich dabei um den Versuch, mit dieser Formalisierung einen Akt der reflexiven Bewußtmachung der Voraussetzungen der Humanwissenschaften in Gang zu setzen, um jenen Prozeß der Bewußtmachung von Vorgegebenheiten weiterzutreiben, mit dessen Hilfe diese Wissenschaften sich selbst transparent machen sollen.

"Die entferntesten und für uns die am schwierigsten zu umgehenden Folgen des grundlegenden Ereignisses, das der abendländischen episteme gegen Ende des achtzehnten Jahrhunderts widerfuhr, können so zusammengefaßt werden: Negativ isoliert sich das Gebiet der reinen Erkenntnisformen, nimmt gleichzeitig Autonomie und Souveränität im Verhältnis zu jedem empirischen Wissen an, läßt den Plan der Formalisierung des Konkreten und der Konstituierung reiner Wissenschaften entgegen allem entstehen und immer wieder entstehen; positiv verbinden sich die empirischen Gebiete mit Reflexionen über die Subjektivität, das menschliche Wesen und die Endlichkeit, nehmen sie Wert und Funktion

---

101. Hier wird deutlich, wie die zunehmende Ausdehnung einer subjektzentrierten Rationalität und die Ausdehnung der Anwendung dieses Rationalitätstypus auf verschiedene Lebensfelder das Problem des Mythos selbst nicht löst. Weil nämlich sich das moderne Subjekt absolut setzt, kann es zugleich diese seine transzendentale Bestimmung ins Transzendente 'verlängern'. Damit ergeben sich lediglich veränderte Formen des Verhältnisses von Rationalität und Mythos. Insofern ist Foucault im Resultat zuzustimmen, wenn er die Vorstellung einer zunehmenden Rationalität verwirft.
102. Foucault 1974, S. 303

von Philosophie ebensowohl an wie von Reduzierung der Philosophie oder von Gegenphilosophie." (103)
Der Versuch, durch die Freilegung der humanwissenschaftlichen Voraussetzungen einen 'festen Grund' der Erkenntnisse über den Menschen zu gewinnen, provoziert auf der anderen Seite unweigerlich die nihilistische Versicherung der Unmöglichkeit dieses Unterfangens. Diese argumentiert mit der Annahme einer 'irreduziblen Spezifität des Lebens' oder der Behauptung von einem besonderen Charakter der Humanwissenschaften, wobei beide Male die methodologische Reduktion des épistémès in Frage gestellt wird.

Die dritte widersprüchliche Bewegung findet sich in den Wissenschaften, die die Frage nach dem Ursprung des Menschen stellen. Der Mensch des 19. Jahrhunderts kann nicht mehr von einem ersten Ursprung aus denken. "In der Tat entdeckt sich der Mensch nur als mit einer bereits geschaffenen Geschichtlichkeit verbunden: er ist niemals Zeitgenosse jenes Ursprungs, der durch die Zeit der Dinge hindurch sich abzeichnet und sich verheimlicht." (104) Die Moderne versucht in ihren Humanwissenschaften aber jenes Ursprüngliche, Schöpferische des Menschen freizulegen, um, nach Foucault, aber immer wieder zurückgestoßen zu werden: "Weit entfernt davon, zu einem realen oder virtuellen Gipfel der Identität zurückzuführen oder auch nur darauf hinzuzielen, weit entfernt davon, den Moment des Gleichen anzuzeigen, indem die Dispersion des Anderen noch nicht am Werke war, ist das Ursprüngliche im Menschen das, was von Anfang an ihn nach etwas anderem gliedert als ihm selbst." (105) Auf diese Einsicht reagiert die Moderne mit einer Geschichtsphilosophie, die von der Grundfigur einer reicheren Rückkehr aus der Fremde zum Ursprung lebt. Diesen Zweig repräsentieren Schelling, Marx und Lukacs. Zugleich aber taucht in der Philosophie des Abendlandes, etwa mit Hölderlin, Nietzsche und Heidegger, immer auch die Antipode zu diesem Denken auf, in dem auf die adventistische Zukunft der noch ausstehenden Wiederkehr des Ursprungs des Menschen hin gedacht wird.

---

103. Foucault 1974, S. 306
104. Foucault 1974, S. 398
105. Foucault 1974, S. 399

Dem Verlust des Ursprungs des Menschen im modernen Denken will Foucault in seiner eigenen Analyse entgehen, indem er nicht mehr nach den Ursprüngen, sondern nach den Brüchen sucht: "Deshalb soll die Genealogie nicht nach einem Ursprung fahnden, sondern die kontingenten Anfänge der Diskursformationen aufdecken, die Vielfalt der faktischen Herkunftsgeschichten analysieren und den Schein von Identität, erst recht die vermeintliche Identität des geschichtsschreibenden Subjekts selber ... auflösen: »Wo sich die Seele zu einen behauptet, wo sich das Ich eine Identität oder Kohärenz erfindet, geht die Genealogie auf die Suche nach dem Anfang ... Die Analyse der Herkunft führt zur Auflösung des Ich und läßt an den Orten und Plätzen seiner leeren Synthese tausend verlorene Ereignisse wimmeln.«" (106)

Indem sich die Humanwissenschaften also auf einen Objektbereich einlassen, in dem sich der Mensch zu seinen eigenen Objektivationen verhält, geraten sie umso mehr in die doppelte Konstitution des abendländischen Subjekts. Mit beiden Entwicklungen aber löst sich das anthropologische Denken, das Denken, welches den Menschen als das Ursprüngliche nimmt, auf.

Allerdings gelingt eine solche von Foucault vorgenommene Verabschiedung des Subjekts nur auf der strukturalistischen Grundannahme, daß das épistémè eine dem Menschen präexistente Struktur darstellt, die die Diskurse festlegt und es nicht das Erfahrung verarbeitende, erkennende Subjekt ist, das diese Struktur hervorbringt. Damit wird auch deutlich, wieso Foucault die Auffassung vertritt, die Moderne habe die Identität des Menschen als ihr eigentliches Ziel, verloren, da sie ihn, indem sie ihn als empirisches Wesen untersuchte, als das unbedingte Wesen, als das er als Erkennender gedacht wird, aufgelöst hat. "Weder in der Dimension der Natur, noch in der Dimension der Geschichte vermag der Mensch das ihn Bedingende einzuholen, sondern einzig einen nie an sein Ende kommenden Prozeß der Wissensanhäufung in Gang zu setzen." (107)

Die erkenntnistheoretisch konstituierte transzendentale Duplette, die der Mensch in der épistémè der Moderne darstellt, treibt vornehmlich die

---

106. Habermas 1986 b, S. 293 - 294
107. Bürger, P. 1987, S. 115

Humanwissenschaften in die Selbstauflösung: "Die abendländische Kultur hat unter dem Namen des Menschen ein Wesen konstituiert, das durch ein und dasselbe Spiel von Gründen positives Gebiet des Wissens sein muß und nicht Gegenstand der Wissenschaft sein kann." (108)
Damit hat sich die Moderne für Foucault selbst an ihr Ende gebracht. Das wird besonders in der modernen Ethik deutlich:
Außerhalb der religiösen Moral hat das Abendland am Beginn der Moderne eine Ethik hervorgebracht, in der qua Erkenntnis der Gesetze der Welt (Natur) Prinzipien des ethischen Verhaltens deduziert wurden.
Im Ausgang der Moderne kann diese im Grunde keine Moral außer der Bewußtwerdung, der Aufdeckung des Verschwiegenen, des Denkens des Denkens, der Aufforderung, eine Wahl zu treffen außerhalb der Moral und der Tugend, mehr vorschlagen.

Das Foucaultsche Denken charakterisiert das Ende der Moderne als das absolut Leere. Deleuze hat den Ausweg, den Foucault aus dieser Leere gesucht hat, charakterisiert: "Es gäbe nur dann einen Ausweg, wenn das Außen in einer Bewegung erfaßt würde, die es der Leere entreißt, einer Bewegung, die es vom Tode abbringt. Dies wäre gleichsam eine neue Achse, die zugleich von der des Wissens und der der Macht unterschieden wäre. ... Foucault empfand die Notwendigkeit einer allgemeinen Umarbeitung, um diesen Pfad zu entwirren, ...: diese Umarbeitung stellt Foucault in der allgemeinen Einleitung zum Gebrauch der Lüste vor." (109) Mit dem 'Gebrauch der Lüste' als dem neuen nachmodernen Prinzip der Zentrierung würde auch das Subjekt verschwinden und mit ihm die es zentrierende Kraft: Rationalität. Würde letztere verabschiedet, so versänke auch jener Vorgang im Treibsand der Geschichte, mit dem sich das Subjekt selbst hervorbringt: Bildung.

---

108. Foucault 1974, S. 439.
109. Deleuze 1987, S. 134

1.2.1. Exkurs: Bildung als Selbstverlust des Menschen

Bildung als der Prozeß der Selbsterschaffung und -werdung des Subjekts bringt nach Foucault notwendig das Gegenteil des Intendierten hervor:
In dem Versuch, in der rationalen Auseinandersetzung mit der Welt sich selbst hervorzubringen, muß sich der Mensch in einer Metaphysik verlieren.
In dem Versuch, qua radikaler Formalisierung der ihn bedingenden Voraussetzungen sich selbst als unbedingtes zu konstituieren, muß er sich zugleich in seiner Spezifität verfehlen.
In dem Versuch, sich selbst als ursprüngliche Identität zu setzen, verliert der Mensch sich selbst in der Nichtidentität.
Der Bildungsprozeß versickert nach Foucault im feinen durchlässigen Sand des Strandes und mit ihm verliert sich das moderne Subjekt, das sich als nicht mehr als ein einzelnes Sandkorn in der unendlichen Anzahl der Sandkörner erweist.

2. Der Verlust der großen Sprachspiele

Im Gegensatz zu Foucault, der in strukturalistischer Analyse das Verhältnis von Zeichen und Bezeichnetem untersucht, versucht Lyotard, die Legitimation der in einer Epoche vorherrschenden Wissensform seiner Untersuchung über »Das postmoderne Wissen« zugrundezulegen. (1)
Lyotard gelangt in dieser Untersuchung zu einer Abkehr von den 'großen Erzählungen', unter denen er die aufklärerische von der Emanzipation, die idealistische von der Verwirklichung des Geistes und die historistische von der Hermeneutik des Sinns versteht. Er vertritt die Auffassung, daß

---

1. In »Le Different«, seinem philosophischen Hauptwerk, versucht er sprachanalytisch die Unmöglichkeit eines rational gestifteten Metadikurses nachzuweisen.

die condition postmoderne 'lediglich' nicht überdauernde Legitimationen, die 'kleinen Erzählungen', zulasse, die gleichwohl auf eine 'Metaerzählung' der Versöhnbarkeit von Technik und Gerechtigkeit verwiesen. (2)
Lyotards scheinbarer Gegenstand ist die Beschaffenheit des Wissens in den höchstentwickelten Gesellschaften, welche Lyotard postmodern nennt. (3) Dieses Wissen untersucht er aber unter einer modernitätstheoretischen Perspektive. Sein Interesse gilt der Frage, inwiefern die heutigen 'Sprachspiele' postindustrieller Gesellschaften und postmoderner Kultur Ausdruck systematischer Antinomien der Moderne sind.
Der Autor ist der Auffassung, der Diskurs der Moderne, besser dessen eigentliche Legitimationsbasis, sei in der Einbettung der Wissenschaften in einem humanen Zusammenhang zu sehen. Die Skepsis gegenüber diesem Diskurs, die sich augenblicklich ausbreite, ist für Lyotard das Resultat des Fortschritts der Wissenschaften selbst, aber zugleich ist es deren Krise und damit auch die Krise ihrer Institution, der Universität.
"Unsere Arbeitshypothese ist die, daß das Wissen in derselben Zeit, in der die Gesellschaften in das sogenannte postindustrielle und die Kulturen in das sogenannte postmoderne Zeitalter eintreten, sein Statut wechselt." (4) Diesen Statuswechsel gilt es im folgenden zu charakterisieren.
Die Wissenschaften haben seit etwa vierzig Jahren die Sprache zum Gegenstand: "Die Phonologie und die linguistischen Theorien, die Probleme der Kommunikation und die Kybernetik, die modernen Algebren und die Informatik, die Computer und ihre Sprachen, die Probleme der Sprachübersetzung und die Suche nach Vereinbarkeiten zwischen Sprachen - Automaten, die Probleme der Speicherung und die Datenbanken, die Telematik und die Perfektionierung 'intelligenter' Terminals, die Paradoxologie:..." (5) Diese Entwicklung wird - nach Lyotard - dazu führen, daß das Wissen und die Sprache ihren Gebrauchswert verlieren und die Wertform annehmen werden. Zugleich wird nur jenes Wissen weiterhin gesellschaftliche Verbreitung finden, das

---

2. Sh. Benner 1987, S. 70
3. Lyotard gewinnt also seine Aussagen aus der Analyse der Wissensformen der technisierten Gesellschaften. »Das postmoderne Wissen« ist also keine Untersuchung über Technik.
4. Lyotard 1986, S. 19
5. Lyotard 1986, S. 20 - 21

auf die technologisch vorgegebene Art und Weise übersetzbar ist. Das Wissen wird den Marktgesetzen subsumiert. Damit ist ein Prozeß der Veräußerlichung des Wissens gegenüber dem Wissenden absehbar. Postmoderne Gesellschaft verliert für Lyotard zunehmend ihre Struktur, weshalb die bisherigen traditionellen Analysen (Marxismus und Kybernetik) auch unangemessene Theorien der sozialen, gesellschaftlichen Wirklichkeit werden.

Für Lyotard bedingt diese Entstrukturierung eine Transformation der Gesellschaft in lockere Netze von Sprachspielen, in denen bestimmten Institutionen spezifische Sprachspiele zukommen. In diesem Sinne untersucht Lyotard die Sprachspiele der gegenwärtigen Institutionen des Wissens. Diese haben sich gegenüber der Humboldtschen Legitimation gewandelt: War die humboldtsche Universität - entgegen gängiger Auffassung - nicht der humanistischen Idee geschuldet, derzufolge Menschen sich qua Wissen zu Würde und Freiheit erheben, sondern vielmehr in der Vorstellung, daß Wissen sich in einem Metaprinzip (göttliches Leben bei Fichte, Leben des Geistes bei Hegel) verwirklicht, so entsteht heute Legitimierung durch die Gerechtigkeit des Willens. Es sind nicht mehr Aussagen gefordert "... wie: Die Erde dreht sich um die Sonne, sondern präskriptive, vom Rechten abhängige, wie: Man soll Karthago zerstören, oder: Man soll den Mindestlohn auf x Francs festlegen. ... So stellt sich eine Beziehung des Wissens zur Gesellschaft und ihrem Staat ein, die im Prinzip jene des Mittels zum Zweck ist." (6) Wissenschaft wird in postmoderner Gesellschaft an praktische Zielsetzungen angebunden: "Es bleibt aber, daß dieses zuletzt keine andere Legitimität hat, als den Zielen zu dienen, die von jenem praktischen Subjekt angestrebt werden, das die autonome Gemeinschaft ist." (7)

Diese Anbindung der Wissenschaft und ihrer Institution, die Universität, an praktische Imperative, deren Legitimation eben von jenem praktischen Subjekt geleistet wird, hat den Verlust des Metadiskurses zur Folge: "Diese Rollenverteilung im Unternehmen der Legitimierung ist von

---

6. Lyotard 1986, S. 107 - 108
7. Lyotard 1986, S. 109

unserem Gesichtspunkt aus interessant, weil sie, im Gegensatz zur Theorie des System-Subjekts, voraussetzt, daß es weder eine mögliche Vereinheitlichung noch eine Totalisierung der Sprachspiele in einem Metadiskurs gibt. Hier macht im Gegenteil das Privileg, das den präskriptiven Aussagen zugestanden wird - also jenen, die das praktische Subjekt äußert - diese im Prinzip von Aussagen der Wissenschaft unabhängig, die für das besagte Subjekt nur mehr die Funktion der Information haben." (8) Mit dem Verlust des Metadiskurses, aus dem die Wissenschaften ihre Legitimation schöpften, resultiert eine Delegitimierung, die aus dem Metadiskurs selbst erfolgt: Es gibt keine logische Verbindung zwischen einer denotativen und einer präskriptiven Aussage. Die Legitimität der Wissenschaften schöpft sich nun aus der Performativität: "Das Prinzip einer universellen Metasprache (...) ist durch das der Pluralität formaler und axiomatischer Systeme ersetzt, die geeignet sind, denotative Aussagen zu beweisen." (9) Je mehr Informationen nun über einen Referenten in einer bestimmten Sprache vorhanden sind, umso größer wird die Legitimität. Hier liegt nun die Bedeutung der modernen Informationssysteme und ihrer Sprachsysteme. Es geht nämlich nicht länger um eine Einführung in eine spezifische Wissenschaft und ihren Bestand an Wissen. In der postmodernen Gesellschaft geht es um Interdisziplinarität, die der Epoche der Delegitimierung geschuldet ist. Interdisziplinarität ist die Fähigkeit, verschiedene Sprachspiele zu beherrschen, neue Sprachspiele durch Kombination bestehender Sprachen zu entwickeln und so die wissenschaftliche Leistung zu optimieren: "Die Beziehung zum Wissen ist nicht die der Realisierung des Lebens des Geistes oder der Emanzipation der Menschheit; es ist die der Benutzer eines komplexen begrifflichen und materiellen Instrumentariums (z.B. von Datenbanken - HJF) und der Nutznießer seiner Leistungen." (10)

Die Performativität aber dringt noch nicht in das Wesen des postmodernen Wissenschaftsbegriffs vor. Sie ist vielmehr einer Entwicklung der Wissenschaften geschuldet, in der sich der Gegenstand von Wissenschaft grundlegend zu ändern beginnt. Mit dem Begriff des

---

8. Lyotard 1986, S. 109
9. Lyotard 1986, S. 128
10. Lyotard 1986, S. 153

'Systems' wird der Gegenstand von Wissenschaft selbst verändert. War bisher der Gegenstand als ein mit spezifischen, vorhersehbaren Gesetzmäßigkeiten ausgestattetes Objekt unterstellt worden, so ändert sich dies nun grundlegend. Der Gegenstand von Wissenschaft ist nun ein nicht vorherbestimmbarer, diskontinuierlicher Gegenstand. Postmoderne Wissenschaft verzichtet auf den Versuch der Vorhersagbarkeit: "In ihrem Interesse für die Unentscheidbaren, für die Grenzen der Präzision der Kontrolle, die Quanten, die Konflikte unvollständiger Information, die 'Frakta', die Katastrophen und pragmatischen Paradoxa entwirft die postmoderne Wissenschaft die Theorie ihrer eigenen Evolution als diskontinuierlich, katastrophisch, nicht zu berichtigen, paradox. Sie verändert den Sinn des Wortes Wissen, und sie sagt, wie diese Veränderung stattfinden kann. Sie bringt nicht Bekanntes, sondern Unbekanntes hervor." (11) Damit aber wird das Subjekt - Objekt Modell der Erkenntnis durch Lyotard auf der Seite des Objekts von Erkenntnis einer grundlegenden Revision unterzogen. Denn die klassischen Naturwissenschaften arbeiten mit der ontologischen Unterstellung, daß eine unabhängig gegebene, gesetzmässige Realität besteht. Lyotard führt im folgenden aufgrund seiner Dekonstruktion des Subjekt-Objekt Modells der Erkenntnis ein neues Legitimations- - oder um in traditioneller Begrifflichkeit zu bleiben - ein neues Wahrheitskriterium ein, welches er die Paralogie nennt. Mit der im Begriff des Systems unterstellten postmodernen Form von Wissenschaftlichkeit wird nämlich die Legitimierung dieser postmodernen Wissenschaftlichkeit nicht länger als Problem des Verhältnisses zwischen wissenschaftlichem Sprachspiel und gesellschaftlicher Praxis legitimiert, sondern die postmoderne Form der Wissenschaftlichkeit aus der Beschaffenheit des Gegenstandes selbst abgeleitet. Das ist ein moderner Gedanke. Die Argumentation Lyotards verbleibt also in 'klassisch modernen' Argumentationsbahnen: Die wissenschaftlichen Disziplinen müssen ihrem Gegenstand adäquat sein. Wenn die Objektivität keine überdauernden Gesetzmäßigkeiten mehr

---

11. Lyotard 1986, S. 172 - 173 Lyotard greift hier eine Entwicklung auf, wie sie sich in den klassischen Naturwissenschaften abzuzeichnen beginnt. Prigogine etwa ist der Auffassung, daß sich das Naturverständnis der Naturwissenschaften wandeln wird. Danach etabliert sich eine Naturauffassung, in der Katastrophen und instabile 'dissipative Strukturen' im Mittelpunkt stehen.

aufweist, so kann es auch keine überdauernden bzw. übergeordneten wissenschaftlichen Theorien bzw. eine kanonisierte, wissenschaftliche Methodologie mehr geben. Keinesfalls kann »das postmoderne Wissen« als Verabschiedung jedweder wissenschaftlicher Erkenntnistätigkeit aufgefaßt werden.

Die Paralogie wäre nach Lyotard jener Ort, an dem die Präskriptoren der Sprachspiele als zeitweilige Übereinkunft diskursiv ausgehandelt würden, wohl wissend, daß es keine Verbindlichkeit und damit keine überdauernden Regeln der heteronomen Sprachspiele geben kann. (12) Postmoderne Wissenschaft würde so das Ideal der Freiheit der Wissenschaft verwirklichen. Postmoderne Wissenschaft würde danach das einlösen, was die Moderne immer nur einzulösen vorgab, ohne es je realisieren zu können. Lyotard ist deshalb auch der Auffassung, es gehe um ein 'Redigieren der Moderne', denn diese gehe "konstitutiv und andauernd mit ihrer Postmoderne schwanger." (13) Die condition postmoderne wird also dadurch gewonnen, daß die, angeblich durch die Moderne hervorgebrachte, Einsicht in die Unmöglichkeit von Metadiskursen eine positive Konnotation erhält. Was unter einem modernen Blickwinkel als Verlust der Ganzheit erscheint, wird unter einer postmodernen Perspektive als Gewinn von Vielheit begrüßt. Mit diesem Perspektivenwechsel will die Postmoderne gar die Grundstruktur der Welt erkannt haben: "In dem Moment, wo das Einheitsinteresse anzuerkennen lernt, was anzuerkennen ihm zwar schwerfällt, wovon es aber stets aufs deutlichste gezeichnet ist: seine Spezifität - in diesem Moment werden beide kompatibel. Freilich geschieht dies auf dem Boden der Vielheit. Aber dieser ist nun einmal **fundamentaler** als jeder

---

12. Deshalb kann Lyotard an anderer Stelle auch schreiben, die Destruktion der Theorie bestehe darin, mehrere Pseudo-Theorien zu entwerfen. (sh. Lyotard 1979, S. 93)
13. Lyotard 1988, S. 6 "Ich habe bekanntlich selbst den Terminus postmodern verwendet. Das war eine etwas provokative Art und Weise, die Debatte über die Erkenntnis ins volle Licht zu rücken. Die Postmoderne ist keine neue Epoche, sondern das Redigieren einiger Charakterzüge, die die Moderne für sich in Anspruch genommen hat, ..." (Lyotard 1988, S. 25)

einheitsbestimmte. Die **Postmoderne beleuchtet** nicht bloß eine Enklave, sondern **die Grundstruktur der Welt**." (14)

2.1. Exkurs: Bildung als paralogischer, fabulöser Zusammenhang

Die bildungstheoretische Relevanz der These des 'Verlusts der großen Sprachspiele' ergibt sich dadurch, daß Lyotard einen impliziten Begriff von Geschichtsphilosophie als Legitimationserzählung verwendet, in dem ein Subjekt als Schöpfer der 'großen Erzählung' vorgestellt wird. In unserem Zusammenhang ist die Geschichte von der Selbstverwirklichung des Geistes jene, durch die ein »Held der Erkenntnis« konstituiert wird, der das eigentliche geschichtsschöpfende Subjekt darstellt. Bildung wird im modernen Denken als jener Prozeß definiert, in dem sich Individuen als jenes Subjekt selbst setzen. Der Mensch wird in diesem Prozeß zunehmend allgemeiner, universeller. Gerade aber diesen Prozeß der Universalisierung charakterisiert Lyotard einmal als tendenziell terroristisch und zum anderen als der 'Grundstruktur der Welt' widersprechend. Bildung als der Prozeß der Hervorbringung des Subjekts ist damit aus postmoderner Sicht einmal prinzipiell abzulehnen und zum anderen systematisch als ein nicht einzulösender Anspruch desavouiert.

---

14. Welsch 1988 a, S. 177 (Hervorhebungen von mir -HJF) Unschwer ist hier der in der Einleitung zur Phänomenologie des Geistes schon thematisierte Zirkel jeder Relativierung von Erkenntnis auszumachen.
Natürlich kann man sich aus solchen Widersprüchen auch nicht befreien, wenn man Aussagen über die »erkenntnistheoretischen« Grundlagen der Postmoderne als das Resultat historischer Erfahrung deklariert: "Universalistisch begründen läßt sich dergleichen nicht. Eine universalistische Begründung ist allgemein ein widersprüchliches, durch die Struktur der Sprache, der Wirklichkeit, der Differenzen (wiederum eine universalistische Begründung!! - HJF)
ausgeschlossenes Unterfangen. ... Die Pluralität ist ein geschichtliches Gut. Und dies eine geschichtliche Einsicht." (Welsch 1988 a, S. 182)

(15) Bildung als der Prozeß der Selbstkonstitution des Subjekts ist für Lyotard eine moderne Doktrin die den 'Widerstreit verschiedener Diskurse' zu schlichten versucht. (16) Die Rede von der 'Bildung' gehört für ihn dem modernen Diskurs der Emanzipation des vernünftigen Subjekts an.

Um den bildungstheoretischen Stellenwert dieser postmodernen Kritik an der modernen Subjektphilosophie zu bestimmen, muß allerdings der epistemologische Standort Lyotards deutlich gemacht werden. Lyotards Kritik (wie übrigens auch die Foucaults) basiert auf einem anderen erkenntnistheoretischen Paradigma als das der Bewußtseinsphilosophie. Bewußtsein wird darin durch Sprache ersetzt. "Dieser Paradigmenwechsel hat zur Folge, daß nicht mehr das epistemologische Subjekt und die privaten Inhalte seines Bewußtseins, sondern die öffentlichen, signifikanten Tätigkeiten einer Gruppe von Subjekten im Mittelpunkt stehen." (17) Vielmehr finden nun Kategorien wie »Vorstellung, Wahrnehmung, Begriff« ihre Ersetzung durch »Signifikant, Signifikat, Interpret«. Nicht mehr das Subjekt ist das Unhintergehbare, sondern die Struktur der Sprache. Die 'Repräsentation', also der Vorgang der Rückführung eines Zeichens auf seine Bedeutung, gilt in diesem Paradigma "als metaphysisches (...) Verfahren, denn es negiert das Vorhandene zugunsten einer Ebene, die dahinter oder darunter liegt, ist

---

15. Nagl-Docekal deckt in einer Arbeit das heimliche Subjekt Lyotards auf. In einer auf die Philosophie Kants focusierten Argumentation schreibt die Autorin: "...; es erhebt sich vielmehr die Frage, ob nicht Lyotards Verdächtigung des Subjekts aus dem problematischen Kontext einer simplifizierenden Rezeption von Geschichtsphilosophie herausgelöst und gegen das praktische Subjekts Kants gewendet werden müßte? ... Mit der so präzisierten Fragestellung wird jedoch die Problematik der Argumentation Lyotards um so deutlicher. Der Isomorphie-Vorwurf wäre nur dann gerechtfertigt, wenn der kategorische Imperativ eine Verpflichtung zu bestimmten und das heißt inhaltlich definierten Handlungen bedeutete, ..." (Nagl-Docekal 1988, S. 235 - 236) Dieses Argument läßt sich auch auf den Bildungsprozeß übertragen. Das Argument Lyotards kann nur dann Gültigkeit beanspruchen, wenn der Bildungsprozeß als Universalisierungsprozeß kein Selbstbildungsprozeß ist. Das ist er in der Hegelschen 'Phänomenologie des Geistes'. Dann aber kann der Bildungsprozeß, der in die Universalisierung der Subjekte mündet, nicht als eine Heteronomie bezeichnet werden.
16. Sh. Lyotard 1987, S. 12
17. Benhabib 1986, S. 109

also Pessimismus, Nihilismus im Sinne von Nietzsches Kritik einer »Philosophie der Wünschbarkeit«." (18) Der 'linguistic turn', der hinter einer solchen Aussage steht, ist eine erkenntnistheoretische Entwicklung, in der das Paradigma des Bewußtseins in das des Zeichens überführt wird: "Transzendentalphilosophie geht über oder geht auf in Semiologie, d.h. in Zeichentheorie." (19) Es ist vor allem Wittgenstein, der das mit der Subjektphilosophie implizierte Repräsentationsmodell der Sprache widerlegt hat. Das Modell unterstellt, Sprechen sei die Abbildung von Gedanken oder Vorstellungen durch Wörter. Dies gilt auch für das Selbstbewußtsein, das als Bewußtsein von einem Selbst, also von intentionalen Erlebnissen konzipiert ist. Wittgenstein macht nun deutlich, daß die Bedeutung eines Wortes nicht in der Entsprechung zu einem Gedanken oder einer Wahrnehmung besteht, sondern sich in der 'Regel seines Gebrauchs' expliziert. Damit ist der Grund von Aussagen vom Subjekt in die Sprache verlegt. Tugendhat hat diesen Sachverhalt in seiner Untersuchung über Selbstbewußtsein und Selbstbestimmung analysiert. Dort bemerkt er:

"Wenn wir solche Bewußtseinsrelationen wie Wünschen, Meinen, Wissen, Beabsichtigen, Befürchten betrachten, so stellen wir fest, daß ihr grammatisches Objekt nie ein Ausdruck ist, der einen gewöhnlichen Gegenstand bezeichnet, einen raumzeitlichen Gegenstand, sondern ihr grammatisches Objekt ist immer ein nominalisierter Satz. Man kann nicht raumzeitliche Gegenstände wünschen, wissen usw.; wenn man etwas wünscht usw., wünscht man immer, daß etwas der Fall sei oder wäre; der Ausdruck »ich weiß« läßt sich nicht ergänzen durch solche Ausdrücke wie »den Stuhl«, »den Herrn X« usw., sondern »ich weiß, daß es heute regnet«, oder »daß dieser Stuhl braun ist«, oder auch, »daß hier ein Stuhl steht«." (20)

Damit ist das Etwas, auf das sich Ausdrücke des intentionalen Bewußtseins richten, kein Gegenstand, sondern ein Satz von der Form »p

---

18. Bürger, C. 1987, S. 130 Sh. dazu die sprach- bzw.
    kommunikationsanalytische Auflösung des Subjekts in Lyotard 1987,
    S. 111 - 117. Lyotard kommt dort zu dem Ergebnis: "Das Subjekt ist ...
    in einem Regelsystem von Sätzen befangen -/ sich selbst mit einem
    Satz eines anderen Regelsystems konfrontiert und, wenn nicht nach
    den Regeln ihrer Versöhnung, so doch wenigstens nach den Regeln
    ihres Konflikts sucht, das heißt nach seiner immer bedrohten Einheit."
    (Lyotard 1987, S. 116)
19. Frank, M. 1984, S. 282
20. Tugendhat 1979, S. 18 - 19

ist der Fall«. Frank bemerkt in seiner 15. Vorlesung über den Neostrukturalismus, daß die sprachanalytische Philosophie und der Neostrukturalismus das moderne Reflexionsmodell des Selbstbewußtseins durch solche Analysen hinter sich lassen: "Das Subjekt-Objekt-Schema wird nämlich weder der Tatsache gerecht, daß die elementaren Gegebenheiten des Bewußtseins Sachverhalte und nicht Sachen sind (also Entitäten, die in Propositionen artikuliert werden), noch der anderen Tatsache, daß intentionale Akte nur in einer Sprache Bedeutung erwerben könnten." (21) Tugendhat vertritt nun die Auffassung, daß dies auch für diejenigen intentionalen Akte gilt, die sich selbst thematisieren. Das Selbstbewußtsein hat folglich die gleiche Struktur: "Es hat oder impliziert die Struktur *Bewußtsein daß p*." (22) Damit aber wird von einer sprachanalytischen Position aus die Möglichkeit eines transzendentalen Selbstbewußtseins verneint. Bewußtsein ist nämlich immer nur von einem wie auch immer bestimmten Sachverhalt, nie von einem isolierten Selbst möglich.

Durch den sprachanalytisch fundierten erkenntnistheoretischen Paradigmenwechsel, der hier angedeutet ist, verändert sich die Identität des epistemologischen Subjekts gleich mehrfach. Einmal kann es nicht mehr als einsames, unabhängiges Ich gedacht werden, sondern als eine Gruppe von Sprachbenutzern. Zugleich sind diese Sprachbenutzer nie in der Lage einen einheitlichen Diskurs zu legitimieren. Damit aber kann es auch kein Subjekt mehr geben, denn ein solches kann sich nur als Identität setzen, wenn es - sprachanalytisch formuliert - die Möglichkeit eines Metadiskurses gibt.

Der sprachanalytischen Herleitung der Unmöglichkeit eines Metadiskurses entspricht im »postmodernen Wissen« die veränderte Auffassung von dem Objekt von Wissenschaft. Transformiert man diese Überlegungen Lyotards in einen bildungstheoretischen Diskurs, so wird der notwendig dem Bildungsdiskurs zugehörende Bildungskanon, mit dessen Auseinandersetzung sich Individuen als Subjekt konstituieren konnten, verabschiedet. Unter bildungstheoretischer Leseart ist Lyotard der Theoretiker des »Abschieds vom Bildungskanon«. Bildung aber wäre

---

21. Frank, M. 1984, S. 296
22. Tugendhat 1979, S. 21

für Lyotard noch möglich. Sie wäre dann wesentlich Einführung, Beteiligung und Bewußtsein von Dissenz zwischen kleinen Erzählungen. (23)

3. Der Verlust der Realität

Das Geschriebene, so die Metaphorologie Blumenbergs, schiebt sich an die Stelle der Wirklichkeit und schwächt so diese: "Das Geschriebene schob sich an die Stelle der Wirklichkeit, in der Funktion, sie als das endgültig Rubrizierte und Gesicherte überflüssig zu machen. Die geschriebene und schließlich gedruckte Tradition ist immer wieder zur Schwächung von Authenzität der Erfahrung geworden." (24) Das freilich, so die These von Baudrillard, gehört der Vergangenheit an. Bezog sich das Geschriebene der Neuzeit noch auf ein ihm vorgelagertes Reales, so bedient sich das heutige Denken "verschiedener Modelle zur Generierung eines Realen ohne Ursprung oder Realität, d.h. eines Hyperrealen." (25) Damit wandelt sich auch das Verhältnis von Realität und Modell. Ging es im klassischen Denken noch um die Annäherung des Modells an die Wirklichkeit, so geht es heutzutage um die Annäherung der Wirklichkeit an das Modell. Damit aber verschwindet auch die Metaphysik, denn diese lebte von dem imaginären Nebeneinander von Modell und Realität. An die Stelle des Modells tritt die Simulation, deren entscheidende Dimension die genetische Verkleinerung darstellt: "Die Produktion des Realen basiert auf verkleinerten Zellen, Matritzen und Erinnerungen, auf Befehlsmodellen - und ausgehend davon- läßt es sich unzählige Male reproduzieren." (26) In dem Rückbezug des Modells auf das Reale

---

23. Lyotard nimmt in einem Aufsatz, in dem er sich gegen Angriffe von Raulet verteidigt, zum Bildungsprozeß der Wissenschaften Stellung: "Ich betone das Moment des Dissenses im Bildungsprozeß der Erkenntnis innerhalb der Wissenschaftsgemeinschaft." (Lyotard 1987a, S. 274)
24. Blumenberg 1981, S. 17
25. Baudrillard 1978, S. 7
26. Baudrillard 1978, S. 9

konnten noch Vernunftmomente geltend gemacht werden. Das jedoch entfällt bei der Simulation, denn diese läßt sich nicht mehr an einer Instanz messen, da die Simulation hyperreal ist. "Es geht nicht mehr um die Imitation, um die Verdoppelung oder um die Parodie. Es geht um die Substituierung des Realen durch Zeichen des Realen, d.h. um eine dissuative Operation, um die Dissuasion realer Prozesse durch ihre operative Verdoppelung, eine programmatische, fehlerlose Signalmaschinerie, die sämtliche Zeichen des Realen und Peripetien (durch Kurzschließen) erzeugt." (27) Dieses Simulakrum läßt sich also nicht gegen das Reale austauschen, sondern zirkuliert in sich selbst, "und zwar in einem ununterbrochenen Kreislauf ohne Referenz (référence) und Umfang (circonférence)." (28) Während der Repräsentation oder der Abstraktion ein Äquivalenzprinzip zwischen Zeichen und Realem zugrundeliegen, wird dieses Äquivalenzprinzip bei der Simulation aufgehoben: "Ausgangspunkt der Simulation ... ist die <u>Utopie</u> des Äquivalenzprinzips, <u>die radikale Negation des Zeichens als Wert</u>, sowie die Umkehrung und der Tod jeder Referenz." (29)

Das Verhältnis von Realität und Modell ist die erkenntniskritische Variante einer generellen Differenzthese, in der davon ausgegangen wird, daß die kulturelle Entwicklungslogik auf eine zunehmende Differenzierung hinauslaufe. In diesem Prozeß der Ausdifferenzierung werde aber eine Dialektik sichtbar, in der die ungebremste Steigerung von Differenzen diese letztlich gleichgültig werden lasse. Der Differenzierungsprozeß der Moderne ist für Baudrillard in einen Zustand der absoluten Indifferenz gemündet, in dem die ehemals konstitutive Differenz von Realität und Abbildung dieser Realität selbst aufgehoben wird.

Das aber hat die 'Verwandlung der Subjekte in Objekte' (30) zur Folge.

---

27. Baudrillard 1978, S. 9
28. Baudrillard 1978, S. 14
29. Baudrillard 1978, S. 14 Unterstreichungen im Original. Es ist interessant, wie auf dem Hintergrund einer solchen erkenntnistheoretischen Position die Begriffe von Realität und Irrealität umgekehrt werden: "Alle Illusionen des Wirklichen und der Produktion teilend, will die Macht zur Ordnung des Realen gehören, kippt eben deshalb ins Imaginäre und verfällt dem Aberglauben an sich selbst (dank jener Theorien, die sie - sei's auch in kritischer Absicht - analysieren)." (Baudrillard 1983 a, S. 55)
30. Sh. Sander 1986, S. 143

3.1 Exkurs: Die Implosion der Pädagogik

Exakt dieser erkenntnistheoretische Hintergrund der Argumentation Baudrillards ist es, der uns in einem bildungstheoretischen Zusammenhang interessiert. Die Moderne nämlich verankerte das Subjekt in einer realen, wissenschaftlich fixierten Weltordnung. Die Selbsterschaffung des Subjekts wurde dann als Aneignung dieser realen Weltordnung qua Bildung verstanden, in der sich Sinn konstituieren sollte. Nun aber zerfällt seit der Romantik der einheitlich gedachte Raum und damit auch die Möglichkeit einer einheitlichen Sinnkonstitution. "Das Subjekt definiert sich durch die Epoche, die Nation, die Klasse oder soziale Gruppe, der es angehört, sowie durch seine Familiengeschichte, die Sphäre seiner erotischen Erfahrungen, seine physische Befindlichkeit, seine Erziehung u.a." (31) Das wäre zunächst noch kein bildungstheoretisches Problem, wenn den Kontexten, in denen das Subjekt sich konstituiert, nicht eine Eigentümlichkeit innewohnen würde. Die bildungstheoretisch gedachte Selbsterschaffung des Subjekts ist an die Voraussetzung gebunden, daß die Kontexte, in denen das Subjekt interagiert und die es sich aneignet, real und endlich und in der Abarbeitung an dem Realen auch übersichtlich zu machen sind. Der Bildungsprozeß konstituiert ja eine subjektiv zu leistende Übersichtlichkeit, in der die Unübersichtlichkeit der unmittelbaren Erscheinung abgearbeitet ist. Wenn aber nun durch die der Wissenschaft immanente Entwicklung diese Endlichkeit gesprengt würde, wäre die Selbsterschaffung als Einheit von Einzelheit und Allgemeinheit nicht mehr möglich. Baudrillard versucht nun genau dies nachzuweisen. An den unterschiedlichsten alltäglichen Phänomenen zeigt er auf, daß es nicht mehr eine Wahrheit geben kann. (32) Vielmehr ist alles zur gleichen Zeit wahr, weil hyperreal. Das aber hat für die Konstitution von Sinn qua

---

31. Groys 1986, S. 178
32. Baudrillard sieht diese Logik der Moderne auch in der wissenschaftlichen Methodologie am Werk: "Nehmen Sie die exakten Wissenschaften: je mehr sie in ihrem minutiösen Realismus voranschreiten, desto mehr entschwindet ihnen ihr Gegenstand. Je mehr man den Gegenstand an die Grenzen seiner realen Existenz treibt, desto mehr entweicht er." (Baudrillard 1984, S. 144)

Bildung erhebliche Konsequenzen: "Wer ist in der Lage, dieses Durcheinander aufzulösen? Den gordischen Knoten konnte man wenigstens durchhauen. Wenn man dagegen das Möbius-Band teilt, so entsteht daraus eine zusätzliche Spirale, ohne daß die Reversibilität der Oberflächen (hier die reversible Kontinuität der Hypothesen) aufgelöst würde." (33) Wenn es keinen Bezug zwischen Sinn und Objektivität gibt, wenn sich aus der rationalen Beschäftigung mit dem Hyperrealen keine Selbsterschaffung mehr ableiten läßt, dann ist das Verhältnis von Subjektivität und Objektivität, auf dem ja die bildungstheoretische Einheit von Individualität und Allgemeinheit basiert, nicht weiter mehr denkbar. "Das Subjekt wird wieder zur Beute des Scheins, ...". (34) Nun kann Baudrillards Subjekt sich weder von anderen Subjekten unterscheiden, noch kann es sich mit ihnen verschmelzen. Die Unendlichkeit der intersubjektiven Unterschiede bedingt einen unendlichen Abstand des Subjekts von sich selbst: Im postmodernen Subjektverständnis gibt es kein Subjekt mehr, lediglich Masse: Sozius unendlicher Unterschiede. (35) Mündigkeit und Emanzipation, jene zentralen Zielvorstellungen der Moderne, die allererst Erziehung und Bildung konstituieren, werden mit dem Subjekt und der Moderne über Bord geworfen. (36) Sie verschwinden in der Indifferenz, jenem Zustand, in dem die Differenzen so ins Unendliche vermehrt werden, daß sie sich, und zugleich damit jeden Sinn, aufheben.

Die so entstehende und sich selbst genügsame Hyperrealität, das selbstreferentielle Simulakrum, läßt keine Auseinandersetzung mehr zu,

---

33. Baudrillard 1978, S. 32 Der Verlust des Kontextes bedeutet dann auch, daß Geschichte geschichtslos wird. (sh. Schmidt, B. 1986, S. 13 - 14)
34. Baudrillard 1985, S. 99 Allerdings glaubt Baudrillard gerade hier wiederum 'einen festen Grund' (und dies ist dann wieder ein modernes Denken) zu finden: Das System "scheitert allerdings bei der Neutralisierung des Scheins. Das ist unsere letzte Chance. Das System hat alle Prozeduren der Sinn-Produktion in seiner Gewalt, aber nicht die Verführung des Scheinhaften. Sie entzieht sich jeglicher Deutung; kein System kann sie beseitigen." (Baudrillard 1983, S. 51)
35. Identität im postmodernen Denken wird dann an der Leidenschaft (Bergfleth 1984, S. 14 - 26) oder in der 'radikalen Fremdheit des unendlich Anderen' (Wimmer 1986, S. 164 - 186) festgemacht. Baudrillard selbst denkt dies radikaler: "Es ist also die Masse, die in dieser Katastrophenstruktur den Katastrophenagenten spielt, <u>es ist die Masse selbst, die der Massen-Kultur ein Ende setzt.</u>" (Baudrillard 1978 a, S. 68 - 69 Unterstreichungen im Original-HJF)
36. Sh. Bergfleth 1984, S. 8

die das Indivuduum allgemeiner und damit zum Subjekt werden läßt. Infolgedessen verschwindet nicht nur der subjektive Ausgangspunkt des Bildungsprozesses: das Individuum. Mit ihm verschwindet das ganze den Bildungsprozeß erst ermöglichende Verhältnis von Subjektivität und Objektivität. Denn das Individuum ist ja bereits im Ausgangspunkt des Bildungsprozesses als Subjektivität gefaßt, der eine Objektivität korrespondiert. Baudrillard kann unter einer bildungstheoretischen Perspektive als der Autor gelten, der das ganze, den Bildungsprozeß konstituierende Verhältnis verabschiedet, indem er das, für diesen konstitutive, Verhältnis von Subjektivität und Objektivität implodieren läßt. Es gibt noch nicht einmal mehr notwendig mißlingende Bildungsprozesse. "Wenn wir in diesem totalen Simulationszusammenhang der Zeichen die Rolle der ... Pädagogik betrachten, dann stellen wir fest, daß auch sie dem Produktionszusammenhang des Hyperrealen angehört." (37)

---

37. Lenzen 1987, S. 52

3. Kapitel: Die Aufhebung der Rationalität: zu sich selbst geläuterte Vernunft

"Weit entfernt", meint Kamper zur Diskussion um Aufklärung und Gegenaufklärung, "daß das Problem, das sie antreibt, in ihr zum Austrag käme, wird es überlagert, verschoben und durch falsche Frontlinien depotenziert." (38) Das gilt zumal für die Pädagogik, die in Gefahr ist, die Moderne zu beschwören, da sie dieser ihre Existenz verdankt (39), oder auf die Träume zu hoffen, die eine subjektzentrierte Vernunft in ihrem »anthropologischen Schlummer« überfällt.

Solcher Abwehr der Postmoderne wollen wir uns hier nicht anschließen. Die Kritik der postmodernen Philosophie an der Subjektzentrierung der Moderne, wie sie im vorangegangenen Kapitel aufgenommen wurde, ist nicht ohne weiteres als Modeerscheinung abzutun, mit der Erziehungswissenschaft sich nicht zu beschäftigen habe. Immerhin sind aus einer bildungstheoretischen Perspektive drei wesentliche Kritiklinien herausgearbeitet worden:
1. Die Foucaultsche Archäologie der Wissensformen läuft auf das Resultat hinaus, daß das in der Moderne transzendental konzipierte Subjekt nicht mehr widerspruchsfrei zu denken ist. Foucault zeigt, "wie eine philosophische Überzeugung von einem autonomen, bedeutungsgebenden Subjekt sich selbst notwendigerweise in die unendliche Aufgabe der Sinngebung seiner eignen undenkbaren Grundlagen verstrickt findet." (40) Mit der systematischen Ummöglichkeit einer transzendental widerspruchsfreien Bestimmung des Subjekts verschwindet auch die dieses zentrierende Kraft: Rationalität. Sollte dies zutreffen, würde nicht nur die subjektphilosophische

---

38. Kamper 1986, S. 124; sh. auch Nutt 1986, S. 9
39. Das gilt für die Argumentation Benners, die dieser in einem Beitrag zum Verhältnis von pädagogischem Wissen und pädagogischem Ethos vorstellt. sh. Benner 1986; nicht jedoch für Benner 1987. Baacke schreibt 1985: "Pädagogik, Erbin der Aufklärung, lebte und lebt in allen ihren Varianten und Paradigmen-wechselnden Streitgefechten doch von der Überzeugung, daß es ein Wachstum gibt: was für die Entwicklung des einzelnen gilt (...), das soll auch in den »gesellschaftlichen Verhältnissen« zu finden sein: stetiges Ausgreifen, Vergrößern, Verbessern." (Baacke 1985, S. 192 - 193)
40. Dreyfus, Rabinow 1990, S. 61

Grundlage der Bildungstheorie entfallen. Die bildungstheoretische Bedeutung der "Archäologie der Humanwissenschaften" reicht darüber hinaus. Ist nämlich die Suche der Humanwissenschaften nach der Substanz des Menschlichen notwendigerweise unendlich, weil sie nie den transzendentalen Grund menschlichen Handelns freilegen können, so ist die Subjektkonstitution, also der Bildungsprozeß selbst, nie erfolgreich realisierbar. Dies nicht, weil nach der Foucaultschen Genealogie die Konstitution des Subjekts als ein Vorgang der Selbstbemächtigung gedacht werden müßte, sondern weil im modernen Episteme der Vorgang der Selbsterschaffung nicht einzulösen ist. Das 'Drama' des Bildungsprozesses liegt, denkt man die bildungstheoretischen Konsequenzen der Foucault'schen Philosophie weiter, in der Aporie der Grundlagenproblematik des modernen Epistemes. Das Individuum versucht im Bildungsprozeß in seiner empirischen Begrenztheit sich selbst zur transzendentalen Voraussetzung dieser Begrenztheit zu transformieren. Bildungstheorie verdankt sich der Aporie einer durch die Denkfigur der Selbstreferenz gekennzeichneten Moderne.

2. Lyotard weist mit seiner sprachanalytisch fundierten Untersuchung auf die Unmöglichkeit eines Metadiskurses hin und verabschiedet damit implizit auch die Vorstellung eines einheitlichen, qua rationaler Auseinandersetzung mit Sachverhalten zustandegekommenen Bildungskanons. Dieser soll sich sozusagen intuitiv ergeben. "Ich erinnere daran, daß der einzige Leitfaden, über den man bei der Durcharbeitung verfügt, im Gefühl liegt, oder besser gesagt, im Anhören des Gefühls." (41) Ein Kanon läßt sich 'nur' noch in der paralogischen Erfahrung gewinnen und legitimieren.

3. Baudrillard analysiert die in eine Indifferenz umschlagende kulturelle Differenzierung an dem subjektphilosophisch und damit bildungstheoretisch bedeutsamen Verhältnis von Schein und Wesen, Modell und Realität. Rekonstruiert man die Argumentation Baudrillards unter einer bildungstheoretischen Perspektive, so verschwindet das Individuum als die subjektive Seite des Bildungsprozesses. Das ganze

---

41. Lyotard 1988, S. 19

Verhältnis von Subjektivität und Objektivität, das wesentlich am Ausgangspunkt des Bildungsprozesses von einer Spannung zwischen beiden lebt, implodiert. Subjektivität und Objektivität haben sich soweit auseinanderentwickelt, daß eine subjektive Vermittlung dieses Verhältnisses nicht mehr möglich scheint.

Innerhalb der Disziplin läßt sich zunehmend auch eine andere, unernsthafte Art des Bezugs auf den postmodernen Zeitgeist ausmachen, die sich durch eine 'unvernünftige' Anhängerschaft auszeichnet (42) und diese Unvernünftigkeit auch selbst propagiert. Beides, sowohl eine vorschnelle Zurückweisung, als auch eine modische Übernahme, soll hier vermieden werden, indem im folgenden die für die weitere Untersuchung haltbaren und bildungstheoretisch relevanten postmodernen Einwände gegenüber der Subjektzentrierung der Moderne geprüft werden.

Im ersten Kapitel war eine wesentliche Kritiklinie an dem modernen subjektphilosophischen Paradigma mit der 'Dialektik der Aufklärung' aufgenommen worden. Der zentrale Angriffspunkt dieser Kritik, die von Nietzsche über Heidegger bis Adorno reicht und in den genealogischen Arbeiten Foucaults zu einem letzten Höhepunkt gebracht ist, geht von einem für die Moderne konstitutiven Zusammenhang zwischen Rationalität und Macht aus. Der Postmodernismus übernimmt diese Kritik gleich auf mehreren Ebenen und versucht, diesem Zusammenhang dadurch zu entgehen, daß er der der Rationalität zugeschriebenen Uniformität eine Pluralität entgegenhält. In der Architektur z.B. wird die moderne 'Einfachkodierung' kritisiert und an ihre Stelle die postmoderne 'Mehrsprachigkeit' gesetzt: "Geht man den Gründen dieser Mehrsprachigkeit nach, so stößt man regelmäßig auf die eingangs als Kern der Postmodernität apostrophierte Verfassung der Pluralität." (43) Verallgemeinert bedeutet dies, daß die Heterogenität der Sprachspiele

---

42. So z.B. der Beitrag von Nieß, in dem es über weite Strecken um Klamauk geht, wobei allerdings auch problematische Schlußfolgerungen gezogen werden: "Gegen die immoralistische Kombinationslust der Postmoderne ist die Idee der Emanzipation am Ende nur eine moderne Donquichotterie, über die man hoffentlich noch lachen kann." (Nieß 1985, S. 21)
43. Welsch 1988, S. 40 - 41

kritisch gegen die Uniformität moderner Rationalität ins Spiel gebracht wird. In der Philosophie und Erkenntnistheorie ist die gleiche Denkfigur wiederzuerkennen. Nach Lyotards Diagnose kann es die 'große Erzählung' nicht mehr geben, lediglich die Möglichkeit vieler 'kleiner Erzählungen'. Genau letzterem wird im Postmodernismus eine positive Bedeutung zugemessen, daß nämlich jetzt erst mit dieser Pluralität das eingelöst wird, was die Moderne stets einzulösen versucht hat. (44) Pluralität wird dabei mit Freiheit assoziiert, die qua Rationalität gestiftete Eindeutigkeit mit Unfreiheit. Diese ideologiekritische Variante der Kritik an dem Herrschaftscharakter von Rationalität wirft die Frage nach dem Verhältnis von Programm und Realisation auf. Dieses Verhältnis soll im folgenden untersucht werden, weil ich die Auffassung vertrete, daß es der Moderne bisher nicht gelungen ist, Einheit qua Rationalität zu stiften, da ihr Programm selbst diese Einheit nur scheinbar, nicht wirklich enthielt.

1. Dialektik von Mythos und Rationalität I

Eine der wesentlichen Gefahren, in die postmoderne Argumentationen geraten, besteht darin, das Programm der Moderne schon für seine empirische Realisation zu halten bzw. die Realisation für das Programm auszugeben und die kritische Differenz bzw. die Dialektik zwischen programmatischem Anspruch und eingelöster Wirklichkeit einzuebnen. Ich möchte hier die These plausibel machen, daß es unter einer empirischer Perspektive betrachtet keine 'Entzauberung der Welt durch Wissenschaft' (Max Weber) gegeben hat, die sich nachhaltig in den Subjekten niedergeschlagen hätte. In der postmodernen Aufforderung und ihrer Resonanz, die ja nach Habermas den Zeitgeist eher zum Ausdruck als auf den Begriff bringt, 'sich auf beiden Seiten des Grabens

---

44. Dies ist die zentrale These von Welsch in seiner Darstellung der 'postmodernen Moderne'. Für ihn ist die Postmoderne "die exoterische Einlösungsform der einst esoterischen Moderne des 20. Jahrhunderts". (Welsch 1988 a, S. 6)

aufzuhalten' (45) , also sowohl im Mythos als auch in der Vernunft sich gleich wohl zu fühlen, wird nur das ausgesprochen, was die Moderne nicht wahrhaben will. Das Projekt ist nicht die Negation des Mythos. Denn anders bleibt es unerklärbar, daß mit der Foucaultschen Entdeckung "jener Selbstvergottung, die die Subjektivität gleichzeitig betreibt und vor sich selbst verbirgt" die Rückkehr zu den "zertrümmerten religiös-metaphysischen Ordnungsbegriffen" möglich ist. (46)

Sich im Mythos und in der Rationalität gleich wohlzufühlen, diese Aufforderung des Postmodernismus ergibt sich aus der nun affirmativ gedeuteten kritischen Analyse, die Horkheimer und Adorno in der 'Dialektik der Aufklärung' vorgetragen haben. Der Postmodernismus affirmiert die Widersprüchlichkeit der modernen Subjektkonstitution. Die zentrale These der 'Dialektik der Aufklärung', daß Rationalität sich dem Mythos verdanke und diese wiederum immer wieder in Mythologie zurückschlagen müsse und Arbeit zum 'handlungspraktischen Fundament und zur historischen Urform von Herrschaft' (47) werde, unterliegt aber einem folgenschweren Irrtum bei der Bestimmung des Verhältnisses von Mythos und Rationalität. Um sich nicht in den Fangstricken der 'Dialektik der Aufklärung' zu verfangen, muß das Verhältnis von Mythos und Rationalität neu bestimmt werden. Dabei kann es, wenn der Analyse realwissenschaftliche Relevanz zukommen soll, nicht darum gehen, z.B. aus der Odyssee das Verhältnis von Mythos und Rationalität zu bestimmen. Solche von Horkheimer und Adorno gewählten 'Erklärungen' können in "theoretischen Zusammenhängen nur insoweit Interesse beanspruchen,..." (48) wie sie Hinweise auf in historischen Veränderungen eingelagerte reale Zusammenhänge beinhalten. Das Verhältnis von Mythos und Rationalität muß also in seiner realen historischen Veränderung bestimmt werden.

---

45. Kamper 1986, S. 130 Aber auch Kamper konstatiert 1987 unter realwissenschaftlicher Perspektive, daß es die Entzauberung der Welt nicht gegeben habe, da eine 'Infiltration der Allianz von Wissen und Macht' in die Vernunft vor sich gegangen sei. (Kamper 1987, S. 42)
46. Habermas 1986 b, S. 359
47. Sh. Honneth 1980, S. 211
48. Habermas 1986 b, S. 142

Das kann in dem hier untersuchten Zusammenhang allerdings nichts anderes als ein Hinweis auf eine zu entfaltende Hypothese sein, wie dieses Verhältnis von Mythos und Rationalität zu bestimmen ist. (49) Der Focus einer solchen Analyse muß dabei allerdings bei dem Verhältnis von Wissensformen und dessen Trägern, den Menschen, liegen.

Die entscheidende Veränderung dürfte sich dabei am Beginn der Neuzeit vollzogen haben. (50) Im 15. und 16. Jahrhundert beginnt sich das Denken gegenüber dem Mittelalter insofern zu wandeln, als die hergestellten Signaturen, die im Mittelalter quasi unterhalb der 'offiziellen' christlichen Kultur angesiedelt sind, eine andere Funktion erhalten. Die Signaturen werden vergesellschaftet und dienen dazu, Gottes Wille zu erkennen und qua dieser Erkenntnis ein gottgefälligeres Leben führen zu können:

"Dan alles was got erschaffen hat dem menschen zu gutem und als sein eigentumb in seine hent geben, wil er nit das es verborgen bleib. und ob ers gleich verborgen, so hat ers doch nicht unbezeichnet gelassen mit auswendigen sichtlichen zeichen, das dan ein sondere praedestination gewesen. zu gleicher weis als einer, der ein schaz eingrebt, in auch nicht

---

49. Selbstverständlich müßten über den hier gewählten Focus hinaus auch wissenssoziologische Untersuchungen über den Ursprung der neuzeitlichen Rationalität hinzugezogen werden. So bemerkt Zilsel: "Die Entwicklung der rationalsten der Wissenschaften, der Mathematik, ist besonders eng mit dem Fortschritt der Rationalität in Technologie und Ökonomie verbunden." (Zilsel 1976, S. 52)
50. Lange lokalisiert bereits im 19. Jahrhundert die Keimformen der Rationalität in der Scholastik. An seiner Analyse wird deutlich, daß der These von Horkheimer und Adorno, die Rationalität verdanke sich einerseits dem Mythos und jeder Mythos enthalte andererseits schon Rationalität, durchaus Realität zukommt. (Lange 1974, 1, S. 167 - 187) Arnason hingegen versucht, das Verhältnis von Rationalität und Mythos für die Moderne historisch als Spannungsverhältnis zwischen romatischem und aufklärerischem Diskurs zu fassen. Es geht ihm dabei nicht darum, "die Romantik als ein alternatives Projekt der Aufklärung gegenüberzustellen; wichtig ist vielmehr die konstitutive Polarität der modernen Bewußtseinsstrukturen, die sich in sehr verschiedenen Konstellationen äußern kann." (Arnason 1986, S. 320) Allerdings versteht Arnason dieses Spannungsverhältnis als einen 'legitimen Gegensatz' und nicht, wie wir es hier tun, als eine korrekturbedürftige Entwicklung, weshalb er den Anschluß an das Selbstverständnis der Moderne anders konzipieren möchte, als dies Habermas tut.

unbezeichnet laßt mit auswendigen zeichen, damit er in selbs wider finden könne." (51)

Hier wie auch bei Crollius kommt dieser Zusammenhang paradigmatisch zum Ausdruck.

"Es ist zwecklos, bei der Schale der Pflanzen stehenzubleiben, wenn man ihre Natur kennenlernen will. Man muß direkt bis zu ihren Merkmalen gehen, «zum Schatten und zum Bilde Gottes, das sie tragen, oder zur inneren Kraft, die ihnen vom Himmel als natürliches Erbe gegeben worden ist, ... eine Kraft, meine ich, die man eher an der Signatur erkennt.»" (52)

Für Foucault ist dieser "Plan der Magiae naturales, der einen breiten Raum am Ende des sechzehnten Jahrhunderts einnimmt und sich noch bis tief in die Mitte des siebzehnten Jahrhunderts hinein erstreckt, ... keine rückständige Wirkung im europäischen Bewußtsein, sondern es handelt sich, wie Campanella ausdrücklich feststellt (53), um eine Wiedererweckung aus Gründen jener Zeit, weil die fundamentale Konfiguration des Wissens die Zeichen und die Ähnlichkeiten aufeinander verwies. Die magische Form war der Erkenntnisweise inhärent." (54)

Damit aber verweist die Episteme auf die Dialektik von Wissensformen und gesellschaftlichen Entwicklungen, womit das Problem nicht als eines der sich selbst entwickelnden episteme, also einer quasi inneren Logik von Mythos und Rationalität betrachtet werden kann. Es wandelt sich nun der Charakter der Signaturen. Im Mittelalter ist die Ähnlichkeit "die unsichtbare Form dessen, was aus der Tiefe der Welt die Dinge sichtbar machte. Damit aber jene Form ihrerseits bis zum Licht kommt, muß eine sichtbare Gestalt sie aus ihrer tiefen Unsichtbarkeit zerren. Deshalb ist das Gesicht der Welt mit Wappen, Charakteren, Chiffren, dunklen Worten oder, wie Turner sagte, mit «Hieroglyphen» überdeckt." (55) Die Signaturen stiften einen Zusammenhang unterhalb der christlichen Weltanschauung. Die alltäglich etablierte Episteme des Mittelalters und

---

51. Paracelsus, Th., Die 9 Bücher der Natura rerum, in, ders., Sämtliche Werke, Hrsg. Sudhoff, K., München und Berlin 1923 - 1933, Bd. 11, S. 393, zit. n. Foucault 1974, S. 57
52. Crollius, O., Traité des signatures, in, La Royale Chymie de Crollius, frz. Übersetzung, Lyon 1624, S.4, zit. n. Foucault 1974, S. 57
53. Foucault 1974, S. 64
54. Foucault 1974, S. 64
55. Foucault 1974, S. 57

die offizielle christliche Konstitution von Welt bleiben gleichgültig gegeneinander. Dieser Zusammenhang muß einer Analyse entgehen, die lediglich die formalen Strukturen der Sprachspiele freilegt. Unter poststrukturalistischer Perspektive muß dann der 'epistemische Bruch' als ein abrupter, nicht erklärbarer Paradigmenwechsel erscheinen.

Mit dem Zusammenbruch der politischen Macht im 12. und 13. Jahrhundert und auf dem Höhepunkt der Durchdringung des Alltagslebens durch die christliche Lehre wird die Stiftung von Signaturen vergesellschaftet: Diese verweisen fortan auf die Größe göttlicher Schöpfung, weshalb es gilt, diese qua Erkenntnis freizulegen. (56) Da diese Schöpfung als Welt gegeben ist, sucht die Moderne die Signaturen an den Dingen selbst.

"Die Beziehung zu den Texten ist von gleicher Natur wie die Beziehung zu den Dingen; hier wie da nimmt man Zeichen auf. Aber Gott hat die Natur zur Ausübung unserer Weisheit nur mit zu entziffernden Figuren besät (und in diesem Sinne muß die Erkenntnis divinatio sein), während die Menschen der Antike bereits Interpretationen gegeben haben, die wir nur noch zu sammeln brauchen." (57)

Im mittelalterlichen Denken stehen zwischen dem Menschen und den Dingen die von Gott gegebenen Zeichen. Damit ist Sprache selbst wiederum Zeichen. Sprache ist "ternär, weil sie sich des formalen Gebietes der Zeichen, dann des Inhalts, der durch diese Zeichen signalisiert wird, und der Ähnlichkeiten bedient, die diese Zeichen mit den bezeichneten Dingen verbinden." (58) Mit der Neuzeit verändert sich dieses Verhältnis. Zwischen den Menschen und den Zeichen stehen nun die Dinge. Um die von Gott gegebenen Zeichen zu erkennen, müssen die Dinge quasi durchschritten werden. Der Mensch der Neuzeit arbeitet sich quasi an den Dingen ab, um an die Signaturen zu gelangen. Sprache wird binär, weil sie Verbindung eines Bezeichnenden und eines Bezeichneten wird. Mit diesem realisierten Zusammenhang von Mythos und Rationalität handelt sich die Neuzeit paradigmatische theoretische

---

56. Exemplarisch wird eine solche Vergesellschaftungsgeschichte in 'Der Käse und die Würmer' allerdings aus einem anderen Interesse dargestellt. sh. Ginzburg 1979, bes. S. 132 - 137
57. Foucault 1974, S. 65
58. Foucault 1974, S. 75

Probleme ein. Hier nämlich wird die Dialektik von Wissensformen und Mythologie wie an keiner anderen Stelle deutlich: Rationalität verdankt sich dem gesellschaftlich herrschenden Mythos. Oder genauer: Rationalität und Mythos gehen eine Koexistenz ein. Diese 'Versöhnung' aber konnte sich auf erkenntnistheoretischer Ebene nur durchsetzen, weil gleichzeitig der Mythos transzendental wurde: Der Mythos wird in eine solche Abstraktion getrieben, daß er nicht nur naturlos, sondern zum apriorischen Prinzip selbst wird: Gottes Wille ist Gott. Nur in dieser äußersten Abstraktion konnte die moderne Rationalität einen Zusammenhang mit dem Mythos eingehen. Fälschlicherweise wurde dieser Abstraktionsprozeß des Mythos von Teilen der Aufklärung als sein Ende bezeichnet.

Tatsächlich aber bleibt der Rationalität etwas vorgeordnet: Ihr bestimmtes Verhältnis zum Mythos. Hier liegt der Ursprung der Dezentrierung des neuzeitlichen Menschen und zugleich der Formbestimmtheit von Rationalität. Sie ist in diesem Verhältnis schon zweckrational.

Die Rationalität der Neuzeit besteht nur im Zusammenhang mit dem Mythos. Insofern ist sie zweckrational: Ihr Ziel ist ihr immer vorgegeben. Rationalität ist Mittel eines außerhalb der Rationalität existierenden Zwecks. Im Übergang von der Neuzeit zur Moderne steht das, was wir als Zweckrationalität bezeichnen. Dieser Zusammenhang von Mythos und Rationalität unterliegt keinem epistemischen Bruch, sondern ist vielmehr konstitutiv für beide Episteme.

Dies ist kein subjektzentriertes Programm. Auf einer fundamentalen Ebene ist dem Subjekt immer der Mythos (wenn auch abstrakt) vorgeordnet. Die Moderne, die mit der Übernahme eines Mythos anbricht, der der Rationalität vorgeordnet ist, sucht die Signaturen an den Dingen, um die Welt hinter den Dingen zu erkennen und den Menschen in seine Verfügungsmöglichkeiten über Sachverhalte zu bringen.

Ist dies zutreffend, dann ist die folgende Geschichte die Geschichte einer in sich widersprüchlichen Kultur, der Gleichzeitigkeit von Mythos und Rationalität. Die 'Dialektik der Aufklärung' ist dem Widerspruch geschuldet, Rationalität hervorzubringen und sie zugleich dem Mythos einzuverleiben. (59) So vereinseitigt sich Rationalität zur Zweckrationalität.

Foucault bezeichnet demgegenüber das Resultat dieses fundamentalen Wandels der épistémè der abendländischen Kultur nicht als Zweckrationalismus, sondern schlechthin als Rationalismus. Das aber ist der reziprok gleiche Fehler, den auch Horkheimer und Adorno machen: Die Identifikation des konkreten historischen Vorgangs mit dem, was er als Idee der Rationalität hervorgebracht hat. In der Abstraktion von den wirklich existierenden historisch-gesellschaftlichen Verhältnissen erscheint in der 'strukturalistischen' Analyse die Entwicklung der Episteme als ein innertheoretischer Prozeß. Es muß demgegenüber um die Entfaltung einer Hypothese gehen, die die theoretische Widersprüchlichkeit der epistemischen Entwicklung mit realen historischen Vorgängen verknüpft.

Wie an keiner anderen Nahtstelle unserer Geschichte wird von dem hier markierten widersprüchlichen hypothetischen Ausgangspunkt der Neuzeit die Dialektik des Fortschritts sichtbar: Die zunehmende Verchristlichung (Kolonisierung) aller Lebensbereiche treibt unerbittlich ihre Negation, nämlich die Säkularisierung des Mythos, voran. Doch um die weitere historische Entwicklung von diesem Ausgangspunkt zu verstehen, soll nochmals auf Untersuchungen Foucaults zurückgegriffen werden. Bisher war das Verhältnis von christlichem Mythos und neuzeitlicher Rationalität hypothetisch angedeutet worden.

Diese angedeutete Hypothese soll nun in ihrer historischen Fortentwicklung ansatzweise weiterverfolgt werden, um die Totalisierung von Zweckrationalität als historisch-kulturelles Produkt zumindest plausibel zu machen. Es geht um die Aufstellung einer Hypothese zur Säkularisierung des Mythos im Verlauf der Moderne.

---

59. Das allerdings hat Brecht in seiner Behandlung des Galilei nicht erkannt. Er nimmt das zeitweilige Auseinandertreten von Mythos und Zweckrationalität unkritisch als den prinzipiellen Widerspruch von Mythos und Rationalität und bleibt so dem Selbstverständnis der Aufklärung verhaftet.

2. Dialektik von Mythos und Rationalität II

Entgegen der strukturalistischen Analyse in der 'Ordnung der Dinge' findet sich in Andeutungen bei den späteren Überlegungen Foucaults die Einsicht in die Notwendigkeit, die kritische Differenz zwischen dem Programm, seinen theoretischen Implikationen und seiner empirisch vorfindbaren historischen Realisation nicht einzuebnen. Man kann Subjektivität nämlich in unterschiedlichen Perspektiven analysieren. Einmal kann man im Hegelschen Sinne Subjektivität als die Selbstbezüglichkeit des Seins thematisieren und konstatieren, daß der Mensch unterschiedene historische Gestalten dieser Selbstbezüglichkeit realisiert. Die unterschiedlichen historischen Gestalten der Subjektivität haben hier alle eine gemeinsame Form, die des Selbstbezugs. In seiner archäologischen Untersuchung der Wissensformen analysiert Foucault diese unterschiedlichen Gestalten der Selbstbezüglichkeit in Bezug auf die 'Wahrheitsspiele'.

Nun gibt es bei Foucault durch einen Wechsel der Perspektive immer auch eine andere Fragestellung in seinen Untersuchungen. Subjektivität ist nun nicht mehr die Selbstbezüglichkeit, sondern lediglich eine historische Form des Bezugs auf sich selbst. Damit bekommt das Foucaultsche Vorhaben der Rekonstruktion der Geschichte des Subjekts einen anderen Sinn, da nun der Subjektivierungsprozeß, die Konstruktion dieses besonderen Typus der Beziehung auf sich, untersucht wird. Deshalb kann Foucault nun auch sagen: "Ich nenne Subjektivierung jenen Prozeß, durch den sich ein Subjekt konstituiert, genauer gesagt: eine Subjektivität, die selbstverständlich nur eine der gegebenen Möglichkeiten der Organisation eines Selbstbewußtseins ist." (60) In der Verschränkung dieser beiden Perspektiven wird die Subjektivität als Selbstbezüglichkeit mit der historischen Ausgestaltung dieser Selbstbezüglichkeit in eins gesetzt. Hält man diese beiden Perspektiven auseinander, so lassen sich die späteren Foucaultschen Analysen auch als Versuch der Wiedergewinnung von Rationalität lesen.

---

60. Foucault in einem Gespräch 1984, zit. n. Ferry 1987, S.120

Den gleichen Perspektivenwechsel kann man auch am Foucaultschen Diskursbegriff nachweisen. Der Diskurs muß in dem strukturalistisch fundierten Programm Foucaults als etwas bereits Gegebenes, als eine sprachliche Realität vorausgesetzt werden, wenn sich das anspruchsvolle archäologische Programm zur Verabschiedung der abendländischen Subjektzentrierung soll realisieren lassen. In Teilen der 'Archäologie' hingegen wird der Diskurs "erst unter Anstoß eines Herrschaftsinteresses konstituiert. In der ersten Deutung gilt der Diskurs als ein immer schon gegebenes Sprachgeschehen, dessen sich Herrschaftsinteressen als eines Mittels bedienen können, in der zweiten Deutung hingegen gilt er als das Produkt einer von Herrschaftsinteressen dirigierten Operation." (61)

Foucault hat in einer Vorlesung, die er 1976 am Collège de France gehalten hat, einen solchen mythologischen Diskurs, der in der Neuzeit eine zentrale Bedeutung eingenommen hat und der gerade nicht mit dem philosophischen Diskurs der Moderne identisch ist, analysiert.
Foucault versucht in dieser Analyse, einen Diskurs zu charakterisieren, der für ihn **den** Diskurs abgibt, der innerhalb des rationalen Diskurses der Moderne liegt, diesen strukturiert und ihm die Kategorien für eine rationale Analyse von Sachverhalten gibt. Diesem Diskurs wird die Wahrheit und das Recht von einem Kräfteverhältnis, von Machtverhältnissen her bestimmt. In ihm liegen Erklärungen, die durch das Niedere, das Untere gegeben werden.
"Als Prinzip der Historie werden rohe Tatsachen angesetzt, sozusagen physisch-biologische Tatsachen: Körperkraft, Energie, Vermehrung einer Rasse, Schwäche einer andern; desgleichen Zufälle, Kontingenzen, Niederlagen, Siege, Mißlingen oder Gelingen von Aufständen, Erfolg oder Erfolglosigkeit von Verschwörungen oder Bündnissen; und schließlich ein Bündel psychologischer und moralischer Elemente wie Mut, Furcht, Verachtung, Haß, Vergessen usw.". (62)
Dieser Diskurs greift auf die traditionelle Mythologie als seine eigentliche Basis zurück. In ihm tauchen Themen auf "wie das vom verlorenen Zeitalter der grossen Ahnen, ...; das Thema der Vernichtung der Rechte und der Güter der ersten Rasse durch listige Eindringlinge; das Thema

---

61. Honneth 1986 a, S. 164
62. Foucault 1986 a, S. 17

des geheimen Krieges, der weitergeht, oder der Verschwörung, die zu erneuern ist, um den Krieg wieder zu entfachen und die Eindringlinge oder die Feinde zu vertreiben;". (63)
Der Diskurs verknüpft nun diese mythologische Grundlage mit einer spezifischen Form von Rationalität. (64) Es ist dies eine Rationalität der Kalküle, der Strategien, der Listen, der technischen Verschalung zur Aufrechterhaltung von Macht. Genaugenommen nimmt Foucault hier den Gedanken der Dialektik eines vorrationalen Diskurses und des philosophischen Diskurses der Moderne auf, der dann eine spezifische Form von Rationalität, d.i. Zweckrationalität, freisetzt:
"Es ist eine Rationalität, die im Maße ihrer Entwicklung immer abstrakter wird, immer zerbrechlicher und illusorischer, auch immer listiger und bösartiger im Sinne derer, die momentan gesiegt haben und das für sie günstige Herrschaftsverhältnis nicht aufs Spiel setzen wollen." (65)
Damit wäre ein neuer, säkularer, nicht christlicher Mythos - im Gegensatz zum philosophischen Diskurs der Moderne, in dem die Idee der Rationalität, der rationalen Gestaltung der menschlichen Existenzbedingungen zentral ist - zum historischen Diskurs der Moderne geworden. Dieser säkulare Mythos aber beerbt den archaischen, womit sich die Rationalität die gleichen theoretischen Beschränkungen und Deformationen einhandelt. Mit der Erlangung von gesellschaftlicher Bedeutung hat dieser historische Diskurs der Moderne wiederum auf den philosophischen Diskurs der Moderne zurückgewirkt und hat diesen und den christlichen Mythos überlagert. Die Kritik der Moderne kann also nicht per se Rationalitätskritik sein. Vielmehr muß die Kritik der Moderne auf die unselige Verknüpfung in der Wirklichkeit von traditioneller Mythologie bzw. von Irrationalität und Rationalität abheben. Dies mag auch der Grund sein, warum Jürgen Habermas vor den Untiefen der Rationalitätskritik gewarnt hat. (66)
Deshalb ist die zentrale These von Horkheimer und Adorno, die auf die Gleichsetzung von formaler mit instrumenteller Rationalität hinausläuft, "das heißt einer »verdinglichenden« Rationalität, die auf die Kontrolle

---

63. Foucault 1986 a, S. 20
64. Sh. dazu auch Davis 1987, S. 171 - 209
65. Foucault 1986 a, S. 18
66. Habermas 1985 a, S. 132 - 137

und Manipulation natürlicher und sozialer Prozesse abzielt", (67) nicht mit dem Programm der Moderne gleichzusetzen. Denn dieses Projekt setzt, wie auch der Begriff der instrumentellen Rationalität, den Begriff einer nichtinstrumentellen Rationalität voraus.

Das gilt aber auch für die 'Dialektik der Aufklärung' selbst. Diese vermag ihre kritische Intention nur aufrechtzuerhalten, indem sie an einem empathischen Begriff von Rationalität festhält. Damit aber wird die eigene vorgängige Analyse im Grunde aufgehoben. Es existiert ein doppelter Begriff von Rationalität: Die kritische Analyse aus Frankfurt gehört nicht mehr derjenigen Rationalität an, die vorher noch als ein Moment von Herrschaft begriffen wurde. Allenfalls ist die 'alte' Rationalität in der Rationalität der 'Dialektik der Aufklärung' aufgehoben. Sie muß sich also einer anderen als der herrschenden Rationalität verdanken. (68) Adorno hat sie deshalb auch als eine Rationalität bezeichnet, die sich selbst nochmals der Kritik unterzogen habe. Im Moment der Einsicht in den Herrschaftscharakter von 'aufklärerischer Rationalität' transzendiert die kritische Analyse eben jene Rationalität, die immer Herrschaft in sich trägt.

Ein solches Ergebnis bleibt dann unbefriedigend und in sich widersprüchlich, wenn man diese kritisch geläuterte Rationalität nur noch als Negative zu denken versteht, da in jeder ihrer positiven Äußerungen der Herrschaftscharakter mit Notwendigkeit impliziert ist. Menschliche Vernunft verfehlt damit notwendigerweise immer ihre Intention. Rationalität entpuppt sich vornehmlich bei Adorno als Irrationalität.

Es ist die Einsicht in diese Aporie, die die Hinwendung von Adorno und Benjamin zur Kunst als des letzten herrschaftsfreien Refugiums zwingend erscheinen läßt.

Angesichts der Aporie, in die das Programm der Kritischen Theorie geraten ist, drängt sich die Notwendigkeit auf, den zentralen Gedanken der 'Dialektik der Aufklärung' neu zu denken. Die Aporien einer solchen 'Dialektik' der Aufklärung könnten überwunden werden, wenn das

---

67. Wellmer 1985, S. 142
68. Auf diesem Hintergrund steht der Pessimismus Horkheimers gegenüber der Vernunft gleichsam im Dienste des Vorganges, dem sich das Projekt der Moderne verpflichtet weiss: Qua Reflexivität eben auch die Vernunft in ihrer konkreten historischen Gestalt nochmals zu hinterfragen. (sh. Raulet 1986, S. 95 - 119)

Verhältnis von Mythos und Rationalität realwissenschaftlich analysiert würde. Dann nämlich käme in den Blick, daß die Dialektik der Aufklärung auf systematischer und empirischer Ebene eine Entsprechung hätte.

3. Dialektik von Mythos und Rationalität III

Dieser Versuch hätte an dem oben angedeuteten Verhältnis von Mythos und Rationalität als des eigentlichen Movens unserer kulturellgeschichtlichen Entwicklung systematisch anzusetzen. Adorno und Horkheimer fassen dieses Verhältnis als dialektisches: Der Mythos ist die Wurzel der Rationalität. Diese bezieht ihre Kraft aus dem Mythos. Rationalität ist nicht ohne ihre Antipode. Vom Mythos ist der Herrschaftscharakter bzw. die Verbindung von Herrschaft und Rationalität übernommen: Mythos und Epos haben Herrschaft und Ausbeutung gemein. (69) Dies aber impliziert nun notwendigerweise ein spezifisches Verhältnis des Menschen zu sich selbst und seiner eigenen Geschichte: Die Verleugnung der Natur im Menschen, "der Kern aller zivilisatorischen Rationalität, ist die Zelle der fortwuchernden mythischen Irrationalität: mit der Verleugnung der Natur im Menschen wird nicht bloß das Telos der auswendigen Naturbeherrschung sondern das Telos des eigenen Lebens verwirrt und undurchsichtig. In dem Augenblick, in dem ... der gesellschaftliche Fortschritt, die Steigerung aller materiellen und geistigen Kräfte, ja Bewußtsein selber, nichtig, und die Inthronisierung des Mittels als Zweck, ..., ist schon in der Urgeschichte der Subjektivität wahrnehmbar." (70) Was hier aufscheint, kann angemessen auf realwissenschaftlicher Grundlage nur als historisch-

---

69. Sh. Horkheimer, Adorno 1969, S. 52
70 Horkheimer, Adorno 1969, S. 61 - 62

gesellschaftlicher Prozeß, also in seiner spezifischen Form, gefaßt und nicht der Subjektivität selbst zugeschrieben (71) werden:
Die Entfremdung des Menschen von seiner eigenen Natur wird z.B. von Elias als Prozeß der Zivilisation beschrieben. Am Beispiel des Verhaltens im Schlafraum verdeutlicht Elias diesen Prozeß der Selbstentfremdung des Menschen: "Auch hier, ganz ähnlich, wie in der Gestaltung des Essens, wächst kontinuierlich die Wand, die sich zwischen Mensch und Mensch erhebt, die Scheu, die Affektmauer, die durch die Konditionierung zwischen Körper und Körper errichtet wird. Mit Menschen außerhalb des Familienkreises, also mit fremden Menschen, das Bett zu teilen, wird mehr und mehr peinlich gemacht." (72)
Damit wäre der Prozeß der Zivilisation, der ja mit dem Prozeß der Rationalität aufs engste verknüpft ist, die zunehmende Entzweiung des Menschen von seiner Natur, der Prozeß der Subjektivierung einer der Selbstverstümmelung. Elias vermag dies ebenfalls für das Verhältnis von Mann und Frau nachzuzeichnen. (73) Unter wissenschaftssoziologischer Perspektive analysiert Nelson die Entzweiung des Menschen von seiner Natur in der erkenntnistheoretischen Gegenüberstellung der Moderne von eros und logos am Beginn unserer Zivilisation. (74)
Ein solches Resultat bleibt nun dann unfruchtbar, wenn die Dialektik von Mythos und Rationalität, die als Ursache einer solchen Entwicklung angesehen werden muß, der Rationalität als des Programms der Moderne überantwortet wird, anders, wenn systematische und empirische Geltung in eins gesetzt werden. Denn daß der Mythos in Aufklärung und Aufklärung in Mythologie zurückschlägt, wie Taubes sehr gewagt in seiner Analyse der 'Dialektik der Aufklärung' bemerkt, ist bei Adorno und

---

71. Nägele weist auf den Punkt in Adornos Analyse hin, an dem sich die 'Dialektik der Aufklärung' mit dem Poststrukturalismus trifft: "Adorno's critique and analysis of identity implies and is accompanied by a critique and analysis of subjectivity. This is the point where his writing overlaps most obviously with the poststructuralist field,..." (Nägele 1986, S. 101) Es wäre von Interesse hier an diesem Zusammenhang von Identität und Subjektivität die Übergänge von systematischer Analyse und empirischen Aussagen genau zu untersuchen.
72. Elias 1977, S. 230
73. Elias 1977, S. 230 - 262
74. Nelson 1986, S. 140 - 155

Horkheimer sowohl als systematische als auch als empirische Feststellung zu lesen. (75)

Renaissance und Aufklärung können nur auf den ersten Blick als Einlösung des Anspruches auf die Rationalität gelten. Was historisch wirksam ist, ist eben die Dialektik oder, angesichts der ungeheuerlichen Entwicklungen des 20. Jahrhunderts, die Gleichzeitigkeit von Mythos und Rationalität, die eben in der Kritischen Theorie als Zweckrationalität gefaßt wird. Der Begriff bezeichnet den fundamentalen Tatbestand, daß der Rationalität etwas Nichtrationales vorgeordnet ist. Rationalität wird Mittel eines außer ihr existierenden Zwecks.

Was aktuell in der ökologischen Diskussion zu beobachten ist, ist der Versuch der Gewinnung von zunehmender Vernünftigkeit, die doch Rationalität hatte bewerkstelligen sollen. Das mag auf den ersten Blick paradox erscheinen, wird doch mit der ökologischen Diskussion vielerorts der Rückgriff auf den Mythos propagiert. Im Grunde genommen wird mit dem Rekurs auf den Mythos der Versuch unternommen, Rationalität zurückzugewinnen, indem ein anderes als das historisch etablierte Verhältnis von Rationalität und Mythos zur gesellschaftlichen Geltung kommen soll. (76)

---

75. Sh. Taubes 1983, S. 460 -461
76. Zimmerli ist demgegenüber der Auffassung: "Daß die Einheit der Natur als normatives Konzept sich weltweit durchsetzt, ändert nichts daran, daß sie in sehr unterschiedlichen Werteensembles vorkommt." (Zimmerli 1988, S. 23) Dies ist zwar eine zutreffende Beschreibung des gegenwärtigen Zustandes. Gleichwohl ist es wahrscheinlich, daß die 'normative Kraft des Faktischen' auf die unterschiedlichsten Werteensembles zurückwirken und ein weltweiter Metadiskurs sich durch den weltweiten ökologischen Wirkungszusammenhang etablieren wird. Dieser Diskurs wäre dann das diskursive Korrelat eines weltweiten Handlungszusammenhangs: "Es ist nicht mehr sinnlos oder übertrieben, von einer Weltgesellschaft zu sprechen. Zumindest in nachrichtentechnischer Hinsicht ist unser Globus inzwischen ein integriertes System mit der Wirkung der Simultanität und der kulturellen Homogenität von Informiertheiten, auf die wiederum in erläuterungsunbedürftiger Weise die Charakteristik 'ungeschichtlich' passen will." (Lübbe 1988, S. 212 -213) Auch muß die von Heller diagnostizierte Desanthropologisierung durch die ökologische Diskussion nicht notwendig auf einen als postmodern zu bezeichnenden Zustand zutreiben. (sh. dazu Heller 1982 a, S. 429 - 445)

Der hier angedeutete Dualismus gilt allemal für den cartesianischen Dualismus, der den Geist von der Natur trennt. Das Programm der Moderne kann so auch erkenntnistheoretisch als ein Entwurf der zunehmenden Entzweiung von Geist und Natur und so als ein Programm einer vom Mythos geleiteten Rationalität angesehen werden. Mit und seit dem cartesianischen Denken tritt die Vorstellung auf, daß unsere Erkenntnis aufgrund übernatürlicher Begrenzungen zweifelhaft ist. Der Zweifel ist dann nur überwindbar, indem das Denken aus seinem Zusammenhang mit der Natur herausgelöst wird. Der Anspruch "auf 'Modernität' liegt in der systematischen Auflösung des Zusammenhangs von Natur und Geist, den das griechische Denken darzustellen suchte." (77)

4. Erweiterung des Rationalitätsverständnisses

Jedes Reden über Modernität, Postmodernität, Rationalität und Mythos führt unter systematischer Perspektive, in der systematische und empirische Ebenen auseinandergehalten werden, unumgänglich dazu, an einem empathischen Begriff von Rationalität festzuhalten.
Damit soll nicht den Konsequenzen der 'Dialektik der Aufklärung' ausgewichen werden. Raulet weist auf ein solches Ausweichen hin: "Der Konsequenz einer »Dialektik der Aufklärung«, nach der sich die Vernunft als Unvernunft realisiert hätte, versucht man allzu oft dadurch zu entgehen, daß man an einer »wahren«, wie immer utopischen Vernunft festhält, anstatt zu fragen: Wo ist denn diese heute - wenigstens in Ansätzen - auszumachen?" (78)
An der Rationalität festzuhalten, impliziert also, wenn man sich der oben in kritischer Absicht vollzogenen Differenzierung von Programm und dessen empirischer Einlösung selbst unterwirft, Vernunft nicht im empathischen, bestimmungslosen Raum zu belassen.

---

77. Bookchin 1985, S. 60
78. Raulet 1986, S. 238

Allerdings werden in der von Raulet kritisch geforderten Wende zu einer empirischen Fragestellung die systematischen Probleme der Modernitätskonzeption vorschnell übergangen und damit die hier angestrebte Unterscheidung zwischen systematischer und empirischer Analyse und ihren unterschiedlichen Ebenen von einer anderen Seite her eingeebnet. Die bisher hier vorgetragene Argumentation bringt 'Rationalität' in ihr Recht, sagt aber noch nichts darüber aus, wie diese systematisch zu denken ist.

In der 'Dialektik der Aufklärung' umschreibt der Begriff der Versöhnung zwischen Rationalität und Mimesis diese allerdings im Bestimmungslosen belassene, zu leistende Aufgabe.

Der Begriff der Versöhnung verweist auf den Tatbestand, daß der Prozeß der Zivilisation seinem Anspruch nach ein Prozeß der Selbstaufklärung ist. Versöhnung meint die Überwindung der Selbstentzweiung der Natur, erreichbar nur als Durchgang durch die Selbstkonstitution der Menschengattung in einer Geschichte der Arbeit, des Opfers, der Entsagung. Daraus folgt, daß der Prozeß der Aufklärung sich nur in seinem eigenen Medium - dem des naturbeherrschenden Geistes - selbst überbieten kann. Die Aufklärung der Aufklärung ist nur im Medium des Begriffs denkbar.

Das aber ist nur möglich, wenn die Aufklärung sich im Prozeß der Aufklärung selbst als in den historischen Prozeß eingebettet betrachtet und so jene Chimäre hinter sich läßt, die das Selbstverständnis noch manchen Aufklärers bis heute geprägt hat, nämlich die Auffassung, radikaler Bruch mit dem vormodernen Denken gewesen zu sein. Die 'Dialektik der Aufklärung' und deren denkerischer Niederschlag der instrumentellen Vernunft, die Foucault als »Doppelbewegung von Befreiung und Versklavung« analysiert, kann sich nur selbst verstehen, indem sie sich als in einer historischen Entwicklung stehend begreift. Die Moderne muß ihren eigenen Verblendungszusammenhang durchbrechen, indem sie erkennt, daß die Dialektik der Aufklärung nichts anderem geschuldet ist, als einer in sich widersprüchlichen Realisation von Rationalität, oder besser, daß Rationalität eine widersprüchliche Form von Vernunft darstellt, die in der Hypris befangen ist, Vernunft selbst zu sein. Das Projekt ist nicht die Einlösung seiner zentralen Idee.

Der Postmodernismus allerdings ebnet diese hier eingeführte Differenz auf eine andere Art und Weise, als es Horkheimer und Adorno tun, ein. Indem er nämlich nichts anderes als ein gleichberechtigter Part in der Heterogenität der Sprachspiele sein will, entzieht er sich der kritisch differenzierenden Analyse von Idee und Wirklichkeit: "Er beansprucht keine andere Gültigkeit als die einer <Erzählung> unter anderen; aber somit entzieht er sich gerade jeder Kritik und jeder echten Auseinandersetzung mit der wirklichen Geschichte." (79)

Wenn nach dem bisherigen Gang der Argumentation Rationalität nicht vorschnell verabschiedet werden kann, so trifft die postmoderne Kritik doch deren subjektphilosophische Grundlage. Das Festhalten an der Rationalität kann, nach der Foucaultschen Wissensarchäologie, nicht länger an dem einsamen selbstreflexiven Subjekt festgemacht werden.
Die Entdeckung Foucaults, daß die monologisch in sich gekehrten Subjekte füreinander zu Objekten werden, verweist auf Widersprüche einer modernen Konzeptionierung von Rationalität, die zwar ihre realen kulturellen Ursachen hat, die aber unter einer systematischen Perspektive eine Revision notwendig macht. Foucault kann nämlich deutlich machen, daß die Humanwissenschaften in der Moderne sich mit der Suche nach der wahren Substanz des Menschen in einen unendlichen Regreß begeben. (80)

Es wird also einerseits eine 'Genealogie' des Wissens notwendig, die im Gegensatz zu Foucault und dem Postmodernismus doch den Zusammenhang der Wissensformen selbst deutlich werden läßt. Dies ist nur möglich, wenn die realen kulturellen Ursachen der Wissensformen auch und gerade durch ihre Brüche, Richtungsänderungen und Schwellen

---

79. Raulet 1986 a, S. 129
80. Allerdings stimmt diese Kritik nur, wenn die Humanwissenschaften als
    erkenntnistheoretisch identisch mit den Naturwissenschaften konzipiert
    werden: "Foucault mißversteht die Kulturgeschichte epistemologisch;
    den Unterschied zwischen den Erfahrungswissenschaften, die die
    Gesetzmäßigkeiten der Natur erforschen, und den
    Humanwissenschaften, die die Regeln einer symbolisch
    vorstrukturierten Welt rekonstruieren, verfehlt er zugunsten einer
    quasi naturwissenschaftlichen, mathematisierenden Einstellung, die
    sich mit Hilfe strukturalistischer Mittel nun auch im Bereich der
    Kulturgeschichte bewähren soll." (Privitera 1990, S. 51)

hindurch analysiert werden. Andererseits muß unter einer systematischen Perspektive der Versuch unternommen werden, die Widersprüche der Subjektphilosophie zu überwinden.

Es geht folglich nicht um die Verabschiedung der Moderne, sondern um deren Selbstaufklärung: "Das Projekt der Moderne, der Aufklärung, ist unabgeschlossen: Seine faktischen Verkrustungen im historisch vorherrschenden Wissenschafts- und Technologieverständnis können durch eine Wiederbelebung der Vernunft aufgebrochen und in eine dynamische Theorie wissenschaftlicher Rationalität überführt werden, die historische Erfahrungen verarbeitet und sich so lernfähig weiterentwickelt." (81) Bei diesem Projekt der Selbstaufklärung der Moderne "müssen wir um so mehr Kraft auf die Aufklärung verwenden, auf eine solche zumal, die unsere Blindheit gegenüber dem Ganzen, gegenüber der Zukunft aufzuheben verspricht,..." (82) Nur dann gelangt die Befangenheit der Subjektphilosophie in den Blick. Deren Überwindung wird auch die methodologischen Aporien des als eine transzendentale Duplette konstruierten Subjekts hinter sich lassen. (83) "Denn der Mensch", bemerkt Ernst Bloch beiläufig, "ist etwas, was erst noch gefunden werden muß." (84)

Dieses bisher gewonnene Resultat, daß nämlich einerseits die subjektphilosophische Grundlage der Moderne nicht länger haltbar ist, andererseits aber Rationalität nicht nur nicht verabschiedet werden kann, sondern zugleich auch in einer konkreten gesellschaftlichen Wirklichkeit bestimmt werden muß, also nicht im Bestimmungslosen belassen werden

---

81. Beck 1986, S. 258 Dies ganz im Gegensatz zu Foucault, der sich von dem Vorhaben einer 'globalen Geschichte' verabschiedet, um eine 'serielle Geschichte' zu betreiben. Zum Verständnis von 'globaler Geschichte' sh. Foucault 1973, S. 12 - 16; zur Geschichtsauffassung Foucaults sh. Honegger 1982. Zu einem ähnlichen Resultat gelangt Klafki: " Demgegenüber bin ich der Auffassung, daß die Kernideen der Aufklärung in einem radikalen, d.h. an die Wurzeln gehenden Sinne nach wie vor begründbar gültig, jedoch nicht entfernt hinreichend eingelöst worden sind, daß sie also weitergedacht und weiterverfolgt werden müssen." (Klafki 1989, S. 1)
82. Hentig, von 1985, S. 105
83. Dies ist das Programm von Jürgen Habermas. (sh. Habermas 1986 b)
84. Bloch 1969, S. 32

darf, ist für Bildungstheorie von entscheidender Bedeutung. Bildung nämlich muß "verstanden werden als Aneignung der die Menschen gemeinsam angehenden Frage- und Problemstellungen ihrer geschichtlich gewordenen Gegenwart und der sich abzeichnenden Zukunft und als Auseinandersetzung mit diesen gemeinsamen Aufgaben, Problemen, Gefahren." (85)

Ein weiteres Resultat der bisherigen Untersuchung besteht darin, daß Bildungstheorie zwar moderner Rationalität verpflichtet sein muß, aber zugleich die Widersprüche der Subjektphilosophie zu überwinden hat.

Nun verweist die widersprüchliche Bestimmung des Subjekts, die die Moderne hervorgebracht und die Foucault freigelegt hat, auf einen historischen Konstitutionsprozeß, den auch Habermas' Vorschlag eines Modells des verständigungsorientierten Handelns (86) letztlich impliziert. Auch wenn hier dem weiteren Gang der Untersuchung vorgegriffen wird, sei darauf hingewiesen, daß im Verständigungsparadigma jene "transzendental-empirische Verdopplung des Selbstbezuges ... nur solange unausweichlich (ist), wie es keine Alternative zu dieser Beobachterperspektive gibt: nur dann muß sich das Subjekt als das beherrschende Gegenüber zur Welt im ganzen betrachten ..." (87)

Die Überwindung des Widerspruchs von empirischem und transzendentalem Subjekt ist in der Universalpragmatik, so wird zu zeigen sein, das Werk einer kommunikativen Praxis sich verständigender Subjekte. Fundiert man Bildungstheorie auf dieser Theorie Habermas' und stellt sie in den kulturell-gesellschaftlichen Prozeß der Moderne, (88) dann hat eine Bildungstheorie, die die substantielle Kritik der Postmoderne in sich aufnimmt, eben jenen systematischen Ort gefunden,

---

85. Klafki 1989, S. 6
86. Man kann den Konstitutionsprozeß des Rationalitätsverständnisses auch historisch nachvollziehen und diesen Prozeß als fazettenreich und vielschichtig verstehen, aber eben auch als einen Prozeß begreifen, in dem diese Vielschichtigkeit eingeebnet wurde. (sh. Specht 1984, S. 70 - 87)
87. Habermas 1986 b, S. 347
88. Unter soziologischer Perspektive kann der Postmodernismus auch als Reaktion auf einen "mechanistischen und szientistischen Universalismus, der als alltägliche Gewalt die letzten Freiräume eines individuellen Daseins uniformiert und die Singularität des Menschen in eine beherrschbare Partikularität verwandeln möchte" gesehen werden. (Frank, M. 1987, S. 119)

an dem sie sich neu konstituieren muß: Ihre Konsequenzen aus den Aporien des Subjektmodells der Moderne zu ziehen. (89) "Es sind seit knapp hundert Jahren verschiedene Argumente zusammengekommen, die den Übergang von der klassischen Schluß- zur modernen Aussagenlogik, den Übergang von der gegenstandstheoretischen zur sachverhaltstheoretischen Deutung der Erkenntnis, den Übergang von der intentionalistischen zur sprachtheoretischen Erklärung der Verstehens- und Kommunikationsleistungen, allgemein den Übergang von der introspektiven Analyse der Bewußtseinstatsachen zur rekonstruktiven Analyse öffentlich zugänglicher grammatischer Tatsachen nahegelegt haben." (90) Das Ziel dieser Untersuchung besteht in einer Reformulierung von Bildungstheorie auf einem verständigungsorientierten Paradigma.

Wir werden im dritten Abschnitt diesen Ansatzpunkt für eine, die postmoderne Kritik partiell anerkennende und zugleich am Programm der Moderne festhaltende, transsubjektive Bildungstheorie wieder aufnehmen. (91)

5. Rational gestiftete Sprachspiele und kommunikative Konstitution von Subjektivität und Objektivität

Die Lyotardsche Kritik ist, so haben wir gezeigt, im Unterschied zu der Arbeit Foucaults keine Kritik am modernen Subjektmodell bzw. an der spezifisch modernen Form der Verbindung von Wissen und Macht. Lyotard interessiert sich nicht mehr für das kartesianische Subjekt, das sich der Aufgabe unterziehen muß, die unbewußten Mächte von

---

89. Lenzen hat Recht, wenn er darauf besteht, die poststrukturalistischen Analyseergebnisse ernstzunehmen. (sh. Lenzen 1987, S. 41)
90. Habermas 1990, S. 439
91. Der Begriff wird systematisch im 6. Kapitel eingeführt. In einer vorläufigen Annäherung kann er als eine Position bezeichnet werden, die durch die postmoderne Kritik an dem modernen Episteme kritisch und konstruktiv 'hindurchgegangen' ist.

Geschichte, Gesellschaft und Psyche bewußt zu machen, um sich als Subjekt konstituieren zu können. Lyotard rückt die Sprachspiele in den Vordergrund und damit die signifikanten Tätigkeiten von Gruppen von Menschen. Damit können solche Sprachspiele wiederum nur kontextspezifische Gültigkeit beanspruchen, weshalb es keine großen übergreifenden Sprachspiele und folglich, in einer subjektphilosophischen Ausdrucksweise gesprochen, keine Wahrheit mehr geben kann. Der Bildungskanon bzw. dessen Legitimation ist ein solches großes Sprachspiel, das die Vorstellung einer umfassenden Weltsicht impliziert. Im Bildungsprozeß sollen sich die Individuen als Subjekte hervorbringen. Auch wenn sich heute kein für alle Menschen und Kulturen verbindlicher inhaltlicher Kanon mehr legitimieren läßt, so geht es doch um die 'Schlüsselprobleme' unserer Gegenwart und Zukunft. Diese sind keineswegs beliebig, da "es sich um epochaltypische Strukturprobleme von gesamtgesellschaftlicher, meistens sogar übernationaler bzw. weltumspannender Bedeutung handelt, die gleichwohl jeden einzelnen zentral betreffen." (92) Eine solche bildungstheoretische Bestimmung ist nach Lyotard nicht mehr möglich. Auch Welsch hält zeitdiagnostisch fest:"Wir gehen ja heute nicht mehr von der Konkordanz aller Kulturgebiete aus." (93)
Nicht mehr ein einheitliches, alles beherrschendes Sprachspiel, sondern unterschiedene Kulturbereiche mit unterschiedlichen Sprachspielen bzw. Diskursen sind möglich und legitimierbar. Lyotard geht nicht nur mehr von der Konkordanz aller Kulturgebiete aus, sondern würde die Möglichkeit, sich über Schlüsselprobleme zu verständigen, leugnen, weil diese Verständigung wiederum einen Metadiskurs voraussetzte. Da aber die unterschiedlichen Sprachspiele, die zu einer solchen Verständigung hinzugezogen werden müßten, sich nicht aufeinander beziehen lassen, kann es auch keine Legitimation der Verständigung über Schlüsselprobleme geben. Lyotard widerspricht damit auch einer Auffassung, in der die alltagsweltlichen Wissensbestände als die Grundlage des wissenschaftlichen Wissens angesehen werden. Dies wäre für ihn eine Inkonsequenz: "Nicht weniger inkonsequent ist der Versuch, das wissenschaftliche Wissen vom narrativen abzuleiten oder es aus ihm

---

92. Klafki 1989, S. 13
93. Welsch 1988 a, S. 65

generieren zu wollen (durch Operatoren wie Entwicklung usw.), als ob dieses jenes im Embryonalzustand beinhalte." (94) Es gibt für Lyotard keine diskursive Verknüpfung unterschiedlicher Sprachspiele. Damit ist lediglich eine Verknüpfung von Sprachspielen möglich, die über eine ästhetische Inspiration zustandekommt: "Ich erinnere daran, dass der einzige Leitfaden, über den man bei der Durcharbeitung verfügt, im Gefühl liegt, oder besser gesagt, im Anhören des Gefühls. Ein Satzfragment, ein Informationsstück, ein Wort kommt an. Sie werden auf der Stelle mit anderen Informationseinheiten verknüpft. Kein Ergründen (raisonnement), kein Argumentieren, keine Vermittlung." (95) Was wir das Allgemeine der Bildung nennen, ist nach Lyotard lediglich über eine ästhetische Intuition 'herstellbar'.

Es ist evident, daß diese Position "die Auflösung des Bildungsideals in seiner klassisch-idealistischen wie seiner emanzipatorisch-aufklärerischen Version" impliziert. (96) Zwar gibt es andere als die rationale Stiftung von Zusammenhang zwischen den unterschiedlichen Sprachspielen - rational wären sie allerdings nicht zu stiften. (97)

Frank hat darauf hingewiesen, daß es "kein letztes Kriterium für die objektive Identität der Bedeutung des Ausdrucks a zum Zeitpunkt t^1 und derjenigen desselben Ausdrucks zum Zeitpunkt t^2 (gibt- HJF); denn diese Identität, als auf Deutung, nicht auf Wahrnehmung beruhend, kann selbst nur konjektural bestehen und bedarf der Übernahme der zugrundeliegenden Interpretation durch andere Individuen der Kommunikationsgemeinschaft. Das entsprechende gilt für die Verknüpfung der Sprechakte in der Rede und der Reden in der Einheit eines bewußten Lebens." (98) Der Franksche Einwand verweist auf eine andere, nicht mehr subjektphilosophisch konzipierte Auffassung von Rationalität.

---

94. Lyotard 1986, S. 84
95. Lyotard 1988 S. 19
96. Mertens 1991, S. 86
97. Lyotard ist keinesfalls gegen jede Form der Verbindung von Sprachspielen. Wogegen sich Lyotard wendet, ist die spezifisch moderne, qua Rationalität gestiftete Form des Metadiskurses.
98. Frank 1988a, 54

Es steht nämlich, und auch hier sei dem weiteren Gang der Argumentation vorgegriffen, mit der transzendentalkritischen Theorie des Kommunikativen Handelns ein Rationalitätsbegriff zur Verfügung, der diskursives Wissen und alltägliche Praxis in einem unlösbaren Zusammenhang faßt. Damit wird die sprachanalytisch gefaßte Kontextabhängigkeit von Sprachspielen an den Wahrheitsbegriff zurückgebunden, womit auch ein Bildungskanon rational legitimiert werden kann.

Die Habermassche Theorie des kommunikativen Handelns vollzieht also den epistemologischen Paradigmenwechsel von der Subjektphilosophie zur sprachanalytischen Philosophie. Sprache ist bei Habermas aber ein Medium, durch welches Normen der Handlungskoordination, kulturelle Interpretationsmuster und Bezugssysteme für die Artikulation subjektiver Bedürfnisse formuliert werden. U.a. dadurch wird der Wahrheitsbegriff sprachanalytisch reformuliert und lassen sich die unterschiedlichsten 'Sprachspiele' wieder aufeinander beziehen. Damit ist ein anderes als das bewußtseinsphilosophisch konzipierte Subjekt impliziert. Im weiteren Gang der Untersuchung mag deutlich werden, daß auch die Implosionsthese Baudrillards damit hinfällig wird.

Wir können also als ein zentrales Ergebnis festhalten: Eine durch die postmoderne Kritik hindurchgegangene Bildungstheorie muß sich sprachanalytisch neu begründen. Dann wäre unter einer systematischen Perspektive auch das wieder möglich, was Klafki als die inhaltliche Ausrichtung einer neuen Allgemeinbildung bezeichnet: Zentrierung des Bildungsprozesses um Schlüsselprobleme einer Gegenwart und der vermuteten Zukunft. (99)

---

99. Klafki 1989, S. 7

II. Abschnitt: Moderne und Bildung

Mit dem Ausgang dessen, was Foucault die Klassik nennt, verliert die abendländische Kultur ihre letzte Gewißheit, aus der sie einen konsistenten, alle Lebens- und Sinnfragen festlegenden, kulturellen Deutungsrahmen hat gewinnen wollen und in dem und durch den sich die bedeutungsvolle Ausgestaltung des Lebens für den Einzelnen hätte verwirklichen lassen sollen. (1) Unter einem systemtheoretisch-historischen Zugriff können Renaissance und Aufklärung mit ihren unterschiedlichen Pädagogiken als der Versuch einer Komplexitätsreduktion verstanden werden. Die Renaissance bezog sich in einer völlig neuen Weise auf die vielen sinnlichen Wahrnehmungen und brachte damit verschiedenartige Ausgestaltungen von Sinn hervor. Sie läßt sich systemtheoretisch als ein Versuch von Komplexitätsreduktion durch Sinnkonstitution darstellen. Mit der recht eigentlich erst am Anfang des 19. Jahrhunderts, also dem Beginn der Moderne, möglichen Erfahrung, daß der mit Renaissance und Aufklärung gewählte kulturelle Zugriff auf die Wirklichkeit nicht der einzig mögliche ist, d.h. die eigene Kultur und damit notwendig die eigene individuelle Existenz der Historizität unterworfen sind, stellt sich theoretisch die Erziehungsfrage neu.

Unter einem Bewußtsein, das Geschichte als die fortschreitende Entwicklung hin zum 'ewigen Frieden' verstand, war Erziehung ein unproblematischer Vorgang. Die Aufklärung aber, die sich am Ende des 18. Jahrhunderts über sich selbst aufzuklären beginnt, also zum ersten Mal selbstreflexiv wird, wird bald gewahr, daß eine solche Entwicklungsvorstellung nicht haltbar ist. Diese Einsicht ist die Geburtsstunde der Moderne. Zu ihrem Bewußtseinsstand gehört das Wissen von der grundsätzlichen Widersprüchlichkeit moderner Erziehung: Das Subjekt soll durch einen erzieherischen Akt der Fremdbestimmung autonom werden. Dieser selbstreflexive Erkenntnisstand konstituiert eine neue Theorie der

---

1. Man kann also durchaus mit Huschke-Rhein der Auffassung sein, die Ausgangsbedingungen für unsere heutige Bildungssituation im Zusammenbruch des sog. 'Corpus christianum', also des relativ homogenen christlichen Begründungszusammenhangs des Mittelalters, zu sehen. Sh. Huschke-Rhein 1987, S. 280

Generationenfolge, die mit dem modernen Episteme erst möglich wird, die Bildungstheorie.

Im folgenden sollen die wesentlichen bildungstheoretischen Begriffe und ihr grundlegender Zusammenhang rekonstruiert werden. Uns interessiert einerseits, wie sich die bildungstheoretische Begrifflichkeit dem modernen Episteme verdankt und andererseits, wie sich die Widersprüche des Epistemes bildungstheoretisch reproduzieren.

4. Kapitel: Bildung als Selbsterschaffung des Menschen

Bildung kann nicht länger das unhinterfragte Einführen einer jungen Generation in die Werte der älteren sein. Zu sehr verändert sich die Welt, für die die junge Generation gebildet werden soll und die diese damit nicht mehr nach überkommenen Wertvorstellungen, sondern eigenverantwortlich gestalten können muß. Zu augenscheinlich versagen die einmal gewählten, handlungsleitenden Normen der `vorrevolutionären' Generation. Das Bürgertum, um das es praktisch im Zusammenhang mit der Bildungstheorie zunächst geht, hat die überkommenen, sinnstiftenden kulturellen Bahnen verlassen, ohne sich allerdings auf neuen Wegen orientiert zu haben:

So hat es den religiösen Glauben zur Sache des individuellen Gemüts gemacht und damit in die Privatsphäre verbannt; eine öffentliche Ethik allerdings, die an die Stelle der mittelalterlichen Moral treten würde, fehlt.

Die ständische Ordnung hat sich weitgehend aufgelöst, demokratische Strukturen, die qua öffentlichem Räsonnement Fragen der sinnvollen Ausgestaltung des Gemeinwesens zu lösen vermöchten, bilden sich erst allmählich heraus, bleiben allerdings fragil.

Die Wissenschaften kommen in noch nie gekanntem Ausmaß zu einer gesellschaftlich geachteten und honorierten Stellung; die wissenschaftliche Ratio hingegen bleibt beschränkt auf Teilbereiche. In ihrem mangelnden Ganzheitscharakter vermag sie zwar als Kritik

die 'alte Welt' zu zerbrechen, ohne jedoch zur umfassenden Sinnkonstitution fähig zu sein. Die großen sinnstiftenden, philosophisch-wissenschaftlichen, und das heißt, vornehmlich materialistischen Entwürfe der Aufklärung bleiben nach Kant aus.
Aber diese Beleuchtung des sozialhistorischen Zusammenhangs bleibt noch an der Oberfläche des Problems. Zwar werden diese Entwicklungen, in denen sich der bürgerliche Lebenszusammenhang von traditionalen Lebenszusammenhängen entfernt, als Entfremdung von der Totalität eines sittlichen Lebenszusammenhanges erfahren. Die eigentliche Tiefe des Problems wird allerdings erst dann erfaßt, wenn diese Entfremdung als das notwendige Produkt der Moderne selbst reflektiert wird. Damit ist das zentrale bildungstheoretische Problem aufgeworfen, wie eine Vernunft konzipiert werden kann, die historisch als ein Äquivalent für die einheitsstiftende Kraft der Religion auftreten kann. Denn diese hatte immer die Funktion der Sinnstiftung alltäglichen Handelns in einem Horizont der Letztbegründung: "Die uralte Funktion der Religion - inmitten all der Schwierigkeiten des menschlichen Lebens eine letzte Sicherheit zu gewährleisten - ist zutiefst erschüttert worden. Wegen der religiösen Krise in der modernen Gesellschaft ist die soziale »Heimatlosigkeit« metaphysisch geworden - sie ist zur »Heimatlosigkeit« im Kosmos geworden." (2) Die Theodizee wird nun ins Subjekt verlegt - es allein ist der Legitimationsgrund seines Handelns. Heimat ist das Subjekt sich selbst.

Es ist genau dieser Entwicklungsstand einer reflexiv gewordenen Moderne, die erkennt, daß es außerhalb des Subjekts keinen sittlichen Lebenszusammenhang mehr zu stiften gibt. Dieses Bewußtsein stellt die Geburtsstunde der Bildungstheorie dar.
In dieser Situation nämlich versuchen Rousseau, Herbart, Hegel, Schiller und Humboldt einen je eigenen Rückgriff auf das anthropologisch Ursprüngliche, welches selbst nicht mehr der historischen Verwandlung unterliegt und so jene zentrierende Kraft entfalten kann, die die Aufklärung nicht hervorzubringen in der Lage war. Bildung soll nun nach dieser bildungstheoretischen Tradition nicht länger als eine historisch

---

2. Berger, P.L., Berger B. 1975, S. 159

austauschbare, religiöse, staatliche oder gesellschaftliche Anforderung verstanden werden. Dies ist im Episteme der Moderne nicht mehr widerspruchsfrei zu denken. Die 'identitätstheoretische Bildungstradition'(3) ist also zugleich Frühform eines historischen Bewußtseins des 19. Jahrhunderts, "das die alte europäische Metaphysik des festen Wesensbestandes am Grund alles menschlichen Handelns und aller Geschichte auflöst. Dieser traditionelle Platonismus des europäischen Denkens, d.h. die Überzeugung, allem Werden liege eine nicht im Werden begriffene substantielle Basis zugrunde, weicht nun dem schwindelerregenden Bewußtsein vom totalen Werden, dem alles Menschliche ausgesetzt ist." (4) Damit tritt nun das Subjektverständnis der Neuzeit in einer entscheidenden, nämlich der modernen Ausprägung auf den Plan. Bildungstheorie wird Theorie der Konstitution des Subjekts. Damit sind Theorie der Moderne mit ihrer transzendentalphilosophischen Begründung von Erkenntnis und Theorie der Bildung aufs engste miteinander verknüpft: "Erkenntnistheorie hat, ..., nicht bloß einen Bezug zur Theorie der Subjektivität, sie entnimmt ihr systematisch ihre Voraussetzungen."(5) Diese Vorstellung (6) vom 'totalen Werden', die sich im Übergang vom 18. zum 19. Jahrhundert herausbildet, geht nämlich in einem entscheidenden Schritt über das Bewußtsein der Aufklärung hinaus. (7) Kant hatte einerseits noch mit aufklärerischer Emphase verkündet, daß der Mensch nichts sei, als das, was die Erziehung aus ihm mache - zugleich aber bereitet er mit seiner kritischen Philosophie diese entscheidende Wende im bildungstheoretischen Denken vor. In der 'identitätstheoretischen Bildungstradition' wird über das aufklärerische Denken hinaus und im Gegensatz dazu die `Selbstschaffung' des Menschen verkündet:

---

3. Buck legt überzeugend die Genese dieser Bildungstheorie in seiner Schrift 'Rückwege aus der Entfremdung' dar. sh. Buck 1984
4. Buck 1984, S. 136
5. Meßner 1985, S. 53
6. Hier läge nach aktueller Terminologie die Verwendung des Paradigma-Begriffs nahe. Der Kuhnsche Begriff ist allerdings indifferent gegenüber der historischen Entwicklung und erschwert das Verständnis der abendländischen Wissenschaftsgeschichte. Die Untersuchung von Bachelard, in der der Autor mit dem Begriff des 'Erkenntnishindernisses'den wissenschaftlichen Fortschritt analysiert, wird der Sache gerechter. (sh. Bachelard 1987)
7. Das heißt nicht, daß hier nicht historische Entwicklungslinien bestünden. (sh. dazu Lichtenstein 1966, bes. S. 12 - 17)

"Überhaupt soll der Mensch zu nichts gemacht werden. Vielmehr soll er sich selbst zu etwas machen."(8) Damit wird die Individualität aus ihrer Beschränkung auf die bloße Historizität des menschlichen Daseins befreit. Der Mensch ist immer mehr als seine Sozialisation. Damit ist er in seinem Werden sowohl aus einem bloß ontologischen als auch einem bloß sozialisierten Werden herausgenommen. Die Subjektivität schafft sich selbst, ist sich fortan selbst konstitutiv. Sie wird zur eigentlich zentrierenden Kraft in einer nicht mehr von Tradition zusammengehaltenen Welt.

Angesichts dieses radikalen Bruchs (9) mit dem bisherigen Entwikklungsverständnis und damit auch mit der bisherigen Bildungsvorstellung (10), ist es denn auch eine, zumindest theoretisch, nicht ins Zentrum des Bildungsbegriffs treffende Kritik, dem neuhumanistischen Bildungsverständnis Weltferne vorzuwerfen.
Clemens Menze hat deshalb auch mit Nachdruck darauf hingewiesen, daß mit dem grundlegenden Humboldtschen Gedanken der Selbsterschaffung kein Rückzug auf die reine Innerlichkeit gemeint ist. (11) Vielmehr ist mit diesem Begriff der Selbsterschaffung eine anthropologische Grundannahme verbunden, in der das Wesen des Menschen als Kraft, der Mensch als Tätiger bestimmt wird. Da Kraft sich notwendigerweise entäußern und diese Entäußerung in der Welt stattfinden muß, ist Welt immer mitgedacht. Ist die Entäußerung von Kraft eine anthropologische Grundtatsache menschlichen Lebens, so ist die qualifizierte Entäußerung

---

8. Menze 1980, S.7
9. Humboldt selbst ist, ähnlich der gesamten Theorietradition bis in die Gegenwart, nicht immer eindeutig. Sein Wechsel zwischen einem formalen Identitätsbegriff und einem, der sich an Leibniz' Monadenbegriff orientierte, also einem entelichialen Verständnis von Identität, steht exemplarisch für die theoretisch nicht vollständig gelungene Konstitution eines identitätstheoretischen Bildungsbegriffs. In diesem Zusammenhang wäre anzumerken, daß die vielfach vollzogene Zuspitzung des Identitätsbegriffs auf die bloße, als Entität missverstandene Innerlichkeit wieder bei einem organilogischen Verständnis von Bildung anlangt.
10. Dies ist auch dann noch ein völlig neuer Bildungsbegriff, wenn man die historischen Quellen dieser Vorstellungen in religiösen und naturphilosophischen Bildungsbegriffen nachweisen kann. (sh. Dohmen 1964, S. 218)
11. Sh. auch Blankertz 1963, S. 89 - 90

ein anzustrebender Modus des Menschseins. Es kann nicht darum gehen, sich in dieser Welt durch bloße Kraftentäußerung zu verlieren und zu verstricken. Vielmehr umfaßt qualifizierte Entäußerung, d.i. Selbstbestimmung, die Fähigkeit "in dem Rückbezug der Welt auf sich selbst" des Herrschens über die Welt. (12)
Die Hinwendung zur Welt ist nun auch in der Herausbildung dieser Fähigkeit zum selbstbestimmten Leben notwendig. Es gilt in der pädagogisch begleiteten Hinwendung zur Welt zu garantieren, daß der junge Mensch sich nicht in der chaotischen Fülle, die ihm zunächst als Welt entgegentritt, verliert. Der Lehrer - oder besser der Bildner - hat nun diesen doppelten Bezug auf die Welt beim jungen Menschen zu fördern. In der Aneignung von Welt verwandelt sich der Mensch, bildet, d.h. gestaltet sich selbst. In der Entäußerung, die durch die vorgängige Aneignung qualifiziert wird (13), gestaltet der Mensch die Welt. In diesem doppelten Prozeß verwirklicht der Mensch seine Individualität und damit zugleich seine Freiheit. Das selbstbewußte und -bestimmte Individuum wird in dieser Vorstellung des Subjekts zum Movens gesellschaftlicher Harmonie.
Zugleich ist mit diesen formalen Begriffen des Selbstbewußtseins, der Identität usf. die Aufgabe der pädagogischen Wissenschaften ausgesprochen, konkret zu bestimmen, was die gebildete Persönlichkeit in dieser historisch gegebenen Lebenswirklichkeit zu einer widerspruchsfreien Existenz befähigt. Es ist evident, daß diese Aufforderung vornehmlich dann gilt, wenn sich die Lebensbedingungen - wie dies aktuell aufscheint - grundlegend zu ändern beginnen. Damit allerdings gehört die Bildungstheorie dem Projekt der Moderne an, womit sie sich auch die der Moderne innewohnenden Probleme einhandelt: Auch ihr gerät das Subjekt von Bildung als transzendentale und empirische Duplette. Als transzendentales Subjekt schafft es sich selbst, indem es sich die Welt je individuell aneignet. Als empirisches Objekt muß diese Aneignung - und

---

12. Menze, 1980, S.8
13. "Er (der Mensch - HJF) aber kennt einen gestaltenden Fortgang, eine reflektierte Bewältigung des Geschehens, eine zielstrebig auf die Erfassung von Neuem gerichtete Aktivität, also den Rückbezug seiner Tätigkeit auf sich selbst und aus ihr die im harmonischproportionierlichen Spiel der Kräfte entspringende Bildung seines Selbst." (Menze 1973, S.517)

damit der Prozeß seiner Subjektwerdung vorgängig bestimmt werden, weil das zukünftige Subjekt empirisch eben das noch nicht ist, als was es transzendental vorausgesetzt wird. Das Individuum wird sozialisiert. Was in der Konstitution des erkennenden Subjekts in eine Aporie mündet, dupliziert sich als Dialektik von Sozialisation und Selbstwerdung im Bildungsbegriff.

Diese, zu Beginn des 19. Jahrhunderts theoretisch entwickelte und in ihrem Rückgriff auf das griechische Identitätsmuster für die damalige Zeit konkretisierte, humanistische Bildungstheorie steht auf einem identifizierbaren subjektphilosophischen Fundament und sollte ihre Wirkung in einer bestimmten historischen und gesellschaftlichen Situation entfalten. In Absetzung von diesen philosophischen und wissenschaftlichen Grundlagen und der historischen und gesellschaftlichen Situation wird vornehmlich in der 2. Hälfte des 19. Jahrhunderts eine formalisierte, inhaltsstarre Bildung realisiert. Überzeichnet formuliert wird sie ein Moment gesellschaftlicher Differenzierung, imperialistischer Politik und industrieller Entwicklung. Das gleiche Schicksal erlitten die auf die frühe Aufklärung zurückgehenden `realistischen Bildungssysteme'.(14) Von ihrem in Renaissance und Aufklärung existenten humanen Zusammenhang abgetrennt, werden naturwissenschaftlicher und technischer Fortschritt u.a. Mittel der deutschen Weltmachtvorstellungen. Zur Jahrhundertwende wird mit dem Elitebegriff eine Grundintention der humanistischen Bildung in ihr Gegenteil verkehrt, um so dem `humanistischen Gymnasium' eine gesellschaftliche Berechtigung im wilhelminischen Staat zu geben:

---

14. Sh. dazu die Studie von Heydorn und Koneffke, die dazu bemerken:"Im Vordergrund geht es zunächst und vor allem um die Frage, wie das Verhältnis von klassischer und realistischer Bildung im Rahmen des weiterführenden Schulwesens formuliert werden soll. Die nicht eben neue Problematik gewinnt ihre Bedeutung jedoch auf dem Hintergrund umwälzender Prozesse, die den gesamten Charakter der Verfassung berühren und die feudal-bourgeoise Herrschaft zu stetiger Anpassung an die Bedingungen der imperialistischen Epoche zwingen." (Heydorn, Koneffke 1973, S.180) Damit ist natürlich ein äußerst differenzierter, historischer Entwicklungsprozeß angesprochen, der hier nicht nachvollzogen werden kann.

"Dabei bleibe festgehalten, daß wir nicht eine Schule haben wollen, welche ausschließlich Gelehrte vorbildet, sondern eine geistige Elite, Führer des Volkes." (15)
Diese Entwicklung des Bildungssystems im 19. Jahrhundert "enthüllt die Auflösung der allgemeinen Bildung im Sinne Wilhelm von Humboldts und ihre Verkehrung in eine ständische Bildung, die mit normativem Anspruch gegen alle anderen Entwürfe auftritt und diese unterdrückt."(16)
So büßt Bildung tendenziell ihre auf die Herausbildung des selbstbewußten Individuums gerichtete Kraft ein. Die im dritten Kapitel eingeführte kritische Differenz von Programm und Realität zeigt sich also auch hier. Wie sehr die 'normative Kraft des Faktischen' wirksam gewesen ist, zeigt sich am alltäglichen Verständnis des humanistischen Gymnasiums: Die wilhelminische höhere Lehranstalt gilt dem alltäglichen Bewußtsein als das klassische Gymnasium. Die hier thematisierte Verschränkung von Programm und seiner empirischen Einlösung wird auch bei Bourdieu deutlich.
Dieser hat jüngst eine strukturalistisch angelegte soziologische Analyse sozialer Unterschiede vorgelegt (17), in der er den spezifischen Modi der Lebensgestaltung einen entscheidenden Stellenwert für die soziale Differenzierung von Gesellschaften beimißt. Bildung wäre demnach einerseits ein bestimmter Modus von Welterfassung, mit dessen Hilfe man sich in dieser Welt orientieren kann; andererseits wirkt dieser Modus als kultureller und schichtspezifischer Code, mit dem Menschen sich als einer bestimmten sozialen Schicht zugehörend ausweisen:
"Die Bestimmung dessen, was `kulturellen Adel' ausmacht, bildet vom 17. Jahrhundert bis in unsere Tage Gegenstand einer fortwährenden, mehr oder minder offen geführten Auseinandersetzung zwischen Gruppen, die nicht allein in ihrer jeweiligen Auffassung von Kultur und Bildung und vom legitimen Verhältnis zu dieser differieren, sondern auch im Hinblick auf die Bedingungen, unter denen diese Einstellungen und Dispositionen erworben werden: Selbst noch bis in den Bereich des Schulischen hinein favorisiert die herrschende Definition der legitimen Aneignung von Kul-

---

15. Wilamowitz auf der Konferenz über Fragen des höheren Unterrichts, Berlin, 6.-8.6.1900, zit. n. Heydorn, Koneffke 1973, S. 225
16. Menze 1975, S. 368
17. Bourdieu 1982

tur und Kunst diejenigen, die frühzeitig, im Schoß einer kultivierten Familie und außerhalb der Schule und deren fachgebundenem Lernen zur Kultur kommen;..."(18)

Hier kommt die doppelte gesellschaftliche Verstricktheit von Bildung zum Vorschein. Einerseits sind die gesellschaftlichen Voraussetzungen, unter denen junge Menschen in die Schule eintreten, nicht gleich. Die moderne Sozialisationsforschung hat uns die Bedeutung dieser Tatsache ins Bewußtsein gerufen. Andererseits hat das, was als Bildung realisiert wird, auch die Funktion gesellschaftlicher Differenzierung. Dies umso mehr, als sie von der alltäglichen Lebenswirklichkeit der Individuen entfernt ist.(19) Damit besteht die Gefahr, so macht die soziologische Perspektive deutlich, daß ein entscheidender humanistischer Gedanke in sein Gegenteil verwandelt wird. Hatte Wilhelm von Humboldt noch mit einem Bildungsinhalt, der dem Alltäglichen enthoben war, die Intention verbunden, Bildung aus dem gesellschaftlichen Utilitarismus herauszunehmen und so allererst die fundamentalen Bedingungen von Bildung sicherzustellen, so wird unter soziologischer Perspektive deutlich, daß durch den unalltäglichen, dem gemeinen Volk enthobenen Bildungsinhalt die gegenteilige Wirkung dieser Intention erreicht wird. Bildung erhält unter bestimmten sozialen Bedingungen die Funktion der sozialen Aus- und Abgrenzung.
Nun läßt sich von zwei verschiedenen Seiten gegen diese schlechte Faktizität argumentieren.
Zum einen lassen sich die Rechte des Individuums nach Zweckfreiheit der Bildung einklagen und so den ursprünglichen Bildungsgedanken gegen die Heuchelei des Bildungsbürgertums wenden. Man kann zum anderen aber auch auf die gesellschaftliche Disfunktionalität eines lebensfernen, an klassischen Idealen orientierten Bildungssystems hinweisen. Beide Positionen sind in der bildungspolitischen Diskussion vertreten worden.
Sie aber reichen allerdings nicht an das eigentliche, systematische Problem, dem sie sich verdanken, heran, weil deren Grundlegung im

---

18. Bourdieu 1982, S. 18 - 19
19. Gerade dieser Punkt wird uns im Zusammenhang mit den neuen Technologien noch beschäftigen.

modernen Subjektverständnis mit seinem Widerspruch von Subjektivität und Objektivität nicht selbst hinterfragt wird. Dieses soll im folgenden unter einer strukturalistischen Perspektive untersucht werden.

1. Die Archäologie der Subjektivität

Foucault charakterisiert die Differenz des abendländischen Wissens zwischen dem 18. und 19. Jahrhundert als den Übergang vom horizontal angeordneten Tableau zur vertikal angeordneten Tiefe. Von nun an stellen die empirischen Gegebenheiten lediglich Oberflächenphänomene dar, hinter die zurückzufragen ist, wenn man an die Sache selbst gelangen will.
Was mit dem modernen Episteme an Neuem auf die historische Bühne tritt, ist gegenüber dem 'Subjekt'verständnis des 18. Jahrhunderts der Begriff eines Subjekts, das die Zusammenhänge, die in der Tiefe der Gegenstände erst erkennbar sind, zusammenfügt. Diese Tätigkeit wird als die Leistung des Subjekts selbst aufgefaßt. Wenn man nun das moderne Episteme auf die Folgen für die eigene Entwicklung zum Subjekt reflektiert, so entsteht die Vorstellung von der Selbsterschaffung des Menschen. Der Mensch konstituiert sich im Akt der geistigen Zentrierung der unterschiedlichsten Erscheinungen, denen er sich gegenübersieht, als Subjekt insofern er Bewußtheit von dieser seiner Leistung hat. Das meint die Vorstellung von der Selbsterschaffung. Die moderne Subjektvorstellung ermöglicht also allererst das, was wir den bildungstheoretischen Diskurs nennen.
Dieser Diskurs der Selbsterschaffung des Menschen setzt eine historische Erfahrung voraus, in der Erfahrungszusammenhänge instabil geworden waren, in denen der Mensch sein eigenes Wesen im ganzen einer einsichtigen, weil fraglosen, Ordnung bestimmt hatte. Dem Diskurs liegt also die Erfahrung einer Nichtidentifizierbarkeit mit der den Menschen umgebenden Wirklichkeit zugrunde. Damit aber wird der Mensch nicht mehr als ein Wesen gedacht, dessen Konstitution mit der es umgebenden Wirklichkeit identisch ist, wie das noch im 18. Jahrhundert der Fall war:

"Seine Maschine ist Umwälzungen und ständigen Veränderungen unterworfen; die Gedanken seiner Seele wandeln sich ebenso notwendig wie die verschiedenen Zustände, die sein Körper zu durchlaufen gezwungen ist. Wenn der Körper matt und abgespannt ist, so ist die Seele gewöhnlich weder kräftig noch fröhlich."(20) Hier, im Denken des 18. Jahrhunderts, wird das natürliche Werden des Menschen als seine Konstitution gefasst, das Selbst als das ausschließliche Resultat des Konstitutionsprozesses hingestellt. Kant bringt dies auf eine einprägsame Formel: Der Mensch ist nichts, als was die Erziehung aus ihm macht. Erziehung ist dann die Bereitstellung von 'günstigen' Konstitutionsbedingungen zum Werden des Selbst. Die Wissenschaft von der Erziehung ist die Disziplin, die ein Tableau 'günstiger' und 'ungünstiger' Konstitutionsbedingungen für dieses Werden des Selbst ausbreitet. Damit ist aber auch ein dem 18. Jahrhundert eigentümlicher Begriff von Selbst impliziert, der das Selbst mit der es konstituierenden Wirklichkeit unmittelbar identifizieren muß. Nur so sind die Vergleiche mit der Maschine verständlich.

Dieser horizontale Typus einer Entwicklungstheorie des Selbst dreht sich im 19. Jahrhundert um seine eigene Achse und gewinnt dadurch Tiefe. Es geht im folgenden um die ausdrücklich, also selbstbewußt, angeeignete Wirklichkeit des eigenen Werdens. Damit scheiden sich Selbst und Wirklichkeit, die fortan nicht mehr in eins gesetzt werden können. Der Mensch "kennt sich als Ein Wesen und zugleich als Distanz in ihm selber. Darum kann er die unendliche Modifizierbarkeit seines Bewußtseins als Bedrohung seiner individuellen Verwirklichung erfahren, ebenso aber auch jede besondere Form seines wirklichen Lebens als Schranke seiner Möglichkeiten. Darum ist er immer schon über sich hinaus, wenn er weiß, wer er ist, und bleibt zugleich gerade darin nur der Eine, der von sich weiß." (21) Der Verdoppelung des Erkenntnissubjekts in eine transzendentale Duplette, wie sie Foucault erkenntniskritisch aufgewiesen hatte, entspricht ein verändertes Selbstverständnis des Subjekts: Das Selbst

---

20. Holbach o.J., S. 453
"Der erste moderne Gedanke von der Geschichtlichkeit sagt nur, daß dasselbe Wesen in veränderten Welten leben kann, ausdrücklich, implizit oder verstellt in vielen Modifikationen, die es zuvor immer als das Ganze seiner Möglichkeiten und damit unzulänglich begriffen hat." (Henrich 1976, S. 311)
21. Henrich 1976, S. 310

weiß, "daß es samt seiner Energie für sich selbst Faktum ist, und weiß nun zugleich, daß es sie in der Selbsterhaltung je bestimmter, variabler Wirklichkeit bestätigen muß." (22) Im Prozeß der Selbsterhaltung muß der Mensch sich also immer als der Eine, als Selbst setzen. Das meint Selbsterschaffung. Damit ist ein Entwicklungsbegriff impliziert, der nicht länger als näturliches oder unnatürliches Wachsen und in dem Entwikklung als das Anwachsen von Wissen und Fähigkeiten, sondern als ein Prozeß der Selbstkonstitution begriffen wird.

Mit dieser, das Subjektverständnis des 18. Jahrhunderts hinter sich lassenden Vorstellung von der Selbsterschaffung des Subjekts ist eine veränderte Sinnkonstitution menschlichen Daseins impliziert: Der Sinn des Lebens läßt sich nur in diesem Leben gewinnen, das wiederum sich in einer Welt entfalten muß, die es zu erhalten gilt. (23) Das transzendental als unendliches gedachte Subjekt vermag sich in der Endlichkeit der wirklichen Welt zu konstituieren. Damit scheint das Ende der Metaphysik des Subjekts möglich zu werden. Diese grundlegende Auffassung von Subjektkonstitution brachte den bildungstheoretischen Diskurs hervor und ist zugleich eines seiner fundamentalen Elemente.

2. Hegels Theorie der Selbstkonstitution des Selbst

Die epochale Umkehrung des wissenschaftlichen Tableaus entscheidend vorwärtsgetrieben zu haben, das ist das Verdienst Hegels, bei dem alles auf das eine Resultat hinausläuft: "Die Substanz soll Subjekt werden, das heißt, alles soll zurückgeführt werden von dem Produkt auf das Produzierende, das sich darin aufgeschlagen, aber auch entfremdet hat und durch diese Entfremdungen und Entäußerungen hindurch zu sich kehrt, ...

---

22. Henrich 1976, S. 310
23. Mit diesem Bewußtseinsstand läßt sich die abendländische Geschichte auch als Geschichte sich selbst erhaltender Subjektivität fassen. (sh. Spaemann 1976, S. 80 und S. 87 - 90; Blumenberg 1976, S. 144 - 155; Buck 1976, S. 263 - 281)

(und dies) ist der dialektische Weg der Selbsterkenntnis." (24) Das aber ist kein individualistisches, psychologisches Programm, das hier als erstes in der 'Phänomenologie des Geistes' entfaltet wird. Es wird in ihm nichts weniger als die Selbsterschaffung des Menschen in der Form nachgezeichnet, die wir als den Bildungsprozeß bezeichnen. In diesem Prozeß sind gelungene Selbsterkenntnis und vollendete Welterkenntnis für Hegel identisch, weshalb hier paradigmatisch mit dem Begriff des Selbst der der Selbsterschaffung und damit auch die Grundlage für einen identitätstheoretischen Bildungsbegriff entfaltet werden: Der Weg zum Selbst geht nach außen zum Objekt, um dann wieder zu ihm zurückzukehren. In dieser dialektischen Fassung des Bildungsprozesses konstituiert sich allererst ein erkennendes Bewußtsein . "Hegel nimmt seinen Ausgang von jenem Begriff des Ich, den Kant unter dem Titel der ursprünglichsynthetischen Einheit der Apperzeption entwickelt hat. Hier ist Ich vorgestellt als die »reine, sich auf sich beziehende Einheit« als das »Ich denke«, das alle meine Vorstellungen begleiten können muß. Dieser Begriff artikuliert die Grunderfahrung der Reflexionsphilosophie: nämlich die Erfahrung der Ich - Identität in der Selbstreflexion, also die Selbsterfahrung des erkennenden Subjekts, das von allen möglichen Gegenständen der Welt abstrahiert und sich auf sich als einzigen Gegenstand zurückbezieht." (25)
Dieser Prozeß der Gewinnung von Selbstbewußtsein beginnt bei der sinnlichen Gewißheit, jenem Anfang, der zunächst als der vollständigste und wahrhaftteste erscheint. Jedoch ist bereits auf dieser Stufe eine für das Selbstbewußtsein entscheidende Differenz festzumachen, der Unterschied zwischen Objektivität und Subjektivität: "...Diesen, ein Dieser als Ich und ein Dieses als Gegenstand ... Reflektieren wir über diesen Unterschied, so ergibt sich, daß weder das eine noch das andere nur unmittelbar, in der sinnlichen Gewißheit ist, sondern zugleich als vermittelt; Ich habe die Gewißheit durch ein Anderes, nämlich die Sache; und diese ist ebenso in

---

24. Bloch 1985, S. 289 Es geht Hegel im Ausgang der 'Phänomenologie' nicht um die Erfahrung, die er, wie Kant, zum Ausgangspunkt seiner Untersuchung macht, um zugleich über sie hinauszugehen, sondern um die `Erfahrung überhaupt' oder um die 'verstandesmäßige Erfahrung'. "Wer mit ihm philosophieren will, der muß sich auf den Standpunkt der 'Erfahrung überhaupt', d.i. der Substanz oder des umfassenden Bewußtseins stellen." (Glockner 1965, S. 136)
25. Habermas 1968, S. 12

der Gewißheit durch ein Anderes, nämlich durch Ich."(26) Damit ist in der Unmittelbarkeit der sinnlichen Gewißheit bereits eine Vermittlung, die dieser aber nicht eigen ist. Die Vermittlung ist eine Reflexionsbestimmung, eine der sinnlichen Gewißheit äußerliche. Denn diese ist nichts als das Allgemeine, Abstrakte. In der sinnlichen Gewißheit wird das Besondere 'Dies' als das Allgemeine 'ist ein Haus' gefaßt. Mit der ausgesprochenen Identität verfehlt die sinnliche Gewißheit ihre Gegenstandsbestimmung: "Die unmittelbare Gewißheit nimmt sich nicht das Wahre, denn ihre Wahrheit ist das Allgemeine; sie aber will das Diese nehmen." (27) In der Aufhebung des Widerspruchs der sinnlichen Gewißheit erreicht das Bewußtsein die Stufe der Wahrnehmung. Diese faßt also einen Gegenstand als ein Objekt mit unterschiedenen, bestimmten Eigenschaften, nicht mehr den besonderen Gegenstand als amorphes Allgemeines. Diese beziehen sich auf sich selbst, "sind gleichgültig gegeneinander, jede für sich, frei von der anderen." (28) Den Gegenstand aber als Einen gewahr zu werden und ihn zugleich in der Wahrnehmung als Verschiedenheit von Eigenschaften zu nehmen, das sprengt die Stufe der Wahrnehmung, wenn sich das Bewußtsein dieser seiner Bestimmungen bewußt wird: "Das Verhalten des Bewußtseins, ..., ist also so beschaffen, daß es nicht mehr bloß wahrnimmt, sondern auch seiner Reflexion-in-sich bewußt ist und diese von der einfachen Auffassung selbst abtrennt." (29) Dies ist die Stufe des Verstandes. In ihm entstehen Verdoppelungen, die nicht Verdoppelungen der sinnlichen Gewißheit oder der Wahrnehmung sind. Vielmehr entstehen nun Kategorien wie Wesen und Erscheinung, Inneres und Äußeres, Kraft und Entäußerung etc. Aber diese Kategorien entstehen, ohne daß das Bewußtsein sich selbst und damit den logischen Status seiner Kategorien weiß. Damit gerät der Verstand jedoch in eine Aporie: "Es macht die Dialektik des Erklärens aus, daß das Gesetz von der Wirklichkeit, die es bestimmt, nur im Verstande unterschieden ist. Die Tautologie des Erklärens läßt sich etwa am Beispiel der Lautgesetze demonstrieren: man spricht da von den Gesetzen der Lautverschiebung, die den Lautwandel einer Sprache 'erklären'. Aber die Gesetze sind natür-

---

26. Hegel 1970, 3, S. 83
27. Hegel 1970, 3, S. 93
28. Hegel 1970, 3, S. 94
29. Hegel 1970, 3, S. 99

lich nichts anderes als das, was sie erklären. Sie haben nicht eine Spur von anderem Anspruch. Jede grammatische Regel hat denselben tautologischen Charakter." (30) So kann Hegel sagen daß der Verstand nichts anderes leistet, als die "unmittelbare Erhebung der wahrgenommenen Welt in das allgemeine Element;..." (31) In der Reflexion auf diesen Entstehungsprozeß des Bewußtseins entsteht Selbstbewußtsein. Damit kehrt sich die Bewegungsrichtung des Bewußtseins um. Was bislang nach außen ging, kehrt nun in sich selbst zurück und reflektiert die bewußtseinsmäßigen 'Niederschläge' der Objekte in seiner Subjektivität. Damit verdoppelt sich der Gegenstand des Bewußtseins, es hat "den einen, den unmittelbaren, den Gegenstand der sinnlichen Gewißheit und des Wahrnehmens, der aber für es mit dem Charakter des Negativen bezeichnet ist, und den zweiten, nämlich sich selbst, welcher das wahre Wesen und zunächst nur erst im Gegensatze des ersten vorhanden ist." (32) Das Selbstbewußtsein stellt für Hegel jene Bewegung dar, in der dieser Gegensatz zunächst aufgehoben wird. Damit ist nun eine entscheidende Entwicklung vollzogen. In dem 'Auf-sich-selbst-beziehen' geht das Bewußtsein über die bloße Widerspiegelung der äußeren Objektwelt und ihrer Gesetzmäßigkeiten hinaus: Es ist ein Selbst. "Selbst aber, das bedeutet: in aller Ununterschiedenheit Identität mit sich, sich von sich Unterscheiden." (33) Seinsweise des Wissens und Seinsweise des Lebendigen entsprechen sich im Selbstbewußtsein, denn letzteres hat die gleiche Struktur: Indem es von sich weiß, ist es immer schon über sich hinaus, es hat Gewißheit. Gewißheit ist das Wissen eines Selbst, das 'sich' weiß, indem es sich selbst von sich unterscheidet, insofern auch in sich ein Anderssein setzt, d.i. 'Ich bin Ich'. Aber es ist ein bloß innerliches Ich, das nun nach der Vermittlung mit der Welt des Andersseins strebt. Dieses selbstbewußte Streben wird in der Hegelschen Diktion als Begierde gefaßt.

Die Wahrnehmung war für Hegel der vom Menschen ausgehende Versuch, ein Ding zugleich in seinen allgemeinen Eigenschaften, kategorial dem 'Sein für Anderes' und dem diese Eigenschaften zusammenhalten-

---

30. Gadamer 1966, S. 143 - 144
31. Hegel 1970, 3, S. 128
32. Hegel 1970, 3, S. 139
33. Gadamer 1966, S. 153

den, also dem zentrierenden Medium, dem 'Fürsichsein' zu nehmen. Das Selbstbewußtsein weiß von der Wahrnehmung, daß es diese Kategorien nicht zusammendenken kann, weshalb er darauf hinarbeitet, diesen Widerspruch aufzuheben. Das 'begehrende' Selbstbewußtsein existiert als der Widerspruch zwischen dem Bewußtsein seines Seins als Einheit und dem Bewußtsein eines Mangels, eines Nicht-Seins und ist zugleich darauf aus, diesen Widerspruch aufzuheben. Nur ein Selbstbewußtsein, also ein Lebendiges, vermag einen Widerspruch an sich selbst auszuhalten und ist zugleich 'getrieben', ihn aufzuheben. Es geht nun einen Weg, auf dem es zu der Wahrheit der Gewißheit seiner selbst gelangt und sich so als Selbst schafft: d.i. Selbsterschaffung. Diese Selbsterschaffung konstituiert sich über das Gefühl der Befriedigung. Damit ist die menschliche Begierde nicht auf den Gegenstand gerichtet, sondern auf sich selbst, auf ein 'Sich', das sich selbst als ein Selbst bestätigt fühlen will. Diese Selbstbestätigung als Selbstsetzung bedarf der Vermittlung über ein Äußeres, welches gegenüber dem Selbst kein unangreifbares Bestehen und lediglich den 'Charakter des Negativen' haben kann. Nur im Bezug auf ein Äußeres kann sich für das Selbstbewußtsein die Identität des Andersseins mit sich selbst erweisen: "Soll solch ein 'Erweisen' geschehen, dann muß sich das Subjekt zunächst einmal auf das Andere richten, es begehren, sich also als 'begehrendes Selbstbewußtsein' vollziehen und sich im Vollzug dieses Begehrens erweisen, daß das Selbst das Stärkere ist und darum das wahre Wesen jenes Anderen ausmacht." (34)
Es ist evident, daß ein solcher Bezug auf Dinge allenfalls zu einem individualisierten, vom Leben unterschiedenen, auf sich gestellten Selbst führen und die Begierde immer nur flüchtig in der Negation des Gegenstandes befriedigt werden kann. Das wird anders, wenn ein einzelnes Selbstbewußtsein sich auf ein anderes einzelnes Selbstbewußtsein bezieht. "Denn allein dem Selbstbewußtsein ist es nach Hegel eigentümlich, sich als selbständiges Wesen auch in der Negation in Beziehung auf sich erhalten sowie im Vorstellen seiner selbst sich von sich unterscheiden und wieder mit sich zusammenschließen zu können." (35) Es geht also im folgenden um die Auseinandersetzung zweier 'Selbstbewußtseine'. Zunächst findet sich ein Selbstbewußtsein in der Identifikation mit einem

---

34. Marx 1986, S. 33
35. Düsing 1986, S. 313

anderen Selbstbewußtsein, indem es sich selbst 'verliert'. In dem Versuch der Negation des Anderen negiert sich das Selbstbewußtsein selbst, da es ja vorgängig im Anderen sich selbst gefunden hatte: Das Selbstbewußtsein "muß darauf gehen, das andere selbständige Wesen aufzuheben, um dadurch seiner als des Wesens gewiß zu werden; zweitens geht es hiermit darauf, sich selbst aufzuheben, denn dies Andere ist es selbst." (36) Damit macht das Selbstbewußtsein die Erfahrung der Selbständigkeit des negierten Gegenstandes und damit zugleich die Erfahrung der Selbständigkeit des eigenen Selbstbewußtseins. Gleichzeitig vollzieht sich im anderen Selbstbewußtsein derselbe Prozeß, sodaß das gelungene Resultat die wechselseitige Anerkennung ist: "Sie anerkennen sich als gegenseitig sich anerkennend." (37) Dieser Hegelsche Begriff der gegenseitigen Anerkennung muß sich in der Erfahrung des konkreten Ichs realisieren. Hier nun entwickelt Hegel die gescheiterten Anerkennungsversuche, deren zentralster das Herr-Knecht-Verhältnis ist. (38) Innerhalb dieses Verhältnisses, das eine gescheiterte interpersonale Anerkennung der Selbstbewußtseine darstellt, (39) untersucht er die Möglichkeit von Selbstbewußtsein qua Arbeit. In der formierenden Tätigkeit kommt "das arbeitende Bewußtsein ... zur Anschauung des selbständigen Seins als seiner selbst." (40) Tätigkeit wird hier nicht als einmaliger Akt aufgefaßt, sondern als ein Prozeß, indem sich das tätige Bewußtsein durch sich selbst in den formierten Objekten als seinen Gegenständen findet. "In dem Bilden wird das Fürsichsein als sein eigenes für es, und es kommt zum Bewußtsein, daß es selbst an und für sich ist." (41) Damit taucht eine Negation des Gegenständlichen auf, die nicht mehr reine Negation ist, sondern die die gegenständliche Welt aufhebt in ein 'bleibendes Sein', sodaß das tätige Bewußtsein das von ihm formierte Andere zum Anderen seiner selbst

---

36. Hegel 1970, 3, S. 146
37. Hegel 1970, 3, S. 147
38. Sh. dazu Kojève 1973, S. 147 - 167; Bloch 1985, S. 311 - 313
39. Die interpersonale Entwicklung des Selbstbewußtseins ist in der 'Phänomenologie des Geistes' nicht vollständig gelungen, weshalb die weitere Analyse eine andere Richtung einnimmt. "Wer Hegels Phänomenologie liest, muß darüber erstaunen, daß sich in der Dialektik des Selbstbewußtseins konkrete historische Gestalten vordrängen und die Phänomenologie in den späteren Partien immer stärker auf diesen historischen Weg gerät." (Pöggeler 1966, S. 33)
40. Hegel 1970, 3, S. 154
41. Hegel 1970, 3, S. 154

macht und sich so in dem Resultat selbst wiederfindet. In der Tätigkeit mit der gegenständlichen Welt verliert diese ihre Fremdheit, sodaß der Tätige sich gegenüber dieser Welt als mächtiger erweist. So wird dem Tätigen bewußt, daß sein Bewußtsein Selbstbewußtsein ist. Damit ist der Kern der Hegelschen Bildungskonzeption, wenn man von den welt- und gedankengeschichtlichen Entwicklungen in der 'Phänomenologie des Geistes' abstrahiert, umrissen. Die Konstitution des Subjekts ist Selbsterschaffung. Diese ist ein Prozeß, in dem sich der Mensch durch seine eigene Tätigkeit als Selbstbewußter setzt. "Die Identität dieses erkennenden Bewußtseins kann dabei als dreifache beschrieben werden: als namengebende, als listige und als anerkannte. In der Dialektik der Darstellung, der Arbeit und der Anerkennung (bzw. des Kampfes um Anerkennung) werden diese drei Momente der Identität gebildet und zu der Identität des erkennenden Bewußtseins verschmolzen." (42)
Damit ist der Prozeß der Moderne bis in sein Zentrum, die Subjektivität vorgedrungen.(43) Selbst diese ist nicht mehr vorgeformt und damit ihre Wahrheit nicht mehr vorab festgelegt. Das Subjekt erschafft sich selbst, und in dieser Selbsterschaffung bestimmt es, was es ist. Das ist für eine Theorie der Bildung eine Ausgangsposition, die erhebliche theoretische und praktische Probleme impliziert. Menschliche Praxis wird nun vollends zu einer Sache eben jener Praxis.
Bei Hegel bleibt dieser Prozeß der Erlangung von Selbstbewußtsein an die Erfahrung von Knechtschaft gebunden. Diese ist die notwendige Voraussetzung zur Erlangung des Selbstbewußtseins. So auch im Bildungsprozeß: Dieser findet in einer von der Ursprünglichkeit der Kindheit (44), der sinnlichen Gewißheit abgesonderten Welt statt und konstituiert zugleich eine Welt, die die ursprüngliche Einheit zerreißt. Der Geist soll 'von sich selbst' getrennt werden, um in einen Prozeß einzutreten, an

---

42. Bühner 1982, S. 129
43. Dem geht das Schwinden des anthropozentrischen Bewußtseins voraus und damit der Wechsel von einer zentripetalen zu einer zentrifugalen Auffassung der menschlichen Aktivität: "Wenn die Welt nicht mehr zugunsten des Menschen vorversichert ist, ist auch die Wahrheit über sie nicht mehr selbstverständlich für ihn disponibel." (Blumenberg 1974, S. 240)
44. "Dies Tun und Werden aber, wodurch die Substanz wirklich wird, ist die Entfremdung der Persönlichkeit, denn das unmittelbar, d.h. ohne Entfremdung an und für sich geltende Selbst ist ohne Substanz..." (Hegel 1970, 3, S. 360)

dessen Ende das Individuum Selbstständigkeit erreicht. Selbstständigkeit, das meint das Ineinanderfallen von Individualität und Allgemeinheit. So gesehen schafft der Mensch durch die Anstrengung des Begriffs sich zu dem, was er von seiner ersten Natur aus ist, allerdings diesmal auf einer zweiten geistigen Ebene. Die in das Bewußtsein aufgenommene äußere Welt ist "geistiges Wesen, sie ist an sich die Durchdringung des Seins und der Individualität; dies ihr Dasein ist das Werk des Selbstbewußtseins;... " (45) Bildung ist Abarbeitung der Partikularität und Selbsterzeugung der Gattung: Selbsterschaffung. In dieser wird die abstrakte Vermittlung des Besonderen mit dem Allgemeinen aufgehoben, Subjekt und Objekt finden sich wieder. (46) Damit erweist sich unser Gegenstand Bildung als die in den Prozeß der Moderne eingebundene Praxis, transzendentales und empirisches Subjekt miteinander zu vermitteln. Der Zweck dieser Vermittlung ist die Selbsterschaffung des Subjekts, die freilich immer in den Prozeß der Selbsterhaltung eingebunden bleibt. Mit dieser Bewegung ist ein moderner Rationalitätsbegriff impliziert. Einerseits geht es darum, daß es dem Subjekt gelingt, "seine Wahrnehmungen und Meinungen mit dem, was in der Welt der Fall ist, in Übereinstimmung zu bringen;...", und andererseits "stellt sich die Frage, ob es dem Aktor gelingt, das, was in der Welt der Fall ist, mit seinen Wünschen und Absichten in Übereinstimmung zu bringen." (47)

---

45. Hegel 1970, 3, S. 360 Diese Selbstständigkeit aber ist für das Individuum nur über eine Abstraktion seiner unmittelbaren, sinnlichen Bedürfnisse zu erreichen: "Die Gewohnheit dieser Abstraktion im Genusse ... macht die Bildung in dieser Sphäre, - überhaupt die formelle Bildung aus." (Hegel 1970, 10, S. 322)
46. Sh. Heydorn 1980, S. 261
47. Habermas 1981 a, S. 130

3. Der Angelpunkt der Weltkonstitution: Die Selbsterschaffung des Individuums

Der Preis der Selbsterschaffung ist bei Hegel hoch. Alles Bildhafte wird im Bewußtseinsprozeß, der zum Selbstbewußtsein führt, ausgeschlossen. Das Sinnliche wird getilgt, denn nur die Abstraktion ist das vom Bewußtsein Selbsterschaffene. "Lernen ist diese Bewegung, daß nicht ein Fremdes in den Geist kommt, ... das Sinnliche wird zerstört, seinem Dunkel überliefert und über den Begriff rekonstruiert, in die Macht des Menschen gegeben." (48) Bildung "tilgt alle Gegenständlichkeit und verwandelt alles Ansichsein in ein Fürsichsein." (49) Das Hegelsche Denken focusiert die Hervorbringung der einen Seite des Subjektmodells des 19. Jahrhunderts, das transzendentale Subjekt. Dessen Lebenssinn besteht im Hegelschen Verständnis darin zu erkennen, wahre Aussagen zu machen und gemäß dieser Praxis zu konstituieren. Damit bleibt das Subjekt bzw. dessen Selbsterschaffung in der Bildungstheorie, wie in seiner ontologischen und erkenntnistheoretischen Konstruktion, eingeschränkt - bei Hegel gerade, um seine Integrität zu wahren.
Die Bildungstheorie des Neuhumanismus hebt, und das mag im folgenden skizziert werden, im Ausgangspunkt auf ein anderes als das 'transzendentale Subjektmodell' ab und vermag so, im Unterschied zu Hegel, die ganze Vielfalt des empirischen Subjekts zu finden und ihm gleichwohl eine transzendentale Bedeutung zu geben.
Humboldt geht von einer anderen anthropologischen Grundlage aus als Hegel. Nicht wird hier von dem Konkreten, empirisch Gegebenen, der sinnlichen Gewißheit als eines zunächst noch unspezifischen Verhältnisses zwischen Mensch und Welt ausgegangen, sondern von dem abstrakten Menschen als eines Gegenstandes, der angemessen gar nicht zu bestimmen ist. Denn einmal kann der Mensch als der Gegenstand der Bildungstheorie, "niemals durch Begriffe vollkommen ausgemessen werden ...", und es ist nicht möglich, "ihn genau und richtig aufzufassen, ohne ihn gleichsam selbst, nur nach den beobachteten Datis, erst neu zu

---

48. Heydorn 1980, S. 254
49. Hegel 1970, 3, S. 362

bilden." (50) Abstrakt ist der Ausgangspunkt auch deshalb, weil das Zentrum der Subjektivität durch den Neuhumanismus nicht länger im Bewußtsein belassen, der Mensch nicht wie bei Hegel ausschließlich als transzendentales Subjekt angesprochen, sondern als Kraft definiert wird: "Wie tief man eindringen, wie nah man zur Wahrheit gelangen möchte, so bleibt immer doch Eine unbekannte Größe zurück: die primitive Kraft, das ursprüngliche Ich, die mit dem Leben zugleich gegebene Persönlichkeit." (51) Diese vielschichtige, schillernde, aber auch zugleich empirisch vorgegebene Subjektivität, die immer individuell ist, ohne allerdings schon Individualität zu sein, gilt es zu bewahren, auszufächern, zu differenzieren und zum Ausdruck zu bringen. Nicht mehr soll die Sinnlichkeit in der Abstraktion ausgemerzt sein, um zum Selbst zu werden, wie dies bei Hegel der Fall war. Vielmehr wird diese Kraft, die Subjektivität gerade als der Anfang jenes Prozesses anerkannt, der nun im Verhältnis des Menschen zur Welt anhebt. Kraft wird zum ontologischen Ausgangspunkt eines Prozesses, in dem der Mensch sich selbst findet. Allerdings soll der Ausgangspunkt nicht aufgehoben werden, sondern sich in seiner ganzen Breite in der Objektivität verwirklichen. Das Tableau des 18. Jahrhunderts kehrt hier wieder, aber diesmal in einer Form, die im Bildungsprozeß vom Individuum in je individueller Gestalt hergestellt sein muß, also Tiefe besitzt. In der Auseinandersetzung mit der Welt werden im Menschen die Kräfte entfaltet, die auch bereits als natürliche in ihm selbst sind; Tiefe und Breite fallen hier in einem identischen Prozeß zusammen: "In ihm ist vollkommene Einheit und durchgängige Wechselwirkung, beide muß er also auch auf die Natur übertragen; in ihm sind mehrere Fähigkeiten, ihm denselben Gegenstand in verschiedenen Gestalten, bald als Begriff des Verstandes, bald als Bild der Einbildungskraft, bald als Anschauung der Sinne vor seine Betrachtung zu führen." (52)
Im Prozeß des Vollzugs dieses Weltbezugs entwickelt er zugleich seine Kräfte zu einer einzigartigen Gestalt und schafft so seine Individualität. Unschwer ist hier die Tiefe des Subjektmodells des 19. Jahrhunderts

---

50. Humboldt 1903 - 1936, II, S. 73
51. Humboldt 1903 - 1936, II, S. 90
52. Humboldt 1903 - 1936, I, S. 284 - 285

auszumachen. (53) Aber sie meint gleichwohl etwas von der Hegelschen Tiefe Unterschiedenes. Der Prozeß, in dem Objektivität und Subjektivität vermittelt werden, ist nicht der Prozeß der Aufhebung der Subjektivität in der Objektivität. Der Mensch soll nicht zunehmend allgemeiner, sondern er soll individueller, unverwechselbarer werden. Gelingt ihm dies, dann macht er seine Subjektivität, d.i. die an der Objektivität differenzierte, individuelle Kraft geltend. Der gelungene Vermittlungsprozeß ist das je individuell zur Geltung gebrachte gelungene Leben. Kehrte bei Hegel die Subjektivität als Selbstbewußtsein zu sich zurück, indem sie sich mit der Objektivität in Übereinstimmung brachte, so wird bei Humboldt dieser Prozeß umgedreht: Subjektivität entäußert sich, gestaltet in dieser Entäußerung die Objektivität und schafft zugleich sich als Individualität: "Der grösste Mensch ist daher der, welcher den Begriff der Menschheit in der höchsten Stärke, und in der grössesten Ausdehnung darstellt;..." (54) Das aber läßt sich widerspruchsfrei nur denken, wenn in der ursprünglichen Subjektivität (Individualität) das Allgemeine (Objektivität) als schon enthalten gedacht wird.

Dieses Ziel zu erreichen, setzt voraus, daß wir uns "sowohl während der Zeit unsres Lebens, als auch noch über dasselbe hinaus, durch die Spuren des lebendigen Wirkens, die wir zurücklassen, einen so grossen Inhalt, als möglich, ... verschaffen ..." (55) Der Mensch schafft keine Inhalte, sondern er 'verschafft' sich seine Individualität, indem er in der Welt Spuren hinterläßt. Der Mensch erkennt sich dann in seinen Spuren, seinen Tätigkeiten, seinen Objektivationen wieder. Er reflektiert sich in seinen vergegenständlichten Tätigkeiten. Der eigentliche Zweck seines Tätigseins ist seine Selbsterschaffung und diese ist - wie bei Hegel - die spezifisch menschliche Form der Selbsterhaltung.

Der einzig 'feste Punkt', von dem aus Objektivität zu erlangen ist, ist bei Humboldt die Subjektivität, die Tiefe des eigenen Menschseins. Diese ist das Allgemeinste. Identität ist somit auch nur im Prozeß der Selbstver-

---

53. Menze hat darauf hingewiesen, daß ein solches Denken einen entsprechenden philosophischen und wissenschaftlichen Kontext benötigt: "Eine solche These ist nur im Umkreis eines Denkens möglich, in dem nicht mehr die Gattung, vielmehr die diese Gattung repräsentierende Individualität in den Mittelpunkt rückt." (Menze 1975, S. 47)
54. Humboldt 1903 - 1936, II, S. 332
55. Humboldt 1903 - 1936, I, S. 283

wirklichung, also des Prozesses zu gewinnen, in dem die Individualität in ihrer Unvergleichbarkeit zum Vorschein tritt. (56)
Nun bedarf es eines Stoffes, also der Welt und der Auseinandersetzung mit dieser, um diese Individualität allererst entstehen zu lassen. Was Humboldt für die Bildung des Künstlers sagt, kann als allgemeine Notwendigkeit jeder Bildungstheorie genommen werden: "Wir bilden den Künstler, indem wir sein Auge an den Meisterwerken der Kunst üben, seine Einbildungskraft mit den schönen Gestalten der Produkte des Alterthums nähren." (57) Die Dignität der Objektivität kommt folglich selbst bei Humboldt zu ihrem Recht. Die Schulung der Kräfte an dieser Objektivität ist bei ihm immer schon vorausgesetzt. Der Zweck dieser Auseinandersetzung aber ist unter einem bildungstheoretischen Blickwinkel thematisiert: Entäußerung von Individualität in der Objektivität, um sich als Individualität zu erkennen und in diesem Akt der Selbsterkenntnis sich als Subjekt zu konstituieren. Diesen Prozeß kann man fördern: "Alle Werke, welche der Mensch hervorbringt, gewinnen durch eine allgemeine und von Subjectivität Einzelner unabhängige Behandlung einen besseren Fortgang, und selbst die Arbeiten des Geistes können hievon nur in gewisser Rücksicht ausgenommen werden." (58)
Das aber verweist nicht nur auf eine planmäßige Einführung in die Sachlichkeit der Welt, sondern auch auf die Problematik, wie über die Individualität Allgemeinheit, also Sozialität und Kulturation, möglich sein können. Humboldt schlägt sich bei dieser Vermittlung auf die Seite des

---

56. Das ist, darauf hat die Humboldt-Interpretation von Heydorn hingewiesen, nicht notwendigerweise ein weltfremdes, idealistisches Programm. "Wenn ein widernatürlicher Zustand in einen naturgemäßen übergeht, so ist kein Sprung, wenigstens gewiß kein bedenklicher vorhanden; diesen kann man nur da finden, wo ein widernatürlicher mit wirklicher Überspringung des natürlichen in einen widernatürlichen entgegengesetzter Art übergänge. Wer vom Knecht zum Herrn wird, der macht einen Sprung; denn Herren und Knechte sind ungewöhnliche Erscheinungen. Aber wenn man bloß die Hände losbindet, die gefesselt waren, der kommt nur dahin, wo alle Menschen von selbst sind." (Humboldt, zit. n. Heydorn 1980 a, S. 264)
57. Humboldt 1903 1936, I, S. 156 Der Hinweis von Nipkow, daß Humboldt nicht allen "Faktoren, die bei der Ortsbestimmung der Individualitätskategorie berücksichtigt werden müssen", gerecht werde, trifft selbstverständlich zu. (sh. Nipkow 1960, S. 66) Hier geht es aber um den grundlegenden Widerspruch der Bildungstheorie, weshalb die differentielle Betrachtung der Weltbezüge zunächst noch außer acht bleibt.
58. Humboldt 1903 - 1936, I, S. 384

Individuums und erhebt die Forderung , "die Individuen in allem gewähren zu lassen. Eingriffe werden als Störung der 'Ordnung der Natur' abgewehrt." (59) Diese Wendung aber, in der die Welt lediglich als Ausdruck subjektiver Willensakte erscheint, macht den eigentlichen bildungstheoretischen Angelpunkt nur noch deutlicher: Wenn Subjektivität nur im Durchgang durch Objektivität zu erlangen ist, dann muß die Vermittlung von Subjektivität und Objektivität der zentrale Gegenstand von Bildungstheorie sein.

Den gelungenen Durchgang durch die Objektivität bezeichnet Humboldt als Ideal. Im Ideal ist die Vermittlung von Wahrheitsanspruch und subjektiver Konstitution der Realität, von Objektivität und Subjektivität, von Sachlichkeit und Persönlichkeit gelungen. Der Mensch, der im Durchgang durch die Objektivität seine Subjektivität geschaffen hat, ist der universell Gebildete.(60) Dieser aber ist nicht der auf Vorgegebenes Zugerichtete. Humboldts Ansatz "beharrt auf der Widerständigkeit von Subjekten gesellschaftlichen Verhältnissen gegenüber, die sich über sie zu stülpen versuchen." (61)

Das gebildete Subjekt Humboldts ist also dasjenige, das im Durchgang durch die Objektivität seine Subjektivität in dieser Objektivität zur Geltung bringt. Nun operiert Humboldt nicht mit einer subjektphilosophischen Begrifflichkeit. Zwar argumentiert er auf einer subjektphilosophischen Grundlage, jedoch nur, um sie im entscheidenden Moment wieder außer Kraft zu setzen. Entäußerung von Individualität ist an eine vorgängige Abarbeitung an der Objektivität gebunden. Subjektivität entsteht dort, wo im Akt der Objektivierung von Individualität das Subjekt dieser seiner objektivierten Individualität gewahr wird. Selbstbewußtsein ist im Unterschied zu Hegel nicht die 'Gewißheit seiner Selbst', sondern Bewußtsein der Einzigartigkeit des eigenen Selbst, welches vor jeder Selbsterschaffung immer schon vorhanden war.

---

59. Krautkrämer 1979, S. 46
60. "Universalität bedeutet ursprünglich die Vereinigung vieler Wesensseiten des Menschen zu einem besonderen Ganzen, dem konkreten Menschen. Er 'bereichert' aufgrund seiner Besonderheit das Universum,..." (Rosenfeldt 1982, S. 170 - 171)
61. Sünker 1984, S. 8

4. Der Widerspruch der identitätstheoretischen Bildungstheorie

Im 19. Jahrhundert greift Paul Natorp die neuhumanistische Bildungstheorie in einer polemischen Kritik an: "Der egozentrische Standpunkt der Kosmologie, welcher die unendlichen Welten um den Beschauer sich drehen läßt, der seinen zufälligen Standpunkt zur absoluten Grundlage seines Urteils macht, ist nicht naiver und irrtümlicher als jener egozentrische Standpunkt der Bildung, der heute von so manchem als tiefe und wohl gar neue Philosophie angestaunt wird." (62) Was hier angesprochen ist, wird in der bildungstheoretischen Diskussion als Widerspruch moderner Bildungstheorien zwischen Persönlichkeit und Sachlichkeit diskutiert.
Die Kritik verbleibt aber weitgehend dem Widerspruch selbst verhaftet. Natorp thematisiert also im 19. Jahrhundert nicht, wie Pleines dies versteht, (63) den Widerspruch moderner Bildungstheorien, sondern die Einseitigkeit einer Bildungsauffassung, indem er auf die mangelnde Sachlichkeit des 'egozentrischen Subjektmodells' der neuhumanistischen Bildungstheorie hinweist und den Standpunkt eben dieser Sachlichkeit dem Standpunkt der Persönlichkeit entgegensetzt.
Wir finden nun seit dem 19. Jahrhundert immer wieder ernstzunehmende Autoren, die darauf verweisen, dass Bildung eben wesenhaft auch "Hingabe an die Sache" sei. In jüngerer Zeit ist es Horkheimer, der auf die Gefahr der Vernachlässigung der Sachlichkeit aufmerksam macht: "Nicht anders als in dem Eingehen in sachlicher Arbeit vermag das Individuum über die Zufälligkeit seiner bloßen Existenz hinauszukommen, an der der alte Bildungsglaube haftet und in der ohne jene Entäußerung bloß das beschränkte eigene Interesse und damit das schlechte Allgemeine sich durchsetzt." (64)
Und Ballauf, sich auf Heidegger berufend, stellt das Zentrum des neuhumanistischen bildungstheoretischen Paradigmas in Frage, indem er anzweifelt, ob es in der Bildung darum geht, "alles in den Dienst seiner

---

62. Natorp 1974, S. 91
63. Sh. Pleines 1986, S.29 - 34
64. Horkheimer 1952, S. 415. Sh. dazu auch Pleines 1976, S. 167 - 171

Menschwerdung zu stellen." (65) In allen diesen Überlegungen wird das zentrale Problem angesprochen, daß in den modernen Bildungstheorien zugleich Persönlichkeit und Sachlichkeit als das Ziel von Bildung gesetzt werden, ohne allerdings mit konsensualer Sicherheit ausmachen zu können, wie der Zusammenhang beider Momente gedacht und realisiert werden muß. (66)

Das zentrale Problem der Bildungstheorie findet allerdings nur dann eine angemessene Behandlung, wenn es außerhalb eines genuin bildungstheoretischen Zusammenhangs thematisiert wird. Jede bildungstheoretische Thematisierung geschieht nämlich auf einer subjektphilosophischen Grundlage, der sich das Problem verdankt. Die bildungstheoretische Argumentation muß also übertroffen werden, denn nur auf der Grundlage des epochalen erkenntnistheoretischen Hintergrunds der Moderne und der darauf basierenden Konstruktion des Subjekts finden die aufgewiesenen Widersprüche eine angemessene Behandlung. Diese im vorhergehenden Abschnitt verhandelte Subjektvorstellung gibt nämlich die Basis ab, auf der sich die bildungstheoretische Diskussion vollzieht.

Die Aporie der Subjektphilosophie, so hatten wir argumentiert, bestehe darin, dass das Subjekt als transzendentale Duplette konstruiert wird, in der es zum einen Gegenstand von Wissenschaft, also Objektivität, und zum anderen der transzendentale Grund dieses Wissens, also Subjektivität, ist. Das bildungstheoretische Subjektideal ist der Archäologie des 19. Jahrhunderts geschuldet. Dessen Widerspruch verdoppelt sich in eigenartiger Weise in der Bildungstheorie. Diese soll wesentlich eine Theorie der Selbsterschaffung des Individuums sein. Das aber führt geradewegs in einen Zirkel: Das, was vorausgesetzt wird, Individualität, soll Voraussetzung und Resultat des Bildungsprozesses sein. Diese zirkuläre Konstitution des Subjekts gerät in den gleichen Zirkel, in den auch die erkenntnistheoretische Konstruktion des abendländischen Subjekts gerät:

---

65. Ballauff 1970, S. 9
66. Tenorth weist darauf hin, daß zentrale Themen der Bildungstheorie im 19. Jahrhundert aus dem schulpädagogischen Kontext ausgelagert und in Philosophie, philosophischer Anthropologie oder in Ästhetik abgehandelt werden. (sh. Tenorth 1986, S. 14) Damit wird deutlich, daß 'praktische' Fragen eben nach einem anderen Diskurs als dem bildungstheoretischen entschieden werden, sonst hätte die bildungstheoretische Diskussion nicht derart marginalisiert werden können.

"Das Selbstbewußtsein soll doch ein Ichbewußtsein sein. Ein Ich aber, so hörten wir, soll etwas nur dann sein, wenn es die Struktur der Identität von Wissendem und Gewußtem hat. Wenn nun aber das Selbstbewußtsein gemäß der Reflexionstheorie sich in einem Sichzurückwenden auf sich vollziehen soll, dann wird erst im Akt dieser Rückwendung jene Identität von Wissendem und Gewußtem hergestellt. Andererseits soll das Subjekt, auf das sich der Akt zurückwendet, bereits ein Ich sein. Der Akt soll also einerseits, indem er sich zurückwendet, das Ich vorstellen, und andererseits konstituiert sich das Ich gemäß dem Begriff vom Ich erst in diesem Akt. Daraus ergibt sich, ..., ein Zirkel. Indem die Reflexionstheorie ein bereits vorhandenes Subjekt voraussetzt, setzt sie schon das voraus, was sich in Wirklichkeit erst in der Beziehung auf sich konstituieren soll." (67)

Dieser subjektphilosophische Widerspruch reproduziert sich im bildungstheoretischen Denken in komplexer Weise: In der 'Phänomenologie des Geistes' wird in der Bewegung des Bewußtseins dieses von allem Empirischen 'gereinigt', um sich als transzendentales Subjekt die Wirklichkeit anzueignen und sich damit zugleich als empirisches Subjekt zu konstituieren. Im Humboldtschen bildungstheoretischen Denken wird die Kategorie der Kraft gleichzeitig transzendental und empirisch gefaßt: Kraft ist einerseits die transzendentale Bedingung der Subjektwerdung, und sie äußert sich empirisch als deren Resultat. Damit aber sind das Subjekt und die Subjektwerdung in einem sozialwissenschaftlich verstandenen Sinne nicht eigentlich reale Gegenstände. Das Subjekt wird im Bildungsprozeß einerseits vorausgesetzt, andererseits soll es erst entstehen. Im ersten Fall ist es als transzendentale Voraussetzung, im zweiten Fall als realer empirischer Gegenstand gefaßt. Unter einer realwissenschaftlichen Perspektive verflüchtigt sich das Subjekt als der eigentliche Gegenstand und das Ziel des Bildungsprozesses als eine transzendentale Duplette.

Die Bildungspraxis aber kennt nur wirkliche Gegenstände. Ihre, von der Bildungstheorie oft kritisierte, Ausrichtung am 'Stoff' gründet neben vielen anderen Ursachen in der Widersprüchlichkeit des modernen Subjektmodells.

---

67. Tugendhat 1979, S. 62

Auch die bildungstheoretischen Auseinandersetzungen seit dem 19. Jahrhundert um Objektivität und Subjektivität können als Ausdruck der skizzierten subjektphilosophischen Paradoxie verstanden werden. Horkheimer und Heidegger lehnen aus vollständig unterschiedlichen Positionen die Konstruktion des einsamen, transzendentalen Subjekts, welches sich selbst als Produkt schafft, ab. Horkheimer muß vom Standpunkt der kritischen Theorie notwendigerweise auch die Selbsterschaffung als vorab interessengeleitet annehmen und dieses Interesse an die Kategorie der Arbeit binden. Heidegger teilt mit seiner Auffassung der existentiellen Grundsituation des In-der-Welt-Seins des Menschen die Zurückweisung der transzendentalphilosophischen Auffassung der Subjektkonstitution; dies aber weil er das Subjekt als das Unbedingte hintergehen will.

Wenn die Vermittlung zwischen transzendental gedachter Subjektivität und empirischer Objektivität und vice versa den bildungstheoretischen Gegenstand unfaßbar werden läßt und diese Unfaßbarkeit die eigentliche zentrale (sowohl theoretisch als auch praktisch) Problemstellung jedes bildungstheoretischen Diskurses darstellt, dann ist die Frage aufgeworfen, ob das Paradigma der idendentitätstheoretischen Subjektkonstitution nicht nochmals hinterfragt und eine Neukonzeptionierung der Bildungstheorie verlangt ist, die aus dieser Aporie hinausführt. Denn in dieser erscheint die Subjektkonstitution als das Erzeugnis eines einzigen Geistsubjekts und der Bildungsprozeß als die Spur seiner permanenten Selbstobjektivationen. Das aber ist eine metaphysische Konstruktion. Eine in dem hier eröffneten Horizont argumentierende Bildungstheorie muß sich epistemologisch neu fundieren.

5. Kapitel: Die Transzendierung der Subjektzentrierung: Kommunikative Weltbezüge

Das bewußtseinstheoretische Paradigma oder, in der Diktion Foucaults, die Subjektkonstitution der Moderne vermag zwei Dinge zu leisten: Erkenntnis von Objekten und Eingriffe in die Welt als der Gesamtheit von Sachverhalten. Beide Leistungen sind miteinander verschränkt: Die "Erkenntnis von Sachverhalten ist strukturell auf die Möglichkeit von Eingriffen in die Welt als der Gesamtheit von Sachverhalten bezogen; und erfolgreiches Handeln verlangt wiederum Kenntnis des Wirkungszusammenhangs, in den es interveniert." (1) Dieses bewußtseinstheoretische Paradigma bringt im 19. Jahrhundert, das ist aufgezeigt worden, die Vorstellung von der Selbsterschaffung des Subjekts und damit die Bildungstheorie hervor. Diese Vorstellung bleibt an eine spezifisch moderne Auffassung der Selbsterhaltung gebunden. Nicht mehr ist Selbsterhaltung das Streben des Menschen nach Verwirklichung eines ihm natürlich innewohnenden Zwecks. Selbsterhaltung wendet sich intransitiv auf die Sicherung des kontingenten Bestands qua Selbsterschaffung. (2)

Es war im dritten Kapitel dargelegt worden, daß der Zusammenhang von Rationalität und Macht, auf den Nietzsche, Horkheimer und Adorno sowie Foucault hinweisen, keine systematische, sondern historische Gründe hat. Zugleich aber wurde deutlich, daß sich dann, wenn Instrumentalität zur vorherrschenden Rationalitätsform wird, die Selbsterschaffung und -erhaltung in ihrem instrumentellen Charakter gegen das Subjekt selbst wendet. Für Bildungstheorie hat dies nun eine entscheidende Konsequenz. Auf dem Hintergrund der aufgewiesenen Verdoppelung des Subjekts kann Bildungstheorie auf der Grundlage des modernen erkenntnistheoretischen Paradigmas auch nicht angeben, wie denn das Verhältnis von Subjektivität und Objektivität jenseits von Instrumentalität bestimmt

---

1. Habermas 1981 a, S. 519
2. Die Selbsterschaffung ist gerade die Form, in der sich die Gleichgültigkeit von Zwecken manifestiert: "Aber die Vernunft ist weit entfernt davon, mit dieser Lossage von jedem bestimmten Zweck aus dem Bann des Selbstinteresses der Monade herauszutreten; sie bildet vielmehr nur Produzenten aus, jedem beliebigen Zweck der Monade desto willfähriger zu dienen." (Horkheimer 1976, S. 47 - 48)

werden könnte. Wird dies versucht, so potenzieren sich die Widersprüche der subjektphilosophischen Grundlage, auf der Bildungstheorie basiert: Entweder werden bildungstheoretische Bestimmungen auf der empirischen Seite des Subjektmodells vorgenommen; dann münden sie in zweckrationale Aussagen über den Bildungsprozeß, der sich in einen Sozialisationsvorgang transformiert. Oder es werden bildungstheoretische Bestimmungen auf der transzendentalen Seite des Subjektmodells durchgeführt; dann sind es Aussagen über ein transzendentales Subjekt, das nicht Gegenstand positiven Wissens sein kann.

Der zweckrationalen Bestimmung der 'Subjektwerdung' läßt sich entgegenhalten: "Nun ist aber die Begrifflichkeit der instrumentellen Vernunft dazu geschaffen, einem Subjekt die Verfügung über Natur zu ermöglichen, nicht dazu, einer objektivierten Natur zu sagen, was ihr angetan wird", (3) womit sich eine Bildungstheorie, die sich auf das subjektzentrierte, erkenntnistheoretische Paradigma der Moderne stellt, sich auch die Implikationen dieses Pardigmas einhandelt, nämlich die Selbstschaffung als instrumentelle Verfügung über die eigene Natur zu erreichen. Damit löst sie das gerade nicht ein, was das Subjekt konstituiert: Selbstbewußtsein. Dort allerdings, wo sich die Bildungstheorie von dieser empirischen Subjektvorstellung abwendet und sich auf die metaphysische Seite des modernen Subjektparadigmas stellt, entsteht eine Entwicklungsvorstellung, die sich von einer Einwirkungskonzeption abhebt. Sie kann dann aber dem Subjekt auch nichts mehr über seine eigene Natur und somit über den Prozeß der Selbsterschaffung sagen. Es entsteht so auf der Grundlage des modernen Subjektverständnisses ein innerwissenschaftlicher Gegensatz von Einwirkungs- versus Entwicklungskonzeptionen in der Pädagogik, also eine "Dichotomie von Erziehungstheorien, die mit bestimmten Subjektmodellen operieren und nur von daher ihren Anspruch ableiten können." (4) Die durch die der Bildungstheorie zugrundeliegende Subjektphilosophie eingehandelten Implikationen hatten Horkheimer und Adorno in aller Schärfe in der 'Dialektik der Aufklärung' unter der Perspektive ihres Erkenntnisinteresses, eine erkennt-

---

3. Habermas 1981 a, S. 522 Dort, wo dies versucht wird, wie in der Antipädagogik, bleibt die Kritik in einer bloßen Negation bzw. in einem abstrakten Rekurs auf die Freiheit des Individuums stecken, was dann jede Erziehung überflüssig macht.
4. Oelkers 1987 a, S. 327

nis-anthropologische Begründung sozialwissenschaftlicher Theorie zu leisten, analysiert. Allerdings brachten die Untersuchungen von Horkheimer und Adorno eine Reihe von Aporien mit sich: "Dazu gehörte die Spannung zwischen der Annahme eines einheitlichen Gattungssubjekts und der Fundierung des praktischen und des emanzipatorischen Erkenntnisinteresses in Strukturen der Intersubjektivität. Dazu gehörte ferner die Ungleichartigkeit von technischem und praktischem Erkenntnisinteresse einerseits, ... und einem emanzipatorischen Erkenntnisinteresse, bei dem es anscheinend um mehr als Reproduktion und Selbsterhaltung, nämlich um ein menschliches Leben in Freiheit und Würde ging." (5) Adorno und Horkheimer entkommen also trotz ihrer Analyse und Kritik moderner Rationalität nicht den kritisierten Widersprüchen, weil sie die subjektphilosophische Grundlage selbst unangetastet lassen.

Wie schwer sich die subjektzentrierte Moderne mit einer Bestimmung von Vernunft tut, die sowohl empirisch als auch nicht-instrumentell ist, wird am Adornoschen Begriff der Mimesis, der die nicht instrumentelle Rationalität umfassen soll, deutlich. Er gleitet ins Literarische 'ab': "Der versöhnte Zustand annektierte nicht mit philosophischem Imperialismus das Fremde, sondern hätte sein Glück daran, daß es in der gewährenden Nähe das Ferne und Verschiedene bleibt, jenseits des Heterogenen wie des Eigenen." (6) Zudem bleibt dies, wie bei Humboldts Festhalten an der 'Ordnung der Natur', ein dem 18. Jahrhundert zugehöriger Gedanke, der lediglich im abstrakten Gegensatz zu einer der instrumentellen Vernunft angehörenden Sozialisierung, in der die Individuen Nicht-Identische werden, steht.

Auf diese Aporien der Vernunftkritik reagierte Habermas mit der Hinwendung zu einer kommunikationstheoretisch ansetzenden Bestimmung von Rationalität.

Diese Wendung kommt nicht von ungefähr. Im zweiten und dritten Kapitel war schon mehrfach der erkenntnistheoretische Paradigmenwechsel von der Subjektphilosophie zu einer sprachanalytischen Position erwähnt worden. Auch Habermas vollzieht diesen Wechsel. Er erkennt

---

5. Wiggershaus 1987, S. 708 - 709
6. Adorno 1975 b, S. 192

damit eine Grundeinsicht des sprachanalytischen Paradigmenwechsels an und zieht zugleich eine entscheidende Konsequenz daraus: "Wenn ich zur Identifikation meines Selbst und seiner Zustände aber schon die Sprache brauche, die mir und meinen Nachbarn gemeinsam ist, dann ist es offenbar zu spät, an deren Existenz zu zweifeln und die Gewißheit, die ich hinsichtlich meiner Erlebnisse habe, für exklusiv oder privat zu halten." (7)

Das subjektphilosophische Paradigma wird als 'verbraucht' angesehen und soll durch ein anderes ersetzt werden. Im Gegensatz zu einer neostrukturalistischen Position, in der sich das Subjekt 'wie eine Spinne im strukturalen Netz auflöst' (Frank), sucht Habermas allerdings Rationalität kommunikationstheoretisch neu zu bestimmen. Es geht beim Paradigmenwechsel, den er vollzieht, nicht um die Ersetzung des Subjekts durch die Sprachstruktur, in die sich der Mensch verstrickt und durch die er prinzipiell keine Möglichkeit hat, hinter sein In-Strukturen-Sein zu kommen (Derrida). Eine sprachanalytisch fundierte Reformulierung von Wahrheit muß also nicht notwendigerweise die Vorstellung eines 'Subjekts' aufgeben.

Die Habermassche kommunikationstheoretisch ansetzende Kritik an dem abendländischen Logozentrismus begreift diesen als Verkürzung des in der kommunikativen Alltagspraxis immer schon existierenden Rationalitätspotentials. Rationalität wird also nicht schlechthin verabschiedet, sondern die im drittel Kapitel eingeführte Differenz von Programm und empirischer Einlösung wird auch von Habermas fruchtbar gemacht. Auf einer sprachanalytischen Grundlage soll in der Theorie des kommunikativen Handelns ein neues Rationalitätsverständnis formuliert werden, das nicht in die Aporien der subjektphilosophischen Vernunft hineingerät.

Die abendländische Vernunft bleibt nach dieser Kritik auf nur eine Dimension eingeschränkt. "Das Verhältnis des Menschen zur Welt wird darin (im abendländischen Logozentrismus - HJF) kognitivistisch reduziert, und zwar ontologisch auf die Welt des Seienden im ganzen (...); erkenntnistheoretisch auf das Vermögen, existierende Sachverhalte zu erkennen oder zweckrational herbeizuführen; und semantisch auf die tatsachenfeststellende Rede..." (8)

---

7. Frank, M. 1984, S. 277
8. Habermas 1986 b, S. 362 - 363

Bei der Analyse der kommunikativen Verwendung von Sprechhandlungen kommen die Sprachfunktionen der Darstellung, der Herstellung interpersonaler Beziehungen und der Expression eigener Erlebnisse zutage. Diese sprechakttheoretischen Ergebnisse haben nun eine erhebliche theoretische Bedeutung für die ontologischen Voraussetzungen der Kommunikationstheorie und - diese Dimension ist in dem hier verfolgten bildungstheoretischen Zusammenhang von besonderem Interesse - für den Rationalitätsbegriff. In der Theorie des kommunikativen Handelns werden diese Konsequenzen zu einer Theorie rationaler Weltbezüge entwickelt. In dieser verschiebt sich das Rationalitätskriterium von den Vorstellungs- und Aussageinhalten des einsamen Subjekts weg und hin zu einem intersubjektiven, kommunikativen Prozeß zwischen Subjekten.

Das dazu notwendige, von Habermas in seiner Theorie des kommunikativen Handelns entwickelte Paradigma der kommunikativen Rationalität, das wir im folgenden nachzeichnen wollen, scheint bereits in der Bildungstheorie Hegels angelegt: Gelungene Anerkennung zweier Subjekte beläßt in der Negation des anderen Selbstbewußtseins gerade jenes, um sich selbst zu finden. Das ist aber lediglich eine negative Bestimmung des Anderen, der in der Negation nur instrumentalisiert wird, um sich selbst zu bestimmen. Diese sagt folglich noch nichts darüber aus, was die beiden Selbstbewußtseine miteinander anfangen können. Der Andere in Hegels 'Phänomenologie' wird nicht als kommunizierender, gleichberechtigter Interaktionspartner, sondern als abstraktes, negatives Gegenüber gefaßt.

Die auf einer sprachanalytischen Grundlage vorgenommene Reformulierung von Rationalität gilt es im folgenden darzulegen. In der hier verfolgten bildungstheoretischen Absicht soll die Theorie des kommunikativen Handelns die Grundlage abgeben für eine die Widersprüche der Subjektzentrierung hinter sich lassende Bildungstheorie.

Nach dem Paradigma der kommunikativen Rationalität verschiebt sich der "Fokus der Untersuchung ... von der kognitiv-instrumentellen zur kommunikativen Rationalität. Für diese ist nicht die Beziehung des einsamen Subjekts zu etwas in der objektiven Welt, das vorgestellt und manipuliert werden kann, paradigmatisch, sondern die intersubjektive Beziehung, die sprach- und handlungsfähige Subjekte aufnehmen, wenn

sie sich miteinander über etwas verständigen." (9) Habermas' Interesse richtet sich darauf, über die "Klärung der formalen Eigenschaften verständigungsorientierten Handelns einen Begriff von Rationalität zu gewinnen, der den Zusammenhang jener in der Moderne auseinandergetretenen Momente der Vernunft ausdrückt,..."(10) Diese auseinandertretenden Momente der Vernunft verkörpern in der Moderne isolierte Vernunftmomente, die in die divergenten Bereiche Wissenschaft, Moral und Kunst zerfallen sind. Es geht somit bei dem Habermasschen Projekt, im Anschluß an Apel, darum, die Frage nach den Bedingungen der Möglichkeit von Erkenntnis zu reformulieren, die die Verengungen und Widersprüche des modernen Epistemes hinter sich läßt. (11) In der Analyse der in der Moderne auseinandergetretenen Vernunftmomente fließt der großangelegte Versuch ein, die Erkenntniskritik zu radikalisieren, indem eine Reflexion über die Erkenntnisfunktion bei der Reproduktion des kulturellen und gesellschaftlichen Lebens durchgeführt wird. Die Theorie der Erkenntnisinteressen, die hier angesprochen ist, zielt darauf, "wie einst die transzendentale Logik ... eine Antwort auf die Frage nach den apriorischen Bedingungen möglicher Erkenntnis " (12) zu identifizieren.
In dem Augenblick, in dem eine solche Analyse nicht auf ein von jeglicher empirischer Bestimmung abgehobenes transzendentales Ich rekurriert, sondern als Untersuchungsbasis ein gesellschaftlich-historisch erzeugtes und geformtes Subjekt annimmt, ist die Theorie der Erkenntnisinteressen genötigt, den Zusammenhang logischer Konstituentien, welche unter empirischen Bedingungen verknüpft werden, herauszuarbeiten.
Im Anschluß an Hegels Jenenser Philosophie des Geistes faßt Habermas die Einheit des Prozesses der Selbsterschaffung in den Medien Arbeit, Sprache und Interaktion. In diesem Zusammenhang wird der Rückbezug auf die transzendentalen Bedingungen von Erkenntnis deutlich:

---

9. Habermas 1981 a, S. 525 Dies ist für Bildungstheorie auch dann noch möglich, wenn wir keine sprachfähigen Subjekte im engeren Sinn unterstellen können. Die Formulierung von Habermas täuscht hier über den zentralen Sachverhalt hinweg. Es genügt, wenn dem Subjekt in seiner Auseinandersetzung mit der Welt 'Eigensinn' unterstellt werden kann, wie dies jüngst Sesink getan hat (sh. Sesink 1988, S.27 - 66). Dann ist dieses Subjekt bzgl. der universalpragmatischen Voraussetzungen zur Aufnahme von Weltbezügen bestimmt.
10. Habermas 1981 a, S. 525
11. Sh. Apel 1973, S. 220 - 263 und S. 311 - 329
12. Habermas 1973 a, S. 239

"Erkennen ist im gleichen Maße Instrument der Selbsterhaltung, wie es bloße Selbsterhaltung transzendiert. Die spezifischen Gesichtspunkte, unter denen wir die Wirklichkeit transzendental notwendig auffassen ... entspringen dem Interessenzusammenhang einer Gattung, die von Haus aus an bestimmte Medien der Vergesellschaftung gebunden ist: an Arbeit, Sprache und Herrschaft. Die Menschengattung sichert ihre Existenz in Systemen gesellschaftlicher Arbeit und gewaltsamer Selbstbehauptung; durch ein traditionsvermitteltes Zusammenleben in umgangssprachlicher Kommunikation; und schließlich mit Hilfe von Ich-Identitäten, die das Bewußtsein des Einzelnen im Verhältnis zu den Normen der Gruppe auf jeder Stufe der Individuierung von neuem befestigen." (13) Der hier in den frühen Arbeiten Habermas' vorgenommenen Trennung von Arbeit und Interaktion entsprechen zwei unterschiedene Handlungstypen. Arbeit oder zweckrationales Handeln wird als Oberbegriff für instrumentelles Handeln, welches sich an technische Regeln hält und für strategisches Handeln, das sich nach Wertmaximen richtet, eingeführt. Der Begriff des kommunikativen Handelns umfaßt all jene symbolisch vermittelten Interaktionen, die obligatorischen Normen, welche reziproke Verhaltenserwartungen festlegen, entsprechen. (14) Zweckrationales Handeln ist im kommunikativen Handeln 'eingelagert'. Die sich über Jahrzehnte erstreckenden Arbeiten Habermas' finden ihren vorübergehenden Abschluß in der Theorie des kommunikativen Handelns.

In der Theorie des kommunikativen Handelns expliziert Habermas den Begriff der kommunikativen Rationalität im Anschluß an seine Analyse der Verwendung des sprachlichen Ausdrucks 'rational' und der anthropologischen Diskussion über die Stellung des modernen Weltverständnisses. Dies geschieht allerdings nur indirekt "auf dem Wege einer formalpragmatischen Klärung des Begriffs kommunikativen Handelns ... und dies auch nur in den Grenzen eines systematischen Durchgangs durch theoriegeschichtliche Positionen." (15) Habermas greift zunächst die Dreiweltentheorie Poppers auf. Popper unterscheidet in einem 1967 gehaltenen Vortrag (16) eine objektive, eine soziale und eine subjektive Welt:

---

13. Habermas 1973 c, S. 162
14. Sh. Habermas 1973 c, S. 62 - 65
15. Habermas 1981 a, S. 114
16. Popper 1984, S. 109

Man kann "folgende drei Welten oder Universen unterscheiden: erstens die Welt der physikalischen Gegenstände oder physikalischen Zustände; zweitens die Welt der Bewußtseinszustände oder geistigen Zustände oder vielleicht der Verhaltensdispositionen zum Handeln; und drittens die Welt der objektiven Gedankeninhalte, insbesondere der wissenschaftlichen und dichterischen Gedanken und der Kunstwerke." (17) In Abhebung von der historischen und neuhegelschen erkenntnistheoretischen Tradition hält Popper am Primat der Welt gegenüber dem Geist fest. Deshalb ordnet er wissenschaftliche Erkenntnis nicht der subjektiven Welt, sondern der Welt der "objektiven Theorien, Probleme und Argumente" (18) zu.

Habermas ersetzt nun den Popperschen ontologischen Begriff der 'Welt der objektiven Gedankeninhalte' durch einen konstitutionstheoretischen Begriff: "Es sind die vergesellschafteten Subjekte selbst, die, wenn sie an kooperativen Deutungsprozessen teilnehmen, das Konzept der Welt implizit verwenden." (19) Der kulturelle Wissensvorrat bzw. die von einer Gemeinschaft geteilte kulturelle Überlieferung konstituiert also die Lebenswelt, welche objektive, soziale und subjektive Welt umfaßt. "Diese intersubjektiv geteilte Lebenswelt bildet den Hintergrund fürs kommunikative Handeln". (20) Zugleich kann aber in einer reflexiven Einstellung die Gültigkeit der kulturellen Überlieferung problematisiert werden. So gewendet erklärt die Poppersche Theorie der dritten Welt, wie kulturell geteilte Bedeutungen und Symbole als etwas in der Welt verstanden werden können, 'was der Fall ist', und es wird plausibel, wie die Objekte der dritten Welt als "höherstufige Objekte von (beobachtbaren) physikalischen und (erlebbaren) mentalen Vorkommnissen unterschieden werden können." (21)

Popper kann die dritte Welt als eine gegenüber dem subjektiven Geist selbständige Welt fassen, weil sie aufgrund ihres Wahrheitsbezuges zur ersten Welt aus wahrheitsfähigen Entitäten besteht. Die dritte Welt umfaßt Probleme, Theorien und Argumente, die der Beschreibung und Erklärung der ersten Welt dienen. Die Vermittlung der beiden Welten ge-

---

17. Popper 1984, S. 109
18. Popper 1984, S. 111
19. Habermas 1981 a, S. 123
20. Habermas 1981 a, S. 123
21. Habermas 1981 a, S. 124

schieht durch die Welt des subjektiven Geistes, durch Akte des Erkennens und Handelns. Dazu bemerkt Habermas, daß damit "die nicht-kognitiven Bestandteile der Kultur in eine eigentümliche Randstellung" geraten. (22) Habermas unternimmt nun den Versuch, den Popperschen Weltbegriff von seinen 'beschränkten ontologischen Konnotationen' zu befreien. Es ist evident, daß lediglich die objektive Welt als Korrelat zur Gesamtheit wahrer Aussagen verstanden werden kann. Anders allerdings als im modernen epistemologischen Paradigma sind nun bei Habermas die Aussagen aller drei Welten 'rationalisierungsfähig'. Denn die drei Welten bilden ein in Kommunikationsprozessen gemeinsam unterstelltes Bezugssystem. Daher wird es nötig, ein System von gleichursprünglichen Welten zu unterstellen, d.i. die Lebenswelt. In ihr müssen also die Vernunftmomente noch als ursprüngliche Einheit gedacht werden, womit die Ausdifferenzierung, die die Moderne hervorgebracht hat, indem sie die Wertsphären voneinander getrennt hat, dann als Verkürzung begriffen werden kann, wenn es nicht gelingt, die Rationalität der drei möglichen Welten in einen Zusammenhang zu bringen.
Die Vernunft ist in ihrer modernen Form isolierter Wertsphären immer zerbrechlich. (23) Durch das Zusammenschließen der vormals isolierten Rationalitätssphären soll eine Stärkung der Vernunft erreicht werden. Habermas versucht, diesen Wertsphären Handlungsdimensionen zuzuordnen.
In der Lebenswelt wirken vier unterscheidbare Handlungsdimensionen:
In der teleologischen Handlungsdimension verwirklicht der Aktor "einen Zweck bzw. bewirkt das Eintreten eines erwünschten Zustandes, indem er die in der gegebenen Situation erfolgversprechenden Mittel wählt und in geeigneter Weise anwendet." (24)
In der normenregulierten Handlungsdimension agiert ein Subjekt als Mitglied einer sozialen Gruppe, die ihr Handeln an gemeinsamen Werten orientiert.
In der dramaturgischen Handlungsdimension ruft der Aktor einen bestimmten Eindruck von sich selbst hervor, indem er seine Subjektivität mehr oder weniger gezielt vor einem Publikum enthüllt. Unter Handeln

---

22. Habermas 1981 a, S. 124
23. Sh. Habermas 1971 a, S. 36
24. Habermas 1981 a, S. 126 - 127

werden also symbolische Äußerungen verstanden, "mit denen der Aktor, ..., einen Bezug zu mindestens einer Welt (aber stets auch zur objektiven Welt) aufnimmt." (25)
Habermas sieht nun die Synthese dieser drei Handlungsdimensionen im kommunikativen Handeln, welches die drei vorgenannten Dimensionen umfaßt. In diesem suchen die Handelnden "eine Verständigung über die Handlungssituation, um ihre Handlungspläne und damit ihre Handlungen einvernehmlich zu koordinieren." (26) Die Vernunftmomente müssen als Einheit realisiert und die Verkürzungen, die die Moderne vorgenommen hat, indem sie die Wertsphären voneinander abgetrennt hat, rückgängig gemacht werden. Im kommunikativen Handeln sind "alle Geltungsansprüche, die in den ausdifferenzierten Wertsphären auseinandergetreten sind, gleichzeitig anwesend, so daß 'sich kognitive Deutungen, moralische Erwartungen, Expressionen und Bewertungen durchdringen und über den Geltungstransfer, der in performativer Einstellung möglich ist, einen rationalen Zusammenhang bilden.'" (27) Kommunikatives Handeln umfaßt folglich wieder die ursprüngliche, lebensweltliche Einheit der Vernunftmomente.

Gerade weil die Vernunft in ihrer modernen Zerstückelung immer zerbrechlich ist, geht es Habermas im folgenden darum, die Rationalitätsimplikationen der verschiedenen Handlungsdimensionen freizulegen. (28) Auf den ersten Blick scheint nämlich nur die teleologische Handlungsdimension eine Handlungsrationalität zu enthalten, die der Zweckrationalität. Damit aber wäre Rationalität lediglich über einen kognitiven Weltbezug möglich. Alle anderen in der Lebenswelt hergestellten Weltbezüge blieben der Irrationalität überantwortet.

---

25. Habermas 1981 a, S. 144
26. Habermas 1981 a, S. 128
27. Buschmeyer 1987, S. 190
28. Zur Zerbrechlichkeit der modernen Vernunft sh. Habermas 1971 a, S. 36

1. Die Rationalität der Weltbezüge

Teleologisches Handeln setzt Beziehungen zwischen einem Aktor und einer Welt existierender Sachverhalte voraus. Die Welt existierender Sachverhalte umfasst also alles das, "was der Fall ist." (29) Im teleologischen Handlungsmodell wird der Handelnde als 'kognitiv-volitiver Komplex' unterstellt, der einerseits Meinungen über bestimmte Sachverhalte ausbilden und "andererseits Absichten mit dem Ziel entwickeln kann, erwünschte Sachverhalte zur Existenz zu bringen." (30) Es sind nun prinzipiell zwei Klassen von Rationalitätsbeziehungen zu dem, was der Fall ist, möglich, wobei die Rationalität darin gründet, daß diese Beziehungen bzw. ein spezifischer Aspekt dieser Beziehungen zur Welt, einer objektiven Beurteilung zugänglich sind. "In der einen Richtung stellt sich die Frage, ob es dem Aktor gelingt, seine Wahrnehmungen und Meinungen mit dem, was in der Welt der Fall ist, in Übereinstimmung zu bringen; in der anderen Richtung stellt sich die Frage, ob es dem Aktor gelingt, das, was in der Welt der Fall ist, mit seinen Wünschen und Absichten in Übereinstimmung zu bringen." (31)
Beim teleologischen Weltbezug handelt es sich um die traditionell moderne Form des szientifischen Weltbezugs, der nach den Kriterien der Wahrheit und der Wirksamkeit einer rationalen Beurteilung zugänglich ist. Habermas erweitert diesen teleologischen Weltbezug, der eine objektive Welt voraussetzt, um den Begriff des strategischen Weltbezuges. Im strategischen Weltbezug werden mindestens zwei zielgerichtet handelnde Subjekte unterstellt, "die ihre Zwecke auf dem Wege der Orientierung an, und der Einflußnahme auf Entscheidungen anderer Aktoren verwirklichen." (32) Die Rationalitätskriterien der Wahrheit und der Wirksamkeit verändern sich allerdings im strategischen Handeln nicht. Strategisches Handeln unterliegt den gleichen ontologischen Voraussetzungen wie

---

29. Wittgenstein 1982, S. 11
30. Habermas 1981 a, S. 130
31. Habermas 1981 a, S. 130 Unschwer ist hier in beiden (Hegel) bzw. in der zweiten Klasse möglicher teleologischer Beziehungen (Humboldt) die Parallelität zum bildungstheoretischen Weltbezug herzustellen, wenn sie auch nicht in diesem aufgeht.
32. Habermas 1981 a, S. 131

teleologisches Handeln: Wenn auch im strategischen Handlungsmodell die Komplexität dieser Welt reicher wird, so wird bei beiden Handlungen eine Welt, nämlich die objektive Welt, vorausgesetzt, die aus dem besteht, was der Fall ist.

Der normenregulierte Weltbezug allerdings setzt die Beziehung eines Aktors zu zwei Welten, der objektiven und der sozialen Welt, voraus. "Eine soziale Welt besteht aus einem normativen Kontext, der festlegt, welche Interaktionen zur Gesamtheit berechtigter interpersonaler Beziehungen gehören." (33) Handelnde, die im gleichen Normensystem agieren, gehören demnach derselben sozialen Welt an. Habermas expliziert nun den Sinn der sozialen Welt analog dem Sinn der objektiven Welt. Beim teleologischen Weltbezug war dessen Rationalität in der Relationalität zwischen Aktor und Welt bestimmt worden, beim normenregulierten Handeln liegt die Rationalität in der spezifischen Relationalität zwischen sozialer und objektiver Welt. Bevor wir uns aber der Rationalität des normenregulierten Weltbezugs zuwenden, bedarf es einiger Spezifikationen des normenregulierten Handelns. Eine Norm hat die Form: "Es ist geboten, daß q«." Allerdings drückt für Habermas ein solcher Satz nur dann eine Norm aus, wenn er "so geäußert wird, daß er für einen Kreis von Adressaten Gültigkeit beansprucht. Und wir sagen, daß eine Norm besteht oder soziale Geltung genießt, wenn sie von den Normadressaten als gültig oder gerecht anerkannt wird." (34) Normenreguliertes Handeln setzt immer den Konsens der Aktoren über die in einer Situation wirksamen, handlungsleitenden Normen voraus. Die intersubjektive Anerkennung der Norm konstituiert die soziale Geltung der Norm. Kulturelle Werte ermangeln dieser intersubjektiven Anerkennung, besitzen also keine soziale Geltung. Sie stellen aber das kulturell vorhandene Normenpotential, das dann aktualisiert wird, wenn bestimmte Werte bei der Regelung von Problemlagen für einen Kreis von Personen verbindlich - also zur Norm - werden. Der Transformationsprozeß von einem Wert zur Norm macht deutlich, daß normenreguliertes Handeln über kognitive Prozesse hinaus auch einen motivationalen Komplex umfaßt.

---

33. Habermas 1981 a, S. 132
34. Habermas 1981 a, S. 132

Die Rationalität des normenregulierten Weltbezugs liegt nun in der Möglichkeit, die im normenregulierten Handeln hergestellten Weltbezüge einer objektiven Beurteilung zuzuführen. Einerseits ist zu beurteilen, ob die "Motive und die Handlungen eines Aktors mit den bestehenden Normen übereinstimmen oder von diesen abweichen." (35) Die Relationalität von Aktor und sozialer Welt ist also einer objektiven Beurteilung zugänglich. Andererseits ist objektiv feststellbar, "ob die bestehenden Normen selbst Werte verkörpern, die im Hinblick auf eine bestimmte Problemlage verallgemeinerungsfähige Interessen der Betroffenen zum Ausdruck bringen und somit eine Zustimmung der Normadressaten verdienen." (36) Es kommt hier also eine doppelte Relationalität zum Zuge, die rational überprüfbar ist: Zum einen wird das Verhältnis von Handlungen und einem bestehenden normativen Kontext beurteilt, zum anderen wird das Verhältnis von Normen und sozialen Geltungsansprüche untersucht. Wird im teleologischen Handeln die Rationalität durch die Überbrückung der logischen Kluft zwischen Evidenz und Hypothese qua verschiedenartiger Kanons der Induktion erreicht, so geschieht dies im normenregulierten Handeln durch den Grundsatz der Universalisierung.

Somit gehört der normenregulierte Weltbezug der objektiven und der sozialen Welt an. In ihm wird unterstellt, "daß die Beteiligten sowohl eine objektivierende Einstellung zu etwas, das der Fall oder nicht der Fall ist, wie auch eine normenkonforme Einstellung zu etwas, das, ob nun zu Recht oder zu Unrecht, geboten ist, einnehmen können." (37) Normengeleitetes Handeln ist immer Handeln zwischen einem Aktor und der Welt bzw. den Welten.

Diese Relationalität wird im dramaturgischen Handeln durch den Einbezug der subjektiven Welt erweitert. Goffmann, der den Begriff als erster in die sozialwissenschaftliche Analyse eingeführt hat, versucht, mit dem Begriff eine spezifische analytische Perspektive zu umschreiben. Unter dieser Perspektive erscheinen soziale Interaktionen als Begegnungen, in denen "die Beteiligten ein füreinander sichtbares Publikum bilden und sich gegenseitig etwas vorführen." (38) Beim dramaturgischen Handeln

---

35. Habermas 1981 a, S. 134
36. Habermas 1981 a, S. 134
37. Habermas 1981 a, S. 135
38. Habermas 1981 a, S. 136

geht es darum, den anderen etwas von der eigenen Subjektivität zur Erscheinung zu bringen. Damit ist ein Moment von Reflexivität für dramaturgisches Handeln konstitutiv, das Goffmann, der seine in den fünziger Jahren begonnene Analyse des dramaturgischen Handelns kontinuierlich weitergeführt hat, in seiner Untersuchung über die Techniken der Imagepflege, in der soziale und subjektive Welt aufs engste verflochten sind, deutlich macht: "Der Terminus Image kann als der positive soziale Wert definiert werden, den man für sich durch die Verhaltensstrategie erwirbt, von der die anderen annehmen, man verfolge sie in einer bestimmten Interaktion." (39)

Indem im dramaturgischen Weltbezug das eigene Selbst zur Geltung gebracht wird, enthält der Weltbezug immer auch einen Bezug zur eigenen, subjektiven Welt. Nun stellt sich die zentrale Frage, wie in diesem Bezug auf die eigene, subjektive Welt Rationalität gesichert werden kann. Habermas bietet dazu zunächst eine naheliegende Rationalitätsthese an: "Vielleicht kann man sagen, daß Subjektives so durch wahrhaftig geäußerte Erlebnissätze repräsentiert wird wie existierende Sachverhalte durch wahre Aussagen und gültige Normen durch gerechtfertigte Sollsätze." (40) Allerdings ist das, was als subjektive Welt vorausgesetzt wird, näher zu explizieren, um diese angebotene Rationalitätsthese angemessen beurteilen zu können. Habermas wendet sich gegen eine Auffassung von 'subjektiven Erlebnissen', in der diese als Entitäten, als mentale Zustände oder innere Episoden aufgefaßt werden. "Ein äußerungsfähiges Subjekt >hat< oder >besitzt< nicht in demselben Sinne Wünsche oder Gefühle wie ein beobachtbares Objekt Ausdehnung, Gewicht, Farbe und ähnliche Eigenschaften. Ein Aktor hat Wünsche und Gefühle in dem Sinne, daß er diese Erlebnisse nach Belieben vor einem Publikum, und zwar so äußern könnte, daß dieses Publikum die geäußerten Wünsche oder Gefühle dem Handelnden, wenn es seinen expressiven Äußerungen vertraut, als etwas Subjektives zurechnet." (41)

---

39. Goffmann 1978, S.10 Explizit wird die von Goffmann eingeführte analytische Perspektive in 'Wir alle spielen Theater' fruchtbar gemacht. (sh. Goffmann 1988, S. 217 - 233)
40. Habermas 1981 a, S. 137
41. Habermas 1981 a, S. 137 Herzog bezeichnet diesen Sachverhalt als 'Rationalität von Werten', als das, "was um seiner selbst willen (und nicht: als Mittel zum Zweck) gewollt wird,..." (Herzog 1984, S. 151)

Gefühle und Wünsche zeichnen sich also dadurch aus, daß ihnen kein in der objektiven oder sozialen Welt existierender oder zur Existenz gebrachter Sachverhalt entspricht. Die Rationalität von Wünschen und Gefühlen bemißt sich demnach ausschließlich "am reflexiven Verhältnis des Sprechers zu seiner Innenwelt." (42) Damit ist aber die Rationalität des subjektiven Weltbezugs eine Binnenrationalität, d.h. eine Rationalität, die ausschließlich innerhalb der subjektiven Welt wirksam ist. Damit muß eine Binnendifferenzierung der subjektiven Welt zumindest angedeutet werden.

Habermas fundiert nun Wünsche und Gefühle in Bedürfnissen. Diese wiederum haben "ein doppeltes Gesicht. Sie differenzieren sich, nach der volitiven Seite, zu Neigungen und Wünschen, und nach der anderen, der intuitiven Seite zu Gefühlen und Stimmungen." (43) Wünsche zielen auf Situationen, in denen Bedürfnisse befriedigt werden können, wohingegen Gefühle Situationen unter der Perspektive möglicher Bedürfnisbefriedigung wahrnehmen. Die Bedürfnisse bilden somit die Basis subjektiver Einstellungen.

Die Rationalität des dramaturgischen Weltbezugs ist einerseits eine Frage der Wahrhaftigkeit des Selbstbezuges. Bei der damit aufgeworfenen Frage nach der Rationalität des subjektiven Weltbezugs geht es darum, ob "der Aktor die Erlebnisse, die er hat, zum geeigneten Zeitpunkt auch äußert, ob er meint, was er sagt, oder ob er die Erlebnisse, die er äußert, bloß vortäuscht." (44) Bei Wünschen und Gefühlen setzt andererseits das Rationalitätskriterium der Wahrhaftigkeit in besonderem Maße die Fähigkeit zur Ausübung von Wahrhaftigkeit voraus. Habermas trennt hier Wahrhaftigkeit und Authentizität. Angesichts des psychoanalytischen Erkenntnisstandes ist dies allerdings eine fragwürdige Differenzierung. Der Zugang zu den subjektiven Wünschen und Gefühlen ist selbst nochmals ein Arbeitsprozeß, der angesichts der Tatsache unbewußter Wünsche und Gefühle nicht so ohne weiteres zu erreichen ist, der also expressiv ausdrucksfähige Subjekte unterstellt. Immerhin ist auch das Rationalitätskriterium der Wahrhaftigkeit von Erlebnisäußerungen - sofern sich der

---

42. Habermas 1981 a, S. 138
43. Habermas 1981 a, S. 138
44. Habermas 1981 a, S. 139

Aktor darauf einläßt - durch hermeneutische Verfahren einer objektiven Beurteilung zugänglich.

2. Kommunikativer Weltbezug und die transmoderne Rationalität des Handelnden

Im kommunikativen Weltbezug nehmen die Aktoren die drei aufgezeigten Weltbezüge in spezifisch reflexiver Weise auf. "Sie nehmen nicht mehr geradehin auf etwas in der objektiven, sozialen oder subjektiven Welt Bezug, sondern relativieren ihre Äußerung an der Möglichkeit, daß deren Geltung von anderen Aktoren bestritten wird." (45) Damit konstituieren die Handelnden im kommunikativen Weltbezug ein System der drei formalen Weltbezüge. Der Ort, an dem dieses System angesiedelt ist, bezeichnet Habermas als Lebenswelt. (46)
Im kommunikativen Weltbezug geht es um die intersubjektive Anerkennung der Geltungsansprüche der Beteiligten. Damit wird unterstellt, daß die beteiligten Interaktionsteilnehmer das in den drei formalen Weltbezügen enthaltene Rationalitätspotential zu Verständigungszwecken mobilisieren, womit drei Möglichkeiten bestehen, Geltungsansprüche zu erheben. Es wird der Anspruch erhoben,

>"- daß die gemachte Aussage wahr ist (bzw. daß die Existenzvoraussetzungen eines nur erwähnten propositionalen Gehalts tatsächlich erfüllt sind);
>- daß die Sprechhandlung mit Bezug auf einen geltenden normativen Kontext richtig (bzw. daß der normative Kontext, den sie erfüllen soll, selbst legitim) ist; und
>- daß die manifeste Sprecherintention so gemeint ist, wie sie geäußert wird." (47)

---

45. Habermas 1981 a, S. 148 Damit existieren, wenn man Sprache und deren Rationalitätsdimension der Verständlichkeit hinzunimmt, vier Realitätsbereiche, die sich nach Auffassung von Etter mit Heinrichs' 'reflektionstheoretischer Semiotik' gut vertragen. (Etter 1987, S. 311)
46. Den Begriff der Lebenswelt werden wir später noch näher bestimmen.
47. Habermas 1981 a, S. 149

Somit sind drei unterscheidbare Funktionen von Kommunikation impliziert, die Habermas, im Anschluß an Bühler, (48) wie folgt benennt: Die "kognitive Funktion der Darstellung eines Sachverhalts, die expressive Funktion der Kundgabe von Erlebnissen des Sprechers und die appelative Funktion von Aufforderungen, die an den Adressaten gerichtet werden." (49) Nun sind, und dies ist oben schon angemerkt worden, im kommunikativen Handeln die drei formalen Weltbezüge, den zur objektiven, den zur sozialen und den zur subjektiven Welt, unschwer wiederzuerkennen, weshalb natürlich zu fragen ist, was mit dem Begriff des kommunikativen Handelns erreicht wird. Sowohl Popper als auch Habermas gewinnen die drei formalen Weltbezüge analytisch und unterstellen damit, "daß die Aktoren zu Welten in Beziehung treten, die wir uns durch eine Gesamtheit gültiger assertorischer oder normativer oder expressiver Sätze repräsentiert denken." (50) Mit dem Begriff des kommunikativen Handelns gehen die analytisch gewonnenen Unterstellungen auf die Aktoren selbst über, denn dadurch, daß sich diese der von ihnen hergestellten Weltbezüge sprachlich bemächtigen und für das kooperativ verfolgte Ziel der Verständigung mobilisieren, ist den Aktoren dieselbe Weltbeziehung zu unterstellen: "Die Aktoren selbst sind es, die den Konsens suchen und an Wahrheit, Richtigkeit und Wahrhaftigkeit bemessen, ..."(51)
Hiermit aber ist das Paradigma der Bewußtseinsphilosophie überschritten. Im kommunikativen Handeln ist eine andere Beziehung des Subjekts zu sich selbst und zur Welt möglich als die einer bloß objektivierenden Einstellung, indem nämlich im kommunikativen Handeln die kommunikativ erzeugte Intersubjektivität den Vorrang erhält. "Und zwar entgeht die aus der Teilnehmerperspektive vorgenommene Reflexion jener Art von Objektivierung, die aus der reflexiv gewendeten Beobachterperspektive unvermeidlich ist. ... Die erste Person, die sich in performativer Einstellung aus dem Blickwinkel der zweiten Person auf sich zurückbeugt, kann indessen ihre geradehin ausgeführten Akte nachvollziehen. Eine nachvollziehende Rekonstruktion des immer schon verwendeten Wissens tritt

---

48. Bühler, K., Sprachtheorie. Die Darstellungsfunktion der Sprache, Stuttgart 1982
49. Habermas 1981 a, S. 372
50. Habermas 1986, S. 587
51. Habermas 1981 a, S. 149

an die Stelle eines reflexiv vergegenständlichten Wissens, also des Selbstbewußtseins." (52) Die Probleme der modernen Subjektzentrierung, deren Aporie von Foucault erkenntnistheoretisch als die Verdoppelung des Subjekts in eine transzendentale Duplette bloßgelegt wird, werden auf diese Weise überwunden. Die Rekonstruktionsversuche von Interaktionen und Diskursen leisten das, was früher Aufgabe der Analyse des Bewußtseinsprozesses war. Die Rekonstruktion bezieht sich nun auf tatsächliche Gegenstände, sodaß die ontologische Trennung von Transzendentalem und Empirischem entfällt. Das so formulierte erkenntnistheoretische Paradigma nennt Habermas deshalb universalpragmatisch.

Gleichzeitig wandelt sich, das ist in der Darstellung der Rationalität der formalen Weltbezüge schon implizit aufgezeigt worden, die Vorstellung von Rationalität. Rationalität bemißt sich im modernen Subjektverständnis daran, "wie sich das einsame Subjekt an seinen Vorstellungs- und Aussageinhalten orientiert. Die subjektzentrierte Vernunft findet ihre Maßstäbe an Kriterien von Wahrheit und Erfolg, ..." (53) Das ändert sich, wenn wir von einem kommunikativen Subjektverständnis ausgehen. Rationalität bemißt sich dann an der Fähigkeit der Interaktionsteilnehmer, ihr Handeln an Geltungsansprüchen, die auf intersubjektive Anerkennung angelegt sind, zu orientieren. "Die kommmunikative Vernunft findet ihre Maßstäbe an den argumentativen Verfahren der direkten oder indirekten Einlösung von Ansprüchen auf propositionale Wahrheit, normative Richtigkeit, subjektive Wahrhaftigkeit und ästhetische Stimmigkeit." (54) Der hier entfaltete kommunikative Rationalitätsbegriff ist also reicher als der subjektzentrierte, weshalb wir von einem transmodernen Rationalitätsverständnis sprechen müssen. Der Begriff des Transmodernen wird dem Tatbestand gerecht, daß jede radikalisierte Vernunftkritik eine ausgreifendere Vernunft postulieren muß, eine Vernunft, die die herrschende transzendiert. Weil die postmoderne Rationalitätskritik dies leugnet, gerät sie in eine Aporie, die jeder radikalisierten Vernunftkritik innewohnt. In diesem Sinne bezeichnen wir den Habermasschen Rationalitätsbegriff nicht als post-, sondern als transmodern.

---

52. Habermas 1986 b, S. 347
53. Habermas 1986 b, S. 366
54. Habermas 1986 b, S. 366

3. Diskurs und Reflexion

Jedem Sprechakt wohnt das Telos der Verständigung inne: "Mit dem ersten Satz ist die Intention eines allgemeinen und ungezwungenen Konsensus unmißverständlich ausgesprochen." (55) Damit ist die zentrale Intention der Theorie des kommunikativen Handelns angedeutet: Es geht um die Rekonstruktion der universalen Bedingungen möglicher Verständigung. (56) Dieses jeder Kommunikation immanente Telos muß aber nicht in jedem empirischen Sprechakt intendiert und/oder realisiert sein. Vielmehr unterstellen die Teilnehmer im konsensuellen Handeln immer schon implizit einen Hintergrundkonsens, also eine gemeinsame Situationsdefinition (57), oder aber sie erarbeiten sich gemeinsam eine Situationsdefinition, was impliziert, daß eine solche innerhalb des Rahmens des kommunikativen Handelns zu erreichen ist. In dem Augenblick jedoch, in dem die Berechtigung der implizit supponierten Geltungsansprüche in Frage gestellt wird, kann - neben dem Abbruch der Kommunikation oder dem Ausweichen auf strategisches Handeln - die Kommunikation auf die Ebene des Diskurses verlagert werden.
Die Differenz zwischen kommunikativer und diskursiver Verständigung liegt folglich in der Reflexivität der erhobenen Geltungsansprüche. Während diese im kommunikativen Handeln implizit erhoben und mehr oder weniger naiv unterstellt werden, werden sie in der diskursiven Verständigung hypothetisch unterstellt und explizit thematisiert. Das Ziel des Diskurses ist also die ideale Verwirklichung der im kommunikativen Handeln innewohnenden Rationalitätsformen. Damit ist der Diskurs eine 'eigentümlich irreale Form' (58) der Kommunikation, die allein von dem 'zwanglosen Zwang des besseren Argumentes' (59) bestimmt wird. Er strebt die Herstellung eines Einverständnisses über problematische Geltungsansprüche an. Der Diskurs und das darin erzielte Einverständnis müssen also frei sein von allen empirischen Besonderheiten der betei-

---

55. Habermas 1973 c, S. 163
56. Sh. Habermas 1976, S. 174
57. Sh. dazu Garfinkel 1973, S. 192 - 195; Garfinkel 1976, S. 133
58. Sh. Habermas 1971 b, S. 25
59. Sh. Habermas 1971, S. 137

ligten Persönlichkeiten und Situationsmerkmalen. Der Diskurs muß folglich auch unbegrenzt sein können.
Es ist evident, daß wir es hier mit einer idealen Konstruktion zu tun haben. Allerdings beruht diese Annahme auf einer materiellen Grundlage: "Die Annahme einer unbegrenzten Kommunikationsgemeinschaft, in der alle potentiellen (zurechnungsfähigen!) Sprecher/Hörer in den Diskurs eintreten können, das Modell reinen kommunikativen Handelns, in dem die beteiligten Subjekte selbstexplikativ ihre Motive aufzeigen, Begründungen geben und nichtrational motivierte Verhaltens- und Handlungsfolgen aufgeben können, die kontrafaktische Unterstellung von Intentionalität und Legitimität des Normenbefolgens bzw. der Normen-Recht-fertigung, letztlich die Möglichkeit der Unterscheidung eines wahren von einem falschen Konsensus kann nur unter der Voraussetzung sinnvoll angenommen werden, daß jeder Diskurs immer schon das Grundfaktum der uneingeschränkten Rationalität als (einzige) Bedingung seiner Möglichkeit enthält." (60)
Um von einem Diskurs sprechen zu können, müssen die folgenden vier Kriterien erfüllt sein:

1. Im Diskurs muss eine für alle Beteiligten auf Verständlichkeit angelegte, sprachliche Rede realisiert werden. Die beteiligten Sprecher gehen somit eine Verpflichtung für ein gegenseitiges Engagement ein.
2. Im Diskurs steht die Wahrheit des propositionalen Gehalts von Aussagesätzen zur Disposition. Die beteiligten Kommunikationspartner gehen damit eine Begründungsverpflichtung ein.
3. Im Diskurs wird die Geltung der Richtigkeit der in einer gegebenen Situation zugrundegelegten Normen thematisiert. Die beteiligten Interaktionspartner gehen damit eine Rechtfertigungsverpflichtung ein.
4. Im Diskurs werden die Intentionen wahrhaftig geäußert. Die beteiligten Individuen gehen somit Bewährungsverpflichtungen ein.

---

60. Bühner 1982, S. 173

Beim Diskurs handelt es sich also um das Substrat derjenigen Kommunikationsstrukturen und -bedingungen, die vorhanden bzw. erfüllt sein müssen, um hypothetische Wahrheits-, Richtigkeits- und Wahrhaftigkeitsansprüche zu untersuchen, abzuweisen, zu revidieren oder anzuerkennen. Diskursive Geltungsansprüche werden dem unmittelbaren Erfahrungs- und Handlungsdruck enthoben und in eine Überprüfung der problematisierten und als hypothetisch angenommenen Geltungsansprüche überführt: "Indem der Hörer einen vom Sprecher erhobenen Geltungsanspruch akzeptiert, erkennt er die Gültigkeit der symbolischen Gebilde an, d.h. er erkennt an, daß ein Satz grammatisch, eine Aussage wahr, ein intentionaler Ausdruck wahrhaftig, eine Äußerung korrekt ist. Die Gültigkeit dieser symbolischen Gebilde ist dadurch, daß sie bestimmten Adäquatheitsbedingungen genügen, begründet; aber der Sinn der Gültigkeit besteht in der Anerkennungswürdigkeit, d.h. in der Garantie, daß unter geeigneten Umständen eine intersubjektive Anerkennung herbeigeführt werden kann." (61) Das Habermassche Diskursmodell filtert also aus dem kommunikativen Prozeß die quasi 'transzendentalen' Bedingungen für eine Praxis, in der die Wahrheit von Aussagen und die Richtigkeit von Normen erwiesen werden sollen. Da sich der assertierte, propositionale Gehalt von Kommunikation nicht von seinen performativen Bestandteilen trennen läßt, fallen Wahrheitstheorie und Konsensustheorie in eins: "Der Sinn von Wahrheit, der in der Pragmatik von Behauptungen impliziert ist, läßt sich erst hinreichend klären, wenn wir angeben können, was »diskursive Einlösung« von erfahrungsfundierten Geltungsansprüchen bedeutet. Genau dies ist das Ziel einer Konsensustheorie der Wahrheit." (62) Dieses Ineinsfallen von Wahrheits und Konsensustheorie verdankt sich dem Umstand, daß sich die Frage, unter welchen Bedingungen eine Aussage als wahr zu gelten hat, nicht von der Frage, unter welchen Bedingungen die Behauptung der Aussage berechtigt ist, trennen läßt.

---

61. Habermas 1976, S. 178
62. Habermas 1973, S. 219

4. Welt, Lebenswelt, System und Situation

Von Weltbezügen zu reden, impliziert, daß die kommunikativ Handelnden eine Welt unterstellen. Wenn aber Welt im Anschluß an Frege und den frühen Wittgenstein als das verstanden wird, was der Fall ist, dann figuriert alles das, was der Fall ist, als der Inhalt dessen, worüber sich die Handelnden verständigen. Der Horizont allerdings, aus dem die Aktoren ihre Verständigung schöpfen, wird als Lebenswelt bezeichnet. Zugleich konstituieren die Handelnden diese ihre Lebenswelt mit ihren Handlungen immer wieder neu. Welt und Lebenswelt sind also voneinander begrifflich zu trennen: "Worüber sich die Interaktionsteilnehmer miteinander verständigen, darf nicht mit dem kontaminiert werden, woraus sie ihre Interpretationsleistungen bestreiten." (63) Auf der Basis dieser Trennung entwickelt Habermas sowohl eine Theorie moderner Gesellschaft als auch eine Theorie sozialer Evolution, die beide die Theorie der kommunikativen Rationalität zur Voraussetzung haben, nicht aber mit dieser identisch sind.

Die Lebenswelt nimmt in der Theorie des kommunikativen Handelns jene Funktion ein, die in subjektzentrierten Theorien zwischen Vernunft und Natur vermittelte. Das war in der Marxschen Theorie die menschliche Praxis. Tatsächlich soll auch der Begriff der Lebenswelt eben die Funktion einnehmen, "die vernünftige Praxis als eine in Geschichte, Gesellschaft, Leib und Sprache konkretisierte Vernunft zu begreifen." (64) Lebenswelt stellt also die Resource dar, aus der die Interaktionsteilnehmer ihre konsensfähigen Äußerungen alimentieren. Die allgemeinen Strukturen der Lebenswelt sind über das Medium der verständigungsorientierten Rede gewonnen. Dieser Prozeß der Generierung allgemeiner Strukturen durch verständigungsorientierte Rede ist der Schlüssel zur

---

63. Habermas 1986, S. 583 Die Unterscheidung von Lebenswelt und System verdankt sich natürlich der vorgängigen Unterscheidung von zweckrationalem und kommunikativem Handeln: "For example, the distinction between ... purposiverational action and communicative action, is fundamental ..." (Held 1980, S. 390) Nun ist diese Unterscheidung mit einer Reihe von theoretischen Problemen behaftet, auf die Held auch hinweist und die in unserer weiteren Analyse noch thematisiert werden.
64. Habermas 1986 b, S. 368 - 369

"Rationalisierung der Lebenswelt und zur sukzessiven Freisetzung des im kommunikativen Handeln angelegten Vernunftpotentials." (65) Die Reproduktion der Lebenswelt speist sich demnach aus den Beiträgen des kommunikativen Handelns, während dieses wiederum auf die Resourcen der Lebenswelt angewiesen ist. Dies ist zwar ein Kreisprozeß, der aber nicht nach dem Modell der Selbsterzeugung verstanden werden kann. Dafür gibt es zwei Gründe: Zum einen ist Lebenswelt jedem menschlichen Handeln immer schon vorgelagert, zum anderen ist die Lebenswelt nicht in dem Sinne rational auflösbar, daß alle die in ihr enthaltenen Interpretationspotentiale rekonstruierbar wären. Damit stellt die Lebenswelt für die kommunikativ Handelnden eine "Totalität von Sinn- und Verweisungszusammenhängen mit einem Nullpunkt im Koordinatensystem der historischen Zeit, des sozialen Raumes und des semantischen Feldes" dar. (66) Sie wird zur quasi transzendentalen Bedingung menschlicher Existenz.

Eine Situation ist ein Ausschnitt aus der Lebenswelt: "Eine Situation stellt den im Hinblick auf ein Thema ausgegrenzten Ausschnitt einer Lebenswelt dar." (67) Sie wird somit von Welt und Lebenswelt beschränkt: Die Lebenswelt ist derjenige potentielle Horizont, innerhalb welchem festgelegt werden kann, was der Thematisierung in einer gegebenen Situation zugänglich oder was ihr entzogen ist. Welt tritt als Beschränkung von Initiativspielräumen auf. "Die interpretierte Handlungssituation umschreibt einen thematisch eröffneten Spielraum von Handlungsalternativen, d.h. von Bedingungen und Mitteln für die Durchführung von Plänen." (68)

Eine Situation wird nur auf dem Hintergrund der Lebenswelt konstituiert. Die Lebenswelt stellt das fundamentale Hintergrundwissen, das immer implizites Wissen ist, dar, auf dem allererst eine Situation abgehoben werden kann. Dieses Hintergrundwissen ist als Ganzes nicht thematisierbar, da es als solches gar nicht gewußt ist. Was thematisch werden kann, ist immer nur der situationsrelevante Ausschnitt der Lebenswelt. Diese kontextbildende Funktion des lebensweltlichen Wissensvorrats ist nur

---

65. Habermas 1986 b, S. 379
66. Habermas 1986 b, S. 416 - 417
67. Habermas 1986, S. 589
68. Habermas 1986, S. 589

möglich, wenn die Lebenswelt die Resource für in Situationen entstehenden 'Verständigungsbedarf mit konsensfähigen Interpretationen' darstellt. In dieser Funktion ist sie auch für Habermas die eigentliche Grundlage des vorhandenen Rationalitätspotentials.

Eine weitere Funktion liegt in ihrer sozialisierenden und damit kulturelle Kontinuität erst ermöglichenden Wirkung: "Wir können uns die Lebenswelt, ..., als ... Vorrat von Hintergrundannahmen vorstellen, der sich in der Form kultureller Überlieferung reproduziert." (69) Die Welt ist immer schon lebensweltlich vorinterpretiert, womit die lebensweltlich vorgegebene Interpretation den situativen Interpretationen in quasi transzendentaler Stellung gegenübertritt. Diese Vorinterpretation der Welt führt dazu, daß es nichts schlechthin Unbekanntes gibt. Damit aber erweist sich das lebensweltliche Wissen als die Antipode zur cartesianischen Gewißheit: Die lebensweltliche Gewißheit verdankt sich dem Umstand, daß das lebensweltliche Wissen nichts von sich weiß. Gerade dieses Wissen und nicht mehr die intelligible Selbstreflexion als das eigentliche Rationalitätspotential zu begreifen, zeigt, wie sehr Habermas die Verkürzungen des modernen Rationalitätsverständnisses hinter sich gelassen hat, ohne Rationalität selbst aufzugeben. (70)

Nun hat die Herausbildung dieser Auffassung zwar nicht systematisch, aber in der Entwicklung der Habermasschen Theorie eine Analyse der Entwicklungstendenzen moderner Gesellschaften zur Folge, ohne die das Lebensweltkonzept von Habermas nicht umfassend verständlich ist. (71)

In 'Technik und Wissenschaft als Ideologie' erörtert Habermas ausgangs der sechziger Jahre den Abbau der Einbindung der Technik in den gesellschaftlichen Zusammenhang, wie es zunächst noch sehr unscharf heißt.

---

69. Habermas 1986, S. 591
70. "Die Differenzierung der Vernunft in diejenigen Rationalitätskomplexe, auf die sich die drei Kantischen Vernunftkritiken beziehen, könnte nur um den Preis des okzidentalen Rationalismus selbst rückgängig gemacht werden. Mir jedenfalls liegt nichts ferner, als die substantielle Einheit der Vernunft zu beschwören, mich zum Anwalt einer solchen Regression zu machen." (Habermas 1986, S. 499)
71. In der Entstehung der Habermasschen Theorie scheint dieser Zusammenhang umgekehrt verlaufen zu sein. Habermas hat vorgängig den Versuch unternommen, eine Theorie moderner Gesellschaft zu entwickeln. Aus diesem Grund soll zunächst auf diese älteren Arbeiten Bezug genommen werden, um dann auf die in der Theorie des kommunikativen Handelns enthaltene Theorie moderner Gesellschaften zu kommen, die über frühere Positionen hinausgeht.

Er versucht in diesem Aufsatz, einer Entwicklung auf die Spur zu kommen, in der die in Systemen zweckrationalen Handelns inhärente Rationalität zur 'geschichtlichen Totalität einer Lebensform' wird. Dieses Zur-Totalität-Werden einer spezifischen Rationalität läuft auf eine "Eliminierung des Unterschieds von Praxis und Technik" (72) hinaus. Damit aber verletzt diese sich durchsetzende Totalisierung einer spezifischen Rationalitätsform ein fundamentales Interesse unserer kulturellen Existenz: "Dieses Interesse erstreckt sich auf die Erhaltung einer Intersubjektivität der Verständigung ebenso wie auf die Herstellung einer von Herrschaft freien Kommunikation." (73) Habermas' Analyse wendet sich nun nicht, wie das in der 'Dialektik der Aufklärung' oder im Postmodernismus zu finden ist, gegen Rationalität schlechthin; vielmehr differenziert er unterschiedliche Rationalitätsbegriffe und ordnet diesen verschiedene Ebenen zu: "Aber dieser Prozeß der Entfaltung von Produktivkräften (und die damit einhergehende Ausweitung einer spezifischen Form von Rationalität - HJF) kann dann und nur dann ein Potential der Befreiung sein, wenn er Rationalisierung auf einer anderen Ebene nicht ersetzt. Rationalisierung auf der Ebene des institutionellen Rahmens kann sich nur im Medium der sprachlich vermittelten Interaktion selber, nämlich durch eine Entschränkung der Kommunikation vollziehen. Die öffentliche, uneingeschränkte und herrrschaftsfreie Diskussion ... ist das einzige Medium, in dem so etwas wie >Rationalisierung< möglich ist." (74) Hier ist der Grundgedanke der Theorie des kommunikativen Handelns bereits vorweggenommen, ohne daß dieser allerdings in eine sprachanalytisch fundierte, epistemologische Konzeption eingebunden wäre.

Nun bedarf aber diese Kommunikation in einer sozialwissenschaftlichen Theorie eines kulturellen Ortes, so wie das zweckrationale Handeln einen gesellschaftlichen Ortes braucht. Diesen Ort bezeichnet Habermas als die 'soziale Lebenswelt', die lebensgeschichtliche Umwelt ist. (75) Der gesellschaftliche Ort des zweckrationalen Handelns ist hingegen das System. Es besteht aus von den lebensweltlichen Intersubjektivitäts-

---

72. Habermas 1973 c, S. 91
73. Habermas 1973 c, S. 91
74. Habermas 1973 c, S. 98
75. Sh. Habermas 1973 c, S. 105 und 107

strukturen abgehobenen, funktionalen Zusammenhängen, die zu den lebensweltlichen Handlungsbereichen keine strukturellen Analogien mehr aufweisen. Unter soziologischer Perspektive geht es Habermas um das Verhältnis von technischem Fortschritt und sozialer Lebenswelt oder, anders formuliert, um die "Übersetzung des technisch verwertbaren Wissens in dem Kontext unserer Lebenswelt". (76) In einer späteren Arbeit (77) führt er den Begriff der Lebenswelt in erkenntnis- und gesellschaftstheoretischer Absicht alternativ zum Begriff des Systems ein: "Unter dem Aspekt der Lebenswelt thematisieren wir an einer Gesellschaft die normativen Strukturen (Werte und Institutionen). Wir analysieren Ereignisse und Zustände in Abhängigkeit von Funktionen der Sozialintergration (...), während die nicht-normativen Bestandteile des Systems als einschränkende Bedingungen gelten. Unter dem Systemaspekt thematisieren wir an einer Gesellschaft die Mechanismen der Steuerung und die Erweiterung des Kontingenzspielraums." (78)

Allerdings hat die von Habermas verfolgte Frage, wie eine spezifische Rationalitätsform zur umfassenden Lebensform hat werden können, auch bereits Husserl beschäftigt. Husserl gewinnt seine Überlegungen aus einer 'Kritik der europäischen Wissenschaften'. Er entwickelt eine Kritik der modernen Naturwissenschaften, denen er einen 'physikalistischen Rationalismus' vorwirft. Dieser Rationalismus mit der ihm innewohnenden Tendenz nach Objektivität, Intersubjektivität und Gesetzmäßigkeit habe das Ursprüngliche, die Lebenswelt durch konstruierte Idealitäten substituiert. Husserl verfolgt nun diesen Idealisierungsprozeß über die Geometrisierung und Algebraisierung, in dem er den Prozeß als die Abkehr von dem diesem Prozeß anfangs zugrundeliegenden Erkenntnisideal beschreibt: Die ursprüngliche Idee zielte auf eine umfassende Erkenntnis der Wirklichkeit, die alle Aspekte, folglich auch das, was Husserl als anschaulich gegebene 'Fülle' bezeichnet, umfassen sollte. Wirklichkeit sollte ursprünglich also nicht durch das Medium idealisierter Konstruktionen erfaßt werden. Erkenntnis sollte vielmehr der nie zum Abschluß kommende Versuch sein, sich um die Erschließung der Wirklichkeit in

---

76. Habermas 1973 c, S. 109
77. Habermas 1973 b
78. Habermas 1973 b, S. 14

ihrem Selbstgegebensein, in ihrer internen Präsenz und in ihrer eigenen Bewegung zu bemühen. Durch die 'Mathematisierung der Natur' verändert sich aber, quasi unter den Augen der Menschen und ohne daß sie sich dessen bewußt werden, das ursprüngliche, umfassende Erkenntnisideal zur mathematischen Beherrschung von Formalismen. Diesem Veränderungsprozeß korrespondiert ein verändertes Denken und eine entsprechende Praxis. Damit büßt das wissenschaftliche Denken gegenüber seiner Ursprungsidee seine 'Lebensbedeutsamkeit' ein. Wissenschaftliche Erkenntis, die dem mathematischen Erkenntnisideal entsprungen ist, verliert die Fähigkeit, menschliches Handeln zu orientieren. Trotz der Sinnentleerung dieser wissenschaftlichen Erkenntnis hat ihr ungeheurer Erfolg, der sich vornehmlich im technischen Handeln manifestiert, "dieses Denken sozusagen in alle Poren unserer geistigen Existenz eindringen lassen und uns damit von unserer Lebenswelt,»der in unserem konkreten Weltleben uns ständig als wirklich gegebenen Welt«, in der alleine wir Erfahrungsgewißheit und lebensbedeutsame Einsichten gewinnen können, abgeschnitten." (79) Aus dieser Kritik der europäischen Wissenschaften gewinnt Husserl deren Urgrund, in dem die 'Füllen', die die neuzeitlichen Wissenschaften aus ihrem Gegenstandsbereich eliminiert haben, noch enthalten sind. Vermittels des Transmissionsbegriffs der transzendentalen Reduktion schafft er einen Begriff von Lebenswelt, der alltägliche und außeralltägliche Erfahrungsbereiche der Traditionsvermittlung, ästhetische Kreativität sowie leibliche, soziale und geschichtliche Existenz umfaßt. Lebenswelt ist bei Husserl die 'anschauliche Welt des konkret wirklichen Lebens' (80), "die einzig wirkliche, die wirklich wahrnehmungsmäßig gegebene, die je erfahrene und erfahrbare Welt...". (81) Allerdings strebt diese Kritik im Gegensatz zu Habermas die Reformulierung des abendländischen Logozentrismus an. Qua transzendentaler Reduktion soll das einsame abendländische Subjekt wieder Herr seiner selbst werden und so zu einer nicht verkürzten Erkenntnis von Welt gelangen. Ziel dieser von Habermas und Husserl vorgetragenen Überlegungen ist immer die Frage, wie szientifische Verengungen von Rationalität vermieden werden können und ein Zuwachs an Rationalität möglich

---

79. Schwemmer 1987, S. 204
80. Sh. Husserl 1977, S. 46
81. Husserl 1977, S. 52

ist. "Habermas gewinnt ... einen ... generell erweiterten, ja transformierten Begriff von Rationalität, der nicht mehr nur teleologisch orientiertes Handeln umfaßt, sondern als kommunikative Rationalität charakterisiert werden kann, die den theoretischen Diskurs über Tatsachenbehauptungen, den praktischen Diskurs über Normen und das therapeutische Gespräch über Subjektivität mit umfaßt." (82) Darin aber konvergieren die beiden Autoren: Die Antwort wird bei Husserl auf der Grundlage der modernen Subjektzentrierung, bei Habermas auf der Grundlage einer kommunikativen Rationalitätsvorstellung gegeben, der damit den Boden einer Subjektphilosophie, die in die aufgezeigten Aporien mündet, verläßt.
Gleichwohl bleibt sowohl bei Husserl als vorerst auch bei Habermas das ungelöste Problem, daß sich System und Lebenswelt abstrakt geschieden gegenüberstehen. Nun versteht Habermas neuerdings "die soziale Evolution als einen Differenzierungsvorgang zweiter Ordnung: System und Lebenswelt differenzieren sich, indem die Komplexität des einen und die Rationalität der anderen wächst, nicht nur jeweils als System und als Lebenswelt - beide differenzieren sich gleichzeitig auch voneinander." (83) Deshalb untersucht er den Zusammenhang zwischen der Komplexitätssteigerung des Systems und der Rationalisierung der Lebenswelt, um so lebensweltliche und systemische Perspektive miteinander zu vermitteln. Damit es zu einer Entstehung bzw. Differenzierung von Systemen kommt, muß vorgängig eine Rationalitätssteigerung der Lebenswelt stattgefunden haben. Für eine jeweils neue Ebene der Systemdifferenzierung muß die Rationalisierung der Lebenswelt also ihrerseits ein entsprechendes Niveau erreicht haben. Zunächst gewinnt das verständigungsorientierte Handeln gegenüber den normativen Kontexten immer größere Selbständigkeit. Somit wird der Mechanismus der sprachlichen Verständigung zunehmend überfordert, bis er durch entsprachlichte Kommunikationsmedien, d.h. durch Steuerungsmedien ersetzt wird. "Medien wie Geld und Macht setzen an den empirisch motivierten Bindungen an; sie codieren einen zweckrationalen Umgang mit kalkulierbaren Wertmengen und ermöglichen eine generalisierte strategische Einflußnahme auf die Entscheidungen anderer Interaktionsteilnehmer

---

82. Gmünder 1985, S. 122
83. Habermas 1981 b, S. 230

unter Umgehung sprachlicher Konsensbildungsprozesse." (84) Habermas ist nun der Auffassung, daß sich dieser Differenzierungsprozeß verselbständigt hat: "die Rationalisierung der Lebenswelt ermöglicht eine Steigerung der Systemkomplexität, die so hypertrophiert, daß die losgelassenen Systemimperative die Fassungskraft der Lebenswelt, die von ihnen instrumentalisiert wird, sprengen." (85) Das Verhältnis von Lebenswelt und System beginnt sich grundlegend zu verändern, wenn systemische Zwänge die Lebenswelt instrumentalisieren. Diese Instrumentalisierung zeichnet sich nun dadurch aus, daß mit ihr eine Einschränkung der Rationalitätsdimensionen einhergeht, die Habermas als strukturelle Gewalt bezeichnet: "Strukturelle Gewalt wird über eine systematische Einschränkung von Kommunikation ausgeübt; sie wird in den formalen Bedingungen des kommunikativen Handelns so verankert, daß für die Kommunikationsteilnehmer der Zusammenhang von objektiver, sozialer und subjektiver Welt in typischer Weise präjudiziert ist." (86) Damit wird das Rationalitätspotential einer Gesellschaft bzw. einer Kultur begrenzt. (87)

Habermas vertritt die Ansicht, daß diese angedeutete gesellschaftliche Entwicklung selber den Spielraum für die Entfaltung kommunikativer Rationalität schaffe. Indem nämlich die systemische Rationalität soweit vorangetrieben werde, daß das lebensweltliche Hintergrundwissen und die unausgesprochene Gewißheit, die es beinhaltet, in Frage gestellt würden, bedürfe es der Verständigungsprozesse.

Deshalb rücke nun diese lebensweltliche Grundlage der Systembildung für die Sozialwissenschaften ins Blickfeld: Allerdings steht dabei keinem Sozialwissenschafler "die Totalität des für den Aufbau der Lebenswelt konstitutiven Hintergrundwissens zur Disposition - es sei denn, daß eine objektive Herausforderung aufträte, angesichts deren die Lebenswelt im ganzen problematisch würde." (88)

---

84. Habermas 1981 b, S. 273 Hier wäre ein fruchtbarer theoretischer Hintergrund für die Untersuchung von Schulreformen.
85. Habermas 1981 b, S. 232 - 233
86. Habermas 1981 b, S. 278
87. Hier ist nun der systematische Ort, an dem Habermas seine These von der Kolonisierung der Lebenswelt entfaltet.
88. Habermas 1981 b, S. 590

Diese grundlegende 'Krise des lebensweltlichen Wissens' führt nun zur Notwendigkeit von kommunikativer Verständigung: "Die Verunsicherung des Hintergrundwissens erweitert auf dem Wege einer »kommunikativ verflüssigten Rationalität ... die Kontingenzspielräume für die aus normativen Kontexten entbundenen Interaktionen so weit, daß der Eigensinn des kommunikativen Handelns sowohl in den entinstitutionalisierten Verkehrsformen der familiären Privatsphäre wie in der durch Massenmedien geprägten Öffentlichkeit praktisch wahr wird«." (89)
Die so zu gewinnende Rationalität liegt damit jenseits eines lebensweltlich unhinterfragten Konsenses: Sie ist also nicht nur transmodern, weil sie die subjektphilosophische Grundlage von Rationalität überschreitet, sondern auch, weil sie jenseits der lebensweltlichen Gewißheiten, die sich auflösen, angesiedelt ist.
Habermas hat mit diesem Argumentationsstrang den theoretischen Status seiner Theorie verändert. Diese geht von einer universalpragmatisch motivierten Unterscheidung von Lebenswelt und System zu einer soziologischen Unterscheidung über. Diese Transformation soll im weiteren nicht übernommen werden. Bei der folgenden bildungstheoretischen Analyse sollen die Konsequenzen des Verständigungsparadigmas für die Subjektkonstitution und damit für den Bildungsprozeß untersucht werden.

---

89. Raulet 1986 a, S. 147 - 148

III. Abschnitt: Die kommunikative Konstitution des Subjekts

In seiner Darstellung der Frankfurter Schule charakterisiert Wiggershaus die kritische Intention Habermas' folgendermaßen: "Die im Rahmen einer Universalpragmatik als Bedingungen der Möglichkeit sprachlicher Kommunikation aufgezeigten Idealisierungen sollten Normen darstellen, die eine nicht länger an geschichtlichen Traditionen festgemachte Rechtfertigung der Kritik erlaubten. Die kritische Theorie würde dann lebensnotwendige Idealisierungen dem realen Lebensprozeß der Gesellschaft konfrontieren können."(1) Ein solches Verständnis der Theorie des kommunikativen Handelns (2) könnte auf den ersten Blick eine bildungstheoretische Übertragung relativ einfach erscheinen lassen, da die Idealisierungen quasi die idealen Bildungsinhalte abgeben würden, an denen sich der Zögling exemplarisch rationale Weltbezüge aneignen könnte. Kommunikative Weltbezüge würden so zu Werten stilisiert, an denen die zu Bildenden ihr Handeln auszurichten hätten.

Gegen eine solche unmittelbare Vereinnahmung sperrt sich allerdings die Theorie des kommunikativen Handelns, weil eine solche Rezeption den theoretischen Status der Theorie unreflektiert läßt. Wiggershaus politisiert quasi die Theorie des kommunikativen Handelns, während hier, in unserer Untersuchung, die epistemischen Leistungen der Theorie focusiert werden. Kommunikatives Handeln hat einen transzendentalkritischen Status und enthält seinem Anspruch nach keine inhaltlichen Festlegungen.

Die Schwierigkeiten einer einseitigen, die politischen Konsequenzen betonenden Rezeption soll an der Bezugnahme von Heller auf Habermas deutlich gemacht werden. Heller kritisiert die Habermassche Position, weil in ihr bzw. der zeitgeschichtlichen Einbettung der Theorie der Bezug zu einer gesellschaftlichen Praxis verlorenginge. Nach dem Hinweis, daß

---

1. Wiggershaus 1987, S. 709
2. Wiggershaus bezieht sich allerdings auf die früheren Arbeiten von Habermas, vornehmlich auf 'Technik und Wissenschaft als »Ideologie«' und 'Legitimationsprobleme im Spätkapitalismus'.

"those who are dominated, from different aspects and in different relations, might have a greater impulse to follow emancipatory interests than those who dominate", wirft Heller Habermas vor, daß er, vor die Entscheidung gestellt, sich für die Unterdrückten oder für die Vernunft entscheiden zu müssen, für letztere votiere: "Habermas maintains the priority of the partiality for reason." (3) Heller hingegen hält an einer materialistischen Theorie fest, die die Einheit von 'Rationalität' und historischer Klasse postuliert. Von diesem Standpunkt charakterisiert sie Habermas' Rekurs auf Rationalität als eine moralische Entscheidung: "What it does state is that communicative rationality is a choice, a value-choice." (4) Diesem politisierend-idealisierenden Verständnis der Theorie des kommunikativen Handelns bzw. einer kommunikativen Rationalität hält Habermas entgegen, daß seine These sich vergleichsweise konventionell lese: "Immer wenn sprach- und handlungsfähige Subjekte über strittige Geltungsansprüche von Normen oder Aussagen allein mit Argumenten eine Entscheidung herbeiführen möchten, können sie nicht umhin, intuitiv auf Grundlagen zu rekurrieren, die sich mit Hilfe des Begriffs kommunikativer Rationalität erklären lassen." (5) Somit stellt zwar eine Theorie des kommunikativen Handelns Kriterien zur Beurteilung der Rationalität von Verhältnissen und damit - so wird noch zu entwickeln sein - zur Beurteilung der Rationalität von Bildungsprozessen zur Verfügung, kann allerdings nicht selbst positiv Weltbezüge angeben. (6) Diese positive Setzung aber wäre Voraussetzung für eine Ableitung von idealen Bildungs**inhalten**, also einer bildungstheoretischen Position, die von lebensnotwendigen Idealisierungen ihren Ausgangspunkt nehmen würde.

---

3. Heller 1982, S. 26
4. Heller 1982, S. 29
5. Habermas 1986, S. 488
6. "Aber sie kann keineswegs über den Wert konkurrierender Lebensformen richten." (Habermas 1986, S. 489) Und etwas später heißt es: "Nichts macht mich nervöser als die in vielen Versionen und in den schiefsten Kontexten wiederholte Unterstellung, daß die Theorie des kommunikativen Handelns, weil sie auf die soziale Faktizität anerkannter Geltungsansprüche aufmerksam macht, eine rationalistische Gesellschaftsutopie entwerfe, mindestens suggeriere." (Habermas 1986, S. 499 - 500)

Allerdings wirft die Replik von Habermas auf Hellers Vorschlag der historischen Konkretisierung der Diskursethik ein weiteres bildungstheoretisches Problem auf. Wenn die Handelnden gar nicht anders können als sich intuitiv immer schon auf die Grundlagen kommunikativer Rationalität zu stellen, dann ist damit die kommunikative Rationalität den interagierenden Individuen stets vorgeordnet. Versteht man dieses Vorgeordnetsein kommunikativer Rationalität nicht transzendentalkritisch, so wird man - quasi in einer naturalistischen Verkürzung - in der kommunikativen Rationalität eine derjenigen evolutionären Bedingungen sehen, innerhalb derer menschliche Lebensäußerungen nur möglich sind. Habermas wählt Formulierungen, die eine solche Fehlinterpretation nicht ganz ausschließen: Deshalb orientieren wir uns im "kommunikativen Handeln ... immer schon an denjenigen Geltungsansprüchen, von deren intersubjektiver Anerkennung ein möglicher Konsens abhängt." (7) Solche Umschreibungen bringen die Rationalität im kommunikativen Handeln in die Nähe natürlicher Eigenschaften menschlichen Handelns, die notwendigerweise immer ablaufen. Bildungstheoretisch führt eine solche Interpretation der Theorie des kommunikativen Handelns in eine Aporie. Denn ein so verkürztes Verständnis dieser Theorie legt es bildungstheoretisch nur noch nahe, Freiräume für Kommunikationsprozesse bereitzustellen, ohne angeben zu können und zu wollen, welchen Kriterien diese genügen müssen, da in Kommunikationsprozessen sich Rationalität immer schon durchsetze. (8)

Solche Lesearten der Theorie des kommunikativen Handelns verkennen allerdings, daß herrschaftsfreie Kommunikation als eine notwendige Bedingung für das 'gute Leben' (Heller), aber nicht als eine zureichende Bedingung für die historische Artikulation einer gelungenen Lebensform gelten kann. Die Differenz zwischen einer formaltheoretischen, quasi

---

7. Habermas 1986, S. 488
8. Oelkers hat dies in einem anderen Zusammenhang als den Gegensatz zwischen technischem und moralischem Denken in der Pädagogik bezeichnet. (sh. Oelkers 1987, S. 93)

transzendentalen Untersuchung und der Bildungspraxis darf nicht eingeebnet werden. (9)

Hinzu kommt, daß die Überführung der kommunikationstheoretischen Untersuchungen Habermas' in einen bildungstheoretischen Kontext nur möglich ist, wenn wir auf der Ebene der Archäologie der Subjektivität ansetzen, also den im ersten Teil dieser Arbeit aufgespannten Problemhorizont aufnehmen. Erst auf dieser Ebene lassen sich eine Reihe verschiedenartigster bildungstheoretischer Probleme neu formulieren, die auf der Grundlage der modernen Subjektzentrierung nicht lösbar sind.

Diese bildungstheoretischen Widersprüche waren als der subjektphilosophischen Grundlage geschuldet nachgewiesen worden. Das Subjekt ist immer schon vorausgesetzt oder der Subjektbegriff verliert seine empirische Bedeutung: War bei Humboldt der Weltbezug und somit die Selbsterschaffung noch als einseitiger Prozeß bestimmt, in dem die ganze Vielfalt des Subjekts zur Geltung gebracht werden sollte, so wird dieser Prozeß bei Hegel als dialektische Bewegung gefaßt, in der sich das Individuum an der Welt abarbeitet und so zunehmend allgemeiner wird. Dies war allerdings bei Hegel nur um den Preis der Zerstörung alles Sinnlichen zu haben.

Die doppelte Konstitution des Subjekts ist also kein Problem der jüngeren Bildungstheorie. Wenn Hegel sich bereits in seinen scharfen Attacken auf die Einzelheit bzw. Besonderheit auf die Seite der Allgemeinheit schlägt, dann wird hier eine zentrale Problemlage der Bildungstheorie deutlich: "Wahre Bildung ist nicht, auf sich sosehr seine Aufmerksamkeit richten, sich mit sich als Individuum zu beschäftigen - Eitelkeit; sondern sich vergessen in der Sache, das Allgemeine vertiefen, - Selbstvergessenheit" (10)

---

9. Hier ist z.B. die Arbeit von Furrer (Furrer 1986) ein aufschlußreiches Beispiel. Furrer transformiert unmittelbar transzendentalkritisch gewonnene Kategorien der Theorie des kommunikativen Handelns in sonderpädagogische, diagnostische Begriffe. Die erkenntniskritisch gewonnene Unterteilung zwischen System und Lebenswelt wird in der genannten Arbeit als Ursache von Identitätsstörungen übernommen. (Furrer 1986, S. 103 - 130) Eine erziehungswissenschaftliche Rezeption wird nicht die gleichen Fehler machen dürfen, auf die Pollak in der Rezeption des kritischen Rationalismus aufmerksam gemacht hat. Sh. Pollak 1987, S. 282 - 283

10. Hegel 1971, 18, S. 230 - 321

Allgemeinheit war bei Hegel nur durch die Preisgabe des Personalen möglich. Diesem Widerspruch von Individualität und Allgemeinheit, der sich durch das bildungstheoretische Denken zieht, ist immer die Frage vorgeordnet, wie sich der Mensch zu einem letztinstanzlichen Unbedingten erheben kann. (11) Damit erweist sich ein solches widersprüchliches bildungstheoretisches Denken als im subjektzentrierten Paradigma befangen. Nach dem Gang unserer bisherigen Analyse ist es evident, dass sich in dem bildungstheoretischen Auseinanderfallen von Persönlichkeit und Sachlichkeit die Duplizierung des modernen Subjekts in ein transzendentales und zugleich empirisches Wesen reproduziert.

Zugleich bleibt der Begriff der Bildung von der Deformation, die die unheilvolle Allianz von Rationalität und Macht hervorbrachte, historisch betrachtet, nicht verschont. Indem das Subjekt nämlich nicht mehr an eine feste Legitimationsgrundlage (etwa die der Wahrheit oder des Humanismus) rückgebunden werden konnte und nur noch als sich selbst verantwortlich gedacht wurde, wird Bildung in seiner Anbindung an den historisch grundlegendsten Diskurs, nämlich den der Macht, selbst ein Moment der Herrschaft. Dies kann dann geschehen, wenn sich ein spezifischer, nämlich zweckrationaler Typus von Vernunft als vorherrschende Rationalitätsform etabliert: "Damit wurde aber Erkenntnis zu Aneignung und Handlung zu Beherrschung, - ein Vorgang, der im Wandel des Verständnisses von theoretischer und praktischer Vernunft vielfache Entsprechungen finden und die Interpretation des Bildungsvorgangs sehr bald empfindlich und einseitig belasten sollte, .." (12)
Auf der Grundlage des subjektzentrierten Paradigmas hingegen muß ein solcher historischer Vorgang der Verengung des Vernunftsverständnisses der Rationalität selbst zugeschrieben werden: "...Auschwitz (hat) das Mißlingen der Kultur unwiderleglich bewiesen. Daß es geschehen konnte inmitten aller Tradition der Philosophie, der Kunst und der aufklärenden Wissenschaften, sagt mehr als nur, daß diese, der Geist, es nicht vermochte, die Menschen zu ergreifen und zu verändern. In jenen Sparten selber, im empathischen Anspruch ihrer Autarkie, haust die Unwahrheit."

---

11. Sh. Pleines 1987, S. 35
12. Pleines 1986, S. 27

(13) Wenn aber die Rationalität als die Ursache der solche Wirklichkeit hervorbringenden Subjektivität angesehen wird, wird auch Bildung obsolet, die ja die moderne Theorie der Subjektkonstitution darstellt. Man kann nun auf diese Krisenhaftigkeit einer subjektzentrierten Bildungstheorie einerseits und einer deformierten Bildungspraxis andererseits in mehrfacher Hinsicht reflektieren. Es ist möglich, wie dies Ballauff uva. tun, das Paradigma der doppelten, dialektischen Konstitution des Subjekts selbst in Frage zu stellen und vom Allgemeinen auszugehen. So wird die subjektzentrierte, epistemologische Grundlage beibehalten, die von der Einheit der Vernunft ausgeht, welche ja ihrerseits die conditio sine qua non der Identitätsbildung des Subjekts im Bildungsprozeß darstellt.

Es kann allerdings auf einer subjektzentrierten Grundlage gegen die Ballauffsche Position eingewandt werden, die doppelte Konstitution des abendländischen Subjekts sei an Voraussetzungen gebunden, die eine Synthese von Persönlichkeit und Sachlichkeit möglich erscheinen lassen müssen. Die Krisenhaftigkeit dieser doppelten Konstruktion des Subjekts müsse nun nicht in der Konstruktion selbst, sondern in der Tatsache gesucht werden, daß es nicht mehr möglich scheint, im Durchgang durch Sachlichkeit zur Persönlichkeit zu gelangen. Damit wird die bildungstheoretische Analyse von der Konstruktion der Subjektwerdung auf die historischen und gesellschaftlichen Voraussetzungen, unter der diese Konstruktion allererst sinnvoll sein kann, verlagert. Mit dieser Verlagerung der Problemstellung ist eine bildungstheoretische Auffassung impliziert, die den Bildungssinn weder aus einer dem Sein abstrakt entgegengehaltenen Norm, noch aus der empirisch konstatierbaren Faktizität gewinnt. Bildungssinn muß dem Sein als Sollen immanent sein. Das ist für Bildungstheorie dann ein wesentlicher Tatbestand, wenn man sich vergegenwärtigt, daß sich beim Fehlen dieser Voraussetzung auch die Einheit von Erziehung, Unterricht und Bildung auflösen muß. Die identitätstheoretische Bildungstheorie verliert dadurch ihren Zusammenhang mit der Objektivität von Welt, an der sich Subjektivität bilden soll und durch die hindurch Subjektivität auf Welt hin gerichtet bleibt. Eine solche Position

---

13. Adorno 1975 b, S. 359

wird für sich reklamieren, daß Subjektivität solange nicht im Gegensatz zur Objektivität gedacht werden kann, als die Erkenntnis der natürlichen Welt und, im Nachgang dazu, die Gewinnung von sinnhafter Orientierung, also von Subjektwerdung, noch als objektive Möglichkeit vorgestellt werden kann. (14)

In dem Augenblick, in dem diese Welt in postmoderner oder vormoderner Denkweise lediglich "in der Weise eigener Vorstellung oder als widerstrebende(r) Gegenstand des Wollens" gedacht wird, fallen Subjektivität und Objektivität als sich ausschliessende Polaritäten auseinander. Nimmt man letzteres an, so muß man notwendigerweise das Ende von Bildung verkünden. Diese Rede vom Ende der Bildung (15) wird allerdings auf der Grundlage des bewußtseinsphilosophischen Paradigmas vorgetragen, und es ist einleuchtend, daß bei einer solchen Position die Aporien ihrer eigenen Grundlage in dem Moment zum Vorschein kommen, in dem positive Aussagen über das Verhältnis von Erwachsenen, Jugendlichen und Kindern gemacht werden.

Das gilt auch dann noch, wenn solche bildungstheoretischen Positionen immer wieder und mit Recht auf die empirische Realität verweisen können, also auf eine Praxis, die sich empirisch als Bildung etabliert und die auf zweifelhafte Diskurse zur Legitimation ihres Handelns zurückge-

---

14. Leschinsky und Roeder halten an einer solchen Möglichkeit fest, formulieren aber sehr vorsichtig: "Offenbar ist vielmehr die Herausbildung einer inhaltlich bestimmten Identität der Person an die Grundannahme gebunden, daß die Geschichte der Menschen und in ihr die eigene in der kulturellen Überlieferung ernsthafte (nicht notwendig wahre) Deutungen erfährt, so daß sich in der Auseinandersetzung mit diesen die eigene Erfahrung deuten und erweitern läßt und bestimmte Handlungsorientierungen einen verpflichtenden Sinn erhalten." (Leschinsky, Roeder 1983, S. 475)
15. Gleiches gilt von der Antipädagogik, die das Ende der Erziehung propagiert. Zu einer ihrer zentralen Argumentationsfiguren gehört es, die Zielbestimmung erzieherischer Handlungen bereits als Gewalt anzusehen. Hier wird in einer letzten Überbietung der Moderne das Subjekt (der zu Erziehende) zum inhaltslosen Absoluten.

griffen hat. (16) Auf einer empirischen Ebene gibt es also stets einen Zusammenhang von Objektivität und Subjektivität. Eine solche Position, die sich lediglich auf der Ebene der Kritik der empirischen Praxis bewegt, vermag aber aus den Aporien einer subjektzentrierten Bildungstheorie nicht hinauszuführen. Vielmehr, so haben wir zu zeigen versucht, stellt der historische Diskurs, der ja immer schon eine Verbindung von Objektivität und Subjektivität hervorbringt, ein Moment historisch realisierter, kommunikativer Praxis dar, die das subjektzentrierte Paradigma 'widerlegt'.

Nun ergibt sich daraus die Notwendigkeit, die subjektphilosophische Grundlage der Bildungstheorie selbst zu verlassen. (17) Deshalb soll es im folgenden um die Entwicklung einer bildungstheoretischen Auffassung gehen, die den Bildungssinn weder aus einer dem Sein abstrakt entgegengehaltenen Norm, noch aus der empirisch konstatierbaren Faktizität gewinnt. Bildungssinn muß dem Sein als Sollen immanent sein. Dies kann aber nach der bisherigen Analyse lediglich noch formalpragmatisch gedacht werden.

---

16. Eine radikalere Version dieses Bezugs auf die Empirizität stellt die antipädagogische Wendung dar. Diese macht an den Phänomenen die aus dem 'Zwang zur Vernunft resultierende Irrationalität' fest, der sie zu entrinnen versucht, indem sie Erziehung selbst liquidieren will. Sh. Rutschky 1977, S. XXVI. Einen sich nur noch negativ und fast schon zynisch gebenden Bezug auf Empirizität findet sich in Rutschky 1985: "Lassen mich Schülerselbstmorde, Drogentote etc. kalt? Wenn durch moralische Panikmache die Denktätigkeit zum Erliegen kommt, ist das «Um Gottes Willen, nein!», das mir jetzt allzu nahe liegt, vermutlich falsch. Ich versuche also eine andere Antwort. Ja, ich bleibe kalt, ja, ich bin reformmüde, nein, ich will mir keine Gedanken über eine erzieherisch defizitäre Gesellschaft machen, nicht einmal welche über die Schulreform;..." (Rutschky 1985, S. 87 - 88)
17. "Andererseits kann von der postmodernen Kritik gelernt werden, wie schwer die traditionelle philosophische Rede von der einen Gestalt der 'Vernunft' zu begründen ist, stellt man die Wittgensteinschen Differenzierungen in Rechnung." (Oelkers 1988, S. 30)

6. Kapitel: Das Allgemeine der Bildung

Die Diskussion um die 'Allgemeinbildung' erfährt heute eine erstaunliche Renaissance (18). Man kann in dieser wiederauflebenden Diskussion unschwer das Bedürfnis nach einer verlorengegangenen Einheit des Lebenssinns und der Weltsicht sehen: "Diese implizite Bedürfniskundgabe rückt das Reden von der allgemeinen Bildung in die Nähe des Mythos, der ursprünglichsten und elementarsten Form solcher Artikulation. An ihn zu glauben, läßt enttäuschungsfest an den guten alten Inhalten und Programmen festhalten oder gebietet, wo sie in 'gottloser Selbstvergessenheit' aufgegeben wurden, zu ihnen zurückzukehren." (19)
Wenn wir demgegenüber die Frage nach dem Allgemeinen der Bildung und der Herausbildung von Subjektivität aus seiner bewußtseinsphilosophischen Verengung lösen, so müssen wir für die Herausbildung von Subjektivität nicht länger auf personale Grundlagen rekurrieren, die sich jeder Bestimmung entziehen. Denn im "Bestimmungslosen zeichnet sich nur noch der Schattenriß des bekämpften Paradigmas ab - der Umriß des Dekonstruierten." (20)

Im Kern dessen, was wir hier als transmoderne Bildungstheorie (21) skizzieren möchten, muß der Abschied von dem Subjekt als dem Letztinstanzlichen, Unbedingten liegen. Eine subjektzentrierte Bildungstheorie überfordert nicht nur das Subjekt, sondern gerät in die erziehungstheoretische Grundaporie, etwas bestimmen zu wollen, was gleichzeitig nur

---

18. Sh. Tenorth 1986, S. 8
19. Künzli 1986, S. 56
20. Habermas 1986 b, S. 361
21. Mit dem Begriff der Transmoderne soll im Unterschied zum Postmodernismus angezeigt werden, daß es hier nicht um eine bloße Negation der Moderne geht, sondern um den Versuch, diese Negation selbst nochmals hinter sich zu lassen und die Errungenschaften der Moderne in einer transmodernen Position aufzunehmen.

das ureigenste, selbstbestimmte Resultat einer subjektiven Tätigkeit sein kann. (22)
Nicht mehr das einsame Subjekt ist das Unbedingte. Denn zum einen sind diesem immer schon mit der kommunikativ strukturierten Lebenswelt die sinnschöpfenden Horizonte der Weltauslegung vorgelagert, und zum anderen läßt sich in einem transzendentalkritischen Sinne hinter die kommunikativ Handelnden im Bildungsprozeß nicht mehr zurückgehen. (23) Der Objektbereich von Bildungstheorie ist ein Realitätsbereich, der immer schon interpretativ vorstrukturiert ist bzw. der dort, wo für das Subjekt unbekannte Realitätsbereiche eingeführt werden, diese in bisherige Strukturen integriert. Diese vorgelagerte Lebenswelt, die den Horizont der gemeinsamen Kommunikation bildet und zugleich den Vorrat an möglichen Deutungsalternativen enthält, ist für die Beteiligten prä-reflexiv. Die in der Lebenswelt eingelagerten Deutungsmöglichkeiten können nie als Ganzes aufgelöst werden. (24) Das Subjekt wird durch die Lebenswelt hintergangen.

Wenn wir diese, an der sprachanalytischen Theorie gewonnene Voraussetzung und durch sozialisationstheoretische, psychologische und phänomenologische Studien leicht zu untermauernde Position zum Ausgangspunkt bildungstheoretischer Überlegungen nehmen, dann ist zunächst die Frage zu klären, wie Selbsterschaffung, verstanden als die Vermittlung von Einzelheit und Allgemeinheit, von Personalisation und Sozialisation als des eigentlichen Ziels von Bildung, auf der Grundlage einer transmodernen Theorie der Subjektkonstitution denkbar ist. Es geht im folgenden also um die Reformulierung zentraler bildungstheoretischer Kategorien auf der Grundlage des Verständigungsparadigmas.

22. Um ein mögliches Mißverständnis nicht aufkommen zu lassen, sei darauf verwiesen, daß hier keineswegs das Individuum aus dem Bildungsprozeß eliminiert werden soll. Ballauff hat auf die Unmöglichkeit eines solchen Unterfangens aufmerksam gemacht: "Die Verweisung an eine 'Argumentationsgemeinschaft' hilft nicht davon weg, daß es in jedem Fall auf die Einsicht des Einzelnen ankommt; nur so kann ja 'Konsens' eintreten. ... Die 'Gemeinschaft' hilft mir nicht über mein Denken, meine Einsicht hinweg; höchstens verhilft sie mir zur Einsicht. Ohne diese kommt kein Konsens zustande." (Ballauff 1982, S. 291 -292)
23. Das eigentlich grundlegend Neue bei Habermas liegt also nicht im Handeln, sondern in der Kommunikation bzw. der Qualifizierung dieses Handelns als kommunikatives Handeln. (sh. Staehr, von 1973, S. 75)
24. Damit ist erkenntnistheoretisch eine transzendentalanalytische Deduktion aufgegeben. Sh. McCarthy 1980, S. 336

Damit sind zumindest zwei Fragen aufgeworfen. Einmal sind im Anschluß an die Habermassche Bestimmung des Diskurses die universalpragmatischen Bedingungen des Bildungsprozesses anzugeben, was im ersten Teil dieses Kapitels geschehen soll. Zum andern ist auf einer sozialwissenschaftlichen Ebene aufzuweisen, welche Aufgaben sich dem Individuum im Bildungsdiskurs stellen, damit es zum Subjekt wird, was nichts anderes heißt als nach dem Ziel des Bildungsprozesses zu fragen. Dies mag im zweiten und dritten Teil dieses Kapitels geschehen.

1. Der Bildungsdiskurs

Mit dem Begriff des Bildungsdiskurses versuchen wir die Subjektzentrierung der abendländischen Bildungstheorie zu verlassen, ohne die von der Moderne hervorgebrachten Rationalitätsansprüche aufzugeben. Es geht nicht mehr um die Bestimmung des Prozesses im Subjekt, sondern um die Bestimmung des Prozesses in der Bildungsgemeinschaft, womit, so werden wir sehen (25), zugleich eine sozialwissenschaftliche Bestimmung dieses Vorgangs möglich wird. Mit dem Begriff 'Bildungsdiskurs' streben wir eine formalpragmatische Gewinnung von Kriterien zur Bestimmung gelungener Bildung an. Der Begriff stellt somit ein Ideal dar, ohne daß dieses willkürlich wäre. Es sollen mit ihm die, in jeder Bildungssituation enthaltenen, universalpragmatischen Bedingungen der Subjektkonstitution bezeichnet werden.

Hegel hatte in der 'Phänomenologie des Geistes' den Weg des Geistes zu seiner Selbsterschaffung nachgezeichnet: Der Weg des Selbst geht nach außen zum Objekt, um dann wieder zu ihm zurückzukehren. Die so gewonnene Tiefe, um in der einmal gewählten Diktion der Archäologie des Wissens zu bleiben, hatte Welterkenntnis und Selbsterkenntnis als iden-

---

25. Sh. den zweiten und dritten Teil dieses Kapitels

tischen Prozeß gefaßt. Subjekt und Objekt fallen am Ende des gelungenen Bildungsprozesses in eins, indem die Subjektivität in der Allgemeinheit aufgeht. Diese zu Beginn des 19. Jahrhunderts erzielte bildungstheoretische Tiefe war allerdings nur um den Preis von Ausgrenzungen zu erreichen. Das Ausmaß dieser Einschränkungen wird deutlich, wenn man sich die Fülle der Weltbezüge im bildungstheoretischen Denken Humboldts vor Augen führt. Kraft als das eigentlich Menschliche wird zum Ausgangspunkt des Bildungsprozesses genommen. In diesem schillernden, vielfältigen Subjektivitätsbegriff ist für Humboldt die ganze Breite menschlicher Möglichkeiten enthalten. Sie soll sich im Bildungsprozeß ausdifferenzieren und in der Objektivität verwirklichen. Nicht die Subjektivität soll allgemein, sondern die Objektivität soll individuell werden. Die Aufgabe aber, Tiefe, das meint letztlich Rationalität, in diesen vielfältigen Weltbezügen zu erreichen, ordnet Humboldt wieder dem Subjekt zu, welches damit im Grunde doppelt überfordert wird. Somit ist der Widerspruch der abendländischen Bildungstheorie umrissen: Tiefe ist nur um den Preis der Breite, letztere nur um den Preis der ersteren zu haben; Personalisation nur um den Preis der Allgemeinheit, Allgemeinheit nur um den Preis der Personalisation.

Nun kann Hegel für seine Position unschwer auf Rationalität rekurrieren, denn im Hegelschen Bildungsbegriff geht es darum, daß es dem Subjekt einerseits gelingt, sein Denken mit dem, was in der Welt der Fall ist, in Übereinstimmung zu bringen. Zugleich soll das Subjekt das, was in der Welt der Fall ist, auf seine Wünsche und Absichten abstimmen. Auch für die Position Humboldts, der bei jedem Versuch die Breite zu qualifizieren, also allgemeiner zu machen, auf Individualität verweist, läßt sich Rationalität reklamieren, wie die Humboldt-Interpretation von Heydorn gezeigt hat.

Wenn aber die Lebenswelt als kommunikativ vorstrukturierter Sinnhorizont die Auseinandersetzung mit der Objektivität immer schon prädestiniert, dann kann das Subjekt einer Bildungstheorie nicht mehr als das transzendentale Ego verstanden werden, das sich in einem einsamen Akt der Selbsterschaffung die Welt aneignet. Vielmehr ist das Bildungssubjekt in eine Intersubjektivität eingelagert und es bildet sich dadurch, daß es sich auf diese Intersubjektivität bezieht: Dann steht eine am Bildungsgeschehen beteiligte Person in einer interpersonalen Beziehung, "die es ihm erlaubt, sich aus der Perspektive von Alter auf sich als Teilnehmer an einer Interaktion zu beziehen. Und zwar entgeht die aus der Teilnehmerperspektive vorgenommene Reflexion jener Art von Objektivierung, die aus der reflexiv gewendeten Beobachterperspektive unvermeidlich ist. ... Die erste Person, die sich in performativer Einstellung aus dem Blickwinkel der zweiten Person auf sich zurückbeugt, kann indessen ihre geradehin ausgeführten Akte nachvollziehen. Eine nachvollziehende Rekonstruktion des immer schon verwendeten Wissens tritt an die Stelle eines reflexiv vergegenständlichten Wissens, also des Selbstbewußtseins." (26) Maschelein hat als den wesentlichsten Perspektivenwechsel der Untersuchung Habermas' die Umkehrung von Subjektivität und Intersubjektivität bestimmt. Subjektivität ist nicht mehr der Ausgangspunkt des Bildungsprozesses. Am Beginn von Bildung steht die Intersubjektivität. (27)

Dies hat nun mindestens vier wesentliche bildungstheoretische Implikationen:

1. Das Bildungssubjekt verliert seinen transzendentalen Status, da es nicht mehr der unhintergehbare Garant von Erkenntnis ist.
2. Das Subjekt als der Garant von Erkenntnis wird durch die Bildungsgemeinschaft, d.i. Intersubjektivität (28), ersetzt.
3. Die Bildungssubjekte konstituieren sich also nicht in einem Akt der Selbstreflexion, sondern in Akten der Rekonstruktion des im Bildungsprozeß verwendeten 'Wissens'.
4. Das Bildungssubjekt bildet sich, indem es mit anderen Subjekten interagiert und sich so mit der Welt auseinandersetzt. (29)

---

26. Habermas 1986 b, S. 347
27. Sh. Masschelein 1991, S. 196 233
28. Diese Bestimmung muß hier notwendigerweise noch sehr unpräzise sein. Sie wird im Verlauf dieser Untersuchung weitergeführt.
29. Nun ist bei einer solchen Konstitution des Subjekts unter sozialisationstheoretischer Perspektive kritisch einzuwenden, daß die Konstitution des Subjekts natürlich auf der Grundlage der Beziehungen, die ein Subjekt zu anderen Personen, Eltern, Freunden, Liebespartnern eingeht, geschieht. Diese konkreten Beziehungen sind die Grundlage von Solidarität. (sh. dazu Furth 1983, S. 51 - 55) Hier geht es allerdings um eine formalpragmatische Perspektive, die durch Einwände, wie sie Furth vorträgt, nicht tangiert wird.

Bildung heißt im folgenden jener Prozeß, in dem qua Intersubjektivität Subjekte entstehen.
Wenn wir die Perspektive des Subjekts einnehmen, dann ist der Bildungsprozeß nicht länger als ein Verhältnis, welches ein Subjekt mit der Welt eingeht, zu sehen. Vielmehr ist dieses Subjekt bereits vor jedem Bildungsprozeß einerseits als in eine kommunikativ vorstrukturierte Lebenswelt und andererseits als in einem Interaktionszusammenhang stehend gedacht, aus dem es prinzipiell nicht herauslösbar ist. Es steht nicht einer Objektivität gegenüber, was eine transzendentale Bestimmung des Subjekts notwendig machte, sondern in einem intersubjektiv geteilten Lebenszusammenhang.

Das Bildungssubjekt wird als empirisches Subjekt aufgefaßt. Die bisher dem empirischen Subjekt zugemutete Aufgabe, zugleich als transzendentales Subjekt Garant von Rationalität zu sein, wird der Bildungsgemeinschaft, bzw. exakter und damit formalpragmatisch der idealen Kommunikationsgemeinschaft, also der Intersubjektivität, zugesprochen. Damit reformulieren wir in kommunikationstheoretischen Begriffen eine bildungstheoretische Problematik, der Fichte auf der Basis der modernen Subjektkonstitution vergebens mit dem Prinzip der Selbsttätigkeit Herr zu werden versuchte. Das Subjekt wird jetzt als ein reales Individuum begriffen, während die Aufgaben des transzendental bestimmten Subjekts der idealen Kommunikationsgemeinschaft übertragen werden.

Die Einbettung des Subjekts in eine Lebenswelt stellt eine quasi transzendentale Bedingung des Bildungsprozesses dar. In dieser Einbettung realisiert das Individuum in welchen Formen auch immer schon bestimmte Weltbezüge, bzw. es hat über diese Lebenswelt Zugang zu Weltbezügen und damit zu den in die Strukturen der Lebenswelt eingelagerten Rationalitätspotentialen. (30) Diese gehören zu den unverzichtbaren Voraussetzungen von Bildungsprozessen. Wir haben es hier also mit einem Individuum zu tun, welches in eine Lebenswelt integriert

---

30. Das gilt, darauf hat Sesink jüngst hingewiesen, bereits für den Säugling. Denn auch dieser bringt Eigensinn, d.i. eine frühkindliche Äußerungsform von Subjektivität, mit. Sh. Sesink 1988, S. 67

ist, die in sich Weltbezüge immer schon enthält, wobei diese Weltbezüge allerdings in der einzelnen Alltagswelt, also unter einer sozialwissenschaftlichen Perspektive, als eingeschränkt zu betrachten sind. Bildung wäre dann jener Prozeß, in dem ein einzelnes Individuum gemeinsam mit anderen Individuen an den in einer Kultur realisierten Weltbezügen teilhaben 'lernt'. In diesem mit anderen geteilten Prozeß vermag er durch die anderen das von ihm und allen anderen Beteiligten immer schon verwendete Vorverständnis zu rekonstruieren und so seinen eigenen Bildungsprozeß reflexiv werden zu lassen. Der Bildungsprozeß kann also auch als Kreisprozeß verstanden werden; in ihm ist das Subjekt der Initiator zurechenbarer Handlungen und das Produkt von Überlieferungen eben jener Lebenswelt. In einer ersten Annäherung läßt sich Bildung dann als der Prozeß der kommunikativen Konstitution des Subjekts bestimmen.

Das Spezifische des Bildungsprozesses besteht nun darin, daß dieser Prozeß reflexiv werden soll: "Im eigenen Bildungsprozeß ... muß uns, die wir in das Drama der Lebensgeschichte verstrickt sind, der Sinn des Vorgangs selbst kritisch zu Bewußtsein kommen können; muß das Subjekt seine eigene Geschichte auch erzählen können und die Hemmungen, die der Selbstreflexion im Wege standen, begriffen haben. Der Endzustand eines Bildungsprozesses ist nämlich erst erreicht, wenn sich das Subjekt seiner Identifikationen und Entfremdungen, seiner erzwungenen Objektivationen und seiner errungenen Reflexionen als der Wege erinnert, auf denen es sich konstituiert hat." (31)
Diese noch am Modell der psychoanalytischen Therapie orientierte Vorstellung Habermas' von Bildungsprozessen verweist allerdings schon auf den Bildungsprozeß und dessen Zielsetzung. Bisher haben wir von einem Bildungsdiskurs gesprochen, weil wir ausschließlich eine universalpragmatische Argumentation verfolgt haben. Mit dem Begriff des Bildungsprozesses bezeichnen wir die sozialwissenschaftliche Ebene der Analyse. Bevor wir dies im dritten Teil dieses Kapitels angehen, müssen wir die Schwierigkeiten der Pädagogik mit der Unterscheidung dieser beiden Ebenen thematisieren.

---

31. Habermas 1973 a, S. 317

2. Bildungsdiskurs und Bildungsprozeß

Die Rationalität der verschiedenen Diskurse wird bei Habermas an das 'Ideal' einer unbegrenzten Kommunikationsgemeinschaft rückgebunden. Die Theorie des kommunikativen Handelns und der Diskursbegriff verhalten sich aber nicht "zu den möglichen symbolischen Ereignissen wie die Terme einer empirischen Theorie zu den beobachtbaren Tatsachen", denn dann, so bemerkt Dröse richtig, "könnten sie im genannten Sinne nicht als universell gelten." (32) Der Diskurs ist der Ort, an dem die Kommuniationsteilnehmer in reflexiver Anstrengung Geltungsansprüche problematisieren. Dieser Ort ist selbst sozialwissenschaftlich nicht inhaltlich bestimmbar und somit auch zweckrational nicht herstellbar.

Die Bildungsgemeinschaft ist nun aber gerade jene Form von Gemeinschaft, in der die Bedingungen für eine ideale Kommunikationsgemeinschaft allererst geschaffen werden. Es zeigt sich nämlich, "daß in gegebenen Sprachspielen bzw. Lebensformen erst die Bedingungen geschaffen werden müssen, um die darin enthaltenen Diskrepanzen bzw. Widersprüche im Sinne eines Übergangs zu einem in zwangloser Form hergestellten Konsens aufzulösen." (33) Dies könnte nun bedeuten, daß der Bildungsdiskurs eine Voraussetzung hat, die in einem zweckrational zu konzipierenden Bildungsprozeß allererst hergestellt werden müßte. Genau auf dieses Problem zielt Oelkers in seinen pädagogischen Anmerkungen zur Habermasschen Theorie des kommunikativen Handelns (34), wenn er darauf hinweist, daß Habermas nicht zu einem adäquaten Verständnis von Erziehung gelange, da er seinen grundbegrifflichen Rahmen nicht darauf eingestellt habe. Evolutionstheoretisch habe er nicht hinreichend auf das reflektiert, was Parsons die pädagogische Revolution genannt habe, und handlungstheoretisch entwickle er keinen Begriff pädagogischen Handelns. Stattdessen verwende er den "blassen Terminus 'sozialisatorische Interaktion', der keineswegs ein Äquivalent für einen pädagogischen Handlungsbegriff" (35) darstelle. Habermas habe die spe-

---

32. Dröse 1982, S. 19
33. Bühner 1982, S. 153
34. Oelkers 1983
35. Oelkers 1983, S. 273

zifische Rationalitätsform pädagogischer Theorie nicht richtig erfaßt. Diese umfasse mehr als die Suche nach Verständigung oder egozentrisches Kalkül der Handlungschancen. Bildungsinstitutionen sorgten für Initiationen, seien also kein Selbstzweck, aber auch nicht bloße Kommunikationsagenturen: "Vielmehr müssen sie für Ausrüstung mit Wissen und Können sorgen, und zwar mit Hilfe von praxisentlasteten Institutionsformen, die gegenüber den natürlichen Institutionen künstlichen Charakter haben. Diese Ausrüstung ist rückgebunden an Konsens, aber sie ist nicht identisch mit der Verständigung darüber, daß Schule Schule und nicht alles mögliche sein soll." (36) Damit könne Bildung weder auf Wissenschaft, Kunst und Moral, noch auf die Vermittlung der drei Wertsphären reduziert werden. Sie stelle vielmehr eine eigene Wertsphäre dar, die in einem relativ autonomen Systemzusammenhang stehe. "Der pädagogische Clou der Moderne liegt nämlich darin, daß die Herausbildung moderner Bewußtseinstrukturen institutionell erfolgt, ohne daß Schulen Ausdruck einseitiger gesellschaftlicher Rationalisierung sind. ... Schulen sind nicht identisch mit Lebenswelten, aber sie sind auch nicht einfach zweckrationale Systeme." (37)

Diese kritischen Einwände treffen allerdings Habermas nur bedingt. Habermas' Interesse ist nicht auf die Entwicklung einer Theorie institutionalisierter Erziehung bzw. Bildung gerichtet. Der von Habermas beiläufig vorgenommenen Zuordnung der Schule zur Lebenswelt muß man also keineswegs zustimmen, wenn man sich auf seine Theorie bezieht. (38) Berger weist demgegenüber darauf hin, daß lebensweltliche Orientierungen ebenso im System wie systemische Orientierungen in der Lebenswelt vorkommen. (39) Habermas würde dem zweifelsohne zustimmen. Er würde dies deshalb tun, weil in der Theorie des kommunikativen Handelns zum einen eine formalpragmatische Erkenntnistheorie und zum anderen eine Gesellschaftstheorie enthalten ist. In der Kritik von Oelkers wird zwischen diesen beiden Theorien nicht genügend unter-

---

36. Oelkers 1983, S. 275
37. Oelkers 1983, S. 276
38. Lenhart z.B. bewegt sich innerhalb der Grundgedanken von Habermas, ohne die von Habermas getroffene Zuordnung der Schule zur Lebenswelt zu teilen. Sh. Lenhart 1983, S. 62. Zur Frage des 'Oszillierens' zwischen diesen beiden Sphären sh. Berger, J. 1986 S. 265 - 268
39. Berger, J. 1982, S. 362

schieden. Habermas selbst hat in seiner 'Theorie der modernen Gesellschaft' darauf verwiesen, daß in modernen Gesellschaften 'ungleichzeitige Verständigungsformen miteinander interferieren'. (40) Oelkers verwendet begriffliche Differenzierungen aus der formalpragmatischen Erkenntnistheorie so, als seien sie als Differenzierungen in der Theorie moderner Gesellschaften aufzufassen. Das aber ist unzulässig, denn der Lebenswelt- und Systembegriff ist nicht wirklich als Begriff zur Charakterisierung der Komplexität moderner Gesellschaften geeignet, sondern hat nur in der formalpragmatischen Erkenntnistheorie eine Bedeutung.

Das Vorgehen von Oelkers ist typisch für eine pädagogische Rezeption, in der die formal bzw. universalpragmatischen Begriffe der Theorie des kommunikativen Handelns als sozialwissenschaftliche Beschreibungen genommen werden. Damit verfehlt eine solche Kritik aber den Status der Theorie. (41) Zudem wird übersehen, daß dort, wo in der Theorie des kommunikativen Handelns die formalpragmatische Ebene verlassen wird, eine Korrektur der bisherigen kulturalistischen Verkürzung des Lebens-

---

40. Habermas 1986 b, S. 501 Das ändert auf einer systematischen Ebene allerdings nichts an der Tatsache, daß gegen die dichotomische Unterscheidung von System und Lebenswelt Einwände geltend gemacht werden können. Joas beispielsweise bestreitet die Möglichkeit, den Begriff der Lebenswelt zugleich als kommunikationstheoretischen, erkenntnistheoretischen und ordnungstheoretischen Begriff verwenden zu können. (sh. Joas 1986, S. 145)
41. "Unter denen, die sich heute auf kritische Theorie berufen", schreibt Horkheimer 1937, "erniedrigen einige sie mit vollem Bewußtsein zur bloßen Rationalisierung ihrer jeweiligen Unternehmen; andere halten sich an verflachte Begriffe und machen aus ihr eine ausgleichende Ideologie, die jeder versteht, weil er sich nichts dabei denkt". (Horkheimer 1970, S. 63) Vornehmlich letzteres dürfte auch über weite Strecken das Schicksal der pädagogischen Rezeption der Habermasschen Theorie des kommunikativen Handelns ausmachen. Der erkenntnistheoretische Status der Theorie wird oft übersehen. Diesen Fehler machen Butterhof und Thorn-Prikker, für die es kein festgelegtes Erziehungsziel und keinen fixierten Bildungsbegriff geben kann. (sh. Butterhof 1975, S. 702 und zustimmend Hoffmann, D. 1978, S. 87) Zu der hier vorgenommenen Differenzierung sh. auch Freitag 1983, S. 560 - 563. Auf einer anderen Ebene liegen Rezeptionen, die so offensichtlich falsch sind, daß dahinter entweder bewußte Absichten oder ein Versuch, etwas über die Theorie auszusagen, ohne sie zur Kenntnis zu nehmen, vermutet werden können. So schreibt z.B. Klein: "Während bei Habermas alle das gleiche Recht haben zu schwindeln, ..." (Klein 1983, S. 133) Ein solcher unvollständiger Satz kann schon als Beleg dafür gelten, daß hier kein Versuch einer Auseinandersetzung mit der Habermasschen Theorie vorliegt, da er diese offensichtlich überhaupt nicht zur Kenntnis genommen hat.

weltkonzepts vorgenommen wird, indem Lebensweltkonzept und Systemtheorie miteinander verschränkt werden. (42)

Gleichwohl hat eine solche Rezeption auch Gründe in Inkonsequenzen der Theorie selbst, etwa dort, wo Habermas Handlungstypen spezifischen Handlungsbereichen zuordnet, also eine reifizierende Übertragung der Handlungstypen auf konkrete Spären der gesellschaftlichen Reproduktion vornimmt und damit eine analytische Distinktion in eine Unterscheidung von empirischen Phänomenen übergehen läßt, ohne diese Differenz zu bestimmen.
Die Vielschichtigkeit der Habermasschen Begriffe und die fehlenden Hinweise auf die unterschiedlichen Verwendungsebenen gleicher Begriffe zeitigt in erziehungswissenschaftlichen Thematisierungen des Diskursbegriffs erhebliche negative Konsequenzen.

Nun läßt sich die Schwierigkeit der pädagogischen Rezeption mit der Unterscheidung einer quasi transzendentalen, also formalpragmatischen Bestimmung des Bildungsdiskurses und einer sozialwissenschaftlichen Bestimmung des Bildungsprozesses nicht allein auf eine undifferenzierte Rezeption oder eine undifferenzierte Begrifflichkeit zurückführen. Es wird sich nämlich erweisen, daß der Bildungsprozeß eine eigenartige Zwischenstellung zwischen universalpragmatischer Idealisierung und sozialwissenschaftlicher Bestimmung einnimmt.
Um die Schwierigkeiten einer bildungstheoretischen Umsetzung der Habermasschen Theorie des Kommunikativen Handelns einerseits und die Rezeptionsprobleme andererseits deutlich zu machen, werden wir im folgenden zunächst den Versuch unternehmen, das Spezifische des Bildungsdiskurses gegenüber dem, was Habermas unter Diskurs versteht,

---

42. Sh. dazu die Darstellung im 5. Kapitel. Allerdings ist auch dieser Punkt bzw. die Frage, ob diese von Habermas vorgelegte Verbindung von System- und Handlungstheorie gelungen ist, strittig. (sh. Krüger 1986, S. 216)

abzuheben. (43) Erst dann können wir zu einer sozialwissenschaftlichen Bestimmung des Bildungsprozesses übergehen.

2.1. Das Spezifische des Bildungsdiskurses

Münch hat in seiner Untersuchung über die Struktur der Moderne an der transzendentalpragmatischen Wahrheitstheorie von Habermas kritisiert, diese differenziere nicht genügend zwischen "der universellen Gültigkeit einer Aussage als solcher auf der rein sprachlichsymbolischen kulturellen Ebene und ihrer universellen Geltung im Sinne von intersubjektiver Geltung auf der sozialen Ebene..." (44) Münch hält daran fest, daß Intersubjektivität im Gegensatz zur universellen Gültigkeit einer Aussage nur sozial konstituiert werden könne. Auch der Konsens, der im zwanglosen Diskurs zustandegekommen sei, könne kein Grund der universellen Gültigkeit einer Aussage als solcher auf der Ebene kultureller Konstrukte sein, sondern lediglich ein Grund ihrer intersubjektiven Geltung. Die Herstellung von Konsens habe völlig entgegengesetzte Voraussetzungen als die prinzipiell unendliche Reihe der Kritik von Aussagen. Konsens sei nämlich umso leichter möglich, je mehr Informationen ausgeklammert würden. "Die intersubjektive Geltung von Aussagen basiert deshalb stets auf dem Ausschluß potentiell möglicher, immer konsensgefährdender Informationen." (45) Nun konzipiert Habermas den Diskurs und damit auch die diskursiv erreichte Übereinstimmung formalpragmatisch, was Münch auch nicht übersieht. Münchs Argument besteht im Hinweis darauf, daß eine formalpragmatische Wahrheitstheorie eben jene kritische Differenz von universeller Gültigkeit einer Aussage und der universellen

---

43. Christoph nimmt diese Differenz fälschlicherweise als ein Problem der
    Habermasschen Theorie selbst: "Solche Idealisierungen, die auch für
    den Begriff des 'kommunikativen Handelns' charakteristisch sind,
    gehen zusammen mit einem hohen Abstraktionsgrad der Darstellungs-
    form und der Begrifflichkeit. Er mag zu der Schwierigkeit beitragen,
    die Theorie mit Empirischem zu vermitteln." (Christoph 1985, S. 335)
44. Münch 1984, S. 82
45. Münch 1984, S. 83

intersubjektiven Geltung nicht aufrechterhalten kann: "Das Argument lautet ..., daß eine formalpragmatische Konsensustheorie der Wahrheit gar nicht vermeiden kann, wesentliche Bedingungen der objektiven Gültigkeit von Aussagen zugunsten der prinzipiellen Möglichkeit von intersubjektiver Geltung durch Konsens zu opfern, und daß auch Habermas' Konzept von objektiver Gültigkeit unvermeidlich Restbestände der Bedingungen sozialer Geltung enthalten muß, weil andernfalls Intersubjektivität nicht erzielbar wäre." (46) Mit diesen Einwänden wird der Habermassche formalpragmatische Lösungsvorschlag des Verhältnisses von "Gegenstandskonstitution auf der einen und Geltungsproblemen auf der anderen Seite" (47), wobei Habermas die Zuschreibung der Wahrheit einer Aussage schon als einen Sprechakt interpretiert, kritisiert. (48) Die hier Interesse beanspruchende Argumentation liegt nun darin, daß Münch nachweist, daß eine diskursiv erzielte Übereinstimmung nur "auf der Basis der Gemeinsamkeit eines Bezugsrahmens erfolgsorientierten Handelns" denkbar ist. (49) Soweit folgen wir der Argumentation von Münch. Er siedelt nun diesen Bezugsrahmen und damit die Fundierung von Wissenschaft im Common sense einer Gemeinschaft an. Zugleich sieht er Wissenschaft im lebensweltlichen Partikularismus begründet. Nun entwickelt Habermas den Begriff der Lebenswelt zunächst in transzendentalkritischer Absicht. Damit nun für unsere weitere Argumentation eine deutlichere begriffliche Unterscheidung möglich ist, sprechen wir, wenn wir die transzendentalkritische Ebene verlassen, von Alltagswelt.

Münch weist mit Recht darauf hin, daß das "Einverständnis zwischen Sprecher und Hörer ... sich ... in der rationalen Argumentation nur dann einstellen (kann), wenn schon ein vorausgehendes Einverständnis zwischen ihnen existiert, auf das der Sprecher seine Äußerung argumentativ zurückführen kann." (50) Dieses Argument impliziert, daß die

---

46. Münch 1984, S. 83
47. Habermas 1973 a, S. 382
48. Habermas tut dies, weil er von einer "humanspezifische(n) Verschränkung von kognitiven Leistungen und Handlungsmotiven mit sprachlicher Intersubjektivität" ausgeht. (Habermas 1973 a, S. 390)
49. Münch 1984, S. 87
50. Münch 1984, S. 89

diskursive Verständigung nicht voraussetzungslos ist. Vielmehr ist sie an kulturell etablierte Standards der Verständigung, also Rationalitätsstandards, gebunden.

Lebenswelt als eine transzendentalkritische Kategorie bleibt also verwiesen auf eine 'Basis erfolgsorientierten Handelns'. Dies ist sozusagen der nichtidealisierbare 'Rest' der Habermasschen Universalpragmatik. Genau in diesem 'Rest' liegt der Ort der Bildungstheorie. Sie ist das Bindeglied zwischen universalpragmatisch aufgefaßter Lebenswelt und sozialwissenschaftlich zu bestimmender Alltagswelt.

Die 'rationale Argumentation' oder, in der hier gewählten Diktion, das Geltendmachen von Geltungsansprüchen ist nämlich mit dem Projekt der Moderne nicht als auf den alltagsweltlichen Partikularismus gegründet konzipiert worden. Diskurse orientieren sich an den Geltungsansprüchen und Rationalitätsstandards, die die Teilnehmer in den Diskurs einbringen. Diese sind kulturell vermittelt. Ohne dieses, vor jedem Diskurs existierende Einverständnis über die Standards von Rationalität könnte der Diskurs auch eine Gebet sein. Somit können wir als eine Aufgabe des Bildungsprozesses festhalten:

Ein spezifisches, vorausgehendes Einverständnis herzustellen, das sich von der alltagsweltlichen Vorausgelegtheit der Welt unterscheidet, ist unter formalpragmatischer Perspektive eine Aufgabe und Leistung des Bildungsprozesses.

Ohne die Leistungen des Bildungsprozesses wäre eine diskursive Verständigung immer nur vorrational, also in dem Horizont einer partikularen Alltagswelt möglich.
Wenn wir unter einer bildungstheoretischen Perspektive von diskursiver Verständigung sprechen, so kommt die Tatsache in den Blick, daß die Moderne diese Verständigung mit spezifischen Standards verknüpft. Dann geht es darum, daß die alltagsweltliche Partikularität überboten werden soll.

Unter formalpragmatischer Perspektive ist also die Herstellung eines universalisierten Vorverständnisses, das zum Geltendmachen von Geltungsansprüchen und damit zum Eintritt und zur Teilhabe an einem rationalen (spezifisch modernen) Diskurs befähigt, notwendige Bedingung einer konsensualen Wahrheitstheorie der Moderne. Folglich ist auch die Funktion der Allgemeinbildung in einem verständigungsorientierten Paradigma bestimmbar:

Allgemein ist eine Bildung dann, wenn sie ein gegenüber der Partikularität der alltagsweltlichen Einstellung universalisiertes Vorverständnis von Welt anstrebt. (51)

Nun ist mit den letzten Ausführungen bereits eine weitere Bestimmung des Bildungsprozesses impliziert, die den Bildungsprozeß von dem Diskurs abhebt und diesen in eine spezifische Relation zu jenem bringt: Der Bildungsprozeß zeichnet sich dadurch aus, daß in ihm die alltagsweltlich vorgefundenen Bedingungen aufgenommen und auf das Ideal einer Kommunikationsgemeinschaft hin, die sich diskursiv über Geltungsansprüche verständigt, transzendiert werden.
Der 'Mangel' der alltagsweltlich hervorgebrachten und etablierten Rationalitätsstandards soll im Bildungsprozeß überwunden werden. Die Defizite der gegebenen alltagsweltlichen Grundlage zu akzeptieren (52) bedeutet nicht, die Lebenswelt als die universalpragmatische Grundlage aller kulturellen Rationalisierungsleistungen zu leugnen. Aber letzteres ist eine universalpragmatische Aussage. Wenn wir von Bildung sprechen, dann ist ein spezifischer Zustand kultureller Entwicklung gemeint, nämlich die Moderne. In dieser gelten spezifische Standards der rationalen Auseinandersetzung. Dies anzuerkennen, leugnet keineswegs die Lebenswelt als die Grundlage des Bildungsprozesses oder die universalen Bedingungen, die für die diskurse Verständigung gelten, zu akzeptieren. Über die alltagsweltliche Verständigung hinaus soll der Bildungsprozeß zur Teilhabe auf dem gesellschaftlichkulturell etablierten Niveau von rationaler Verständigung befähigen.

---

51. Worin diese Universalisierung besteht und welche Dimensionen und Bereiche sie umfaßt, wird Gegenstand dieses und des folgenden Kapitels sein.
52. Sh. auch Habermas 1961, S. 272

Der Bildungsprozeß vermittelt also zwischen der vorrationalen, alltagsweltlichen Einstellung und dem diskursiven Erheben von Geltungsansprüchen auf bestimmten, gesellschaftlich etablierten Rationalitätsniveaus. In seiner Vermittlung bringt er das hervor, was die Moderne auszeichnet, die kommunikative Selbsterschaffung des Subjekts, die ein Bildungssubjekt konstituiert: "Eine kommunikative Pädagogik wird formulieren müssen, daß das 'Bildungssubjekt' nicht einfach, von Natur aus, gegeben und derart auch pädagogisch zu behandeln ist, sondern daß es gemäß der im gesellschaftlichen Kommuniqué ausgesprochenen Erwartung erst als solches angesprochen, produziert und in den Prozeß der Bildung hineingestellt wird." (53) Im Unterschied zu Schaller halten wir fest, daß die Moderne zunächst die Intersubjektivität der Bildungsgemeinschaft konstituiert und erst aus dieser das Bildungssubjekt erwächst.

Diese Bestimmungen implizieren eine bildungstheoretische Position, in der entgegen der bildungstheoretischen Dichotomie von Sozialisation und Personalisation an der Spezifität, und damit der Einheit des Bildungsgeschehens, festgehalten wird, da die Identität von Diskurs und Bildungsprozeß nicht aufrechtzuerhalten ist. Der Bildungsprozeß läßt sich nicht in einen Diskurs auflösen. Er enthält im Unterschied zum Diskurs 'lediglich' das Ideal einer Kommunikationsgemeinschaft als Zielvorstellung. (54) Der Bildungsdiskurs stellt also formalpragmatisch die Einführung in ein

---

53. Schaller 1976, S. 57 - 58. Jüngst hat Miedema diesen Sachverhalt erneut formuliert: "Das pädagogische Handeln genügt daher nicht den Kriterien, die für das kommunikative Handeln charakteristisch sind: Universalisierbarkeit und Symmetrie. Freilich antizipiert das pädagogische Handeln jene Lage, in der eine symmetrische Beziehung bestehen wird: wenn das Kind erwachsen geworden ist." (Miedema 1987, S. 750) Schon in den siebziger Jahren schreibt Mollenhauer, ohne die Implikationen seiner Position konsistent zu entfalten: "Der Heranwachsende, der Educandus, soll im Erziehungsvorgang hervorgebracht werden als ein Subjekt, das zur Beteiligung am gemeinschaftlichen Leben fähig ist, und zwar nicht nur im Sinne einer funktionalen Handlungsfähigkeit, sondern auch im Sinne von Erkenntnisfähigkeit." (Mollenhauer 1972, S. 42)
54. Die Differenz zwischen dem Ideal einer Kommunikationsgemeinschaft und der Kommunikationsgemeinschaft ist von zentraler Bedeutung.

der diskursiven Verständigung immer vorausgehendes Einverständnis dar und ist somit nicht mit dieser diskursiven Verständigung identisch. (55) Diese hier vorgenommene Unterscheidung zwischen dem Ideal einer Kommunikationsgemeinschaft und der Kommunikationsgemeinschaft selbst ist darüber hinaus deshalb notwendig, da sich (abgesehen von anthropologischen Voraussetzungen) im historisch vorfindbaren Alltagshandeln "Orientierungen an Wahrheits-, Richtigkeits- und Wahrhaftigkeitsansprüchen zu einem Syndrom" (56) verbinden. Weiter sind die "ausgehandelten Situationsdefinitionen und die Einverständnisse, die sich auf die intersubjektive Anerkennung von kritisierbaren Geltungsansprüchen stützen, ... diffus, flüchtig, okkasionell und zerbrechlich." (57) Die Alltagswelt ist also nicht der Ort, an dem sich ein auf hohe Rationalitätsstandards gerichtetes Vorverständnis ausbilden könnte. Daher drängt sich unter einer sozialwissenschaftlichen Perspektive eine Modifikation der Habermasschen dichotomischen, universalpragmatischen Unterscheidung von Lebenswelt und System auf. (58)

Wenn Bildungsprozeß und Diskurs auseinandergehalten werden, so heißt dies allerdings nicht, daß der Bildungsprozeß das Andere des Diskurses ist. Gerade weil der Bildungsprozeß auf die Veränderung der vorrationalen alltagsweltlichen Einstellung zielt, wohnt ihm das Telos jedes Diskurses inne: Befreiung von quasi naturhaften Orientierungen ohne schon dieser Diskurs zu sein. Mit dieser Bestimmung des Bildungspro-

---

55. Wigger weist in der Argumentation von Mollenhauer auf dieses zentrale Problem einer kommunikationstheoretischen Auflösung des Bildungsprozesses hin: "Dieser Widerspruch durchzieht das ganze Werk Mollenhauers: einerseits wird der Erziehung die Forderung der Anerkennung des Educandus als gleichberechtigten Kommunikationspartner entgegengehalten, andererseits ist das Postulat schon immer als real unterstellt." (Wigger 1983, S. 123)
56. Habermas 1986 b, S. 500
57. Habermas 1986 b, S. 501 Entwicklungspsychologische Gründe kommen hinzu.
58. Sh. dazu das 6. Kapitel, 2. Teil

zesses wird diejenige Bedingung hervorgehoben, die er mit dem Diskurs als Zielbestimmung teilt, ohne daß beide identisch wären. (59)

Das hier vorgestellte Verständnis des Bildungsprozesses als eines Vorgangs, der z.B. auch Lernprozesse umfaßt, widerspricht wesentlichen subjektzentrierten bildungstheoretischen Positionen, in denen zwischen Erziehung und Bildung unterschieden wird. Heydorn z.B. trennt die zweckrationale und die kommunikative Dimension, die wir im Bildungsprozeß als Einheit bestimmen, begrifflich voneinander: "Erziehung ist Zucht, notwendige Unterwerfung, die wir durchlaufen müssen, Aneignung, um die wir nicht herumkommen; Bildung ist Verfügung des Menschen über sich selber, Befreitsein, das in der Aneignung schon enthalten ist, aus ihr schließlich hervortreten soll. Erziehung soll obsolet, Bildung Wirklichkeit werden." (60) Heydorn zollt hier dem auf Emanzipation gerichteten, normativen Hintergrund seiner Bildungstheorie, nämlich der kritischen Theorie, Tribut, denn er hält an einem Bildungsbegriff fest, der den wirklichen Prozeß, welcher aus der 'Unmündigkeit' herausführt, auseinanderreißt. Somit kann Heydorn einen Bildungsbegriff entfalten, der von allen erzieherischen und damit auch nicht-autonomen Momenten gereinigt ist.

Löst man den Erziehungs- vom Bildungsprozeß, indem man Bildung als das eigentliche Reich der Freiheit, Erziehung als das der Unfreiheit definiert, so ist einerseits Erziehung nicht mehr an das eigentliche Ziel von Bildung, von autonomer Existenz, angebunden. Andererseits öffnet sich hier auf der Basis der bewußtseinsphilosophischen Subjektkonstitution die grundlegende erziehungstheoretische Paradoxie. In pädagogischer

---

59. So faßt auch Habermas den Bildungsprozeß: "Die Entwicklungsrichtung des Bildungsprozesses ist durch zunehmende Autonomie gekennzeichnet. Damit meine ich die Unabhängigkeit, die das Ich durch erfolgreiche Problemlösungen und durch wachsende Problemlösungsfähigkeiten im Umgang a) mit der Realität der äußeren Natur und einer unter strategischen Gesichtspunkten kontrollierbaren Gesellschaft, b) mit der nicht vergegenständlichten symbolischen Struktur einer teilweise verinnerlichten Kultur und Gesellschaft und c) mit der inneren Natur der kulturell interpretierten Bedürfnisse, der kommunikativ nicht verfügbaren Antriebe und des Leibes erwirbt." (Habermas 1976 a, S. 68)
60. Heydorn 1972, S. 120

Interaktion wird der erziehungsbedürftige Mensch als jemand anerkannt, der er noch gar nicht ist, und zugleich wird er zu Lernleistungen aufgefordert, "die er nur aufgrund eigener Tätigkeit, niemals aber schon aufgrund der an ihn ergehenden Aufforderung erbringen kann,...". (61) Dieser Problematik sieht sich jede auf Mündigkeit gerichtete pädagogische Tätigkeit ausgesetzt. Es ist das Problem, "wie Erziehung den Edukanden zu einem kritikfähigen Subjekt entwickeln kann, ohne ihn zugleich auf einen vorgegebenen Standort festzuschreiben, von dem her diese Kritik erst entstehen kann, und wie sie ihm etwas vermitteln soll, ohne ihn zugleich auf das Vermittelte zu fixieren." (62) Wird nun die Subjektkonstitution als kommunikative Praxis gefaßt, so verlagert sich diese Paradoxie zwar auf die Kommunikationsgemeinschaft, über den Bildungsprozeß läßt sich aber nun immerhin mehr aussagen, als ihn als das eigentliche Reich der Freiheit bzw. Unfreiheit darzustellen. Er bleibt auf sein ihm immanentes Ziel, die Voraussetzungen zum Eintritt in den Diskurs herzustellen, verwiesen. Diese 'Herstellung der Voraussetzungen' kann aber nur als auf die kommunikative Praxis bezogen gedacht werden, niemals auf subjektive Zustände im Individuum. Letztere kann dieses nur selbst hervorbringen. Dadurch wird der ganze Prozeß mit seinen fremd- und selbstbestimmten Anteilen bestimmbar.

Wir können nämlich in sozialwissenschaftlichen Begriffen diejenigen Bedingungen angeben, die gegeben sein müssen, um in dramaturgisches, teleologisches und normenreguliertes Handeln einzuführen. Der Prozeß jedoch, der beginnt, wenn alltagsweltliche Übereinstimmungen aufgebrochen werden, indem Zweifel an den im Bildungsprozeß thematisch gewordenen Sachverhalten geäußert und somit Geltungsansprüche erhoben werden, ist nicht mehr sozialwissenschaftlich, sondern nur noch formalpragmatisch bestimmbar. Wir differenzieren also einerseits zwischen einer formalpragmatischen und einer sozialwissenschaftlichen Ebene. Zugleich können wir diese beiden Ebenen aufeinander beziehen. Dies wiederum hat zur Folge, daß eine abstrakte Gegenüberstellung von idealer Sprechsituation bzw. Diskurs und praktischer Kommunikations-

---

61. Benner 1982, S. 955
62. Krieger 1985, S. 267

gemeinschaft, also eine Konfrontation von formalpragmatischer und sozialwissenschaftlicher Perspektive, vermieden wird.

Den Bildungsprozeß als Einheit von selbst- und fremdbestimmten Momenten zu konzipieren, ist implizit in den Überlegungen Mollenhauers enthalten, auch wenn dies nicht systematisch entfaltet wird: "Erziehung muß verstanden werden als ein kommunikatives Handeln, dessen Ziel darin liegt, eine Kommunikationsstruktur zu etablieren, die den Erwerb von Fähigkeiten zum Diskurs ermöglicht." (63) Der Bildungsprozeß ist in dem Sinne immer ein auf die Entwicklung und Einlösung kommunikativen Handelns und auf das diskursive Geltendmachen von Geltungsansprüchen gerichteter Prozeß. Als ersterer ist er sozialwissenschaftlich bestimmbar. (64)

3. Der Bildungsprozeß

Bisher war in erster Linie der Versuch unternommen worden, die epistemologischen Aporien der 'identitätstheoretischen Bildungstheorie' (Buck) zu überwinden. Eine mit einem sozialwissenschaftlichen Anspruch auftretende Untersuchung muß aber darüber hinaus auch den Prozeß selbst, nicht 'nur' dessen epistemologische Grundlagen bestimmen. Damit wird die bisher verfolgte universalpragmatische Bestimmung des Bildungsprozesses überschritten. Im Laufe des in diesem Abschnitt zu entwickelnden Argumentationsgangs muß einsichtig werden, daß diese Transformation formalpragmatischer Bestimmungen in sozialwissenschaftliche Kategorien legitim ist. Es sind vor allem zwei Dimensionen, die dann ins Blickfeld rücken:

---

63. Mollenhauer 1972, S. 67 - 68
64. Ob sich das Habermassche Diskursmodell wissenschaftspropädeutisch und damit als Lernhandlung verstehen läßt, wie dies von Hentig begriffen, scheint mir allerdings fraglich. (sh. Hentig, von 1972, S. 185)

Die Bildungsgemeinschaft selbst und der von ihr durchlaufene Prozeß stellen eine Wirklichkeit dar, in der wiederum gegenüber anderen Wirklichkeitsausschnitten spezifische Weltbezüge realisiert werden. Ist es nun sozialwissenschaftlich verantwortbar, einen Bildungsbegriff zu entwikkeln, wie dies auf einer formalpragmatischen Ebene geschehen ist, in dem lediglich der reflexive Endpunkt eines Prozesses enthalten ist, der also in empirisch vorfindbaren Lern- und/oder Bildungsvorgängen allenfalls am Ende steht? Gemeint ist der Sachverhalt, daß die Bildungsinstitutionen über weite Strecken den Versuch unternehmen, jenen Prozeß des Erwerbs von Wissen, Kenntnissen und Fertigkeiten zu rationalisieren, um die Grundlagen für ein sachgemäßes Urteil allererst zu schaffen.

Diese Frage stellt sich auch Masschelein am Ende seiner Untersuchung über die pädagogische Bedeutung der Habermasschen kommunikationstheoretischen Wende, um zu bemerken: "Doch ohne die Berechtigung solcher Versuche hier bestreiten zu wollen, müssen wir darauf hinweisen, daß man hiermit erneut das pädagogische Problem auf ein Zweck-Mittel-Problem zurückführt." (65) Wir sind nun der Auffassung, daß eine solche Position, die sich ausschließlich auf eine universalpragmatische Ebene zurückzieht, durch eine sozialwissenschaftliche Weiterführung ergänzt werden muß.

Auf dieser sozialwissenschaftlichen Ebene wird der Bildungsprozeß als ein kommunikativer Vorgang verstanden, in dem rationale Weltbezüge bewußt aufgenommen werden. Der Bildungsprozeß beginnt also mit der ersten gemeinsamen Kenntnisnahme, dem ersten Auswendiglernen von etwas. Nur dann ist garantiert, daß sich das Allgemeine der Bildung in jenem Prozeß konstituiert, in dem sich die Teilnehmer einer (spezifischen) (66) kommunikativen Praxis reflexiv ihres eigenen Bildungsprozesses innewerden und sich so von quasi naturhaften Zwängen und überkommenen Weltauffassungen lösen. Bildung als dieses Reflexiv werden muß allerdings als ein kommunikativer Prozeß verstanden werden: Indem sich die am Bildungsprozeß Beteiligten über Welt verständigen, stehen sie in einer kulturellen Überlieferung, die sie gleich-

---

65. Masschelein 1991, S. 233
66. Das Spezifische dieser kommunikativen Praxis bezeichnen wir als Bildungsdiskurs, der weiter unten bestimmt wird.

zeitig benützen und erneuern. Im kommunikativen Handeln - oder anders: im gemeinsamen Lernvorgang - realisieren die beteiligten Individuen Weltbezüge. Die darin enthaltene Rationalität, also das quasi transzendentale Kriterium des gelungenen Bildungsprozesses, gilt es zunächst zu identifizieren. Es geht, wenn wir die ursprüngliche, in der Auseinandersetzung mit der Archäologie Foucaults gewonnene Diktion aufgreifen, um die Bestimmung eines Prozesses, in dem Tiefe und Breite sich realisieren. Im Bildungsprozeß ist also ein Rationalitätsverständnis enthalten, das die subjektzentrierte Verengung des traditonellen Rationalitätsbegriffs überwindet: "Genau diesen umfassenden Rationalitätsbegriff versucht nun die Theorie der kommunikativen Kompetenz zu entfalten. Die Ansprüche auf Verständlichkeit, Wahrhaftigkeit, Richtigkeit und Wahrheit sind universale Präsuppositionen der kommunikativen Interaktion." (67) Die zentrale bildungstheoretische Fruchtbarkeit der quasi transzendentalpragmatischen Argumentation Habermas' liegt nun nicht nur in der Tatsache begründet, daß die Rationalität universalpragmatisch an den Diskurs gebunden wird und somit ein Alter (z.B. der Lehrer) eine zentrale Rolle in diesem Prozeß spielt, der Vorgang also auf einer interaktionistischen Ebene bestimmbar wird. Sondern darüber hinaus ergibt sich auch eine Gerichtetheit des Bildungsprozesses und dessen mögliche Verknüpfung mit entwicklungspsychologischen Theorien. (68) In unserer Argumentation schicken wir uns an, eine sozialwissenschaftliche Bestimmung des vorgängig universalpragmatisch bestimmten Begriffs von Bildung darzulegen.

Dieser Schritt ist deshalb notwendig, weil, und darauf hat Groothoff mehrfach aufmerksam gemacht, "den praktischen Diskursen wie den moralischen Reflexionen überhaupt Grenzen gesetzt" sind. (69) Ein solcher Einwand gegen die Vorstellung eines unbegrenzten Diskurses ist nicht auf einer formalpragmatischen sondern auf einer bildungstheoretischen Ebene anzusiedeln. Für diese besitzt er prinzipielle Gültigkeit. Wilkiewicz weist in diesem Zusammenhang auf die Besonderheit

---

67. McCarthy 1980, S. 363
68. Herzog hat auf diesen Zusammenhang für die Kohlbergsche Theorie aufmerksam gemacht. (sh. Herzog 1988, S. 19 - 20)
69. Zuletzt in Groothoff 1985, S. 284

eines solchen formalpragmatischen Einwandes hin: "Material-substantieller Sinn wird nämlich vom Menschen praktisch-hypothetisch und das heißt immer wieder von neuem in geschichtlichen Teil-Experimenten eingeholt. Eine objektiv-materiale Vernunft ist nur dogmatischen Totalexperimenten eigen." (70) Eine sozialwissenschaftliche Bestimmung des Bildungsprozesses muß also, wenn sie diesen bildungstheoretischen Einwand von Groothoff aufnehmen will, immer wieder kritisch diejenigen Ausblendungen und Totalisierungen offenlegen, die sozialwissenschaftlich identifizierbar sind. Dies deshalb, weil die etablierten Rationalitätsstandards selbst der historischen Veränderung unterliegen.(71)

Aus der bisher vorgenommenen Bestimmung des Bildungsdiskurses ergibt sich, daß in ihm diese Zielbestimmung nur erreicht werden kann, wenn milieubedingte, entwicklungsbedingte und situative Begrenzungen der Weltbezüge transzendiert, bestehende vertieft und neue Weltbezüge aufgenommen werden. Wir focusieren im folgenden die Möglichkeiten der Vertiefung von Weltbezügen und damit die der Befreiung von quasi naturhaften Orientierungen. Der Bildungsprozeß soll ja ein Einverständnis herstellen, das sich von der alltagsweltlichen Vorausgelegtheit der Welt unterscheidet. Zur Einübung und Virtualisierung von Weltbezügen, sowie zur Einführung von bestimmten Rationalitätsstandards, greifen wir auf das Habermassche Rationalitätsverständnis zurück und entwickeln es unter einer bildungstheoretischen Perspektive weiter.

In Bildungsprozeß muß also eine permanente Virtualisierung von Weltbezügen stattfinden. Diese zielt auf die Verankerung von Rationalität im Handeln, indem im Bildungsprozeß in spezifischer Weise Rationalität bekannt gemacht und realisiert wird. Weltbezüge umfassen dabei immer drei Dimensionen, die in Anlehnung an die Theorie des kommunikativen Handelns als teleologisches, normenreguliertes und dramaturgisches Handeln bezeichnet werden. Darüberhinaus enthält der Bildungsprozeß eine Stufung, die, so wird zu zeigen sein, auf sein formalpragmatisch bestimmtes Ziel hin tendiert.

---

70. Wilkiewicz 1983, S. 150
71. Damit muß der Geschichtsunterricht über das Begreifen der Genese der Institutionen von Nation, Staat, Demokratie und über eine Alltagsgeschichte hinaus eine Geschichte der Weltbezüge in sich aufnehmen.

Die Virtualisierung von Weltbezügen impliziert, daß zunächst unterschiedliche Sachverhalte auf einer phänomenalen Ebene zur Kenntnis gebracht werden. (72) Über die Kenntnis von etwas hinaus geht es im Bildungsprozeß um den kulturell etablierten Wissensstand von diesen Sachverhalten, soweit er über die Ebene von Phänomenen hinausgeht. So läßt sich auf einer phänomenalen Ebene mit entsprechendem Unterrichtsmaterial durchaus zeigen, daß $a^2 + b^2 = c^2$ ergibt. Im Bildungsprozeß geht es zusätzlich darum nachzuweisen, wieso dies so ist. Bei diesem Nachweis handelt es sich um die zweite Stufe des Bildungsvorgangs. Ziel des ganzen Vorgangs soll der Versuch sein, die Schüler zur Teilhabe an der diskursiven Verständigung zu befähigen. Deshalb wird hier eine dritte Stufe notwendig, in dem die Beteiligten in das Erheben von Geltungsansprüchen eingeübt werden. Auf allen Stufen und in allen Dimensionen ist dieser Vorgang sprachlich vermittelt. Dies ergibt das folgende Schaubild:

Stufen und Dimensionen des Bildungsprozesses I:

1. Stufe Einführung in Realitäts- bereiche	2 Stufe Einübung von ealitäts- bezügen	3 Stufe Einübung in en Gebrauch von Geltungs- sprüchen	Handlungs- formen
äußere Natur	Objektivität	Wahrheit	teleolog. H.
Gesellschaft	ormativität	Richtigkeit	normenreg. H.
innere Natur	ubjektivität	Wahrhaftigkeit	dramaturg. H.

---

72. Im folgenden werden diese Sachverhalte bestimmten Realitätsbereichen zugeordnet und diese als Bereiche bezeichnet.

Um die bisher erfolgte Differenzierung des Bildungsprozesses in Dimensionen und Stufen weiterzuführen (73), muß zunächst das Verhältnis von zweckrationalem und verständigungsorientiertem Handeln und das Verhältnis von Freiheit und Fremdbestimmung im Bildungsdiskurs bestimmt werden. Die eingeführte Stufung des Bildungsprozesses ist nämlich unter dieser Perspektive noch unvollständig.

Im vierten Teil dieses Kapitels wird die Entwicklungslogik des Bildungsprozesses analysiert und dabei die komplexe Perspektivenverschränkung von Rationalitätsdimensionen, Rationalitätsbereichen und Entwicklungsstufen entfaltet.

In einem weiteren Schritt werden die Interaktionsstufen eines transmodernen Bildungsprozeßes identifiziert, um dann in einem letzten Schritt 'Lebenspraxis' als jenen kulturell-gesellschaftlichen Ort in Abhebung von System und Lebenswelt anzugeben, in und an dem sich der Bildungsprozeß materialisiert.

---

73. Sh. den 2. Teil in diesem Kapitel

3.1. Das Verhältnis von zweckrationalem und verständigungsorientiertem Handeln im Bildungsprozeß

Wenn unter zweckrationalem Handeln verstanden wird, daß der "Aktor in erster Linie an der Erreichung eines nach Zwecken hinreichend präzisierten Ziels orientiert ist, Mittel wählt, die ihm in der gegebenen Situation geeignet erscheinen, und andere vorhersehbare Handlungsfolgen als Nebenbedingungen des Erfolgs kalkuliert" (74), dann herrscht im schulischen Alltag zweckrationales Handeln vor. Denn der Ablauf einer Unterrichtsstunde, das Schülerverhalten und die anzustrebenden Bewußtseinsprozesse bei den Schülern sind in eine Zweck-Mittel-Relation eingebettet, auf deren Grundlage der Lehrer Planungsentscheidungen fällt. Bildungsprozeß und Diskurs lassen sich also auf dem Hintergrund des bisher erarbeiteten Verständnisses von Zweckrationalität folgendermaßen darstellen:

Bildungsprozeß:

Ziel des Lehrers	*Ablauf der Unterrichtsstunde*		*angestrebte Bewußtseinszustände*
Beherrschung von Weltbezügen	*geplantes Lehrerverhalten*	*erwartetes Schülerverhalten*	*Beherrschung von Weltbezügen*

Diskurs:

Ziele der Diskursteilnehmer	*Aushandeln von Situationsdefinitionen*	*Verständigung*

---

74. Habermas 1981 a, S. 384 - 385

Das Aushandeln von Situationsdefinitionen und der Planungs- und Gestaltungsprozeß im Unterricht sind voneinander verschieden. Das gilt auch dann noch, wenn man den Bildungsprozeß als Dialog faßt, wie dies Freire tut, den Bühner und Birnmeyer in ihrer Untersuchung der pädagogischen Rezeption der Habermasschen Theorie in die Nähe der Theorie des kommunikativen Handelns rücken: "Von Anfang an konzipiert Paulo Freire seine Erziehungsmethode als Ingangsetzung eines Dialogs, eines Dialogs zwischen Mensch und Welt, zwischen Mensch und Mitmensch, zwischen Mensch und Gott." (75) Eine solche Verwandschaft zwischen einem 'Bildungsdialog' und dem Diskurs herzustellen, ist allerdings problematisch. Der entscheidende Unterschied liegt darin, daß der Freiresche Bildungsdialog im Gegensatz zum Diskurs nach zweckrationalen Gesichtspunkten konzipiert wird, auch wenn man sich bei der Planung dessen bewußt ist, daß er sich realiter dieser Planbarkeit jederzeit entziehen kann: "Ohne Dialog gibt es keine Kommunikation, und ohne Kommunikation kann es keine wahre Bildung geben. Bildung, die den Widerspruch zwischen Lehrer und Schüler zu überwinden vermag, vollzieht sich in einer Situation, in der beide ihren Erkenntnisakt dem Objekt zuwenden, durch das sie vermittelt sind. So beginnt der dialogische Charakter der Bildung als Praxis der Freiheit nicht dann, wenn der Lehrer-Schüler sich mit dem Schüler-Lehrer in einer pädagogischen Situation trifft, sondern vielmehr, wenn der erstere zunächst sich selbst fragt, worüber er mit dem letzteren in den Dialog treten will. ... Für die dialogischen, problemformulierenden Lehrer-Schüler ist der Programminhalt des Bildungsvorgangs ... die **organisierte, systematische und entwickelte «Repräsentation» der Dinge** gegenüber einzelnen, die über sie mehr wissen möchten." (76) Die Auffassung, den Bildungsprozeß als das Andere eines zweckrationalen Vorgangs zu konzipieren, läßt sich also nicht aufrechterhalten.

Die Auffassung, der Bildungsprozeß als einen zweckrationalen Prozeß zu denken, ist hingegen noch undifferenziert. Eine Differenzierung ist zu erreichen, wenn wir eine Analyse von Sprechhandlungen vornehmen.

---

75. Cunha 1978, S. 80
76. Freire 1973, S. 76 (Hervorhebung von mir - HJF)

Eine auf Verständigung zielende Kommunikation soll das eigentliche Merkmal kommunikativen Handelns sein. Soziale Handlungen lassen sich nämlich danach unterscheiden, "ob die Beteiligten entweder eine erfolgs- oder eine verständigungsorientierte Einstellung einnehmen; ..." (77) So zeichnen sich zweckrationale Handlungen durch eine erfolgsorientierte Einstellung, kommunikative Handlungen durch eine verständigungsorientierte Einstellung aus. Die Unterscheidung zwischen verständigungsorientierten und zweckrationalen Sprechhandlungen nimmt Habermas an der von Austin übernommenen Unterscheidung zwischen Illokutionen und Perlokutionen vor. (78) Illokutionäre sind im Gegensatz zu perlokutionären selbstidentifizierende Sprechakte: "Das illokutionäre Ziel, das ein Sprecher mit einer Äußerung verfolgt, geht aus der für Sprechhandlungen konstitutiven Bedeutung des Gesagten selbst hervor; ... Hingegen geht das perlokutionäre Ziel eines Sprechers, wie die mit zielgerichteten Handlungen verfolgten Zwecke überhaupt, aus dem manifesten Gehalt der Sprechhandlung nicht hervor; dieses Ziel kann nur über die Intention des Handelnden erschlossen werden." (79) Perlokutionäre Effekte sind zweckrationalem Handeln eigentümlich. Habermas klärt nun die Begriffe 'Verständnis' und 'verständigungsorientierte Einstellung' anhand der illokutionären Akte. "Diese Art von Interaktionen, in denen alle Beteiligten ihre individuellen Handlungspläne aufeinander abstimmen und daher ihre illokutionären Ziele vorbehaltlos verfolgen, habe ich kommunikatives Handeln genannt." (80) Die Verfolgung illokutionärer Ziele ist das analytische Kriterium zur Identifizierung von kommunikativem Handeln: "Ich rechne also diejenigen sprachlich vermittelten Interaktionen, in denen alle Beteiligten mit ihren Sprechhandlungen illokutionäre Ziele und nur solche verfolgen, zum kommunikativen Handeln." (81) Für die zur Diskussion stehende Frage wäre zu prüfen, ob es möglich ist, Sprechakte in Bildungsprozessen auf illokutionäre Sprachhandlungen zu begrenzen.
Nun ist hier eine zweiwertige Matrix mit drei Möglichkeiten denkbar:

---

77. Habermas 1981 a, S. 386
78. Sh. Austin 1972, sh. bes. die 8. und 9. Vorlesung
79. Habermas 1981 a, S. 390
80. Habermas 1981 a, S. 395
81. Habermas 1981 a, S. 396

Illokutionäre Sprechhandlungen	Perlokutionäre Sprechhandlungen
ja	nein
ja	als (un-)bewußte Abweichung
nein	ja

Ein Lehrer, der einen Sachverhalt erklärt, einen Vortrag hält oder Gelerntes abfragt, kann auf derselben Interaktionsebene überhaupt keine perlokutionären Effekte erzeugen, da für die Schüler idealiter immer ersichtlich ist, welche Ziele der Lehrer verfolgt. (1. Möglichkeit) Die zweite Möglichkeit würde unterstellen, daß der Lehrer perlokutionäre Sprechhandlungen nur wählen kann, wenn er seine Schüler über seine eigentlichen Absichten täuscht. Er kann Unterrichtssituationen bewußt so anlegen, daß seine Schüler scheitern müssen, weil er ihnen einen Denkzettel verpassen will. Damit verweist der perlokutionäre Effekt auf einen über die unmittelbare Sprech- und Bildungshandlung hinausweisenden Interaktionszusammenhang. Perlokutionäre Sprechhandlungen können auch von Schülern ausgehen. So können diese den Lehrer über ihre wahren Absichten täuschen. Hierhin gehören z.B. die Schülerstrategien, die den schulischen Alltag konstituieren oder die Phänomene, die mit dem Begriff 'heimlicher Lehrplan' bezeichnet werden. (82) Diese sind einem Interaktionszusammenhang geschuldet, der systematisch von Sprechhandlungen in Bildungsprozessen zu trennen ist. Die ersten beiden Positionen würden also mittels des Kriteriums der illokutionären Sprechhandlung das Unterrichtsgeschehen als kommunikativen, auf Verständigung angelegten Prozeß verstehen.

Auf der dritten Stufe der Matrix würde prinzipiell die Möglichkeit, den Bildungsprozeß auf illokutionäre Sprechakte zu begrenzen, verneint. Zumeist wird diese Position damit begründet, daß Unterichtsprozesse nicht

---

82. Sh. Wellendorf 1979, bes. S. 89 - 96

in einem institutionslosen Raum stattfinden. Er kann z.B. vorbehaltlos illokutionäre Ziele verfolgen und zur Durchsetzung dieser Ziele auf institutionell zugeschriebene Befugnisse rekurrieren. Diese Sprechakte kennzeichnen den schulischen Alltag. Der Lehrer kann "mit echten Imperativen oder nicht-normierten Anforderungen illokutionäre Ziele vorbehaltlos verfolgen und gleichwohl strategisch handeln." (83) Dieses Argument aber betrifft lediglich die Schule als Institution und liegt somit nicht auf einer universalpragmatischen Ebene.

Auf einer universalpragmatischen Ebene könnten wir also daran festhalten, daß der Lehrer, der einen Sachverhalt erklärt, einen Vortrag hält oder Gelerntes abfragt, auf dieser Interaktionsebene keine perlokutionären Effekte zu erzeugen vermag. Somit wären auf Bildung zielende Handlungen niemals strategische bzw. teleologische Handlungen.

Eine solche Auffassung läßt sich aber auch dann nicht legitimieren, wenn der Lehrer seine Lernziele, wie dies Grell und Grell fordern, offenlegt, was an dem folgenden Beispiel deutlich gemacht werden soll:

> "Ich möchte euch jetzt erklären, wie ihr Verben erkennen könnt, die in Nomen verwandelt worden sind und die deswegen groß geschrieben werden müssen. Das mache ich mit einer ausgedachten Geschichte. Dann ist es für euch etwas lustiger. Die Geschichte: Zwei Kinder ..."
> (84)

Die didaktische Theoriebildung kennt die Kategorie der 'Intention', unter der die pädagogischen Absichten, die im Unterrichtsprozeß verfolgt werden, gefaßt werden. Für das hier zitierte Beispiel von Grell und Grell könnte man etwa als Intention formulieren: »Anleitung zum kindgemäßen Erfassen grammatikalischer Regelhaftigkeit.« Es ist evident, daß hinter der Formulierung ein Begründungszusammenhang steht, der durch die Nennung von Lernzielen und die Begründung des methodischen Vorgehens *"...mache ich mit einer ausgedachten Geschichte. Dann ist es für euch etwas lustiger."* prinzipiell nicht eingelöst werden kann, weil dies die Auflösung des Bildungsprozesses implizieren würde. Denn erst, wenn

---

83. Habermas 1981 a, S. 410
84. Grell, Grell 1979, S. 190

die Kinder erwachsen geworden sind, ist für sie der 'Prozeß des kindgemäßen Vorgehens' erfaßbar, den ein Erwachsener für sie konzipiert hat. Der Lehrer verfolgt also notwendig perlokutionäre Ziele.

Nun hat Oelkers zu Recht darauf hingewiesen (85), daß die dichotomische Unterscheidung angesichts solcher und ähnlicher pädagogischer Interaktionen defizient bleibt. Perlukationäre Sprechakte sind immer auf Wirkung und Erfolg im eigenen Interesse ausgerichtet. Der Lehrer hingegen richtet seine 'Erfolgskriterien' am fremden Interesse aus. Er verfolgt in Bildungsprozessen illokutionäre Ziele, die von den Schülern zwar gewußt aber immer erst am Ende (86), beim Gelingen von Bildungsprozessen, in ihrer Rationalität nachvollziehbar werden. Diese Spezifität des Bildungsprozesses, daß nämlich ein Kommunikationspartner im Bildungsprozeß immer erst im Nachhinein Geltungsansprüche stellen kann, hebt ihn vom kommunikativen Diskurs ab.

Für kommunikatives Handeln sind nur diejenigen Sprechhandlungen konstitutiv, mit denen der Sprecher kritisierbare Geltungsansprüche verbindet. Das führt im Bildungsprozeß systematisch in eine ungleiche Situation, da in diesem immer ein Teilnehmer unterstellt ist, der virtuellere Weltbezüge aufnehmen kann. Der Bildungsprozeß ist also nicht identisch mit kommunikativem Handeln. (87) Um dies zu verdeutlichen, ist es notwendig, daß man sich der Differenz zwischen einem psychologischen und einem bildungstheoretischen Rationalitätsverständnis bewußt wird.

In seiner Analyse der psychologischen Grundlagen des Faschismus untersucht Fromm auch die Flucht in den Konformismus als den quantitativ bedeutendsten Fluchtmechanismus. Er versucht dabei aufzuzeigen, wie selbständiges Denken unterdrückt wird. Fromm gibt dann abschließend

---

85. Sh. Oelkers 1983, S. 273 Oelkers bezieht seine Kritik auf die Unterscheidung von System und Lebenswelt.
86. Wir müßten genauer sagen, daß das Erheben von Geltungsansprüchen immer erst am Ende eine Stufe des Bildungsprozesses möglich ist. Diese Präzisierung erfolgt im nächsten Kapitel.
87. Die Möglichkeit für den Dialog in der Freireschen Pädagogik der Unterdrückung hat als konstitutive Bedingung, daß die Institution, die den Bildungsprozeß materiell ermöglicht, in der Lebenswelt der Adressaten keinerlei Machtbefugnisse hat.

an, was eigentlich in einer psychologischen Zielbestimmung erstrebenswert ist: "Bei allen diesen Beispielen geht es darum, ob der Gedanke das Ergebnis eigenen Denkens, das heißt eigenen Tätigseins ist. Es geht nicht darum, ob die Inhalte des Denkens richtig sind." (88)
Diese Formulierung stellt ein psychologisches Kriterium für die Beurteilung angemessenen bzw. unangemessenen Denkens dar. Scheinbar wird dramaturgisches Handeln realisiert. Indem es hier jedoch 'lediglich' um ein innerpsychisches Verhältnis geht, wobei die Frage der Relation von geistigen Objekten und ihrer Realität außerhalb der psychologischen Betrachtung bleibt, können wir nicht von dramaturgischem Handeln sprechen. Die damit angesprochene Problematik der Frage der Relation von Individiuum und Welt, also der Herstellung von umfassenden rationalen Weltbezügen, tritt in diesem Denken nicht als wirklich ernstzunehmendes Problem auf, da diese Weltbezüge immer schon als geklärt bzw. unproblematisch vorausgesetzt werden. Wo dieses Verhältnis problematisch erscheint, wird es ins Pathologische abgedrängt. Deshalb kann der psychologische Begriff der Rationalisierung wiederum als innerpsychisches Problem gefaßt werden: "Die Rationalisierung kann zwar auch im Widerspruch zu den Tatsachen oder zu den Regeln logischen Denkens stehen, häufig aber wird sie selbst logisch und rational sein. Ihre Irrationalität liegt dann darin, daß sie nicht das wirkliche Motiv für die Handlung darstellt, deren Ursache sie angeblich war." (89)
Bildungstheorie aber kann diese psychologische Unterstellung nicht teilen. Die Herstellung von rationalen Weltbezügen wird hier gerade als problematisch im Sinne von sich nicht quasi naturhaft herstellend - nicht als pathologisch - und deshalb der bewußten Unterstützung bedüftig angesehen. Damit zielt Bildung über die Vergewisserung des Subjekts hinaus auf ein umfassenderes und zugleich rationaleres Verhältnis zwischen Subjekt und Welt. Diese Relation hat den Anspruch, in einer spezifischen Art qualifiziertes, nicht beliebiges Verhältnis zu sein, welches hinter historisch gewonnene Rationalitätsstandards nicht mehr zurückfallen darf. Es geht im Bildungsdiskurs um die Vermittlung einer historisch gegebenen, lebensweltlichen Einstellung einerseits und der Einführung in historisch erreichte Rationalitätsstandards andererseits. Damit stehen alle

---

88. Fromm 1980, S. 330
89. Fromm 1980, S. 330

sozialwissenschaftlichen Disziplinen, zentral aber die Bildungstheorie, vor dem Problem, Kriterien für ein qualifiziertes Verhältnis von Subjekt und Welt zu entwickeln, dieses also als Bildungsverhältnis zu thematisieren. Diese Thematisierung von Welt ist dem Bildungsgeschehen quasi transzendental vorgeordnet. So wie die Lebenswelt nicht als ganze hinterfragt werden kann, so ist diese Thematisierung nicht aufzuheben, ohne daß zugleich der Bildungprozeß selbst aufgelöst wird. Somit ist die vor jedem Bildungsgeschehen notwendige Thematisierung von Welt eine Voraussetzung des Bildungsprozesses, die zunächst nicht angezweifelt werden kann. Die Einführung in diese vorausbestehende, objektive Welt und ihre Rationalitätsstandards läßt sich zweckrationalem Kalkül unterwerfen, welches in Lehrerhandlungen eingeht. Der Bildner muß sein Handeln zwar über Erfolgskalküle zu realisieren suchen, aber es handelt sich dabei um zweckrationales Handeln, das an den Versuch gebunden ist, die Voraussetzungen für Verständigung zu schaffen. Die Erfolgskalküle sind nicht egozentrisch.

Von dieser Argumentationsebene ist die Ebene des empirischen Bildungsprozesses, also des Interaktionsgeschehens, zu unterscheiden. Dieser Prozeß wird nicht ausschließlich von den Lehrerhandlungen konstituiert, läßt sich also auch nicht in teleologische Handlungen auflösen. (90) Der Erzieher oder Bildner handelt zwar über Erfolgskalküle, dieses zweckrationale Handeln bleibt jedoch an die Beteiligung von Subjekten gebunden.

Mit dem bisherigen Argumentationsgang ist der Bildungsprozeß widersprüchlich bestimmt. Einerseits soll er zweckrational konzipierbar, andererseits aber in seinem wirklichen Vollzug nicht auf zweckrationales Handeln reduzierbar sein. Darüberhinaus soll er sich dieser dichotomischen Einteilung von Zweckrationalität und Verständigung entziehen.

---

90. Sh. dazu meine Analyse der Konstitutionsprinzipien des erwachsenenbildnerischen Prozesses. (Forneck 1987, S. 143 - 153)

Bildungsprozesse stellen offenbar eine Praxis dar, in der sowohl zweckrationales, strategisches als auch kommunikatives Handeln realisiert werden. (91)

Masschelein kommt in seiner Analyse zu ähnlichen Resultaten und bezeichnet diese als verwirrend: "Unseres Erachtens ist dies alles sehr verwirrend." (92) Wir sind nun der Auffassung, daß diese Verwirrung auf die schwer durchzuhaltende Unterscheidung von universalpragmatischer und sozialwissenschaftlicher Analyse zurückzuführen ist. Im Bildungsdiskurs, also auf einer universalpragmatischen Ebene, kann es kein strategisches oder zweckrationales Handeln geben. Auf einer sozialwissenschaftlichen Ebene allerdings muß es ein solches geben. In den Erläuterungen zum Begriff des kommunikativen Handelns bemerkt Habermas dazu: "Zwecktätigkeit bildet ebenso eine Komponente des verständigungsorientierten wie des erfolgsorientierten Handelns. ... Instrumentelle Handlungen können mithin als Bestandteile in sozialen Handlungen beider Typen auftreten." (93) Allerdings ist im strategischen Handeln (insofern es nicht als Handlungstyp im kommunikativen Handeln vorkommt) der Verständigungsaspekt nochmals Mittel der Strategie.

Handeln im Bildungsprozeß enthält also zweckrationales und strategisches Handeln, steht allerdings unter dem Primat der Verständigung. Sollte dies zutreffen, dann müßte das Verhältnis der unterschiedlichen Handlungstypen bestimmt werden. Weiter müßten wir aufzeigen, daß die Entwicklungslogik des Bildungsprozesses auf Verständigung tendiert. Deshalb müssen wir nochmals auf das Spezifische von Bildungsprozessen zurückkommen. Dieses haben wir auf einer formalpragmatischen Ebene als einen Vorgang bestimmt, in dem das Ideal einer Kommunikationsgemeinschaft als Zielvorstellung enthalten ist. Das Ziel wird in einer doppelten Weise angestrebt: Qua Einübung von Geltungsansprüchen und als Einführung in bestimmte Rationalitätsstandards. Diese Doppelung er-

---

91. Es ist aber nicht richtig, daraus den Schluß zu ziehen, der educandus sei damit aus einem "technischtechnologischen Zweck-Mittel-Denken grundsätzlich befreit...", wie dies Kratochwil tut. (Kratochwil 1988, S. 182)
92. Masschelein 1991, S. 78
93. Habermas 1986, S. 602

weist unsere bisherige Differenzierung des Bildungsprozesses als unvollständig. Wenn nämlich die Stufen 1 - 3 des Bildungsprozesses auf das Ziel 'Erheben von Geltungsansprüchen' gerichtet sind, so muß die Möglichkeit seiner Realisierung gegeben sein. Der Bildungsprozeß weist also nicht nur eine drei-, sondern eine vierfache Dimensionierung der Handlungsformen auf: Teleologisches, normenorientiertes, dramaturgisches und kommunikatives Handeln. Die vierfache Dimensionierung bei einer dreifachen Stufung des Bildungsprozesses ist im folgenden Schaubild dargestellt:

Stufen und Dimensionen des Bildungsprozesses II:

1. Stufe	2. Stufe	3. Stufe	
Einführung in	Einübung von	Einübung in	
Realitäts-	Realitäts-	das Erheben	
bereiche	bezügen	von Geltungs-	Handlungs-
		ansprüchen	formen
äußere Natur	Objektivität	Wahrheit	teleolog. H.
Gesellschaft	Normativität	Richtigkeit	normenrg. H.
innere Natur	Subjektivität	Wahrhaftigkeit	dramat. H.
Geltung von	Geltung von	hypothetisches	kommun. H.
Sachverhalten	Gesetzmäßig-	Erheben von	/Diskurs
	keiten	Geltungsan-	
		sprüchen	

Im kommunikativen Handeln erheben die Teilnehmer des Bildungsprozesses Geltungsansprüche. Werden Geltungsansprüche erhoben und auf diese eingegangen, so geht der Bildungsprozeß in kommunikatives Handeln über, was nichts weniger heißt, als daß der Bildungsprozeß zur Auflösung hin tendiert, denn im kommunikativen Handeln hat keiner der Teilnehmer mehr unbesehen einen privilegierten Zugang zur Wirklichkeit. Gleichwohl sprechen wir beim kommunikativen Handeln, bei dem Geltungsansprüche der ersten oder zweiten Stufe zur Diskussion stehen, nicht von Diskursen. Diskurse sind notwendigerweise zeitlich unbegrenzt und haben nur ein Ziel: Verständigung. (94) Die kommunikative Verständigung auf den ersten beiden Stufen des Bildungsprozesses ist aber zweckrational auf das Erreichen von Weltbezügen auf der dritten Stufe bezogen. Deshalb bezeichnen wir das kommunikative Handeln auf diesen beiden Stufen nicht als Diskurs, sondern als Bildungsdiskurs. Werden Geltungsansprüche auf der dritten Stufe des Bildungsprozesses erhoben und auf diese eingegangen, so können wir hingegen vom Diskurs sprechen. Denn dieser kennt dann kein weiteres Ziel, als das jeden Diskurses.

Zwei Dinge sind mit dieser Differenzierung in der Analyse des Bildungsprozesses geleistet. Zum einen ist nun das Verhältnis von zweckrationalem und verständigungsorientiertem Handeln im Bildungsprozeß bestimmbar. Der Bildungsprozeß ist in drei Dimensionen zweckrational planbar, um sich in seiner vierten Dimension, dem kommunikativen Handeln, eben dieser Bestimmung zu entziehen. Didaktische Planungen werden also immer von kommunikativen Handlungen überholt, wenn man Störungen als einen Sonderfall kommunikativen Handelns begreift. Deshalb ist Unterricht als Ganzes nicht planbar.
Zum anderen sind über die Zielbestimmung des Bildungsprozesses durch die vorgenommene Differenzierung exaktere Aussagen möglich: Der Bildungsprozeß zielt nicht nur auf die Erhebung von Geltungsansprüchen, sondern auf die Erhebung von Geltungsansprüchen auf zunehmend höheren Rationalitätsniveaus (Stufen). Das ihm innewohnende Telos tendiert also auf immer abstraktere Diskurse, wobei der Endpunkt dieser Entwicklung mit der Erhebung von Geltungsansprüchen auf der dritten Stufe erreicht ist, der zugleich den Bildungsprozeß auflöst. Damit ist aufgewiesen, daß die bisher eingeführte Differenzierung des Bildungsprozesses auf den Diskurs hin tendiert. Dies gilt sowohl für die Stufung als auch für die Dimensionierung. Letzteres deshalb, weil normenreguliertes Handeln teleologisches umfaßt, dramaturgisches Handeln sowohl normenreguliertes als auch teleologisches, und kommunikatives Handeln

---

94. Sh. die entsprechende Darstellung im 5. Kapitel

umfaßt alle Handlungsdimensionen. Mit dem Erreichen der vierten Dimension auf der dritten Stufe löst sich der Bildungsprozeß auf und vollendet sich zugleich, denn in ihm ist das Telos jeden Diskurses als Zielvorstellung enthalten.

Die hier vorgenommene Differenzierung in vier Dimensionen macht es nun für eine transmoderne Bildungstheorie notwendig nachzuweisen, daß die zweckrational konzipierten Anteile des Einübens in die Rationalität des teleologischen, des normenregulierten und des dramaturgischen Weltbezugs sich auf allen Stufen in kommunikative Weltbezüge überführen lassen. Bevor wir allerdings diese Frage im siebten Kapitel stellen, muß untersucht werden, ob im Bildungsdiskurs Freiheit und Gleichheit herrschen.

3.2. Freiheit und Gleichheit im Bildungsprozeß

Habermas thematisiert den Diskurs als den Ort, an dem die Freiheit herrschen müsse, in eine kritische Diskussion eintreten und von einer Diskursebene auf eine zunehmend reflektiertere bis hin zum Metadiskurs übergehen zu können. Für diese rationale Fortentwicklung von Diskursen kann Habermas universalpragmatische Maßstäbe angeben, weil er diese Maßstäbe dem Prozeß ihrer Hervorbringung selbst entnommen hat. "Der Grundgedanke, der ihn dazu berechtigt, ergibt sich aus dem Rückgriff auf jenes sprachtheoretische Konzept der Herrschaftsfreiheit, dessen erkenntnistheoretische Herausbildung wir bereits verfolgt haben: darin wurde das ethische Prinzip der herrschaftsfreien Kommunikation als ein Ziel betrachtet, das dem gattungsgeschichtlichen Prozeß der symbolisch vermittelten Interaktion von allem Anfang an zugrundeliegt, so daß jetzt als ein Kriterium für den Rationalitätsgrad der menschlichen Normen, ..., das Ausmaß gelten kann, in dem sie Herrschaftsfreiheit garantieren." (95)

---

95. Honneth 1986 a, S. 287

Den, dem gattungsgeschichtlichen Prozeß der symbolisch vermittelten Interaktion von allem Anfang an zugrundeliegenden formalpragmatischen Bedingungen entnimmt Habermas die Kriterien für die Bestimmung von Diskursen. Ebenso muß die sozialwissenschaftliche Bestimmung des Bildungsprozesses von den formalpragmatischen Bestimmungen des Bildungsdiskurses ausgehen. Man muß also, um dem hier zu verhandelnden Phänomen gerecht zu werden, die Frage der Freiheit im Bildungsdiskurs nicht aus der Logik des Diskurses, sondern aus der des Bildungsdiskurses betrachten.

Ein spezifisches, dem Diskurs vorausgehendes Einverständnis herzustellen, das sich von der lebensweltlichen Vorausgelegtheit der Welt unterscheidet, war oben unter einer formalpragmatischen Perspektive als Aufgabe und Leistung des Bildungsdiskurses bezeichnet worden. Daneben war aufgewiesen worden, daß die Befähigung zum Erheben von Geltungsansprüchen und damit zum Eintritt und zur Teilhabe an einem Diskurs in dem Augenblick eine notwendige Bedingung einer konsensualen Wahrheitstheorie ist, in dem eine Kultur sich nicht mehr ausschließlich über alltagsweltliche Prozesse reproduziert.
Für den Diskurs gilt nun: "für alle Beteiligten muß eine symmetrische Chancenverteilung bei der Wahl und der Ausführung von Sprechakten, d.h. eine effektive Chancengleichheit bei der Übernahme von Dialogrollen gegeben sein." (96)

Der Bildungsprozeß unterscheidet sich vom Diskurs insofern, als in ersterem in bestimmte Objektbereiche und in die Kriterien der argumentativen Klärung von Geltungsansprüchen allererst eingeführt werden muß. Dies impliziert, daß das Niveau, also die kulturell etablierten Rationalitätsstandards, vorgegeben ist. Gleichzeitig wird einem der Teilnehmer am Bildungsprozeß die Fähigkeit zugesprochen, die Weltbezüge und die Rationalitätsniveaus virtuos handhaben zu können, während den anderen diese Virtuosität abgesprochen wird. Dann aber muß, im Unterschied zum Diskurs, im Bildungsprozeß systematisch die Ungleichheit der Teilnehmer unterstellt werden.

---

96. McCarthy 1980, S. 350

Diese notwendig zu unterstellende Ungleichheit bezieht sich auf jene subjektiven Voraussetzungen, die gegeben sein müssen, wenn für alle Beteiligten eine symmetrische Chancenverteilung bei der Wahl und der Ausführung von Sprechakten, d.h. eine effektive Chancengleichheit bei der Übernahme von Dialogrollen, gegeben sein muß. Diese Chancengleichheit kann systematisch nicht vorausgesetzt werden, da die Voraussetzungen im Bildungsprozeß allererst entstehen sollen. Chancengleichheit muß hingegen für die vierte Dimension des Bildungsprozesses gelten, also für kommunikatives Handeln. Dies allerdings nur dann, wenn die notwendigen Voraussetzungen auf den entsprechenden Stufen des teleologischen, normenorientierten und dramaturgischen Handelns vorhanden sind. In dem Augenblick, in dem die diskursive Verständigung auf ein höheres Rationalitätsniveau wechselt, tritt wiederum Ungleichheit ein.

Die Bestimmung von ungleichen Beteiligungschancen erlaubt eine Bestimmung der Freiheit im Bildungsprozeß.

Wenn es auf jeder Stufe und in jeder Dimension des Bildungsprozesses möglich sein soll, Geltungsansprüche zu erheben, dann muß auch die Freiheit zur Geltendmachung von Geltungsansprüchen gegeben sein. Allerdings wird im Bildungsdiskurs ein bestimmtes Rationalitätsniveau festgelegt, das dann die Freiheitsspielräume einschränkt. Es wird nicht jeder Geltungsanspruch als diskussionswürdig zugelassen. Die Entscheidung über die Zulässigkeit von Geltungsansprüchen trifft der Lehrende aufgrund seiner Verfügung über die gesellschaftlich herrschenden Rationalitätsstandards, nicht die Bildungsgemeinschaft. Insofern ist das Symmetriepostulat des Diskurses dispensiert und die Freiheit der Beteiligten eingeschränkt.

Damit läßt sich der Freiheitsgrad im Bildungsprozeß rationalisieren: Er ist dann rational legitimiert, wenn er den höchstmöglichen Freiheitsspielraum zur Geltendmachung von Geltungsansprüchen ausschöpft, der aufgrund der erreichten Rationalitätsstandards der Teilnehmer am Bildungsdiskurs möglich ist. Diese Bestimmung der Rationalität des Freiheitsspielraums im Bildungsdiskurs ergibt sich deshalb, weil der Bildungsprozeß durch eine Entwicklungsrichtung gekennzeichnet ist: Die zunehmende Autonomie der Beteiligten. "Damit meine ich die Unabhängigkeit, die das Ich durch erfolgreiche Problemlösungen und durch wachsende Problemlösungsfähigkeiten im Umgang

> a) mit der Realität der äußeren Natur und einer unter strategischen Gesichtspunkten kontrollierbaren Gesellschaft,
> b) mit der nicht vergegenständlichten symbolischen Struktur einer teilweise verinnerlichten Kultur und Gesellschaft und
> c) mit der inneren Natur der kulturell interpretierten Bedürfnisse, der kommunikativ nicht verfügbaren Antriebe und des Leibes erwirbt." (97)

Die Entwicklungsrichtung des Bildungsprozesses impliziert also zugleich eine Entwicklungsrichtung der Freiheitsgrade. Bezogen auf die Symmetrieforderung des Diskurses liegt rationales pädagogisches Handeln dann vor, wenn das jeweils im Bildungsprozeß erreichte Niveau der Unabhängigkeit handelnd ausgeschöpft wird, im Bildungsdiskurs also der Wechsel von zweckrationalem Handeln zu verständigungsorientiertem Handeln auf der erreichten Stufe zugelassen wird.

Ein solcher Wechsel ist zweckrational nicht herbeizuführen. Kommunikatives Handeln kann nur das Werk der Bildungsgemeinschaft als Ganzer sein. Damit der Schritt vom zweckrationalen zum kommunikativen Handeln aber überhaupt möglich wird, muß in der Bildungsgemeinschaft ein Konsens herrschen, der dem Bildner die Kompetenz zuschreibt, die Möglichkeiten und Grenzen der kommunikativen Verfügbarkeit von Unterrichtsprozessen zu bestimmen. Der Bildungsprozeß konstituiert sich folglich immer auf der Grundlage eines Konsenses, in dem einem Teilnehmer eine privilegierte, d.h. asymmetrische Stellung zuerkannt wird. Es wird also von den Beteiligten ein vorgängiger Konsens in die Asymmetrie der Verhältnisse verlangt.

Der kritische Einwand, unter empirischen (institutionellen und historischen) Bedingungen seien Freiheitsspielräume faktisch sehr viel enger

---

97. Habermas 1976 a, S. 68

als hier angegeben, ist zwar richtig (98), trifft allerdings nicht eine systematisch motivierte Bestimmung des Bildungsprozesses. Mit der gesellschaftlich etablierten Schulpflicht ist den beteiligten Individuen z.B. die Thematisierung der Geltung des Bildungsprozesses untersagt, da dieses Erheben von Geltungsansprüchen den Vollzug der Beschulung außer Kraft setzten würde. Ebenso tangiert es die hier entwickelten Bestimmungen nicht, wenn darauf hingewiesen wird, daß der Konsens eben in institutionell verordneten Lernprozessen nicht gegeben ist. Denn in solchen Fällen gibt es auch keinen Bildungsdiskurs und damit kein Handeln, das auf Verständigung der Diskursteilnehmer beruht, vielmehr herrschen strategische Handlungen vor. Es ist also entscheidend, den theoretischen Status dessen, was wir hier transzendentalkritisch als Bildungsdiskurs bestimmen, nicht in empirisch vorfindbare Phänomene aufzulösen. Es geht zunächst darum aufzuzeigen, daß wir die idealtypische Unterstellung des Bildungsdiskurses notwendig machen müssen, auch wenn wir die Ungleichheit und damit die Einschränkung von Freiheitsspielräumen der Beteiligten über die systematisch gewonnenen Bestimmungen hinaus als real existierende anerkennen. (99)

Wir haben zweckrationales Handeln im Bildungsprozeß als eine Form der Interaktion angesehen, in der Einschränkungen von Freiheitsspielräumen systematisch unterstellt werden müssen. Dies ist einmal deshalb notwendig, weil bei den Beteiligten unterschiedliche Fähigkeiten im Verwirklichen von Rationalitätsstandards im teleologischen, normenregulierten und dramaturgischen Weltbezug vorauszusetzen sind. Wesentlicher für den hier untersuchten Zusammenhang ist es, daß auch das kommunikative Handeln im Bildungsprozeß funktional auf das Erreichen der nächst höheren Stufe des Weltbezugs verwiesen bleibt, also im Unterschied zum Diskurs auf der letzten Stufe des Weltbezugs einen vorausgesetzten Zweck hat.

---

98. "Die Etatisierung der Schule schränkte ihre Freiheit ein, aber ohne staatlichen Mäzen wäre das Rechtsgut einer allgemeinen Bildung für jedermann nicht garantierbar gewesen. Aus diesem Dilemma gibt es nur dann einen Ausweg, wenn die organisatorische Verknotung von Staat und Schule gelockert wird und neue Verhältnisse definiert werden. Für diese Verhältnisse ist der Zusammenhang von Öffentlichkeit und Bildung grundlegend." (Oelkers 1988 a, S. 580)
99. Sh. dazu 6. Kap., 1. Teil, 1. Unterabschnitt

Die sich daraus ergebenden Einschränkungen von Freiheitsspielräumen sind nur dann rechtfertigbar, wenn nachgewiesen werden kann, daß die im Bildungsprozeß aufgenommenen teleologischen, normengeleiteten und dramaturgischen Weltbezüge sich auch tatsächlich in kommunikative Weltbezüge und diese sich wiederum auf Weltbezüge einer höheren Stufe überführen lassen, folglich immer die Möglichkeit von diskursiver Verständigung gegeben ist. Denn im gesamten Bildungsprozeß ist jede Thematisierung von Objektbereichen, so haben wir gezeigt, nur unter der Perspektive der Rationalisierung von Weltbezügen legitimierbar. Es geht also nicht nur um die Rationalisierung von Objektbereichen, sondern immer ist die Rationalisierung von Objektbereichen auf die Virtualisierung des Geltendmachens von Geltungsansprüchen verwiesen. Letzteres wiederum ist die subjektive Voraussetzung für das, was eine konsensuale Wahrheitstheorie letztlich einlösen können soll: Die kommunikative Verständigung über Sachverhalte.

Die hier vorgenommene Stufung und Dimensionierung des Bildungsprozesses kann also nur dann sinnvoll sein, wenn der Übergang von teleologischem, normenorientiertem und dramaturgischem Handeln zu kommunikativem und auf einer letzten Stufe zu diskursivem Handeln als zumindest möglich nachgewiesen wird.

4. Die Rationalitätsdimensionen im Bildungsprozeß

Die Herausbildung einer kommunikativen Bildungspraxis bleibt, in der Diktion Hegels, an die Geschichte des objektiven Geistes gebunden. Es gibt ohne die kulturelle Etablierung von rationalen Weltbezügen keine Bildungspraxis. (100) Erst mit dem Aufbau einer soziokulturellen Umwelt, in der Rationalitätsansprüche die Interaktionen von Menschen bestimmen, wird auch eine spezifische Reproduktion dieser konstitutiven,

---

100. Das gleiche gilt für die 'Bildsamkeit' des Menschen, die erst mit der Etablierung von Rationalitätsdimensionen entsteht. (sh. Habermas 1961, S. 256)

auf Rationalität zielenden Erfahrungsmuster einer Gesellschaft qua Bildung möglich. (101) Umgekehrt drängt sich, wenn man Bildung als Ausstattung für die Bewältigung von Lebenssituationen versteht (102), nun auch ein Bildungsbegriff auf, der die in den Handlungen implizierten Rationalitätsdimensionen aufnimmt.

Im Diskurs als dem Ort in der Theorie des kommunikativen Handelns, in dem diese Rationalitätsdimensionen lokalisiert sind, müssen wir nun zwei 'transzendentale' Problembereiche unterscheiden: Die Konstitution von Gewißheitserlebnissen und die argumentative Einlösung von Geltungsansprüchen. Ersteres kann sich nur während des kommunikativen Handelns im Subjekt vollziehen, weshalb die Gewißheitserlebnisse zunächst einer Bestimmung nicht zugänglich sind. (103) Über letzteres aber läßt sich an dieser Stelle unter einer formalpragmatischen Perspektive Näheres aussagen. Deshalb wollen wir uns bei diesem, gegenüber Hegel schon gedoppelten Begriff der 'Aneignung von Objektivität' dem zweiten transzendentalen Problem, dem des Geltendmachens von Wahrheitsansprüchen und dessen Bedeutung für den Bildungsdiskurs zuwenden.

In der Hegelschen 'Phänomenologie des Geistes' war es das zu Selbstbewußtsein gelangte Subjekt, welches Wahrheit hat. In der Theorie des kommunikativen Handelns liegt das Wahrheitskriterium im kommunikativen Prozeß.

Das aber darf nicht mißverstanden werden. Es geht hier nicht um eine Anlehnung an eine vordergründige pragmatische Wahrheitstheorie, die davon ausgeht, daß jede Verständigung auch schon Wahrheit sei. Peirce

---

101. Dort, wo es um die Vermittlung des konstitutiven Erfahrungsbestandes einer Kultur geht, in der nicht, wie in der Moderne, explizit Rationalitätsansprüche erhoben werden, sprechen wir von Traditionsvermittlung bzw. Sozialisationsprozessen.
102. Sh. Robinsohn 1975, S. 13 - 16
103. Luhmann hat 1986 auf eine solche grundlegende Problematik einer subjektzentrierten Bildungstheorie (die er allerdings als fachdidaktisches Problem thematisiert) aufmerksam gemacht, wenn er darauf verweist, daß Verstehen ein zirkulärer Prozeß ist und jede Bildungsabsicht in diese Grundparadoxie gerät. (sh. Luhmann 1986, S. 72 - 74) Auf der Grundlage eines subjektzentrierten Bildungsverständnisses kann man angesichts dieser Paradoxie nur noch vermerken: "Doch wer möchte deswegen auf diesen Unterricht verzichten?" (Groothoff 1987 b, S. 538)

umschreibt in seiner Konsensustheorie der Wahrheit diese als die "Meinung, die vom Schicksal dazu bestimmt ist, daß ihr letztlich jeder der Forschenden zustimmt, ..." (104) Bei Habermas wird Wahrheit ebenfalls an die Zustimmung anderer gebunden: "Dieser Auffassung (einer Konsensustheorie der Wahrheit - HJF) zufolge darf ich dann und nur dann einem Gegenstand ein Prädikat zusprechen, wenn auch jeder andere, der in ein Gespräch mit mir eintreten könnte, demselben Gegenstand das gleiche Prädikat zusprechen würde. ... Die Bedingung für die Wahrheit von Aussagen ist die potentielle Zustimmung aller anderen." (105) Das Wahrheitskriterium ist allerdings "nicht der Umstand, daß überhaupt ein Konsensus erreicht wird, sondern: daß jederzeit und überall, wenn wir nur in einen Diskurs eintreten, ein Konsens unter Bedingungen erzielt werden kann, die diesen als begründeten Konsensus ausweisen." (106) Der Diskurs hat also keinen empirischen, sondern einen theoretischen Status.

Damit soll deutlich werden, daß die im folgenden zu entfaltende bildungstheoretische Bestimmung der Handlungsformen auf der Diskurstheorie Habermas' als dem Ort, an dem Kriterien für das Erheben und Einlösen von Geltungsansprüchen angegeben werden, aufbaut, ohne mit dieser identisch zu sein. Was nun die hier angedeutete Position für eine sozialwissenschaftliche Bildungstheorie u.a. (107) fruchtbar macht, ist die darin vertretene Auffassung, daß zwischen Wahrheitskriterien und den Kriterien zur argumentativen Klärung von Wahrheitsansprüchen letztlich keine Trennung gemacht werden kann: Denn für diese erfahrungsbezogene Gewißheit gilt, daß es "keinen direkten Weg von sinnlichen Wahrnehmungserlebnissen zu theoretischen Konstruktionen, ... (gibt). Selbst die elementarsten Bestandteile der »Evidenzgrundlage« sind kate-

---

104. Peirce 1967, S. 349
105. Habermas 1973, S. 219
106. Habermas 1973, S. 239 - 240
107. Hier wird die aufgenommene Grundlegung von Bildungstheorie in einer Theorie der Moderne weiterverfolgt. Gleichzeitig wird sich aber erweisen, daß durchaus ein Zusammenhang besteht zwischen der in der Theorie des kommunikativen Handelns überwundenen Verengung des Rationalitätsverständnisses einerseits und möglichen Auswirkungen auf den Bildungsprozeß andererseits. Fend hat bereits früh auf solche Problematiken hingewiesen, wenn er bemerkt, daß es ein offenes Problem bleibt, "ob z.B. Rationalität nicht auf Kosten von Engagement ... geht". (Fend 1971, S. 46) Ein erweitertes Rationalitätsverständnis bleibt nicht folgenlos für den Bildungsprozeß und dessen auch sozialisierende Wirkung.

gorial interpretiert (»theoriegeladen«) und dadurch selber der Prüfung, der Revision und der Widerlegung ausgesetzt." (108) Deshalb lassen sich Wahrheitskriterien und die Regeln der argumentativen Klärung von Geltungsansprüchen nicht trennen: "Die Idee der Wahrheit läßt sich nur mit Bezugnahme auf die diskursive Einlösung von Geltungsansprüchen entfalten." (109)

Mit dem Zusammenfallen von Wahrheitskriterien und den Regeln der argumentativen Geltendmachung von Geltungsansprüchen wird es also in der Theorie des kommunikativen Handelns möglich, durch die Festlegung von Bedingungen, unter denen kommunikatives Handeln stattfinden muß, zugleich Rationalitätskriterien anzugeben. Wenn wir nun im folgenden untersuchen, ob solche Kriterien auch für den Bildungsprozeß, den wir als notwendig zum Bildungsdiskurs und zum Diskurs tendierend bestimmt haben, Gültigkeit besitzen, haben wir damit zugleich die transzendentalen Bedingungen der im Bildungsprozeß enthaltenen Rationalität gewonnen. Nicht mehr müßten wir also den Prozeß im Subjekt bestimmen, in dem dieses sich selbst qua Erkenntnis erschafft. Vielmehr würde die Bestimmung der im Bildungsprozeß erhobenen und eingelösten Geltungsansprüche an die Stelle einer subjektzentrierten Wahrheitstheorie treten. Wir hätten dann über eine Bestimmung der argumentativen Klärung von Geltungsansprüchen die Bedingungen der kommunikativen Selbsterschaffung des Subjekts festgelegt.
In der Theorie des kommunikativen Handelns war jeder der drei Handlungsformen, also dem teleologischen, dem normenorientierten und dem dramaturgischen Handeln, sowohl ein spezifischer Gegenstandsbereich als auch ein spezifisches Wahrheitskriterium zugeordnet worden:

---

108. McCarthy 1980, S. 342
109. Habermas 1973, S. 218

Gegenstands-bereich	Rationalitäts-kriterium	Rationalitäts-begriff	Handlungs-form
äußere Natur	Objektivität	Wahrheit	teleologisches H.
Gesellschaft	Normativität	Richtigkeit	normenreguliertes H.
innere Natur	Subjektivität	Wahrhaftigkeit	dramaturgisches H.

Wenn man nun die formalpragmatischen Kriterien eines gelungenen Diskurses an einen Verständigungsvorgang anlegt und dieser diesen Kriterien nicht widerspricht, so kann man auch begründet die Möglichkeit von Wahrheit, Richtigkeit und Wahrhaftigkeit der Verständigung unterstellen. Weiter können wir annehmen, daß ein Prozeß, in dem das Handeln der Teilnehmer auf das Geltendmachen von Geltungsansprüchen tendiert, einen Vorgang der kommunikativen Selbsterschaffung der Subjekte, also einen Bildungsprozeß, darstellt

Um diese Unterstellung aber vornehmen zu können, ist es allerdings Voraussetzung, daß Bildungsdiskurs und Diskurs Rationalitätsansprüche intendieren.

Es wurde bereits gezeigt, daß Momente des von Habermas universalpragmatisch konzipierten Diskurses der Theorie des kommunikativen Handelns als Momente des Bildungsdiskurses aufgefaßt werden müssen. Weiter wurde nachgewiesen, daß im Bildungsprozeß auf den ersten beiden Stufen erhobene Geltungsansprüche sich vom kommunikativen Handeln außerhalb von Bildungsprozessen insofern unterscheiden, als sie auf eine dem Bildungsprozeß eigene Entwicklungslogik verwiesen bleiben. Sie unterscheiden sich aber insofern nicht in ihrer Zwecksetzung, als es in beiden um das explizite Geltendmachen von Geltungsansprüchen geht, die über das alltägliche Handeln und über die alltägliche Kommunikation hinausgehen: "Der Zweck pädagogischen Handelns ... ist bestimmt durch das, wodurch die an diesem Prozeß Beteiligten definiert sind und

was diesen Prozeß überhaupt ermöglicht: nämlich durch ihre vorauszusetzende prinzipielle Vernünftigkeit." (110)
Der Zusammenhang zwischen dem Bildungsprozeß und dem Rationalitätsprozeß ist somit dargelegt. Er ist aber in unserer Untersuchung nur dann relevant, wenn der Nachweis für jede der drei Handlungsdimensionen erbracht wird, daß teleologische, normative und dramaturgische Weltbezüge auf kommunikative Weltbezüge tendieren. Dies ist Gegenstand der folgenden Betrachtungen.

4.1. Die Rationalitätsdimension des teleologischen Handelns im Bildungsprozeß

Der Bildungsprozeß hebt auf eine vernünftigere als die faktische Konstitution von Welt ab und zielt deshalb auf eine Bewußtmachung und Virtualisierung der einerseits in der Lebenswelt und andererseits in Systemen implizierten Rationalität. Es bedarf in ihm also einer strengeren, expliziteren Rechtfertigung von Geltungsansprüchen, als dies im alltäglichen Leben geschieht.
Dort, wo wir von Bildungsprozessen sprechen, unterstellen wir den normativen Sinn, daß es sich in diesem Prozeß um eine wohlfundierte Auseinandersetzung mit der Welt handelt. Dabei supponieren wir immer, daß diese begründete Auseinandersetzung dahin führt, daß jeder rational und kompetent gestaltete Bildungsprozeß zu Übereinkünften in der Beurteilung von dem, was der Fall ist, führt oder der Dissens und dessen Gründe für die beteiligten Kommunikationsteilnehmer einsichtig werden. Bildung impliziert die Annahme, daß die an ihr Beteiligten zumindest in ihrem späteren Leben zu vernünftiger Beurteilung fähig sind. Die Vernünftigkeit der Beurteilung soll dann die Allgemeinheit konstituieren. Diese ist die Übereinkunft in der Beurteilung von Sachverhalten. Die intersubjektiv geteilten Beurteilungen schlagen sich als kulturell iden-

---

110. Löwisch 1979, S. 88

tische Deutungsmuster von dem, was der Fall ist, nieder. Dort, wo diese kulturelle Identität (noch) nicht (mehr) zu erreichen ist, muß die Verständigung zumindest soweit gehen, daß ein Konsens besteht, wie mit der Nichtidentiät kulturell umgegangen werden soll. Der Bildungsdiskurs ist also die idealtypisch vorgenommene Unterstellung einer Einübung in kommunikative Praxis der beteiligten Individuen, wenn wir von Bildungsprozessen sprechen oder uns auf diese einlassen.

Nun mag dies auf den ersten Blick als unrealistische Supposition erscheinen, die in der Bildungspraxis, also in dem real sich vollziehenden Bildungsprozeß, keine Rolle spielt. Tatsächlich scheint die aktuelle Bildungspraxis der vorgenommenen Unterstellung nur selten zu genügen. Es geht dabei allerdings weder um eine Beschreibung von realen Bildungsprozessen, noch um die Darstellung eines abstrakten Bildungsideals, das der schlechten Wirklichkeit entgegengehalten wird. Unter einer universalpragmatischen Perspektive ist entscheidend, daß die Unterstellung eines Bildungsdiskurses notwendigerweise gemacht werden muß, wenn wir von Bildung sprechen bzw. uns auf Bildungsprozesse beziehen. Dies wird deutlich, wenn wir z.B. bezweifeln, daß es sich bei einem aktuellen Bildungsvorgang um eine fundierte Auseinandersetzung mit einem spezifischen Ausschnitt von dem, was der Fall ist, handelt. Damit unterstellen wir andere als die im Bildungsdiskurs wirksamen Faktoren. Beispielsweise können wir nicht umhin, wenn wir von Bildungsprozessen sprechen, Motive abzulehnen, in denen es darum geht, lediglich nach außen so etwas wie eine fundierte Auseinandersetzung vorzuspiegeln. Deshalb kann Adorno auch von Halbbildung sprechen, denn mit Bildung ist das Ideal der Selbstbestimmung gesetzt, die außerhalb von Rationalität nicht zu verwirklichen ist. (111)

Die im Bildungsprozeß statthabende Thematisierung von Objektbereichen geschieht immer unter der Perspektive der Rationalisierung, d.h. der Virtualisierung des Geltendmachens von Geltungsansprüchen. Dort, wo dieser Rationalitätsanspruch aufgegeben wird, sprechen wir von Instruktionsprozessen. Instruktionsprozesse, die sich als Kenntnisse und Fertigkeiten im Bewußtsein der Subjekte niederschlagen, sind natürlich

---

111. Halbbildung ist dann der "Inbegriff eines der Selbstbestimmung entäußerten Bewußtseins". (Adorno 1975 a, S. 66)

potentiell immer reflexiver Verarbeitung zugänglich. Letzteres aber intendiert der Prozeß der Instruktion selbst nicht. (112) Dieser wird von egozentrischen Erfolgskalkülen bestimmt. Der Bildungsprozeß zeichnet sich demgegenüber schon im Ausgangspunkt durch die Intention des Bildners aus, mit der eine zumindest ideell vorgenommene Einheit der Konstitution von Welt und der Geltendmachung von Geltungsansprüchen impliziert ist. (113) Diese Intention findet dann in Planungsprozessen ihren Niederschlag, die zweckrational auf Interaktionen gerichtet sind, in denen Rationalitätsstandards zu subjektiven Fähigkeiten der Beteiligten werden. Dort, wo dies geschieht, kann es nur noch einen Sinn dieses Prozesses geben, daß nämlich die subjektive Beherrschung von Rationalitätsniveaus auch zur Geltung gebracht werden soll. Dieses 'Zur-Geltung-Bringen' der im Bildungsprozeß erworbenen Fähigkeiten ist das Erheben von Geltungsansprüchen, d.i kommunikatives bzw. diskursives Handeln. Wenn wir in eine Situation eintreten und einen Bildungsprozeß initiieren wollen, so können wir folglich gar nicht umhin, die ideale Bildungssituation, den Bildungsdiskurs zu unterstellen. (114)

Der theoretische Diskurs, dessen ideale Bestimmungen uns eine Transformation in den Bildungsdiskurs ermöglichen, beerbt die Selbstreflexion

---

112. Benner spricht diesen Sachverhalt als Belehrung bzw. Indoktrination an. (sh. Benner 1982, S. 953)
113. Diesen Konstitutionsprozeß von Welt in eine Theorie zu fassen, ist die Aufgabe einer kommunikationstheoretisch fundierten Sozialisationstheorie. Sie gäbe die Basis für eine transmoderne Bildungstheorie ab. sh. Furrer 1986, der einen solchen Versuch unternimmt. Welche Möglichkeiten dies böte, zeigt Freitag mit ihren Hinweisen auf den engen Zusammenhang der Grundbegriffe der genetischen Psychologie Piagets und der Theorie des kommunikativen Handlens von Habermas. (sh. Freitag 1983, S. 560 - 572.)
114. Das gleiche gilt für den Begriff der Mündigkeit: "Mündigkeit im philosophisch-anthropologischen Verstande als Telos des Bildungsprozesses ist auch eine regulative praktische Idee. Sie darf nicht dazu benutzt werden, sich über das Hier und Jetzt und die konkreten Möglichkeiten und Schwierigkeiten der Bildungsprozesse hinwegzuheben. Mit eben diesem Hier und Jetzt haben es aber Pädagogik, Erziehung und Bildungswesen zu tun, wobei es allerdings von wesentlicher Bedeutung ist, daß man sich einem Zusammenhang von Ideen, wie er sich bei Kant bzw. bei Habermas findet, unterstellt und nichts unternimmt, was einer Annäherung an sie entgegenwirken könnte, ..." (Groothoff 1987 a, S. 94 - 95)

in spezifischer Weise. Dieses Erbe ist für den Bildungsdiskurs von entscheidender Bedeutung, ist doch die Selbstreflexion der eigentliche Movens des Hegelschen Bildungsprozesses, an dessen Ende Selbsterschaffung in der Übereinstimmung von Subjektivität und Objektivität steht. Selbsterschaffung ist im Bildungsdiskurs aus seiner transzendentalen Einbindung herausgenommen und tritt nun als Nachkonstruktion und Selbstkritik auf: "Die rationale Nachkonstruktion verschreibt sich dem Programm des Bewußtmachens, richtet sich aber auf anonyme Regelsysteme und nimmt auf Totalitäten Bezug. Demgegenüber bezieht sich die methodisch durchgeführte Selbstkritik auf Totalitäten, jedoch in dem Bewußtsein, daß sie das Implizite, Vorprädikative, Nichtaktuelle des lebensweltlichen Hintergrundes niemals ganz wird aufklären können." (115) Selbstbewußtsein gewinnt das Subjekt also nicht in der durch das teleologische Handeln konstituierten Rationalitätsdimension. Vielmehr ist die Möglichkeit des Selbstbewußtseins an eine kommunikative Praxis gebunden, in der die Kommunikationsteilnehmer in freier und zwangloser Anerkennung und Nachprüfung ihrer Geltungsansprüche sich reflexiv zu ihrer eigenen Praxis verhalten. Das Sichzusichverhalten ist damit nur in einer kommunikativen Praxis möglich, die in einer spezifischen, nämlich rekonstruktiven Weise selbstreflexiv ist: Der Bildungsprozeß umfaßt damit "die Nachkonstruktion nun nicht anonymer Regelsysteme sondern idealer Entwicklungsschritte von Problemlösungsniveaus auf kognitiver wie moralisch-praktischer Ebene..." (116)

Nun unterscheidet sich der Bildungsdiskurs von dem Diskurs insofern, das war schon vermerkt worden, als in ihm ja allererst die Möglichkeiten zum Geltendmachen von Geltungsansprüchen konstituiert werden sollen. Im Diskurs ist die Kenntnis von Etwas immer schon vorausgesetzt. Im Bildungsprozeß wird die Kenntnis von Etwas allererst vermittelt. (117) Dieser Vermittlungs- und Virtualisierungsprozeß verläuft nun in Stufen. Zunächst geht es um die Vermittlung von Wissen, Kenntnissen und Fertigkeiten. Auf einer zweiten Stufe der teleologischen Dimension des Bil-

---

115. Habermas 1986 b, S. 350
116. Kessler 1983, S. 30
117. "Im Erziehungsprozeß kann es immer nur um die allmähliche Befähigung des Edukanden zur Diskursteilnahme, nicht aber schon um das Führen auf die Schaffung von Idealbedingungen erst noch angewiesener Diskurse gehen ..." (Weiß 1987, S. 182)

dungsprozesses geht es um den Zusammenhang dieses Wissens, der gewußten 'Tatsachen'. Hier kommen Gesetzmäßigkeiten in den Blick. Dieser Weltbezug kann nochmals reflexiv überboten werden, indem die Konstruktion dieser Gesetzmäßigkeiten zum Gegenstand des Bildungsprozesses gemacht wird.

Die hier für das teleologische Handeln angedeutete Stufung des Bildungsprozesses soll nun im folgenden für die weiteren Handlungsdimensionen, die die unverkürzten Möglichkeiten einer kommunikativen Praxis in sich enthalten, weiter verfolgt werden.

4.2. Die Rationalitätsdimension des normenregulierten Handelns im Bildungsprozeß

Die materialistische Aufklärungsphilosophie hatte noch den Versuch unternommen, Richtigkeitsansprüche auf Wahrheitsansprüche zurückzuführen. Am klaren Lichte des zur Wahrheit gekommenen Verstandes sollte die wahre Bestimmung der Welt hervortreten. (1) Nominalismus und Empirismus leugnen entschieden die Möglichkeit einer solchen Begründung von Normen. Mit der Anerkennung der Differenz zwischen theoretischer und praktischer Logik ist, wie im fünften Kapitel gezeigt, allerdings die Frage nach der normativen Richtigkeit nicht aus dem Bereich der Rationalität verbannt. Es ist also möglich, "daß moralisch-praktische Fragen durch den Zwang des besseren Arguments »mit Vernunft« entschieden werden können; daß das Ergebnis eines praktischen Diskurses »rational motiviert« werden und Ausdruck eines »vernünftigen Willens«, ein gerechtfertigter, begründeter oder fundierter Konsensus sein kann; daß sich praktische Fragen in einem erweiterten Sinne des Ausdrucks somit als »wahrheitsfähig« erweisen." (2)

---

1. Sh. Mensching 1976, S. 16 - 17
2. McCarthy 1980, S. 353

Gegenstand des normativen bzw. praktischen Diskurses sind Geltungsansprüche, die die Richtigkeit von Geboten, Bewertungen und Konventionen betreffen. Die faktische Geltung von Normen stellt also keine ausreichende Begründung für deren Richtigkeit mehr dar. So kann auf einer ersten Stufe des Erhebens von Geltungsansprüchen die Frage nach der Richtigkeit der in einer Situation unterstellten Handlungsnormen mit einer Rechtfertigung qua Hinweis auf diese Handlungsnormen, durch Aufklären von Mißverständnissen oder durch eine Rechtfertigung innerhalb des etablierten normativen Bezugsrahmens beantwortet werden.

Auf einer zweiten, der eigentlichen Stufe des normativen Diskurses werden 'theoretische Rechtfertigungen' für problematisierte Normen vorgebracht. Nun läßt sich im normenregulierten kommunikativen Handeln keine induktive (beobachtungsbezogene oder experimentell gewonnene) Evidenz erreichen. "Relevante Evidenzen sind in erster Linie die Folgen und Nebenfolgen, die die Anwendung einer vorgeschlagenen Norm im Hinblick auf die Befriedigung oder Nichtbefriedigung allgemein akzeptierter Bedürfnisse erwartungsgemäß haben kann." (3) Damit kann es auch im Verständigungsprozeß keine induktive Evidenz geben. Die Beziehung zwischen den problematisierten Normen und der Beschreibung möglicher Folgen ist allerdings auch keine deduktive, sondern eine kasuistische, "die eine Aussage mehr oder weniger plausibel macht. Es geht dabei um die pragmatische Modalität der Triftigkeit und nicht um die logische Modalität der Notwendigkeit: die kasuistische Evidenz liefert in Form von triftigen Argumenten gute Gründe dafür, eine vorgeschlagene Erklärung oder Rechtfertigung zu akzeptieren." (4)

Wenn sich nun normative Aussagen ebenso diskursiv prüfen lassen wie Wahrheitsfragen, (5) so ist zu bestimmen, wie sich eine solche Begründung von Richtigkeit normativer Aussagen rational auszeichnet. In der Theorie des Kommunikativen Handelns ist dies das Prinzip der Universalisierbarkeit. Dieses Prinzip soll alle jene Normen ausschließen, deren Inhalt und Geltungsbereich partikular sind.

---

3. McCarthy 1980, S. 355
4. McCarthy 1980, S. 356
5. Sh. Habermas 1973, S. 226 - 227

Die Radikalisierung des normenorientierten Handelns führt zur dritten Stufe des Bildungsprozesses. Auf dieser kommt den Beteiligten die Bedingtheit der eignen Bedürfnisstrukturen und damit der herrschenden Normen zu Bewußtsein. (6)

Der Bildungsprozeß in seiner normenregulierenden Dimension ist zunächst als eine Einführung in den normativen Hintergrund von Gemeinschaften, Lebenswelten, Institutionen und Kulturen zu verstehen. Auf dem Hintergrund der Habermasschen Auffassung von der sozialen Evolution kann er auf dieser Stufe als ein Lernprozeß begriffen werden, indem in ein bestehendes Normen-, Werte-, Rollen-, Institutionen- und Konventionensystem eingeführt wird. Er ist dies aber in einer spezifischen Weise. Jede Erziehung ist Einübung in einen normativen Hintergrund. Bildung hingegen macht den normativen Hintergrund explizit, stellt sprachliche Mittel bereit, um diesen normativen Hintergrund zu identifizieren. Im Bildungsprozeß werden Gebote, Glaubenssätze, Bewertungen, Rechtfertigungen identifiziert, um die Frage nach der normativen Richtigkeit allererst stellen zu können. Auf einer ersten Ebene geht es somit um eine Rekonstruktion der Gründe, aus denen heraus gehandelt bzw. bewertet wird. Auf einer zweiten Ebene werden Normen als hypothetische Setzungen unterstellt. Dies fällt natürlich umso leichter, je weiter die thematisierten Normen von denen der eigenen Lebenswelt entfernt sind.

Die Einübung in die Rationalitätsstufen des normenregulierten Handelns hat die begrifflichen Voraussetzungen für den Eintritt in den normativen Diskurs zu schaffen. (7) Dazu gehört auch das Bewußtsein, daß es alternative normative Bezugssysteme gibt.

Nun sind Fragen der normativen Richtigkeit eng an die Bedürfnisse der Subjekte gebunden, welche Bedürfnisse äußern. Rationalität des normen-

---

6. Eine unter pädagogischer Fragestellung stehende Darstellung der Habermasschen Vorstellung von Moralentwicklung, die allerdings die neueren Arbeiten nicht einschließt, liefert Maier 1980.
7. Dieser wird vielfach auch als praktischer Diskurs im Unterschied zum theoretischen Diskurs in der teleologischen Handlungsdimension bezeichnet. Eine solche Begriffsverwendung ist aus mehreren Gründen problematisch, weshalb sie hier nicht übernommen wird.

regulierten Handelns ist nur dann möglich, wenn die beteiligten Subjekte in der Lage sind, ihre Bedürfnisse auch selbst zu erkennen. Die Konfrontation von normativen Bezugssystemen aus anderen Kulturen, Epochen, sozialen Schichten und Lebensaltern mit den eigenen, aktuellen normativen Orientierungen vermag, wenn diese Konfrontation zu einer kritischen Rückfrage nach den eigenen handlungsleitenden Normen gewendet wird, eine Einübung in die Identifizierung eigener Bedürfnisse zu werden. Thematisierungen von epochalen und nationalistischen Selbsttäuschungen können in gleicher Weise dazu beitragen.

Solche bildungstheoretischen Überlegungen sind jedoch auf einer zu abstrakten Ebene angeordnet, als daß sie eine unmittelbare Grundlage für didaktische Entscheidungen abgeben könnten. Deshalb muß in einer didaktischen Theorie jene Vermittlung von bildungstheoretischen Überlegungen einerseits und konkreten methodischen Planungsprozessen andererseits geleistet werden. Wir wollen diese Vermittlungsmöglichkeit am Beispiel der Mikroelektronik kurz exemplifizieren.

Die Normativität von Weltbezügen wird auch von den technologischen Veränderungen, die durch die Mikroelektronik in die Lebenswelt eindringen, tangiert. Die hier gemeinte Problematik läßt sich an der künstlichen Intelligenz am klarsten verdeutlichen. Zuse, Erfinder des ersten arbeitsfähigen Computers, schreibt in seinen Memoiren:
"Als höchstes erreichbares Ziel, als >Stein der Weisen< erschien mir die Konstruktion der Keimzelle des künstlichen Supergehirns. Einmal in die Welt gesetzt, würde es durch Lern-Prozesse sich selbst ständig verbessern und könnte mit dem gesamten Wissen der Zeit gefüttert werden. Die

Lösung aller weiteren schwierigen Fragen könnte man diesem Instrument überlassen, sofern man es noch im Griff hätte."(8)
Damit wird der Anspruch erhoben, daß Rechner in der Lage sind, Fragen nach der normativen Richtigkeit von Entscheidungen zu fällen. Man muß sich allerdings nicht solcher technologischer Phantasie überlassen, um zu erkennen, daß in der die Mikroelektronik immer steuernden Software auch Entscheidungen enthalten sind, die Entscheidungen über normative Weltbezüge beinhalten. Über diese Entscheidungen müssen sich die am Bildungsprozeß Beteiligten Bewußtheit verschaffen, wenn die Informatisierung der im Bildungsprozeß thematisierte Weltausschnitt ist. Bildung im mikroelektronischen Zeitalter heißt also auch, zur Rekonstruktion der in der Mikroelektronik enthaltenen normativen Entscheidungen fähig zu sein.
Nun wird hier eine handlungstheoretische Auffassung der Einführung in normative Weltbezüge vertreten. Diese Entwicklung wird somit als sich im konkreten Handlungsfeld der beteiligten Individuen, also in den Aktivitäten der Klasse, abspielend vorgestellt. Der Einsatz z.B. von Computern im Unterricht ist eine solche handlungstheoretisch fruchtbare Situation, in der Fragen des Verhältnisses von in Technik geronnener Normativität und eigener Normativität handlungsleitend thematisiert werden können. Es geht im Bildungsprozeß nicht um eine handlungsferne Reflexion auf Normativität, sondern um eine handlungsnahe Einführung in die Rationalitätsstandards normativen Handelns und damit um eine Befähigung, an solchen kommunikativen Aushandlungen von Normen teilnehmen zu können: "Konkrete Handlungsnormen sind daher nicht das

---

8. Zuse, K., zit. nach Coy 1984, S.7. Angesichts solch projektiver technologischer Phantasie und realer technologischer Entwicklungen wird die Frage, was eigentlich der Mensch noch vor der Maschine voraushabe, ernsthaft erörtert. Volpert etwa nennt vier konstitutive Merkmale für diese Unterscheidung: Erfahrungsfähigkeit, Gefühlsfähigkeit, Entwicklungsfähigkeit und Dialogfähigkeit.(Volpert 1984, S. 67 - 68) Gerade an der Tatsache, daß der Autor den Versuch unternimmt, die Unvergleichlichkeit von Mensch und Maschine zu begründen, läßt sich die Erschütterung des abendländischen Selbstbewußtseins ermessen. Zwar greifen solche Überlegungen den realen Möglichkeiten der Mikroelektronik weit voraus und es gibt ernstzunehmende systematische Argumente, die die mikroelektronische Bedeutungserfassung von Sprache etwa, nicht möglich erscheinen lassen. Die Bedrohung des historisch gewachsenen abendländischen 'Subjekts' steht gleichwohl außer Zweifel.

Ergebnis eines monologischen und ahistorischen Subsumptionsprozesses, noch weniger das Resultat reiner Macht und purer Dezision. Sie entspringen vielmehr geschichtlichen Kommunikationsprozessen." (9) Selbstverständlich gilt auch für normenreguliertes Handeln das, was für alle Handlungsformen gilt: Um in einen normenregulierten Diskurs eintreten zu können, bedarf es eines angemessenen Sprachsystems. (10)

4.3. Die Rationalitätsdimension des dramaturgischen Handelns im Bildungsprozeß

Die Entwicklung von Fähigkeiten zum dramaturgischen Handeln zielt auf 'Parteilichkeit' für die eigene Subjektivität. Damit ist allerdings kein egoistischer Selbstbezug gemeint, sondern vielmehr die Selbstbejahung des je individuellen Seins. (11) Sie realisiert sich aber nur in Akten des Bezugs auf eine eigene, subjektive Welt, die in einer permanenten Entwicklung bzw. Veränderung begriffen ist. Zugleich ist dieser Bezug auf die eigene, subjektive Welt das reflexive Verhältnis eines Sprechers zu seiner Innenwelt, welches seinerseits Entwicklungsmoment dieser subjektiven Welt ist. Das Rationalitätskriterium der Wahrhaftigkeit für dramaturgisches Handeln deutet an, daß eine kommunikative Praxis, in der wahrhafte Selbstbezüge und damit auch Selbstdarstellungen verwirklicht werden, die Basis für eine ethische Bildung abgibt, ohne allerdings diese schon darzustellen.

Wie das normenregulierte so hat auch das dramaturgische Handeln eine Entwicklungslogik und damit eine Stufung. Zunächst muß es im

---

9. Höffe 1986, S. 83 Allerdings ist mit Edelstein zugleich skeptisch einzuwenden, "daß Schule heute erhebliche Schwierigkeiten hat, dieser Aufgabe gerecht zu werden." (Edelstein 1986 b, S. 341)
10. Sh. Habermas 1973, S. 251 - 252
11. Im dramaturgischen Handeln scheint also in spezifisch moderner Form die personale Dimension dessen auf, was Jonas die Selbstbejahung des Seins genannt hat. (sh. Jonas 1984, S. 155 - 158)

Bildungsprozeß darum gehen, die Fähigkeit zu entwickeln, die eigene Befindlichkeit überhaupt wahrzunehmen und adäquat expressiv auszudrücken. Im kommunikativen Handeln auf dieser Stufe können die Kommunikationsteilnehmer interaktiv die Adäquatheit dieses Ausdrucks bezweifeln bzw. sich über die Adäquatheit verständigen. Auf einer weiteren Stufe lassen sich Gründe für einen subjektiven Zustand suchen, und auf der dritten Stufe gilt es, strukturelle Zusammenhänge der Persönlichkeit und damit die Bedingtheit der eigenen Befindlichkeit zu Bewußtsein zu bringen.

Nun wird auch im dramaturgischen Weltbezug durch die Mikroelektronik eine Dimension menschlichen Handelns tangiert, die im Bildungsprozeß von zentraler Bedeutung ist. Sie soll hier kurz Erwähnung finden. Die menschliche Produktivität nämlich wird sich durch die Mikroelektronik in einem ungeheuren Ausmaß potenzieren. Damit aber ist der Computer mit seinen Möglichkeiten der ideale Projektionsgegenstand für Größenphantasien, die als Kompensation für die eigene Unfähigkeit auf anderen Gebieten dienen. Die Faszination, die vom Computer ausgeht, sollte auch unter dieser sozialpsychologischen Perspektive im Bildungsdiskurs thematisiert und rekonstruiert werden.

4.4. Die Rationalitätsdimension des kommunikativen Handelns im Bildungsprozeß

Im kommunikativen Handeln rückt die Rationalitätsproblematik, die im Bildungsdiskurs umfassend nur für den Bildner existiert, in den Horizont der beteiligten Subjekte. Hier erfüllt sich das Diktum Heydorns, daß Bildung werden müsse, was Erziehung war. Die im Bildungsprozeß angelegten, eingeübten und reflektierten Rationalitätsstandards treten nun in den Horizont der 'Schüler'. Diese erheben Geltungsansprüche. Damit aber zeichnet sich das kommunikative Handeln im Bildungsprozeß durch eine entscheidende Differenz zum teleologischen, normenregulierten und dramaturgischen Handeln im Bildungsgeschehen aus. Denn in diesen Handlungsdimensionen verfolgte nur der Lehrer die Zielsetzung des Bildungsdiskurses. Im kommmunikativen Handeln hingegen nehmen die handelnden Interaktionsteilnehmer diese Zielsetzung selbst auf. "In communicative action I do not relate as an individual to a pre-existing world outside of me as is done in the three other action models. Rather I stand and participate in the world of communicating persons." (12) Somit erfährt der Bildungsprozeß im kommunikativen Handeln eine qualitative Veränderung: Der Bildungsprozeß, der sich bis dahin dadurch auszeichnete, daß durch das Handeln der Beteiligten notwendigerweise das Ideal unterstellt werden mußte, die Teilnehmer suchten nach dem Ziel einer idealen Kommunikationsgemeinschaft, transformiert sich: Die Teilnehmer unterstellen dieses Ideal selbst. Der Bildungsvorgang wird (allerdings lediglich auf seiner letzten Stufe) zum Selbstbildungsprozeß und damit zum Diskurs; der Schüler wird zum Teilnehmer.

Mit diesem Schritt nehmen die Teilnehmer nicht nur eine objektivierende, normenkonforme und expressive Einstellung ein, sondern sie nehmen auch die Einstellungen ein, "die mit den Kommunikationsrollen der ersten, zweiten und dritten Person verbunden sind." (13) **Damit dezentriert sich das Subjekt.**

Weil wir diesen Selbstbildungsprozeß nicht als eine einmal erreichte Stufe im Entwicklungsprozeß des einsamen Individuums fassen (14), sondern als Leistung der beteiligten Individuen, die sie in einer Situation, deren Voraussetzungen rekonstruierbar sind, verwirklichen, stellt kommunikatives Handeln für das Individuum nicht den Endpunkt einer Bildungskarriere dar. Vielmehr ist kommunikatives Handeln das Resultat einer auf einen spezifischen Gegenstand zentrierten Virtualisierung der drei Rationalitätsdimensionen, die soweit gelungen ist, daß diese Rationalitätsdimensionen in einer spezifischen Situation im Bewußtsein der beteiligten Individuen handlungsrelevant werden, daß sie an dieses Handeln Geltungsansprüche stellen. Diese handlungstheoretische Refor-

---

12. Furth 1984, S. 185
13. Habermas 1983, S. 149
14. Entwicklungspsyschlogisch müssen wir natürlich die Fähigkeit als solche voraussetzen.

mulierung des Bildungsprozesses macht auf den entscheidenden Tatbestand aufmerksam, daß eine solche Bewußtheit immer wieder neu zu erringen ist.

Im Gegensatz zum diskursiven ist kommunikatives Handeln im Bildungsprozeß nicht deshalb vorläufig, weil es sich auf einen begrenzten Sachverhalt richtet. Diese Begrenzung teilt es mit jeder Verständigung. Kommunikative Handlungen sind jedoch eingeschränkt, da der Bildungsprozeß eine Entwicklungslogik zu der nächst höheren Stufe der Rationalisierung aufweist, die kommunikatives Handeln als begrenzt erweist. Nach der Verständigung setzt nämlich der zweckrationale Prozeß ein, der durch das Erheben von Geltungsansprüchen suspendiert war. Es folgt auf einer höheren Rationalitätsstufe oder an einem anderen Gegenstand bzw. Sachverhalt die zweckrational konzipierte Einführung in Weltbezüge.

Mit dem kommunikativen Handeln im sich aufhebenden Bildungsdiskurs rücken auch bisher im Bildungsdiskurs unterstellte Geltungsansprüche ins Blickfeld der Beteiligten. Diese können im kommunikativen Handeln nur dann Geltung beanspruchen, wenn sie mit Gründen verknüpft sind: "Für kommunikatives Handeln sind nur solche Sprechhandlungen konstitutiv, mit denen der Sprecher kritisierbare Geltungsansprüche verbindet." (15) Die Teilnehmer müssen also die Wahrheit, die normative Richtigkeit und/oder die Wahrhaftigkeit einer Aussage bestreiten können. Damit ist impliziert, daß keiner der Beteiligten im kommunikativen Handeln ein Interpretationsmonopol hat. Manipulierter Konsens bzw. durchgesetzte, aber bestrittene Deutungen sind damit ausgeschlossen. (16)

Nun kommt in der hier gewählten bildungstheoretischen Perspektive im Unterschied zur Habermasschen Theorie im kommunikativen Handeln nicht das spezifische Verhältnis der Geltungsdimensionen in den Blick, sondern das Verhalten zum Verhältnis der Geltungsdimensionen. Dieser

---

15. Habermas 1981 a, S. 410
16. Haferkamp macht auf die Notwendigkeit weiterer begrifflicher Differenzierungen bei einer realwissenschaftlichen Erforschung von Kommunikationsprozessen aufmerksam. (sh. Haferkamp 1984, S. 791 - 793

bildungstheoretische Perspektivenwechsel, auf den Seel (17) in anderem Zusammenhang aufmerksam gemacht hat, führt zu einem veränderten Verständnis von kommunikativem Handeln:
Die kommunikative Handlung geht, nach Habermas, nicht im interpretatorisch ausgeführten Akt der Verständigung auf, denn kommunikatives Handeln bezeichnet einen Typus von Interaktionen, die durch Sprechhandlungen koordiniert werden und nicht mit ihnen zusammenfallen. (18) Der Bildungsprozeß zielt also wie jedes kommunikative Handeln auf Handlungspläne, d.i. Praxis. (19) Damit sind die Beteiligten doppelt bestimmt. Sie sind einerseits Initiator zurechenbarer Handlungen und andererseits das Produkt von Überlieferungen. Daraus folgt nun für den Bildungsprozeß, der im diskursiven Handeln kumuliert, daß er in eine Situation einmünden muß, die wirkliche Handlungsmöglichkeiten für die Beteiligten eröffnet. Der Bildungsdiskurs kann nicht in einen Zustand einmünden, in dem keine wirkliche Handlungsmöglichkeit und damit auch keine eigentliche, dem Bildungsprozeß nicht mehr angehörende Situation vorhanden ist. (20) In der Situation behält der Aktor "die Lebenswelt (21) als Ressource verständigungsorientierten Handelns im Rücken", und zugleich "begegnen ihm die Restriktionen, die die Umstände der Durchführung seiner Pläne auferlegen, als Bestandteile der

---

17. Seel thematisiert dies als Differenz zwischen soziologischer und philosophischer Perspektivierung der Aufnahme von Weltbezügen. In einer bildungstheoretischen Sicht muß die Einheit der Rationalitätsdimensionen in den Vordergrund treten, weil es um reale Handlungen geht. Sh. Seel 1986, S. 53 - 56
18. Sh. Habermas 1981 a, S. 151
19. Oesterreich und Rech differenzieren begrifflich zwischen kommunikativem Handeln und kommunikativem Akt. "Den Begriff 'kommunikatives Handeln' (im Sinne von Habermas) verwenden wir nur, wenn sowohl die Handlungspläne gleichberechtigter Kommunikationspartner als auch ihre Koordination durch kommunikative Akte thematisiert werden." (Oesterreich 1985, S. 280) In einer solchen begrifflichen Differenzierung wird nochmals die Anbindung des Kommunikationsprozesses an die Funktion der Handlungskoordinierung deutlich.
20. Der Begriff der Situation wird als didaktische Kategorie im 7. Kapitel eingeführt und bestimmt. Vorläufig soll hier Situation als ein durch ein Thema herausgehobener Ausschnitt aus der gemeinsamen Lebenswelt verstanden werden.
21. Die Lebenswelt muß also auch die schulische Lebenswelt umfassen, in der sich nur eine Situation konstituieren kann.

Situation." (22) Dies heißt aber auch, daß wir nur dann von Bildungsprozessen sprechen, wenn diese auf eine Situation, also auf Handlungsmöglichkeiten der Beteiligten, die die notwendige Bedingung für kommunikatives Handeln darstellen, zielt. Das Hinarbeiten auf eine Situation, in der realiter die Möglichkeit kommunikativen Handelns vorhanden ist, wird deshalb als die notwendige Bedingung angesehen, um dem Ideal des Bildungsprozesses näherzukommen. Der Bildungsprozeß muß folglich immer mehr in die gemeinsame Verfügung der beteiligten Individuen übergehen.

Das bleibt allerdings recht abstrakt. (23) Dies liegt auch darin begründet, daß Habermas' Theorie, aud der die hier entwickelten Überlegungen basieren, von "historischen Kontexten, Motiven und Erfahrungen weitgehend gereinigt" ist und somit "gegenüber Praxis abstrakt bleiben" muß. (24) Das bedeutet in unserem Zusammenhang, daß eine kommunikations- und handlungstheoretisch fundierte Bildungstheorie eine entsprechende didaktische Fortsetzung erfahren muß.

---

22. Habermas 1981 b, S. 203
23. Darin hat die Formalisierungsstufe der Theorie, die Habermas anstrebt und durchzuhalten versucht, entscheidenden Anteil. Für bildungstheoretische Überlegungen kann allerdings auf inhaltliche Konkretisierungen nicht verzichtet werden. Ob dies auch für andere wissenschaftliche Disziplinen gilt, wie Döbert (Döbert 1986, S. 114 - 117) meint, sei dahingestellt.
24. Christoph 1985, S. 340

4.5. Die Schichtung und Perspektivenverschränkungen im Bildungsprozeß

Der Bildungsprozeß, so war bisher differenziert worden, zeichnet sich zum einen systematisch durch gegebene Dimensionen und zum anderen durch verschiedene Reflexionsstufen aus. Weiter unterscheiden wir im folgenden Bereiche und Weltausschnitte. Folglich geht es in diesem Unterabschnitt um eine weitere Differenzierung und damit Bestimmung des Bildungsvorgangs. Diese soll so weit entwickelt werden, daß sie Kriterien für sozialwissenschaftliche Untersuchungen ergibt.

In der Theorie des Kommunikativen Handelns unterscheidet Habermas zwischen dem alltäglichen, intuitiven Gebrauch von Wissensbeständen einerseits und der reflexiven Verwendung der Wissensbestände zum Zweck der Handlungskoordinierung andererseits. Nun ist diese dichotomische Gegenüberstellung für die Bestimmung des Bildungsprozesses ungeeignet. (25) Sie dürfte in der Theorie des Kommunikativen Handelns von der polarisierenden Verwendung des Lebenswelt- und Systembegriffes herrühren, den Habermas zur Vermeidung des irreführenden Begriffs des einheitlichen Gattungssubjekts einführt. Honneth (26) hat darauf hingewiesen, daß dies zu Schwierigkeiten in der Analyse gesellschaftlicher Phänomene führt. Auch wir hatten erwähnt, daß diese Unterscheidung nicht das Spezifische des hier zu behandelnden Sachverhalts trifft und die dichotomische Unterscheidung von alltäglichem, intuitivem Gebrauch von Wissensbeständen einerseits und der reflexiven Verwendung von Wissensbeständen andererseits durch eine Stufenfolge ersetzt. Jeder dieser Stufen kann eine eindeutige Funktion zugeschrieben werden. Der Bildungsprozeß, nach der Habermasschen Konstruktion an der Nahtstelle zwischen System und Lebenswelt anzusiedeln, ist zunächst aus der Perspektive desjenigen, der gebildet werden soll, als 'Bekanntmachen mit etwas' zu verstehen. Zugleich wird dieses 'Bekanntmachen mit etwas' in einem bestimmten Fach durch einen qualifizierten Bildner veranstaltet. Dies macht zweierlei deutlich. Zum einen ist impliziert, daß es hier

---

25. Sh. dazu das 8. Kapitel
26. Sh. Honneth 1986 a, S. 314

immer auch um eine Einführung in Rationalitätsdimensionen geht, ohne daß dieser Prozeß dem, der diese Bekanntschaft macht, bewußt ist. Es handelt sich somit um eine implizite Einführung in kulturell geprägte Rationalitätsstandards. Diese bezeichnen wir im folgenden als die Stufe des impliziten Weltbezugs.

Die Bewußtheit und damit die Reflexivität über diesen Prozeß liegt zunächst beim Lehrer, der sie in ein didaktisches und methodisches Arrangement umsetzt. Auf dieser ersten Stufe des Bildungsprozesses werden also implizite Weltbezüge aufgenommen. Zum anderen ist der Zusammenhang der ausdifferenzierten Weltbezüge dem, der mit einem Weltausschnitt bekannt gemacht wird, nicht bewußt. Auch hier liegt die Reflexivität über die vorgenommene Differenzierung beim Lehrer. Dies gilt für alle Handlungsdimensionen. Unter Handlungsdimensionen verstehen wir eine Differenzierung in teleologische, normenregulierte (bzw. normenorientierte), dramaturgische und kommunikative Weltbezüge. Dort, wo die Konstruktionsprinzipien moderner Rationalität vermittelt werden, also auf der zweiten Stufe des Bildungsprozesses, sprechen wir von der Stufe des expliziten Weltbezugs. Auf dieser Stufe wird die Stiftung von Rationalität, also die Einsicht in die Funktionsprinzipien, nach denen der Weltausschnitt im modernen Episteme angeordnet ist, gelehrt, aber diese Konstitution selbst wird nicht thematisch. Wo dies geschieht, erreicht der Bildungsprozeß die dritte, explizit-reflexive Stufe. Wir unterscheiden also einen impliziten, expliziten und explizit-reflexiven Weltbezug.

Nun ist jeder Weltbezug notwendigerweise begrenzt. Der Mensch muß aus der Unendlichkeit der ihm gegenüberstehenden Phänomene einen Phänomenbereich aussondern, um Weltbezüge aufnehmen zu können. Dies hat auch und allemal für Bildungsprozesse Gültigkeit. Wir bezeichnen einen solchen begrenzten Phänomenbereich im folgenden als einen Weltausschnitt.

Jede Annäherung an einen Weltausschnitt und damit jeder Weltbezug ist, wenn es sich nicht um einen alltagsweltlich amorphen Weltbezug handelt, perspektiviert. Diese Perspektivierung schlägt sich in Rationalitätsbereichen nieder. Einem gewählten Weltausschnitt kann sich ein Teilnehmer z.B. ausschließlich in einer teleologischen Dimension zuwenden. Dies macht allerdings noch nicht den gesellschaftlich und kulturell etablierten Differenzierungsgrad der Weltbezüge aus. Neben der Differenzierung nach Dimensionen ist eine weitere möglich. Der Weltbezug kann als ein teleologisch-physikalischer, -chemischer, -mathematischer, -pädagogischer usw. aufgefaßt werden. Bei dieser Differenzierung, die nicht mehr auf der Ebene universalpragmatischer Bestimmungen liegt, kann aber die Handlungsdimension nie außer Kraft gesetzt werden. Im Bildungsprozeß wird einem Bereich immer eine Dimension und eine Stufe zugeordnet werden müssen.(27) Der von uns argumentativ eingeführten Differenzierung nach Dimensionen und Stufen wird also eine dritte nach Bereichen hinzugefügt. Es ist evident, daß die Moderne neben Rationalitätsstandards auch spezifische Formen von rationalen Weltbezügen hervorgebracht hat, die nicht mit der Differenzierung von objektiven, normativen oder subjektiven Weltbezügen erfaßt sind. Diese Differenzierung der drei Weltbezüge soll in Bereichen erfaßt werden, die vier deutlich unterscheidbaren Gruppen zugeordnet werden können. (28)

Aus dem bisher Gesagten gehen die im folgenden Schaubild dargestellten Bereiche und ihre Gruppierung hervor.

---

27. Nun läßt sich dieser Vorgang der Einführung in Rationalitätsdimensionen nach der historisch etablierten Differenzierung in Bereiche aufteilen, die nur zum Teil mit der traditionellen schulischen Binnendifferenzierung identisch sind. Auf dieses partielle Auseinanderklaffen von kulturell etablierten Rationalitätsbereichen und der schulischen Binnendifferenzierung hat die didaktische Theorie mit Vorstellungen wie z.B. denen des fächerübergreifenden Unterrichts und des Projektunterrichts geantwortet.
28. In der Diktion Lyotrds würden diese kulturell hervorgebrachten Formen von Weltbezügen als Diskurse bezeichnet.

Bereiche und Bereichsgruppen von Weltbezügen

Gruppe I: äußere Natur
- physikalisch
- chemisch
- biologisch

Gruppe II: Universalien
- sprachlich
- ästhetisch
- logisch/(mathematisch)

Gruppe III: Gesellschaft
- ökonomisch
- soziologisch
- politologisch

Gruppe IV: Subjektivität
- medizinisch
- pädagogisch
- psychologisch

Die Gruppen ergeben sich, wenn man sich die Gegenstände der spezifischen Weltbezüge vergegenwärtigt: Gruppe I hat Natur zum Gegenstand, während Gruppe II eine universalistische Gruppe ist. Sprache, Kunst und Logik sind universalistische Ausdrucksmittel. In der Gruppe III wird Gesellschaft und in der Gruppe IV Subjektivität thematisiert.

Eine solche Differenzierung kann nicht erschöpfend logisch begründet werden, da es sich um einen kulturhistorischen Differenzierungsprozeß handelt. Allerdings folgt der jeweils letzte Bereich einer Gruppe aus der Entwicklungslogik der beiden vorherigen Bereiche insofern, als der jeweils nächste Bereich komplexer ist. Es darf mit Recht darauf hingewiesen werden, daß die hier vorgenommene Differenzierung gleichwohl dezisionistisch ist, da nicht nur zwölf, sondern beliebig viele Differenzierungen gewählt werden könnten. Tatsächlich stellt die hier vorgenommene Einteilung den Versuch dar, die historisch grundlegendsten Differenzierungen zu identifizieren. Aus der Verbindung von Mathematik und Physik ergeben sich z.B. die Anfänge der Technik. Mit gleichem Recht könnte jedoch ebenso die Streichung der Medizin als eines eigenständigen Bereichs gefordert werden, denn aus der Kombination von

Chemie und Biologie entsteht die Medizin. Solche Einwände führen zu der Tatsache, daß die Differenzierung sich letztlich forschungspraktisch bewähren muß.
Selbstverständlich stimmt auch das Argument, daß die Weiterentwicklung der Technik z.B. von den Erkenntnissen der Chemie abhängig ist. Genauso können wir annehmen, daß die Medizin in der Erklärung psychosomatischer Phänomene auf die Entwicklung der Psychologie verwiesen ist und vice versa. Diese und weitere Zusammenhänge sind dann aber Hinweise auf eine Entwicklungstendenz ausdifferenzierter Bereiche, die zunehmend interdependente Wirkungen entfalten. Die hier vorgelegte Bereichsdifferenzierung enthält darüber hinaus noch eine Entwicklungslogik der Rationalitätsentwicklung der Moderne. Von zunächst äußeren Naturphänomenen wird in der Gruppe II zu Phänomenen übergegangen, die quasi die universellen Voraussetzungen darstellen, um überhaupt über fundamentale Rationalitätsniveaus hinauszukommen. Die dritte Gruppe beinhaltet eine spezifische Form menschlicher Kulturleistung, die sich in von Menschen verselbständigenden Sphären verobjektiviert: Wirtschaft, Staat und Demokratie. In dieser institutionalisierten Verobjektivierung treten sie dem Menschen quasi naturhaft gegenüber und werden so Gegenstand rationaler Untersuchung. Die eigene Subjektivität zu verobjektivieren und diese in diesem Prozeß der Objektivierung zum Gegenstand der Untersuchung zu machen, dieser Vorgang kennzeichnet den Beginn einer nichtidealistischen Selbstreflexivität, die die Moderne hervorbringt. Diese Leistung ist in der vierten Gruppe erfaßt.

Die Interdependenz der Bereiche, die das Resultat moderner Rationalität ist, hat nun für die bildungstheoretische Argumentation eine wesentliche Bedeutung. Es geht nämlich darum, daß praxeologisches Handeln (29), welches bestehenden Rationalitätsstandards genügen soll, sich an der Interdependenz dieser Bereiche zu orientieren hat. Dabei muß die Person

---

29. Den Begriff des praxeologischen Handelns oder den der Praxis als des gesellschaftlichen Ortes des gebildeten Handelnden führe ich im 8. Kapitel ein.

in der Lage sein, ihr Handeln über Verständigungsprozesse als konsistentes hervorzubringen. (30)

Ich möchte nun die vorgenommene Systematisierung der Bereiche auf die Dimensionen und Stufen des Bildungsprozesses beziehen. Der Vorgang des Bekanntmachens mit Realitätsausschnitten, also der implizite Weltbezug, der objektiv zugleich auch eine Einführung in Rationalitätsdimensionen und -bereiche ist, ist in dem folgenden Schaubild dargestellt:

I. Stufe des impliziten Weltbezugs

	äussere Welt der Objekte I.1.	gesellschaftliche Welt I.2.	innere, subjektive Welt I.3.
- physikalisch	I.1.1.	I.2.1.	I.3.1.
- chemisch	I.1.2.	I.2.2.	I.3.2.
- biologisch	I.1.3.	I.2.3.	I.3.3.
- sprachlich	I.1.4.	I.2.4.	I.3.4.
- ästhetisch	I.1.5.	I.2.5.	I.3.5.
- mathematisch/log.	I.1.6.	I.2.6.	I.3.6.
- ökonomisch	I.1.7.	I.2.7.	I.3.7.
- soziologisch	I.1.8.	I.2.8.	I.3.8.
- politologisch	I.1.9.	I.2.9.	I.3.9.
- medizinisch	I.1.10.	I.2.10.	I.3.10.
- pädagogisch	I.1.11.	I.2.11.	I.3.11.
- psychologisch	I.1.12.	I.2.12.	I.3.12.

In diesem Schaubild ist auf der ersten Stufe des Bildungsprozesses die bisher entfaltete Differenzierung dargestellt. Es werden zwölf Perspektiven und drei Dimensionen bei der Aufnahme von impliziten Weltbezügen angenommen.

---

30. Es ist also nicht möglich, wie dies forschungsstrategisch sinnvoll ist, die unterschiedenen Bereiche durch unterschiedliche Experten abzudecken. Sh. z.B. Rest 1986, der vier Komponenten des moralischen Handelns unterscheidet und zur Erforschung jeder dieser Komponenten entsprechende Fachwissenschaftler hinzuzieht. (Rest 1986, S. 24 - 28)

Nun zeichnet sich der Bildungsprozeß dadurch aus, daß in ihm die anthropologisch-sozialen und historisch-kulturellen Bedingungen aufgenommen und auf das Ideal einer Diskursgemeinschaft hin transzendiert werden. Diese setzt die symmetrische Chancenverteilung zur Erhebung von Geltungsansprüchen bei den Diskursteilnehmern voraus. Das wiederum impliziert, daß es über das Erheben von Geltungsansprüchen auf der ersten Stufe hinaus im Bildungsprozeß um die Entwicklung von Rationalitätskompetenz geht. Die erste Stufe erlaubt allerdings erst, eine quasi intuitive Einübung in Rationalitätsstandards zu erzielen oder aber die Voraussetzungen zur Einführung in diese zu schaffen, womit sie unter der Perspektive der Einführung von Rationalitätsstandards noch im alltäglichen Denken verhaftet bleibt und an diesem anknüpfen kann, gerade auch dann, wenn bisher unbekanntes Wissen vermittelt wird. Um nun über diese erste Stufe hinauszugelangen ist, zunächst das, was auf der ersten Stufe des Bildungsprozesses implizit angelegt, weil intendiert ist, explizit zu machen. Die Heranwachsenden werden in kulturell allgemein geteilte und in kulturell kontroverse Geltungsansprüche eingeführt, der implizit aufgenommene Weltbezug wird also explizit gemacht. Auf dieser zweiten Stufe des Bildungsprozesses sprechen wir von expliziten Weltbezügen. Die Rationalitätsstandards werden nun an den vermittelten Gegenständen, Objekten oder Sachverhalten bewußt gemacht. Die zu Bildenden üben mit deren Aneignung auch das Handeln auf einem expliziten Rationalitätsniveau ein. Diese Stufe des Bildungsprozesses ist in dem folgenden Schaubild dargestellt:

II. Stufe des expliziten Weltbezugs

	Wahr-heit/ Wirksamkeit II.1.	Richtigkeit II.2.	Wahrhaftigkeit II.3.
- physikalisch	II.1.1.	II.2.1.	II.3.1.
- chemisch	II.1.2.	II.2.2.	II.3.2.
- biologisch	II.1.3.	II.2.3	II.3.3.
- sprachlich	II.1.4.	II.2.4.	II.3.4.
- ästhetisch	II.1.5.	II.2.5.	II.3.5.
- mathematisch/logisch	II.1.6.	II.2.6.	II.3.6.
- ökonomisch	II.1.7.	II.2.7.	II.3.7.
- soziologisch	II.1.8.	II.2.8.	II.3.8.
- politologisch	II.1.9.	II.2.9.	II.3.9.
- medizinisch	II.1.10.	II.2.10.	II.3.10.
- pädagogisch	II.1.11.	II.2.11.	II.3.11.
- psychologisch	II.1.12.	II.2.12.	II.3.12.

Werden Geltungsansprüche auf der zweiten Stufe des Bildungsprozesses erhoben, also die Geltung von Gesetzmäßigkeiten, von Regeln, die Begründung von Normen in Frage gestellt, geht der Bildungsprozeß in kommunikatives Handeln über.

Nun bleiben die Rationalitätsstandards auf der zweiten Stufe der Bildungsgemeinschaft selbst noch äußerlich. Sie sind zwar explizit und damit bewußt, werden von den Beteiligten aber weder aufgenommen, noch auf neue Gegenstände angewandt, noch problematisiert oder sogar weiterentwickelt. Mit dem expliziten Weltbezug realisieren die Beteiligten zwar ein spezifisches Rationalitätsniveau, stellen aber die Geltung der handlungsleitenden Rationalität nicht in Frage. Auf der zweiten Stufe verfügen die Teilnehmer über die Kenntnis von Regeln, Gesetzmäßigkeiten, Normensystem usf., aber diese werden nicht nochmals reflexiv überboten. Dort, wo dies geschieht, etabliert sich die dritte Stufe des Bildungsprozesses. Auf dieser Stufe wird der kulturell etablierte Stand von Kritik und alternativer Konstitution eines Weltausschnitts thematisch. Die am Bildungsprozeß Beteiligten erarbeiten also nicht nur die vor-

herrschende Auffassung über einen bestimmten Sachverhalt, sondern auch den reflexiven Gehalt, den diese Kultur über den Sachverhalt hervorgebracht hat. Wenn dann von den Beteiligten der Versuch unternommen wird, diese Regelhaftigkeiten, Gesetzmäßigkeiten usw. auf ihre Grenzen hin zu überprüfen, also auf dieser Stufe des Bildungsprozesses Geltungsansprüche zu erheben, dann treten sie in einen Diskurs ein, der die entwickeltste Form des kommunikativen Handelns darstellt. Dabei kann mit der Problematisierung auch eine Rückkehr zur ersten und/oder zweiten Stufe verbunden sein, nämlich dann, wenn man sich nochmals der Geltung von bestimmten Realitätsausschnitten vergewissern möchte.
Der Weltbezug auf dieser Stufe ist nicht nur explizit, sondern darüber hinaus auch reflexiv, weshalb wir ihn als explizit-reflexiven Weltbezug bezeichnen. Die dritte Stufe des Bildungsprozesses ist im folgenden Schaubild dargestellt:

III. Stufe des expliziten und reflexiven Weltbezugs

	äussere Welt der Objekte/ Wahrheit III.1.	gesellschaftliche Welt/ Richtigkeit III.2.	innere Welt/ Wahrhaftigkeit III.3.
- physikalisch	III.1.1.	III.2.1.	III.3.1.
- chemisch	III.1.2.	III.2.2.	III.3.2.
- biologisch	III.1.3.	III.2.3	III.3.3.
- sprachlich	III.1.4.	III.2.4.	III.3.4.
- ästhetisch	III.1.5.	III.2.5.	III.3.5.
- mathematisch/logisch	III.1.6.	III.2.6.	III.3.6.
- ökonomisch	III.1.7.	III.2.7.	III.3.7.
- soziologisch	III.1.8.	III.2.8.	III.3.8.
- politologisch	III.1.9.	III.2.9.	III.3.9.
- medizinisch	III.1.10.	III.2.10.	III.3.10.
- pädagogisch	III.1.11.	III.2.11.	III.3.11.
- psychologisch	III.1.12.	III.2.12.	III.3.12.

Die Teilnehmer einer Bildungsgemeinschaft nehmen in der dritten Stufe zwar Weltbezüge auf, realisieren jedoch nicht notwendig eine Praxis des kommunikativen Handelns. Der Bildungsprozeß kann über jede der Stufen fortschreiten, ohne daß einer der Beteiligten einen Geltungsanspruch stellt. Kommunikatives Handeln läßt sich, das war dargestellt worden, auch nicht zweckrational herstellen. Wenn Geltungsansprüche erhoben werden, dann ist es nach den bisher entwickelten Bestimmungen des Bildungsprozesses hingegen möglich anzugeben, auf welchen Stufen diese Geltungsansprüche angesiedelt sind.

Ein weiteres kommt hinzu. Kommunikatives Handeln zeichnet sich durch den Vorgang der Koordinierung individueller Handlungspläne und durch einen Akt der sprachlichen Verständigung aus, in dem die Beteiligten sich durch einen bewußten Gebrauch ihres Wissens auf eine gemeinsame Interpretation ihrer Handlungssituation und damit der Koordinierung ihrer Handlungen einigen. Formalpragmatisch muß im kommunikativen Handeln die Freiheit herrschen. Dies würde implizieren, daß die für den Bildungsprozeß konstitutive Unterscheidung von Bildendem und zu Bildendem aufgehoben würde. Nun haben wir oben bereits gezeigt, daß kommunikatives Handeln auf den ersten beiden Stufen des Bildungsprozesses in dessen Entwicklungslogik eingebunden bleibt, weshalb wir auf diesen Stufen auch nicht von diskursiver Verständigung sprechen. Gleichwohl muß für die Beteiligten im kommunikativen Handeln die eigene Praxis verfügbar sein. Neuere didaktische Ansätze tendieren z.B. im Projektunterricht dazu, den Unterricht als Verständigungsprozeß über eine gemeinsame Praxis zu denken. Die Verfügung über diesen Unterricht ist jedoch für die Beteiligung unter systematischen Gesichtspunkten durch die Stufung des Unterrichtsprozesses begrenzt. Der Bildner ist allein derjenige, der entscheiden kann, ob auf einen erhobenen Geltungsanspruch aufgrund des Entwicklungsstandes des Bildungsprozesses der Beteiligten überhaupt eingegangen werden kann. Erst beim Geltendmachen von Geltungsansprüchen auf der dritten Stufe des Bildungsprozesses, also in dem Augenblick, in dem alle Aspekte menschlicher Handlungsrationalität als interne Bezugspunkte vorhanden sind, wird der Bildungsprozeß zum Diskurs. Dort, wo dies geschieht, transformiert sich der Bildungsprozeß in eine selbstbestimmte Praxis. Dies ist im folgenden Schaubild dargestellt:

Handlungsdimension: kommunikatives Handeln

dramaturgisches Handeln
normenorientiertes Handeln
teleologisches Handeln

	implizite Geltungsansprüche	explizite Geltungsansprüche	explizit-reflexive Geltungsansprüche
- physikalisch	I.4.1.	II.4.1.	III.4.1.
- chemisch	I.4.2.	II.4.2.	III.4.2.
- biologisch	I.4.3.	II.4.3	III.4.3.
- sprachlich	I.4.4.	II.4.4.	III.4.4.
- ästhetisch	I.4.5.	II.4.5.	III.4.5.
- logisch/reflexiv	I.4.6.	II.4.6.	III.4.6.
- ökonomisch	I.4.7.	II.4.7.	III.4.7.
- soziologisch	I.4.8.	II.4.8.	III.4.8.
- politologisch	I.4.9.	II.4.9.	III.4.9.
- medizinisch	I.4.10.	II.4.10.	III.4.10.
- pädagogisch	I.4.11.	II.4.11.	III.4.11.
- psychologisch	I.4.12.	II.4.12.	III.4.12.

Kommunikatives Handeln stellt keine neue Stufe des Bildungsprozesses dar. Kommunikatives bzw. diskursives Handeln hat eine andere Qualität als teleologisches, normenreguliertes und dramaturgisches Handeln, gleichgültig auf welcher Stufe des Bildungsprozesses es auftritt. Deshalb ist das obige Schaubild auch nicht als eine weitere Stufe, sondern als Handlungsdimension zu lesen.

Die hier dargestellte Handlungsdimension ist selbst nicht mehr zweckrational bestimmbar. Die in ihr vollzogenen Handlungen sind das Werk der beteiligten Subjekte. Als Bildungsgemeinschaft nehmen sie den Platz ein, den in der Subjektphilosophie das einsame selbstreflexive Subjekt einnehmen sollte. Indem nämlich die Beteiligten Geltungsansprüche erheben, treten die Aktoren selbst und unmittelbar zu Welten in Beziehung, womit die im Bildungsprozeß analytisch gewonnenen Bestimmungen auf die Handelnden übergehen: Sie selbst realisieren das Telos des Bildungsprozesses, welches auf die diskursive Verständigung zielt. Damit gewinnt eine Intersubjektivität Vorrang, in der eine nachvollziehende Rekonstruktion des eigenen Bildungsprozesses aus der Perspektive von alter möglich wird. Gebildet ist ein Subjekt, wenn es seine eigene, kommunikativ vermittelte Bildungsgeschichte rekonstruieren kann.

Mit der Darstellung der vierten Dimension des Bildungsprozesses ist auf der Ebene der Weltbezüge der transmoderne Bildungsprozeß bestimmt. Wir können somit den gesamten Bildungsprozeß in dem folgenden Schaubild darstellen: (31)

Die stufenweise Einführung in bereichsspezifische Rationalitätsstandards und -dimensionen ist immer nur an bestimmten, so war oben argumentiert worden, material vorliegenden Phänomenen möglich. Da jeder Weltbezug notwendigerweise begrenzt ist, muß er aus der Unendlichkeit der dem Menschen gegenüberstehenden Phänomene einen Phänomenbereich aussondern, um Weltbezüge aufnehmen zu können. Dies gilt auch und allemal für Bildungsprozesse. Wir bezeichnen einen solchen begrenzten Phänomenbereich - wie oben bereits angezeigt - als einen Weltausschnitt.

Mit dieser Differenzierung soll auf begrifflicher Ebene der bildungstheoretischen Einsicht in den sowohl formalen als auch materialen Charakter von Bildung Rechnung getragen werden. Nun besitzt die Einführung in Weltausschnitte immer auch eine Gerichtetheit im Bildungsprozeß. Sie verläuft nämlich von Phänomenen der unmittelbaren Alltagswelt über Phänomene, die lediglich vermittelt in der alltäglichen Wirklichkeit erfahrbar sind, zu Wirklichkeitsausschnitten, die sich nicht mehr erfahrbar konstituieren. Diese Entwicklungslogik der Thematisier-

---

31. Sh. die folgende Seite

barkeit von Weltausschnitten ergibt sich aus der Foucaultschen Analyse der Archäologie des modernen Epistemes. (32)

Der transmoderne Bildungsprozeß:

	explizit	explizit-reflexiv		
implizit				
- physikalisch	1.1.	2.1.	3.1.	4.1.
- chemisch	1.2.	2.1.	3.2.	4.2.
- biologisch	1.3.	2.3.	3.3.	4.3.
- sprachlich	1.4.	2.4.	3.4.	4.4.
- ästhetisch	1.5.	2.5.	3.5.	4.5.
- mathem./log.	1.6.	2.6.	3.6.	4.6.
- ökonomisch	1.7.	2.7.	3.7.	4.7.
- soziologisch	1.8.	2.8.	3.8.	4.8.
- politologisch	1.9.	2.9.	3.9.	4.9.
- medizinisch	1.10.	2.10.	3.10.	4.10.
- pädagogisch	1.11.	2.11.	3.11.	4.11.
- psychologisch	1.12.	2.12.	3.12.	4.12.
	äussere Welt der Objekte / Wahrheit	gesellsch. Welt / Richtigkeit	innere Welt / Wahrhaftigkeit	kommunikativ erhobene Geltungsansprüche

Das Episteme der Renaissance, in dem die Ähnlichkeit die zentrale Rolle spielt, impliziert eine andere Entwicklungslogik als das der Klassik oder der Moderne. In der modernen Entwicklungslogik werden die zu einem Weltausschnitt gehörenden Phänomene um abstrakte Funktionsprinzipien (Leben, Arbeit usw.) angeordnet. Der Bildungsprozeß erlangt dadurch eine Tiefe, die in den drei Stufen und aufgenommen wird. Der Prozeß der stufenweisen Rationalisierung eines Weltausschnitts bewirkt bei den

---

32. Sh. die Darstellung im 2. Kapitel

Teilnehmern eine veränderte Wahrnehmung des Weltausschnitts. Sind die Phänomene auf der ersten Stufe des Bildungsprozesses solche der unmittelbaren Anschauung, so werden sie bereits auf der zweiten Stufe um ein inneres Prinzip (Gesetzmäßigkeit, Regel) angeordnet. Der Gegenstand wird also nicht mehr in seiner unmittelbaren Anschauung, sondern in seiner Gesetzmäßigkeit thematisiert. Auf der dritten Stufe des Bildungsprozesses wird dann die Gesetzmäßigkeit selbst thematisch. Wir bezeichnen die durch die Stufung des Bildungsprozesses jeweils entstehenden Weltausschnitte als solche erster, zweiter und dritter Ordnung. (33) Der thematisierte Weltausschnitt korrespondiert also mit der erreichten Stufe des Bildungsprozesses.

Für die Dimension des normenorientierten Handelns hat Lempert eine solche Stufeneinteilung unter dem Begriff der 'sozialen Aggregation' vorgelegt. (34) Die hier vorgeschlagene Differenzierung läßt sich für alle drei Rationalitätsdimensionen, in allen Bereichen und auf allen Stufen vornehmen. Die Entwicklungslogik besteht aber nicht darin, daß mit zunehmender Reflexionsstufe des Bildungsprozesses in Wirklichkeitsausschnitte eingeführt werden kann, die von Phänomenen der unmittelbaren Lebenswelt entfernter wären. Vielmehr müssen, wenn man die Untersuchungen Piagets zur 'décallage horiconteaux' ernst nimmt, jeweils für jeden Wirklichkeitsausschnitt neu alle Stufen durchlaufen werden. Dabei mögen sich bei Wirklichkeitsausschnitten II und III natürlich didaktische Möglichkeiten und durch diese, hier vorgenommene Differenzierung auch Kriterien selbstständiger Erarbeitung ergeben, was aber an der Tatsache, daß jeweils für jeden Wirklichkeitsausschnitt alle Stufen des Bildungsprozesses zu durchlaufen sind, nichts ändert. Nimmt man nun noch die Interdependenz der Bereiche hinzu, so ergibt sich eine sozialwissenschaftliche Reformulierung des in der bildungstheoretischen Didaktik propagierten Planungsprinzips der Exemplarität.

Das folgende Schaubild stellt das vollständige Modell der im Bildungsprozeß thematisierbaren Weltausschnitte dar:

---

33. Diese Gerichtetheit des Bildungsprozesses ergibt sich aus der modernen Wirklichkeitskonstitution, die Foucault in 'Die Ordnung der Dinge' freilegt, allerdings im Gegensatz zu dieser Untersuchung mit dem Ziel, die Moderne zu verabschieden.
34. Sh. Lempert 1986, S. 92 - 95

Thematisierbare Weltausschnitte im Bildungsprozeß:

Ordnung	1.	2.	3.	4.
- physikalisch	1.1.	2.1.	3.1.	4.1.
- chemisch	1.2.	2.1.	3.2.	4.2.
- biologisch	1.3.	2.3.	3.3.	4.3.
- sprachlich	1.4.	2.4.	3.4.	4.4.
- ästhetisch	1.5.	2.5.	3.5.	4.5.
- mathem./log.	1.6.	2.6.	3.6.	4.6.
- ökonomisch	1.7.	2.7.	3.7.	4.7.
- soziologisch	1.8.	2.8.	3.8.	4.8.
- politologisch	1.9.	2.9.	3.9.	4.9.
- medizinisch	1.10.	2.10.	3.10.	4.10.
- pädagogisch	1.11.	2.11.	3.11.	4.11.
- psychologisch	1.12.	2.12.	3.12.	4.12.
	äussere Welt der Objekte / Wahrheit	gesellsch. Welt / Richtigkeit	innere Welt / Wahrhaftigkeit	kommunikativ erhobene Geltungsansprüche

Wir haben unter einer universalpragmatischen Perspektive Dimensionen des Bildungsprozesses bestimmt. Unter einer sozialwissenschaftlichen Perspektive wurde die Bereichsdifferenzierung und die Stufung eingeführt. Es bleiben noch zwei Dinge zu leisten: Zum einen ist der Bildungsprozeß ein Interaktionsprozeß, weshalb die bisher entwickelten Bestimmungen des Bildungsprozesses mit dem Interaktionsgeschehen vermittelt werden müssen. Dies soll im folgenden siebten Kapitel geschehen. Zum anderen ist das bisher lediglich universalpragmatisch angegebene Ziel von Bildung sozialwissenschaftlich noch nicht ausreichend umschrieben. Eine sozialwissenschaftlich gehaltvolle Zielbestimmung muß den gesellschaftlichen Ort angeben, an dem die im Bildungsprozeß realisierten Fähigkeiten eingelöst werden können. Die Umschreibung dieses Ortes mag den Schluß der Untersuchung darstellen.

7. Kapitel: Situation und Bildung - die handlungstheoretische Bestimmung von Bildungssituationen

Wenn wir nun die in der Auseinandersetzung mit der Hegelschen und Humboldtschen bildungstheoretischen Argumentationen gewählte Diktion wieder aufgreifen, so können wir, einen Gedanken der bisherigen Untersuchung wieder aufnehmend, konstatieren, daß in dem auf der Grundlage der Theorie des kommunikativen Handelns bestimmten Bildungsprozeß 'Breite' und 'Tiefe' zugleich gewonnen werden. 'Tiefe' wird durch die im teleologischen, normenorientierten, dramaturgischen und kommunikativen Handeln aufgenommenen, gestuften Weltbezüge garantiert, also durch die im kommunikativen Handeln sich realisierende Rationalität erreicht. 'Breite' wird durch die Perspektivierung der Weltbezüge (in Bereichen) verwirklicht. In Bildungsprozessen findet folglich eine Ausdifferenzierung von Weltbezügen, die immer wieder im Erheben von Geltungsansprüchen hinterfragt werden, statt. Bildungsprozesse zielen damit auf die Entwicklung einer kommunikativen Grundeinstellung.

In einem ersten Schritt der hier entfalteten Argumentation wurde der Bildungsdiskurs bestimmt, also eine transzendentalkritische Analyse durchgeführt. Indem aber diese Analyse formalpragmatisch erfolgte, ermöglichten die gewonnenen Bestimmungen eine Weiterführung der Analyse des Bildungsprozesses auf einer sozialwissenschaftlichen Ebene. Der transmodern genannte Bildungsprozeß nimmt die substantielle Kritik der Postmoderne am modernen Episteme und somit auch an Bildungstheorie in sich auf. Im sechsten Kapitel wurden diejenigen Bedingungen vorgestellt, welchen die Teilnehmer an Bildungsprozessen beim Vollzug von Handlungen in jedem Falle folgen müssen, wenn von gelungenen Bildungsprozessen gesprochen werden soll. Wir haben, ähnlich wie dies auch in der Theorie des kommunikativen Handelns der Fall ist, eine handlungstheoretische Ebene anvisiert, indem wir den Bildungsprozeß und die darin verwirklichten Handlungen als die Leistungen der beteiligten Individuen betrachteten. Die 'Selbsterschaffung des Subjekts' ist durch die transzendental konzipierte Bildungsgemeinschaft ersetzt

worden, womit das Subjekt nun als das Resultat der Handlungen der beteiligten Individuen begriffen werden kann.
Die hier vorgetragene Analyse operierte dabei mit einer impliziten Auffassung der Leistung von Bildungstheorie. Nach unserer Auffasssung muß eine Bildungstheorie, die theoretische und praktische Relevanz beansprucht, zumindest dreierlei deutlich werden lassen:

> Sie muß die Frage der Subjektkonstitution transzendentalkritisch erklären können.
> Sie muß weiterhin diese Erklärung auf sozialwissenschaftlich bestimmbare Prozesse beziehen können.
> Endlich muß sie Bestimmungen enthalten, die auch eine konstruktive, d.h. didaktische Nutzbarmachung der Theorie ermöglichen.

Auf die ersten beiden Leistungen einer Bildungstheorie, also die sozialwissenschaftliche Konkretisierung transzendentalkritisch abgesicherter Bestimmungen des Bildungsprozesses, soll im folgenden weiter eingegangen werden. Um den Sachverhalt angemessen behandeln zu können, müssen wir uns nochmals eines bisher noch nicht gelösten Problems vergewissern.
Es ging in der dargelegten Argumentation um die Ablösung einer subjektphilosophisch fundierten Bildungstheorie durch eine Theorie, die auf einem verständigungsorientierten Paradigma basiert. Im Laufe der hier vorgestellten Untersuchung war die Verdoppelung des transzendental und zugleich empirisch konzipierten Subjekts durch ein empirisch gedachtes Subjekt einerseits und eine universalpragmatisch konzipierte Kommunikationsgemeinschaft andererseits ersetzt worden. Diese aus erkenntnistheoretischen Gründen vorgenommene Trennung mußte ihren Niederschlag in der bisher erfolgten Bestimmung des Bildungsprozesses finden. Die Dimensionierung des Bildungsprozesses, wie sie im vorhergehenden Kapitel entwickelt wurde, weist zwei qualitativ unterschiedliche Dimensionen auf. Zum einen ist der Bildungsprozeß, wenn es um die Einführung von bzw. Einübung in teleologisches, normenorientiertes und dramaturgisches Handeln geht, zweckrational konzipiert; zum anderen ist der Bildungsprozeß als ein Prozeß bestimmt, in dem

verständigungsorientiertes Handeln realisiert wird. Damit ist die vierte Dimension des Bildungsprozesses als etwas qualitativ anderes als die drei verbleibenden Dimensionen und deren zentrale Bedeutung im Zusammenhang der hier vorgelegten Bildungstheorie bestimmt. Die vorgenommene Differenzierung in vier Dimensionen macht es nun notwendig nachzuweisen, daß die zweckrational konzipierten Anteile des Einübens in die Rationalität des teleologischen, des normenregulierten und des dramaturgischen Weltbezugs sich auf allen Stufen in kommunikative Weltbezüge überführen lassen.

Läßt sich nämlich nicht aufzeigen, wie dieser Übergang von zweckrationalem zu verständigungsorientiertem Handeln im Bildungsprozeß vonstatten gehen soll, so bleibt die vorgelegte Bildungstheorie unter einer transzendentalkritischen Perspektive den Nachweis schuldig, daß der bei der Subjektphilosophie aufgedeckte Widerspruch überwindbar ist. Gleichzeitig wird der hier vorgetragenen Auffassung des Bildungsprozesses ihre Grundlage entzogen, denn im gesamten Bildungsprozeß ist jede Thematisierung von Objektbereichen, so haben wir gezeigt, nur unter der Perspektive der Rationalisierung von Weltbezügen legitimierbar. Es geht also nicht nur um die Rationalisierung von Objektbereichen, sondern diese Rationalisierung ist immer auch auf die Virtualisierung des Geltendmachens von Geltungsansprüchen verwiesen. Letzteres wiederum ist die subjektive Voraussetzung für das, was eine konsensuale Wahrheitstheorie letztlich einlösen können soll: Die kommunikative Verständigung über Sachverhalte.

Die vorgenommene Stufung und Dimensionierung des Bildungsprozesses kann infolgedessen nur dann sinnvoll sein, wenn der Übergang vom teleologischen, normenorientierten und dramaturgischen zum kommunikativen Handeln auf einer handlungstheoretischen Ebene als zumindest möglich nachgewiesen wird.

Wir möchten, um die Möglichkeiten der Einlösung eines solchen Übergangs aufzuzeigen, zunächst von einem sozialwissenschaftlichen Situationsbegriff ausgehen, um dann den Interaktionsprozeß im Bildungsgeschehen nachzuzeichnen.

Wir bezeichnen eine Situation als den "raum-zeitlich strukturierten und von einem Horizont von Mitgegebenheiten begrenzten Komplex von objektiven Bestimmungen eines sozialen Beziehungsgefüges, ..." (1) Diese Objektivität der Bestimmungen schließt die subjektiven Interpretationsleistungen der in einer Situation involvierten Personen mit ein, weshalb wir mit Barth sagen können: "Die Situation, in der sich ein Subjekt befindet, ist eine konkrete Einheit, die nicht ohne entstellende Abstraktion in »objektive« und »subjektive« Bestandteile zerlegt werden kann. ... Die objektivierten Gegebenheiten einer Situation sind nicht beschreibbar ohne Vergegenwärtigung des Verhaltens, das sich auf sie richtet und damit nicht nur sie in ihrer Objektivität, sondern auch die Situation im ganzen mitkonstituiert." (2) Damit ist die Situation "ein Minimum der Einheit menschlicher Existenz", wie Thomas bemerkt. (3) Der so bestimmte Situationsbegriff umfaßt die Fülle all der Rationalisierungs- und Verständigungsleistungen, die im Bildungsprozeß verlangt sind. Er stellt folglich eine sozialwissenschaftliche Analyseeinheit dar, die die bestimmten und ausdifferenzierten Momente des Bildungsprozesses unverkürzt enthält. Eine Situation schließt immer ein oder mehrere Subjekte in sich ein, wobei mit 'Subjekt' ein auf dem verständigungsorientierten Paradigma gedachter Aktor, nicht das selbstreflexive Subjekt der Moderne gemeint ist. Ein weiteres Element einer Situation ist das Thema. Thomas umschreibt das Thema einer Situation als ein Orientierungsmedium, das am einfachsten auf dem Weg über das mögliche, implizite Verbum gefunden werden könne: "M. geht in die Stadt: das Thema dieser Situation können wir als »Gehen in Richtung Stadt« bezeichnen. X. schreibt einen Roman: das Thema ist »schreiben« in Richtung Roman usw." (4) Das Thema von Situationen im Bildungsprozeß ist durch das jeweils in der Situation verfolgte Lernziel bestimmt. »Die Schüler nennen Berufe, die mit dem Automobil im Zusammenhang stehen.« Das Thema dieser Situation heißt: »Berufe nennen«. In Lernzielen scheint aber noch ein anderes Element der Situation auf, der Horizont. Der Horizont einer Situation umschreibt den Relevanzbereich.

---

1. Dreitzel 1980, S. 74 - 75
2. Bahrdt 1972, S. 5
3. Thomas 1969, S. 50
4. Thomas 1969, S. 57

In dem Lernziel »Die Schüler nennen Berufe, die mit dem Automobil im Zusammenhang stehen.« ist der Horizont durch »mit dem Automobil im Zusammenhang stehen« angegeben, da die thematisierbaren Gegenstände damit begrenzt werden. Horizont und Thema ergeben den in der Situation aktualisierten Weltausschnitt. Zugleich aber zeichnet sich die Situation durch einen asymmetrischen Horizont der Beteiligten aus. Was in der didaktischen Theorie als Intention bezeichnet wird, gibt den weiteren Horizont des Bildners an. Thema und Horizont leiten zu einem nächsten Element über, zu den Gegebenheiten einer Situation. Dieses Element umfaßt all jene objektiv bestimmbaren Sachverhalte, die für die Beteiligten thematisch werden. Die »objektiven Sachverhalte« stellen ihrerseits wieder ein Element der Situation dar. Der Unterschied von Gegebenheiten und Sachverhalten tritt in Schüleräußerungen häufig zutage: Die Schüleräußerung »Die Hausaufgaben waren viel zu schwer« gibt die subjektive Gegebenheit objektiver Sachverhalte wieder, wenn wir hier davon absehen, daß mit solchen Aussagen zumeist ein anderes Thema und damit eine andere Situation konstituiert wird, die auf die Beeinflussung des Lehrers u.a. zielt. Der objektive Sachverhalt kann dabei von den Gegebenheiten abweichen, so z.B., wenn der Lehrer feststellt, daß die Hausaufgaben von allen Schülern fehlerfrei erledigt wurden. Nach dem bisher Gesagten muß eine Situation auch einen Zeitraum umfassen. Der Bildungsprozeß kann deswegen als eine Abfolge von Situationen verstanden werden, was wiederum impliziert, daß vergangene Situationen in aktuellen Situationen thematisch werden können. Selbstverständlich haben Situationen auch einen Zukunftsaspekt.

Die angedeutete Reichhaltigkeit des Situationsbegriffs macht es unserer Auffassung nach möglich, diesen auch für die Didaktik fruchtbar zu machen, weil sich neben der im Situationsbegriff enthaltenen Dialektik von objektiven Handlungsvoraussetzungen und subjektiven Prozessen der Konstitution von Realität über die Gestaltung von (Unterrichts)Situationen der systematische Ansatzpunkt für eine nicht-mechanistische didaktische Theorie auftut. (5)

---

5. Dieser Gedanke kann hier nicht weiterverfolgt werden. Wir haben in ersten Versuchen eine solche didaktische Konkretisierung für die Lehrerbildung rsp. Erwachsenenbildung zu leisten versucht. (Sh. Forneck 1987, S. 138 - 155)

An dieser Stelle soll allerdings die Interaktionslogik des Bildungsprozesses dargelegt werden. Bildungssituationen zeichnen sich durch eine hohe Interaktionsdichte aus. Im zweckrationalen Anteil des Bildungsprozesses sind die Interaktionen auf einer Handlungsebene Katalysator von Lernprozessen. Im verständigungsorientierten Anteil sind sie notwendige Bedingung der Subjektkonstitution. Interaktionen finden immer in Situationen statt. Wenn nun der hier gewählte Situationsbegriff gegenüber der transzendentalkritischen Bestimmung des Bildungsprozesses nichtreduktionistisch ist, dann muß dieser Prozeß auch unter der Perspektive seiner Interaktionsstufen formulierbar sein. Indem wir dies im folgenden versuchen, streben wir auf einer interaktionellen Ebene die weitere Bestimmung des Bildungsprozesses an. Es gilt nachzuweisen, daß sich die Interaktionen in zweckrational konzipierten Situationen auf Interaktionen hin entwickeln, die für verständigungsorientiertes Handeln typisch sind. Unser Vorhaben zielt somit auf eine sozialwissenschaftliche Präzisierung eines universalpragmatisch bestimmten Bildungsprozesses.

Die hier behauptete Möglichkeit eines transzendentalkritischen und sozialwissenschaftlichen Zusammenhangs bezweifelt Dux, wenn er auf eine vermeintliche strukturelle Schwäche in der Theorie des kommunikativen Handelns hinweist und behauptet, daß die "Handlungsentlastung kommunikativen Handelns, wie sie in der bruchlosen Übernahme der Analyse der Sprechakte nachdrücklich unterstrichen wird," die Gefahr in sich berge, "daß dessen Strukturen in den realen gesellschaftlichen Organisationen, so wie sie sich durch die Geschichte hin institutionell verfestigt haben, nicht wiederzufinden sind. ... Das Problem liegt darin, daß die Verständigungsprozesse, die den realen Bildungsprozeß der von Grund auf normativen Organisation bestimmen, auf einer von der realen Interessenverfolgung abgehobenen Ebene symbolischer Selbstverständigungen angesetzt werden." (6) Genau dieser Problematik entgeht allerdings Habermas, denn das kommunikative Handeln erfüllt ja die Funktion der Handlungskoordinierung. Deshalb kann er auch bemerken: "Die Zwei-Reiche-Lehre ist ohne Rest überwunden. Die Struktur des verständigungsorientierten Sprachgebrauchs verlangt von den kommunikativ

---

6. Dux 1986, S. 138

Handelnden idealisierende Unterstellungen, aber diese fungieren als gesellschaftliche Tatsachen und sind, wie die Sprache überhaupt, für die Reproduktionsform des soziokulturellen Lebens konstitutiv." (7) Den funktionalen Zusammenhang des kommunikativen Handelns mit der Handlungskoordinierung bei gleichzeitiger Aufrechterhaltung eines Momentes von Unbedingtheit nehmen wir bildungstheoretisch auf, wenn wir den Bildungsbegriff auf die Befähigung zur Teilhabe an Verständigungsprozessen ausrichten. Dies ist seine im Episteme grundlegenste Leistung. Analytisch erfassen wir die in diesem Prozeß stattfindenden Handlungen in Situationen. Handeln ist nämlich auf die Bewältigung von Situationen gerichtet:
"Wenn wir Handeln allgemein als das Bewältigen von Situationen verstehen, schneidet der Begriff des kommunikativen Handelns aus der Situationsbewältigung neben dem teleologischen Aspekt der Durchführung eines Handlungsplans den kommunikativen Aspekt der gemeinsamen Situationsdeutung, überhaupt der Herbeiführung eines Konsenses heraus. Eine Situation stellt den im Hinblick auf ein Thema ausgegrenzten Ausschnitt aus einer Lebenswelt dar. Ein Thema kommt im Zusammenhang mit Interessen und Handlungszielen der Beteiligten auf; es umschreibt den Relevanzbereich der thematisierungsfähigen Gegenstände. Die individuellen Handlungspläne akzentuieren das Thema und bestimmen den aktuellen Verständigungsbedarf, der durch Interpretationsarbeit gedeckt werden muß." (8) Zu jeder Situation gehört ein thematisch gewordener Weltausschnitt.
Für den Bildungsdiskurs heißt dies, daß die beteiligten Personen einerseits in der Lage sind, sich über den in der objektiven, sozialen und subjektiven, durch die Situation konstituierten Weltausschnitt zu verständigen. Andererseits müssen sie jedoch auch die "Einstellungen einnehmen können, die mit den Kommunikationsrollen der ersten, zweiten und dritten Person verbunden sind. Das dezentrierte Weltverständnis ist also durch eine komplexe Perspektivenstruktur gekennzeichnet, die beides integriert: die im formalen Bezugssystem der drei Welten begründeten und mit den Welteinstellungen verknüpften Perspektiven, sowie die in der Sprechsituation selbst angelegten und mit den

---

7. Habermas 1986 a, S. 367
8. Habermas 1983, S. 145

Kommunikationsrollen verknüpften Perspektiven." (9) Mit dieser komplexen Perspektivenstruktur, der Verschränkung von Welt- und Sprecherperspektiven, können wir nun auch die Entwicklungslogik des Bildungsdiskurses interaktionslogisch bestimmen. (10) Das möchte ich im folgenden aus Darstellungsgründen zunächst für den Bereich des normenorientierten, dann des teleologischen und abschließend des dramaturgischen Handelns aufweisen.

1. Interaktionsstufen im normenorientierten Handeln

Wenn Kinder in den institutionalisierten Bildungsbereich eintreten, ist in den westlichen Gesellschaften der Erwerb der Muttersprache weitgehend abgeschlossen. Damit beherrscht das Kind "eine reziproke Ich-Du-Beziehung zwischen Sprechern und Hörern, sobald es Sagen und Tun unterscheiden kann. Es unterscheidet dann Akte der Verständigung mit einem Hörer, also Sprechhandlungen und deren Äquivalente, von Akten der Einwirkung auf ein physisches oder soziales Objekt. ... Das Kind versteht, was Alter mit Aussagen, Aufforderungen, Ankündigungen und Wünschen meint, und weiß, wie Alter Egos Äußerungen versteht." (11) Diese Fähigkeit bedeutet indes noch nicht, daß das Kind auch die Reziprozität von Handlungsorientierungen erkennt, denn diese Erkenntnis erfordert eine Verschränkung von Handlungsperspektiven. Die Entwicklung der Fähigkeit, Handlungsperspektiven zu verschränken, vollzieht sich nach

---

9. Habermas 1983, S. 149
10. So wie Habermas die Universalpragmatik als die Theorie, in der er seine
    Einsichten in die Binnenstruktur kommunikativen Handelns, durch
    eine Theorie der sozialen Evolution ergänzt, so soll hier die bildungstheoretische Analyse der Rationalitätsdimensionen des Handelns durch
    eine handlungstheoretische Bestimmung der Entwicklungslogik des
    Bildungsprozesses erweitert werden.
11. Habermas 1983, S. 155

Habermas, der sich hier auf die Untersuchungen von Selman, Kohlberg und Damon bezieht, in den folgenden Stufen: (12)

1. Stufe.
Das Kind lernt zwischen den Deutungs- und Handlungsperspektiven der verschiedenen Interaktionsteilnehmer zu unterscheiden, ist aber bei der Beurteilung der Handlungen anderer noch unfähig, seinen eigenen Standpunkt beizubehalten und sich gleichzeitig in die Lage des anderen zu versetzen. Dadurch vermag es auch nicht, mit normativen Sätzen einen klaren Sinn zu verbinden, da diese noch nicht auf ihre soziale Bedeutung hin unterschieden werden können, nämlich ob sie einen subjektiven Macht- oder einen unpersönlichen Geltungsanspruch enthalten.

2. Stufe
Diese Fähigkeit entwickelt sich dann, wenn ein Jugendlicher lernt, "die reziproke Sprecher-Hörerbeziehung auf die Beziehung zwischen Aktoren auszudehnen, die die gemeinsame Handlungssituation, im Lichte ihrer jeweiligen Pläne, aus verschiedenen Perspektiven deuten." (13) Selman bezeichnet diese Stufe als die der 'zweiten Person', denn nun wird die Perspektive der zweiten Person für die Koordination des eigenen Handelns wesentlich.

3. Stufe
Die dritte Stufe der Interaktionsentwicklung wird dadurch erreicht, daß die Beobachterperspektive in den Bereich der Interaktion eingeführt wird. Jugendliche lernen, "sich aus einer solchen Beobachterperspektive auf die interpersonale Beziehung zurückzuwenden, die sie in performativer Einstellung mit einem Interaktionsteilnehmer aufnehmen. Diese

---

12. Unsere Einteilung weicht hingegen von der Habermasschen ab. Da es uns hier um die Entwicklungslogik des Übergangs von der präkonventionellen zur konventionellen Stufe des Handelns geht, fügen wir eine Zwischenstufe ein.
13. Habermas 1983, S. 156

verknüpfen sie mit der neutralen Einstellung einer unbeteiligt anwesenden Person, die dem Interaktionsvorgang in der Rolle des Zuhörers oder Zuschauers beiwohnt. Unter dieser Voraussetzung kann die auf der vorangegangenen Stufe hergestellte Reziprozität der Handlungsorientierungen vergegenständlicht und in ihrem systemischen Zusammenhang zu Bewußtsein gebracht werden." (14) Infolgedessen entsteht auf dieser dritten Stufe ein Bedarf an Handlungskoordinierung, da dieser durch persönliche Autorität nicht mehr gedeckt werden kann. Die Entwicklungstufen der Orientierung an Freundschafts-, Personen-, Gruppen- und Elternautorität werden durch eine Orientierung an überpersönlicher Autorität überwunden. (15) So wird der Eintritt in die Welt normativ geregelter Beziehungen möglich.

Diese ontogenetischen Bestimmungen normenorientierter Entwicklungsstufen transformieren wir nun in den Bildungsprozeß. Der Bildungsprozeß wird damit als ein Vorgang bestimmt, in dem das ontogenetisch bereits erreichte Niveau der Perspektivenverschränkung jeweils auf der Ebene von Interaktionsstufen in einen normativen Weltbezug transformiert wird:

---

14. Habermas 1983, S. 156 - 157
15. Die überpersönliche Autorität soll dann zu einer moralischen Konsistenz führen, die a) das moralische Urteil, b) die vom einzelnen wahrgenommene persönliche Verantwortung, c) die Handlungsstrategien und d) die Wiederherstellung von Konsistenz, wenn diese gefährdet ist, umfaßt. (sh. Edelstein 1986 a, S. 44 - 45)

Realitätsbereich	Interaktionsstufen		
	1. Stufe	2. Stufe	3. Stufe
soziale Welt	alternierende TN Perspektive	reversible TN Perspektive	reversible TN und Beobachterperspektive
	1.o.2.Person	1.u.2.Pers.	1.,2.und 3.Person
	autoritätsgesteuerte Interaktion	gen.aut. gesteuerte Interaktion	normengeleitete Interaktion

Im Bildungsdiskurs herrschen also zunächst auf einer präkonventionellen Entwicklungsstufe autoritätsgesteuerte Interaktionen vor. Diese werden in dem Maße in generalisiert autoritätsgesteuerte Interaktionen überführt, wie es im Bildungsprozeß gelingt, eine reversible Teilnehmerperspektive zu etablieren. Normengeleitete Interaktionen sind nur durch die Transzendierung der Teilnehmerperspektive und den Einbezug der Beobachterperspektive hervorzubringen. Auf dieser Stufe normengeleiteter Interaktion geraten die bisherigen Mechanismen normativer Entscheidungen unter Druck. Mit der Etablierung der Beobachterperspektive im normenorientierten Handeln muß ein Interaktionstypus geschaffen werden, der zum einen von Autoritätsbeziehungen zu konkreten Bezugspersonen unabhängig ist (Lehrer, Mitschüler) und der zum anderen eine relative Unabhängigkeit zu den eigenen Interessen aufweist. Hier transzendiert nun das normenorientierte Handeln die Interaktion nach der Seite der teleologischen und der dramaturgischen Handlungsdimension.

2. Interaktionsstufen im teleologischen Handeln

Wenn wir die Interaktionsstufen für das teleologische Handeln skizzieren wollen, dann müssen wir gewisse kognitive Strukturen der Entwicklung voraussetzen. Deshalb bedienen wir uns hier einer kognitionspsychologischen Entwicklungstheorie, die Piaget für die Ontogenese von Bewußtseinsstrukturen entworfen hat. (16) Dabei soll von der Annahme ausgegangen werden, daß Interaktionsstufen bzw. Interaktionsniveaus einer kognitiven Struktur entsprechen. Der zentrale Begriff der Operationen weist nämlich systematisch auf sozial-rationale Kommunikationsprozesse hin: "Denn die Operationen enthalten - was gerade, wie erwähnt, für ihre soziale und 'sozio'-logische Dimension entscheidend ist - im Gegensatz zur Mehrzahl der 'bloßen' Handlungen (...) stets die Möglichkeit des sozialen Austauschs und der interindividuellen Koordination. Sie können aufgrund dieser Eigenschaft zum wichtigsten Instrument intersubjektiver Verifikationen, zur Bedingung der Objektivität und der Universalität der rationalen Strukturen sowie ... des sozialen Interaktionsgleichgewichts generell werden." (17) Mit dem Terminus der Operationen steht folglich ein kognitionspsychologischer Begriff zur Verfügung, der in allen drei Weltbezügen seine Gültigkeit besitzt. (18)
Neben diesem Zusammenhang vermag die genetische Erkenntnistheorie Piagets auch den Prozeß der dezentrierten Identitätsbildung in einer

---

16. Ein weiterer Grund für die Bezugnahme auf die Theorie von Piaget liegt in der Verbindung, die Piaget zwischen kognitiven Strukturen und den Lernbedingungen in den Dimensionen des objektivierenden Denkens, der moralischpraktischen Einsicht und der ästhetischpraktischen Ausdrucksfähigkeit herstellt: "Die genetische Erkenntnistheorie, wie wir sie auffassen, versucht ... die Trennung von Normen und Tatsachen, von Wertung und Beschreibung aufzuheben." (Piaget 1973, S. 10)
17. Wetzel 1980, S. 232
18. Gleichzeitig bleibt der Operationsbegriff mit dem Handlungsbegriff verbunden: "Die Gruppierung ist eine Koordinierung der Operationen, d.h. der Handlungen, die das Individuum ausführen kann." (Piaget 1972, S. 184) Ebenso eng bestimmt Aebli das Verhältnis von Operationen und Handlungen: "Abstraktion von der Handlung besteht darin, daß ein Handelnder seine Handlung und deren Ergebnisse abstrakter zu sehen lernt, als er dies ursprünglich tat, da er noch viele irrelevante Bewegungen ausführte und irrelevante Eigenschaften der Handlungsteilnehmer beachtete. Diese abstrakten Handlungen nennen wir Operationen." (Aebli 1980, S. 240)

teleologischen Handlungsdimension zu erhellen und somit die Prämissen der modernen Subjektkonstitution zwar nicht einzuholen, jedoch zumindest zu stützen. So können die Grundprinzipien des Rationalismus, nämlich das des Nichtwiderspruchs (Reversibilität der Transformationen), das der Identität (Permanenz des neutralen Elements) und das der Assoziativität (Unabhängigkeit eines Zielpunkts vom durchlaufenen Weg) als zentrale Momente einer Identitätsentwicklung verstanden werden.

Darüber hinaus untersucht Piaget in der teleologischen Handlungsdimension z.B. den Invarianzbegriff für unterschiedliche Bereiche:

                    Seriation/Klassifikation

- mathematisch/logisch   Zahl/Zufall/Wahrscheinlichkeit
- physikalisch   Länge/Distanz/Dauer/Geschw.
- chemisch
- biologisch   Leben
- technisch
- medizinisch
- soziologisch   Namen/Worte/soz. Normen (19)
- psychologisch   Bewußtsein/Denken/Wille
- sprachlich
- ästhetisch

Er nimmt auch hier, wenn auch nicht auf einem solcherart theoretisch abgesicherten Differenzierungsgrad wie er mit der Theorie des kommunikativen Handelns vorliegt, eine komplexe Verschränkung von ausdifferenzierten Rationalitätsbereichen und kognitiven Entwicklungsstufen vor.

In den weiteren Überlegungen beschränken wir uns auf den Übergang von der dritten zur vierten Stufe.

---

19. Piaget faßt hierunter auch Begriffe wie Wahrheit und Lüge, die nach der Theorie des kommunikativen Handelns in die dramaturgische Handlungsdimension gehören.

Wir können annehmen, daß das Denken von Jugendlichen zwischen der voroperativen und der operativen Stufe angesiedelt ist, es sich also um konkret-operatorisches bzw. formal-operatorisches Denken handelt. (20) Das Problem der horizontalen Verschiebung (décalage horizontal) tritt nun in der Ausdifferenzierung der Realitätsbereiche in einem mathematisch/logischen, physikalischen, chemischen, biologischen, technischen, medizinischen, soziologischen, psychologischen, sprachlichen und ästhetischen Bereich zu Tage. Es müssen je nach horizontaler Verschiebung in diesen unterschiedlichen Realitätsbereichen auch unterschiedliche Interaktionsstufen auszumachen sein. (21) Wie aber sind diese zu beschreiben und zu erklären?

Für die kognitive Entwicklung des Jugendlichen wird zunächst konkret operatorisches Denken vorausgesetzt. Zugleich interagiert der Jugendliche mit anderen Subjekten: "Zusätzlich zu den organischen Faktoren, welche die Mechanismen der Handlung von innen bedingen, setzt jedes Verhalten zwei Arten von Wechselwirkung voraus, die es von außen verändern und die nicht voneinander getrennt werden können: Die Wechselwirkung zwischen dem Subjekt und den Objekten und die Wechselwirkung zwischen dem Subjekt und den anderen Subjekten." (22)

Im Bildungsprozeß handelt es sich dann um eine Interaktion zwischen einem/mehreren Jugendlichen und einem Erwachsenen, die sich gemeinsam um die rationale Aneignung eines Sachverhalts bemühen. In der Person des Bildners und der eines jugendlichen Schülers treffen also zwei unterschiedene kognitive Entwicklungsstufen aufeinander:

---

20. Piaget bemerkt in einem Kongreßbeitrag, daß die neurophysiologischen Bedingungen für diesen Übergang schon bei einem drei bis vierjährigen Kind gegeben seien.(sh. Piaget 1956, S. 74)
21. Damit wird das Problem einer Verbindung von horizontaler und vertikaler Entwicklungstheorie angesprochen, welches uns zu einer Erweiterung unserer, der Foucaultschen Terminologie entnommenen Rede von Tiefe und Breite zwingt. Es kommt nun eine dritte Dimension hinzu, nämlich die der Entwicklung. Die Theorie Piagets vermag formale und inhaltliche Entwicklungen nur schwer miteinander verknüpfen. (Sh. dazu Mackay 1984, S. 141 - 144)
22. Piaget 1973 a, S. 190

Dritte Entwicklungsstufe
das operatorisch-dezentrierte Denken

konkret-operatorisch formal-operatorisch

Piaget konnte nachweisen, daß es für die Herausbildung der auf der dritten Stufe der kognitiven Entwicklung notwendigen logischen Operationen erforderlich ist, daß diese Operationen effektiv-konkret ausgeführt werden. Ein Kind oder Jugendlicher erkennt z.B. die transformationsunabhängige Bewahrung einer Gegenstandsmenge erst dann, wenn es bzw. er "die Umkehrung einer anschaulich-vordergründigen Formveränderung ('Transformation') dieser Menge, die ihre Konstanz nicht berührt, in irgendeiner Weise selbst vollzogen hat (...)." (23)
Die Einübung und Einführung in einen kulturell differenzierten Bestand von Realitätsbereichen in der teleologischen Handlungsdimension geschieht in Bildungsprozessen immer mit einem Erwachsenen. Das Kind oder der konkret-opratorische Jugendliche kann aber nun, wenn wir auf unsere Charakterisierung der ersten Interaktionsstufe in der normenorientierten Handlungsdimension zurückgreifen, die Handlungsperspektiven der anderen Interaktionsteilnehmer unterscheiden. Damit erkennt es bzw. er auch die Differenz seiner Handlungsperspektive zu der des Lehrers. Die Handlungsperspektive von alter ist ihm also auf seinem Entwicklungsniveau noch prinzipiell verschlossen. Auf dieser Stufe der Entwicklung läßt sich der Schüler durch die Autorität des Lehrers leiten. (24) Welt wird ihm durch Alter zugänglich. Sein Weltbezug wird auf der Grundlage der erkannten Handlungsdifferenz fraglos anerkannt, und er ist nicht fähig, seinen eigenen Weltbezug beizubehalten und diesen mit dem von alter zu vermitteln. Der Aufbau von Operationen und operativen Gruppierungen vollzieht sich als ein interaktiver Prozeß, in dem der Jugendliche vorerst seine eigenen Operationen aufgibt. Allerdings sind

---

23. Wetzel 1980, S. 237
24. Diese Aussage gilt nur vorläufig. Die Betrachtung der dramaturgischen Handlungsdimension wird weitere Differenzierungen erbringen.

diese Operationen nicht eigentlich die 'seinen': "Das Kind seinerseits konstruiert keine Systeme. Sein spontanes Denken kann mehr oder weniger (...) systematisch sein, doch das bemerkt der Beobachter von außen, während sich das Kind dessen nicht bewußt ist, weil sein Denken nicht über sich selbst reflektiert." (25) Aus diesem Grund ist das Kind bzw. der Jugendliche zunächst nur zu einer alternierenden Weltperspektive fähig.

Realitätsbereich	Interaktionsstufen		
teleogische Welt	1. Stufe	2. Stufe	3. Stufe
	alternierende Weltperspektive		
	1.o.2.Person		
	autoritätsorientierter teleol. Weltbezug		

In dem Augenblick aber, in dem der Schüler in der Lage ist, gegenüber der ersten und zweiten Person Reversibilität herzustellen, also seine eigene Weltperspektive aus der Perspektive der zweiten Person zu betrachten und vice versa, ist er in der Lage, seine eigene Weltperspektive gegenüber der der zweiten Person zu behaupten. Hier wird zum erstenmal zum Bewußtsein gebracht, daß die am Bildungsprozeß beteiligten Teilnehmer unterschiedliche Wahrnehmungs- und Deutungsleistungen vollbringen. Die Unterschiedlichkeit dieser Deutungsleistungen kann nun in die eigenen Handlungspläne integriert werden, womit auf einer teleologischen Handlungsdimension Widerspruch (Gegenrede) möglich wird.

---

25. Piaget 1977, S. 327

Realitätsbereich	Interaktionsstufen		
teleogische Welt	1. Stufe	2. Stufe	3. Stufe
		alternierende Weltperspektive	reversible Weltperspektive
		1.o.2.Person	1. und 2. Person
		autoritätsorientierter teleol. Weltbezug	gen.aut.gest. orientierter teleol. Weltbezug

Die dritte Stufe der Interaktionsentwicklung in der teleologischen Handlungsdimension wird dadurch erreicht, daß analog der Entwicklung in der Dimension des normenorientierten Handelns die Beobachterperspektive in den Bereich der Interaktion eingeführt wird. Diese Perspektive erlaubt es, die unterschiedlichen Wahrnehmungs- und Deutungsleistungen nicht nur jeweils unter dem Blickwinkel der ersten oder zweiten Person einzunehmen, sondern auch demjenigen der dritten Person zu betrachten. Somit sind die Wahrnehmungs- und Deutungsleistungen der beteiligten Personen im Bildungsprozeß rekonstruierbar. Genau aus dieser Rekonstruktionsmöglichkeit ergibt sich ein Bedarf an Handlungskoordinierung, weil dieser nicht mehr durch persönliche Autorität gedeckt werden kann. Die Frage nach der Wahrheit von Sachverhalten verlangt nach autoritätsunabhängigen Kriterien. Das Subjekt gewinnt hierdurch seine Handlungsfähigkeit gegenüber der objektiven Welt:

"Die wesentlichen Merkmale des formal-operatorischen Denkens sind, wenn man einmal von den Formalisierungen absieht, die Fähigkeit des Heranwachsenden, in Problemsituationen eine bestimmte Methode anzuwenden, um herauszufinden, welche von mehreren Faktoren eine Wirkung haben und welche nicht. ... Das allgemeinste Merkmal dieser Entwicklungsstufe ist wohl dies, daß nicht mehr das Mögliche dem Tatsächlichen, sondern umgekehrt das tatsächlich Vorhandene dem Möglichen untergeordnet wird: Die Gegebenheiten der Situation können in eine

Gesamtstruktur von vielen weiteren Möglichkeiten integriert werden." (26)

Wenn wir nun auf die Interaktionsstufen abheben, so müssen wir, über die kognitionspsychologischen Aussagen Piagets hinaus, die im Bildungsprozeß ablaufenden Interaktionsprozesse mit der kognitiven Entwicklung in einen Zusammenhang bringen. Piaget formulierte 1971: "Das Individuum handelt nur, wenn es das Bedürfnis zum Handeln empfindet, d.h., wenn das Gleichgewicht zwischen dem Organismus und der Umwelt für den Augenblick gestört ist; und die Handlung bezweckt eben die Wiederherstellung dieses Gleichgewichts, ..." (27) Demgegenüber bemerkt Rausch zu Recht, daß damit notwendigerweise das Verhältnis von Subjekt und Objekt in den Blick gerät: "Im Prozeß dieser Zwecksetzung für das Handeln liegt der Ursprung der Erkenntnis; d.h., die Formulierung »Wiederherstellung des Gleichgewichts« zwingt zur Aufnahme der Komponenten, zwischen denen die Beziehung besteht: Subjekt und Objekt. Im Handeln, also »auf halbem Wege zwischen beiden« (Cellerier 1976, S. 63), nämlich zwischen Subjekt und Objekt, das eben diese Beziehung erst herstellt, liegt somit das Entstehen der Erkenntnis begründet... ." (28) Dieser Formulierung ist auch innerhalb des Problemhorizonts dieser Untersuchung zuzustimmen, da hier das Subjekt durchaus als empirisches aufgefaßt werden kann. In ihm sind die empirischen Gründe zu lokalisieren, warum Geltungsansprüche erhoben werden. Das Entstehen von Erkenntnis kann im Subjekt gesucht werden; Garant von Erkenntnis kann das Subjekt allerdings nicht sein.

Unter einer interaktionstheoretischen Perspektive ist ego im Bildungsdiskurs durch das von alter repräsentierte fortgeschrittenere Subjekt-Objekt-Verhältnis in einen Ungleichgewichtszustand gebracht. Der sich daraus ergebende Aequilibrationsprozeß kann unter bestimmten Bedingungen (29) spezifische Interaktionen hervorbringen, denen auf der dritten Stufe des Bildungsprozesses erhobene Geltungsansprüche korres-

---

26. Steiner 1984 a, S. 90
27. Piaget 1972, S. 6
28. Rausch 1984, S. 245
29. Hier scheint andeutungsweise die Möglichkeit einer handlungstheoretischen Formulierung der geisteswissenschaftlichen Theorie des pädagogischen Bezugs auf.

pondieren. Diese Interaktionen bezeichnen wir als erkenntnisorientierte Interaktionen. Somit ergeben sich die folgenden Interaktionsstufen:

Realitätsbereich	Interaktionsstufen		
teleogische Welt	1. Stufe	2. Stufe	3. Stufe
	alternierende Weltperspektive	reversible Weltperspektive	kommunikative Weltperspektive
	1.o.2.Person	1. u. 2. Person	1.,2. u. 3. Person
	autoritätsorientierte Interaktion	gen.aut.gest. orientierte Interaktion	erkenntnisorientierte Interaktion

Die erkenntnisorientierte Interaktion läßt die starren Interaktionsformen hinter sich, denn es geht hier um eine den Gegenständen angemessene Interaktion: "The emancipatory interest in an unconstrained and universal communication is not the fundamental interest of stabilised behaviour as such. ... The critical interest is not eo ipso a motivation for the stabilisation of a certain behaviour." (30) Auf dieser Stufe der Interaktion kann sich der Bildungsprozeß auflösen.

3. Interaktionsstufen im dramaturgischen Handeln

In der Theorie des kommunikativen Handelns geht es um einen Theorietypus, der "abstrakte Regelsysteme zur Erzeugung intersubjektiver Beziehungen, in denen auch die Subjekte selber sich bilden" (31) annimmt. Bei diesem Typus steht die 'umgangssprachliche Kommunikation' im Mittelpunkt. "Dabei geht es um die Erzeugung von Situationen des Mit-

---

30. Ottmann 1982, S. 95
31. Habermas 1986, S. 28

einandersprechens und -handelns, also der Form der Intersubjektivität möglicher Verständigung." (32) Im Prozeß dieser Verständigung bilden die Interaktionsteilnehmer mit jeder sprachlichen Äußerung ein füreinander sichtbares Publikum. Damit ist ausgesagt, daß jede Handlung für die Teilnehmer einer Interaktions- bzw. Kommunikationsgemeinschaft auch Preisgabe der eigenen Subjektivität bedeutet. Geht man davon aus, daß mit einer Handlung immer eine Intention impliziert ist, dann muß in jeder Handlung systematisch auch eine dramaturgische Dimension unterstellt werden, die beim Publikum einen spezifischen Eindruck von der Subjektivität intendiert. Goffman bezeichnet diesen Sachverhalt als Imagepflege. "Image ist ein in Termini sozial anerkannter Eigenschaften umschriebenes Selbstbild..." (33) Der Interaktionsteilnehmer präsentiert etwas von seiner Subjektivität gegenüber einem spezifischen Publikum und einem bestimmten Thema (also in einer Situation). Er muß demnach einerseits, wenn er dramaturgisch handeln will, Zugang zu seiner subjektiven Welt haben und andererseits diese Welt in Verbindung bringen mit der teleologischen und normenorientierten Welt. Nun kann der Jugendliche die Handlungsperspektiven der anderen Interaktionsteilnehmer unterscheiden. Er ist in der Lage, mögliche Differenzen zwischen seinen Bedürfnissen und den Bedürfnissen des Lehrers zu erkennen, ohne diese Differenzen jedoch miteinander vermitteln zu können. Er kann sich auf diese Differenz nur alternierend beziehen. Dies ist die erste Stufe des dramaturgischen Weltbezugs:

Realitätsbereich	Interaktionsstufen		
subjektive Welt	1. Stufe	2. Stufe	3. Stufe
	alternierende Bedürfnisperspektive		
	1.o.2.Person		
	autoritätsorientierte Bedürfnisausrichtung		

---

32. Habermas 1986, S. 27
33. Goffmann 1978, S. 10

Auf dieser Stufe des dramaturgischen Handelns ist das Kind oder der Jugendliche noch nicht fähig, seinen eigenen Weltbezug beizubehalten und gleichzeitig den anderer Interaktionsteilnehmer aufzunehmen. Für ihn gibt es nur zwei Möglichkeiten des dramaturgischen Handelns. Die eine besteht im Durchsetzen der eigenen Bedürfnisse unter Absehung der der anderen Interaktionsteilnehmer. Die zweite Möglichkeit stellt die Anpassung an fremde Bedürfnisse dar. Auf dieser Stufe kann es, außer der Anpassung, keine bewußten 'Techniken der Imagepflege' geben.

In dem Augenblick, in dem die Interaktionsteilnehmer in der Lage sind, ihre eigene Subjektivität aus der Perspektive von alter zu betrachten, entstehen die ersten bewußten Techniken zur Präsentation der eigenen Subjektivität. Woran orientieren sich nun die Interaktionsteilnehmer beim dramaturgischen Handeln auf dieser Stufe? Es gibt nur eine Möglichkeit der Orientierung, nämlich die, sich an den durch die Interaktionsgemeinschaft hervorgebrachten und etablierten Praktiken der Präsentation von Subjektivität und an den diesen zugrundeliegenden normativen Vorstellungen von Subjektivität auszurichten. Unter Jugendlichen entstehen auf dieser Stufe eigene subkulturelle Bedürfnismilieus. Das Schaubild gibt diese Stufe des dramaturgischen Handelns wieder:

Realitätsbereich	Interaktionsstufen		
subjektive Welt	1. Stufe	2. Stufe	3. Stufe
	alternierende Bedürfnisperspektive	reversible Bedürfnisperspektive	
	1.o.2.Person	1. u. 2. Person	
	autoritätsorientierte Bedürfnisausrichtung	gen.aut.gest. orientierte Bedürfnisausrichtung	

Die dritte Stufe der Interaktion in der dramaturgischen Handlungsdimension wird dann erreicht, wenn ein Aktor eine Beobachterperspektive sowohl gegenüber sich selbst als auch gegenüber der Interaktionsgemeinschaft, in der er handelt, einnimmt. Diese Perspektive erlaubt es, wie beim teleologischen und normengeleiteten Handeln, die unterschiedlichen Arten der Präsentation von Subjektivität und die Unterschiedlichkeit der subjektiven Bedürfnisse nicht nur aus der Sicht der ersten und zweiten, sondern auch aus derjenigen der dritten Person zu betrachten. Auf dieser Stufe entsteht der Orientierungsbedarf dadurch, daß man sich nicht mehr an den durch die Interaktionsgemeinschaft hervorgebrachten und etablierten Praktiken der Präsentation von Subjektivität und an den diesen zugrundeliegenden normativen Vorstellungen von Subjektivität orientieren kann. Die der zweiten Stufe eigenen subkulturellen Bedürfnismilieus werden aufgebrochen, weshalb das Subjekt auf sich und seine Subjektivität zurückverwiesen wird, die es aber immer nur kommunikativ einzulösen vermag. Das folgende Schaubild stellt die drei Stufen der Interaktion in der dramaturgischen Handlungsdimension dar:

Realitätsbereich	Interaktionsstufen		
subjektive Welt	1. Stufe	2. Stufe	3. Stufe
	alternierende Bedürfnisperspektive	reversible Bedürfnisperspektive	kommunikative Bedürfnisperspektive
	1.o.2.Person	1. u. 2. Person	1.,2. u. 3. Person
	autoritätsorientierte Bedürfnisausrichtung	gen.aut.gest. orientierte Bedürfnisausrichtung	erkenntnisorientierte Bedürfnisausrichtung

Im Bildungsprozeß zeichnen sich Interaktionen in dieser Dimension und auf dieser Stufe dadurch aus, daß alle Beteiligten den Bildungsprozeß gemäß ihren kommunikativ vermittelten Bedürfnissen gestalten. Damit ist implizit eine normative Zielsetzung angesprochen, auf die hin der Bildungsprozeß tendiert: Handlungsfähigkeit. Zu Recht bemerkt Lempert, daß die einzelnen Strukturniveaus nichts anderes darstellen als "unterschiedlich komplexe Systeme generativer Regeln einer präskriptiven rationalen Koordination sozialer Handlungsorientierungen." (34)

Der analytische Wert der hier dargestellten Interaktionsentwicklung liegt darin, daß nun auf einer interaktionellen Ebene die Entwicklungsvoraussetzungen angegeben werden können, die zum Erheben von Geltungsansprüchen gegeben sein müssen. Geltungsansprüche auf der ersten Stufe zu erheben, erfordert eine alternierende, auf der zweiten Stufe eine reversible und auf der dritten Stufe eine kommunikative Perspektive einzunehmen. Damit ist das Erheben von Geltungsansprüchen erst vollständig ab einem bestimmten Entwicklungsniveau möglich. Der Bildungsprozeß aber, und mit ihm der Übergang zu einem kommunikativen Weltbezug, ist auf der ersten Stufe immer möglich.

Im folgenden gilt es den gesellschaftlichen Ort, in dem sich diese Handlungsfähigkeit objektivieren können soll, zu bestimmen.

---

34. Lempert 1989, S. 11

8. Kapitel. Der gesellschaftliche Ort des Handelns: Die zwischen Lebenswelt und System angesiedelte Praxis

Spätestens dann, wenn man über formalpragmatische Bestimmungen hinaus eine sozialwissenschaftlich fruchtbare Präzisierung des Bildungsprozesses unternimmt, führt die von Habermas vorgenommene Unterscheidung von System und Lebenswelt nicht weiter. Dies macht auch Fend deutlich, indem er darauf hinweist, daß jede sozialwissenschaftliche Thematisierung eine inhaltliche und historische Bestimmung solcher Begriffe verlangt: "Ein ... Unterschied zur Konzeption von Habermas liegt in der inhaltlichen Fassung dessen, was er »Lebenswelt« nennt. In meinen Augen ist diese weniger gut durch eine Universalpragmatik des herrschaftsfreien Dialogs zu charakterisieren, sondern inhaltlich und historisch besser zu füllen, wenn man auf kulturelle Entwicklungen rekurriert, die ins abendländische, aber auch ins asiatische Denken eingewoben sind." (35) Fend setzt hier einen nicht universalpragmatisch gewonnenen Begriff von Lebenswelt dem Habermasschen gegenüber. Ähnlich haben wir in unserer Kritik des postmodernen, namentlich des Foucaultschen Diskursbegriffs (der im Unterschied zum formalpragmatischen Diskursbegriff von Habermas nicht formalpragmatischer, sondern sozialwissenschaftlicher Natur ist) den kulturell überformten lebenspraktischen Diskurs der Moderne und seine Charakteristik, daß der abendländischen Rationalität etwas Nichtrationales vorgeordnet sei, dargestellt. Nach dieser Bestimmung des lebenspraktischen Diskurses kann ein solcher Diskurs nicht das Ziel von Bildungsprozessen sein. Damit scheidet die Lebenswelt als der gesellschaftliche Ort des Handelns des 'Gebildeten' aus. In der Analyse des Bildungsprozesses haben wir, wenn wir die universalpragmatische Ebene verließen, den Begriff der Alltagswelt verwendet.

Dabei hatten wir ein dem Bildungsprozeß immanentes Ziel herausgearbeitet:

Ein spezifisches, vorausgehendes Einverständnis herzustellen, das sich von der alltagsweltlichen Vorausgelegtheit der Welt unterscheidet, war

---

35. Fend 1988, S. 69

unter formalpragmatischer Perspektive als Aufgabe und Leistung des Bildungsdiskurses ausgewiesen worden, weil ohne diese Leistungen eine diskursive Verständigung immer nur vorrational, also in dem Horizont einer partikularen Lebenswelt, möglich wäre. Unter formalpragmatischer Perspektive ist also die Herstellung eines Vorverständnisses, das zum Geltendmachen von Geltungsansprüchen und damit zum Eintritt und zur Teilhabe an einem Diskurs befähigt, notwendige Bedingung einer konsensualen Wahrheitstheorie. (36) Nun widerspricht dies nicht der Habermasschen Argumentation solange diese auf einer universalpragmatischen Ebene verbleibt. Wenn Habermas von dem Bildungsprozeß spricht, versteht er diesen als einen gattungsgeschichtlichen Vorgang, als eine Einführung in die jeweils kulturell ausgelegte Lebenswelt, wobei der Lebensweltbegriff universalpragmatisch verwendet wird. Da die Lebenswelt keine transzendentale sondern eine universalpragmatische Kategorie darstellt, hat sie auch einen Entwicklungsprozeß. Lebenswelten werden rationaler, was zur Dezentrierung des Weltbildes führt: "Die Lebenswelt speichert die vorgetane Interpretationsarbeit vorangegangener Generationen; sie ist das konservative Gegengewicht gegen das Dissensrisiko, das mit jedem aktuellen Verständigungsvorgang entsteht. ... Je weiter das Weltbild, das den kulturellen Wissensvorrat bereitstellt, dezentriert ist, um so weniger ist der Verständigungbedarf im vorhinein durch eine kritikfest interpretierte Lebenswelt gedeckt; ..." (37)
Der Bildungsprozeß stellt eine sozialwissenschaftliche, der bisher verwendete Lebensweltbegriff eine universalpragmatische Kategorie dar. In dem Augenblick, in dem man den Bildungsprozeß sozialwissenschaftlich bestimmen will, muß man den Lebensweltbegriff entsprechend oder nicht mehr verwenden. Wir haben uns für die Einführung des Begriffs der Alltagswelt entschieden. Die Einführung in eine Alltagswelt stellt folglich nach unserer bildungstheoretischen Analyse lediglich die erste Stufe des Bildungsprozesses dar, denn unter einer sozialwissenschaftlichen Perspektive ist die Alltagswelt partikularistisch. Der Bildungsprozeß führt also nicht in die Alltagswelt ein, sondern intendiert qua Einführung in Rationalitätsstandards ein Handeln, das sich vom alltasweltlichen Handeln abhebt. Dieses Handeln konstituiert Lebenspraxis.

---

36. Sh. 6. Kapitel, 1. Teil
37. Habermas 1981 a, S. 107 - 108

Während es im siebten Kapitel um eine handlungstheoretische Bestimmung der Stufen des Bildungsdiskurses ging, soll nun eine handlungstheoretische Bestimmung des Ziels des Bildungsprozesses erfolgen. Dabei muß sicher sein, daß "der Status dieser Theorie (der Handlungstheorie - HJF) nicht ein prinzipiell anderer ist als derjenige, den wir etwa der Erkenntnistheorie zubilligen". (38) Das ist dann möglich, wenn Handeln als auf einen Anspruch orientiert gedacht wird, der auch für die Erkenntnistätigkeit gilt: Die Selbstverwirklichung des Subjekts. "Denken und Handeln, Erkennen und Arbeiten gewinnen als Tätigkeiten eines ganzen, als Einheit lebenden Subjekts eine gemeinsame Orientierung." (39) Dasselbe gilt auch für kommunikatives Handeln, welches Praxis konstituiert. Denn dieses ist nach der universalpragmatischen Wahrheitstheorie die Voraussetzung für die Orientierung des individuellen Handelns, wenn gleichzeitig die individuelle Handlungsautonomie anerkannt wird. Diese Autonomie des Handelns war sowohl in der Analyse der Interaktionsstufen des Bildungsprozesses als auch in der formalpragmatischen Bestimmung des Bildungsdiskurses bereits enthalten:

Im kommunikativen Handeln werden den Interaktionsteilnehmern die Weltbezüge nicht mehr vermittelt, sondern sie nehmen sie selbst auf: "In communicative action I do not relate as an individual to a pre-existing world outside of me as is done in the three other action models. Rather I stand and participate in the world of communicating persons." (40) Auf der dritten Stufe des kommunikativen Handelns wird der Bildungsdiskurs im Diskurs aufgehoben: Es gilt nicht länger das Ziel einer Kommunikationsgemeinschaft, sondern diese selbst wird verwirklicht. Der Bildungsdiskurs wird zum Selbstbildungsprozeß und damit zum Diskurs; der Schüler wird zum Teilnehmer.

Mit diesem Schritt nehmen die Teilnehmer nicht nur eine objektivierende, normenkonforme und expressive Einstellung ein, sondern sie nehmen auch die Einstellungen ein, "die mit den Kommunikationsrollen der ersten, zweiten und dritten Person verbunden sind." (41) Kommunikatives

---

38. Vossenkuhl 1986, S. 227
39. Vossenkuhl 1986, S. 228
40. Furth 1984, S. 185
41. Habermas 1983, S. 149

Handeln konstituiert also zugleich eine eigene Praxis. (42) Es handelt sich aber um eine Praxis, in der die alltagsweltlichen Einstellungen - zwar nicht in toto - aber in zentralen, exemplarischen Fragen der Interpretation der Alltagswelt qua Beherrschung und Anwendung von Rationalitätsstandards aufgegeben wurden. In der Praxis ist immer die Möglichkeit kommunikativer Weltbezüge virulent. Damit führt der Bildungsprozeß nicht in einen andauernden, theoretischen Diskurs, sondern in eine Praxis, die von dem Bewußtsein geleitet wird, daß sie durch das Erheben von Geltungsansprüchen zumindest subjektiv immer in Frage gestellt werden kann. Gerade das Bewußtsein dieser Möglichkeit hebt diese Praxis und damit das praktische, kommunikative Handeln über das alltagsweltliche Handeln hinaus.

---

42. Benner definiert Praxis als Möglichkeit, "tätig und handelnd, also willentlich etwas hervorzubringen; dann aber auch die 'Notwendigkeit', auf welche die Praxis immer schon antwortet, indem sie eine vom Menschen erfahrene Not, Aporie, zu wenden sucht." (Benner 1987 a, S. 26) Eine solche anthropologische Definition von Praxis bleibt so allgemein, daß sie für unseren modernitätstheoretischen Zusammenhang nicht fruchtbar ist.

9. Kapitel: Schlußbetrachtung

Die Moderne, so wird in der postmodernen Kritik behauptet, habe ihre Leuchtkraft verloren. Ihre utopischen Gehalte seien im Ausgang des 20. Jahrhunderts verbraucht. Ursprünglich mit dem Anspruch aufgetreten, das Zeitalter zu sein, in dem die Fesseln des Aberglaubens und autoritärer Fremdbestimmung abgeworfen würden, habe sich für die Moderne alle Hoffnung auf die Einlösung solcher Vorstellungen verflüchtigt.

Mit dem Ende der Moderne verschwinde auch jenes Wesen, das den Kristallisationspunkt des Zeitalters ausmache, das Subjekt. Nach dem Selbstverständnis der Moderne sollte es qua rationaler Welterkenntnis jenen gesellschaftlichen Zustand herstellen, den Kant am Ausgang der Aufklärung und dem Beginn der Moderne mit Emphase den Zustand des ewigen Friedens nannte. "Glück und Natur sollten in der Autonomie des bürgerlichen Subjekts vereinigt und versöhnt zueinander finden." (1)

Der Subjektivität die Aufgabe zuzuschreiben, die Vielfalt der Erscheinungen, Ereignisse und Vorgänge in der Welt zu zentrieren, verlangte nach einer Theorie der Konstitution des Subjekts. Die Bestimmung der Hervorbringung jener synthetisierenden Leistung der Welterkenntnis leistet die Bildungstheorie, die am Beginn des 19. Jahrhunderts von Hegel, Humboldt, später von Schleiermacher entwickelt wurde. Mit ihr tritt neben den für die Moderne konstitutiven Gedankengang der Selbstbehauptung der der Selbsterschaffung des Subjekts.

Damit wird das Subjekt ein Wesen, das mit sich zugleich die Welt konstituiert; es erhält im Episteme der Moderne einen transzendentalen Status.

Genau diese 'archäologischen' Grundlagen der Moderne, denen sich Bildung und Schule verdanken, werden von der postmodernen Kritik in Frage gestellt. Es ist evident, daß die postmoderne Infragestellung der zentralen Bedeutung des Subjekts in der Moderne Bildungstheorie und damit Erziehungswissenschaft bzw. Pädagogik unweigerlich betreffen.

---

1. Pongratz 1989, S. 227

Wir haben in dieser Studie die Auffassung vertreten, daß das Selbstverständnis von Bildungstheorie angesichts der Krisenphänomene, die allerorten beschrieben werden, nur "über eine kritische Rekonstruktion des Aufklärungsprozesses der Moderne einzuholen" ist. (2) Deshalb sind in dieser Untersuchung die wesentlichen Kritiklinien an den subjektphilosophischen Grundlagen der Moderne aufgenommen und unter einer bildungstheoretischen Perspektive analysiert worden.
Grundsätzlich handelt es sich dabei um zwei Kritiklinien. Die erste, die von Nietzsche über Heidegger zu Adorno und Horkheimer reicht, behauptet den für die Moderne konstitutiven Zusammenhang von Rationalität, Subjekt und Herrschaft. Der Prozeß der Moderne führe so notwendig zur Selbstüberwältigung des Subjekts, womit es mit seinem Verschwinden zugleich das Ende des Zeitalters bringen würde, dem es sich verdanke. Die zweite Kritiklinie weist auf die in der modernen Subjektphilosophie vorgenommene metaphysische Unterstellung der Unbedingtheit des transzendental konzipierten Subjekts hin. Die postmoderne Kritk wäre danach die sprachanalytische bzw. poststrukturelle Hintergehung des Subjekts. Der moderne Mensch wird struktural aufgelöst.

Angesichts dieser fundamentalen Kritik löst sich auch die Legitimation von Bildung auf, da die qua Bildung angestrebte Subjektkonstitution entweder zu einem Moment der Hervorbringung von Herrschaft degeneriert oder aber zu einer bloßen Illusion verkommt, da das Subjekt nur durch die Verleugnung der es immer schon determinierenden Strukturen an der Vorstellung von Bildung festhalten kann.

Der in dieser Studie verfolgte Ausweg aus den Aporien der modernen Subjektphilosophie führte zu einer Reformulierung von Bildungstheorie auf einer universalpragmatischen Grundlage. Die transzendentalen Aufgaben des Subjekts wurden der Bildungsgemeinschaft zugeordnet, womit der Bildungsprozeß und das nun empirisch aufgefaßte Subjekt sozialwissenschaftlich bestimmbar wurden.

---

2. Pongratz 1989, S. 229

Der systematische Stellenwert der vorliegenden bildungstheoretischen Untersuchung, Bildungstheorie aus ihrer transzendentalen Unbestimmtheit zu befreien und einer sozialwissenschaftlichen Bestimmung zugänglich zu machen, mag den Beginn eines umfassenden Forschungsprogramms darstellen, das darauf zielt, wesentliche Wirklichkeitsbereiche derjenigen Vorgänge, die wir in einer kontinentaleuropäischen Tradition der Moderne als Bildung bezeichnen, einer sozialwissenschaftlichen Bestimmung zuzuführen, ohne auf die 'utopischen' Momente, die mit dem Begriff der Bildung notwendig verbunden sind, zu verzichten.

V. Literaturverzeichnis

Adorno, Th.W., Stichworte. Kritische Modelle 2, Frankfurt 1970
Adorno, Th.W., Gesellschaftstheorie und Kulturkritik, Frankfurt 1975 a
Adorno, Th.W., Negative Dialektik, Frankfurt 1975 b
Aebli, H., Denken: Das Ordnen des Tuns. Bd. 1: Kognitive Aspekte der
 Handlungstheorie, Stuttgart 1980
Akademie der Künste, Berlin, Der Traum der Vernunft. Vom Elend der Aufklärung.
 Eine Veranstaltungsreihe der Akademie der Künste, Berlin. Erste
 Folge, Darmstadt 1985
Anders, G., Die Antiquiertheit des Menschen. Über die Seele im Zeitalter der zweiten
 industriellen Revolution, München 1956
Apel, K.-O., Transformation der Philosophie. Bd. II: Das Apriori der
 Kommunikationsgemeinschaft, Frankfurt 1973
Apel, K.-O., Hrsg., Sprachpragmatik und Philosophie, Frankfurt 1976
Arac, J., Ed., Postmodernism and Politics, Theory and History of Literature, Vol. 28,
 Minnesota, Minneapolis 1986
Arbeitsgruppe Bielefelder Soziologen, Hrsg., Alltagswissen, Interaktion und
 gesellschaftliche Wirklichkeit. Bd. 1: Symbolischer Interaktionismus
 und Ethnomethodologie, Bd. 2: Ethnotheorie und Ethnographie des
 Sprechens, Reinbek 1973
Arnason, J.P., Die Moderne als Projekt und Spannungsfeld, in, Honneth 1986, S. 278
 - 326
Ashby, W.R., Design for a brain. The origin of adaptive behaviour, New York 1952
Austin, J.L., Zur Theorie der Sprechakte. (How to do things with words), Stuttgart
 1972
Baacke, D., Frank, A., Frese, J., Nonne, F., Hrsg., Am Ende - postmodern?. Next
 Wave in der Pädagogik, Weinheim 1985
Baacke, D., Bewegungen beweglich machen. Oder: Plädoyer für mehr Ironie, in,
 Baacke 1985, S. 190 - 214
Baars, J., Kritik als Anamnese: Die Komposition der Dialektik der Aufklärung, in,
 Kunnemann, de Vries 1989, S. 210 - 235
Bachelard, G., Die Bildung des wissenschaftlichen Geistes. Beitrag zu einer
 Psychoanalyse der objektiven Erkenntnis, Frankfurt 1987

Bacon, F., Neues Organ der Wissenschaften, übersetzt und hrsg. von A.T. Brück, Darmstadt 1981

Bahrdt, H.P., Industriebürokratie. Versuch einer Soziologie des industrialisierten Bürobetriebes und seiner Angestellten, Stuttgart 1972

Ballauff, Th., Systematische Pädagogik. Eine Grundlegung, Heidelberg 1970

Ballauff, Th., Einige pädagogische Konsequenzen aus Kants Philosophie, in, Vierteljahrsschrift für wissenschaftliche Pädagogik 58/3.1982, S. 273 294

Bateson, G., Ökologie des Geistes. Anthropologische, psychologische, biologische und epistemologische Perspektiven, Frankfurt 1985

Baudrillard, J., Agonie des Realen, Berlin 1978

Baudrillard, J., Kool Killer oder Der Aufstand der Zeichen, Berlin 1978 a

Baudrillard, J., Laßt euch nicht verführen!, Berlin 1983

Baudrillard, J., Oublier Foucault, München 1983 a

Baudrillard, J., Die Fatalität der Moderne, in, Bergfleth 1984, S. 133 - 144

Baudrillard, J., Die fatalen Strategien, München 1985

Baudrillard, J., Die göttliche Linke, Chronik der Jahre 1977 - 1984, München 1986

Beck, U., Risikogesellschaft. Auf dem Weg in eine andere Moderne, Frankfurt 1986

Beckermann, A., Hrsg., Analytische Handlungstheorie. Bd. 2, Handlungserklärungen, Frankfurt 1977

Benhabib, S., Kritik des »postmodernen Wissens«. - Eine Auseinandersetzung mit Jean-Francois Lyotard, in, Huyssen, Scherpe 1986, S. 103 - 127

Benner, D., Hauptströmungen der Erziehungswissenschaft. Eine Systematik traditioneller und moderner Theorien, München 1978

Benner, D., Bruchstücke zu einer nicht-affirmativen Theorie pädagogischen Handelns, in, Zeitschrift für Pädagogik 28/6.1982, S. 951 - 967

Benner, D., Pädagogisches Wissen und pädagogisches Ethos. Überlegungen zur unvollendbaren Pädagogik der Moderne, in, Vierteljahrsschrift für wissenschaftliche Pädagogik 62/4.1986, S. 507 - 518

Benner, D., Göstemeyer, K.F., Postmoderne Pädagogik: Analyse oder Affirmation eines gesellschaftlichen Wandels?, in, Zeitschrift für Pädagogik 33/1.1987, S. 61 - 82

Benner, D., Allgemeine Pädagogik. Eine systematisch-problemgeschichtliche Einführung in die Grundstruktur pädagogischen Denkens und Handelns, Weinheim, München 1987 a

Benner, D., Oelkers, J., Ruhloff, J., Lernen: Nicht nur ein psychologisches Thema. Zur Einleitung in den Thementeil, in, Zeitschrift für Pädagogik 34/3.1988, S. 295 - 297

Berger, J., Die Versprachlichung des Sakralen und die Entsprachlichung der Ökonomie, in, Zeitschrift für Soziologie 11/4.1982, S. 353 - 365

Berger, J., Die Versprachlichung des Sakralen und die Entsprachlichung der Ökonomie, in, Honneth 1986, S. 255 - 277

Berger, P.L., Berger, B., Kellner, H. Das Unbehagen in der Modernität, Frankfurt 1975

Berger, P.L., Luckmann, Th., Die gesellschaftliche Konstruktion der Wirklichkeit. Eine Theorie der Wissenssoziologie, Frankfurt 1977

Bergfleth, G., et. al., Zur Kritik der palavernden Aufklärung, München 1984

Bergfleth, G., Zehn Thesen zur Vernunftkritik, in, ders. et. al. 1984, S. 7 - 13

Bergfleth, G., Der geschundene Marsyas, in, ders. et. al. 1984, S. 14 - 26

Blankertz, H., Berufsbildung und Utilitarismus, Düsseldorf 1963

Bloch, E., Spuren, Frankfurt 1969

Bloch, E., Leipziger Vorlesungen zur Geschichte der Philosophie, 1950 - 1956. Bd. 4: Neuzeitliche Philosophie II. Deutscher Idealismus. Die Philosophie des 19. Jahrhunderts, Frankfurt 1985

Blumenberg, H., Säkularisierung und Selbstbehauptung, erweiterte und überarbeitete Neuausgabe von »Die Legitimität der Neuzeit«, erster und zweiter Teil, Frankfurt 1974

Blumenberg, H., Selbsterhaltung und Beharrung. Zur Konstitution der neuzeitlichen Rationalität, in, Ebeling 1976, S. 144 - 207

Blumenberg, H., Die Lesbarkeit der Welt, Frankfurt 1981

Bohrer, K.H., Hrsg., Mythos und Moderne. Begriff und Bild einer Rekonstruktion, Frankfurt 1983

Bonß, W., Die Einübung des Tatsachenblicks. Zur Struktur und Veränderung empirischer Sozialforschung, Frankfurt 1982

Bookchin, M., Die Ökologie der Freiheit. Wir brauchen keine Hierarchien, Weinheim 1985

Bourdieu, P., Die feinen Unterschiede. Kritik der gesellschaftlichen Urteilskraft, Frankfurt 1982

Buck, G., Selbsterhaltung und Historizität, in, Ebeling 1976, S. 208 - 302

Buck, G., Rückwege aus der Entfremdung, Studien zur Entwicklung der deutschen humanistischen Bildungsphilosophie, Paderborn 1984

Bühner, B., Birnmeyer, A., Ideologie und Diskurs. Zur Theorie von Jürgen Habermas und ihrer Rezeption in der Pädagogik, Frankfurt 1982

Bürger, C. u. P., Hrsg., Postmoderne: Alltag, Allegorie und Avantgarde, Frankfurt 1987

Bürger, C., Moderne als Postmoderne: Jean-Francois Lyotard, in, Bürger, C. u. P. 1987, S. 122 - 143

Bürger, P., Die Wiederkehr der Analogie Ästhetik als Fluchtpunkt in Foucaults >Die Ordnung der Dinge<, in, Bürger, C. u. P., 1987, S. 114 - 121

Buschmeyer, H., Die Theorie des kommunikativen Handelns von Jürgen Habermas als eine mögliche Grundlage einer Theorie professionellen pädagogischen Handelns in der Erwachsenenbildung, in, Harney 1987, S. 188 - 209

Butterhof, H.-W., Thorn-Prikker, J., Aspekte und Probleme der 'Negativen Bildungstheorie' Heinz-Joachim Heydorns, in, Zeitschrift für Pädagogik 21/5.1975, S. 695 - 708

Cardorff, P., Studien über Irrationalismus und Rationalismus in der sozialistischen Bewegung. Über den Zugang zum sozialistischen Handeln, Hamburg 1980

Castillo, F., Hrsg., Theologie aus der Praxis des Volkes. Neuere Studien zum lateinamerikanischen Christentum und zur Theologie der Befreiung, München 1978

Christoph, K., Am Anfang war das Wort. Zur Gesellschaftstheorie von Jürgen Habermas, in, Leviathan 13/3.1985, S. 334 - 356

Claußen, B., Scarbath, H., Konzepte einer Kritischen Erziehungswissenschaft. Einführende Texte, München 1979

Cramer, K., Fulda, H.F., Horstmann, R.P., Pothast, U., Hrsg., Theorie der Subjektivität, Frankfurt 1990

Cunha, , R.d.A., Pädagogik als Theologie. Paulo Freires Konzept der Konzientisation als Ansatz für eine Glaubensreflexion lateinamerikanischer Christen, in, Castillo 1978, S. 61 - 124

Davis, N.Z., Humanismus, Narrenherrschaft und die Riten der Gewalt, Gesellschaft und Kultur im frühneuzeitlichen Frankreich, Frankfurt 1987

Deleuze, G., Foucault, Frankfurt 1987

Descartes, R., Philosophische Werke. Erster Band: Regeln zur Leitung des Geistes, hrsg. v. A. Buchenau, Leipzig 1906

Dews, P., Foucault und die Dialektik der Aufklärung, in, Kunnemann/de Vries 1989, S. 88 - 99

Döbert, R., Wider die Vernachlässigung des 'Inhalts' in den Moraltheorien von Kohlberg und Habermas. Implikationen für die Relativismus/Universalismus-Kontroverse, in, Edelstein 1986, S. 86 - 125

Dohmen, G., Bildung und Schule. Die Entstehung des deutschen Bildungsbegriffs und die Entwicklung seines Verhältnisses zur Schule, Bd. 1: Der religiöse und der organologische Bildungsbegriff, Weinheim 1964

Dohmen, G., Maurer, F., Popp, W., Hrsg., Unterrichtsforschung und didaktische Theorie, München 1970

Dohnanyi, von K., Hrsg., Die Schulen der Nation, Zur Bildungsdebatte: Fakten-Forderungen-Folgen, Düsseldorf 1971

Dreitzel, H.P., Die gesellschaftlichen Leiden und das Leiden an der Gesellschaft. Eine Pathologie des Alltagslebens, Stuttgart 1980

Dreyfus, H.L., Rabinow, P., Michel Foucault. Jenseits von Strukturalismus und Hermeneutik, Frankfurt 1987

Dreyfus, H.L., Rabinow, P., Was ist Mündigkeit? Habermas und Foucault über »Was ist Aufklärung?«, in Erdmann, Forst, Honneth 1990, S. 55 - 69

Dröse, P.W., Kommunikative Kompetenz und Persönlichkeit. Theoretische Analysen und empirische Untersuchungen, Köln 1982

Düsing, E., Intersubjektivität und Selbstbewußtsein, Behavioristische, phänomenologische und idealistische Begründungstheorien bei Mead, Schütz, Fichte und Hegel, Köln 1986

Dux, G., Kommunikative Vernunft und Interesse. Zur Rekonstruktion der normativen Ordnung in egalitär und herrschaftlich organisierten Gesellschaften, in, Honneth 1986, S. 110 - 143

Ebeling, H., Hrsg., Subjektivität und Selbsterhaltung, Beiträge zur Diagnose der Moderne, Frankfurt 1976

Edelstein, W., Nunner-Winkler, G., Hrsg., Zur Bestimmung der Moral, Philosophische und sozialwissenschaftliche Beiträge zur Moralforschung, Frankfurt 1986

Edelstein, W., Keller, M., Essen, von C., Mönnig, M., Moralische Sensibilität, Handlungsentscheidung und moralische Konsistenz, in, Oser, Althof, Garz 1986, S. 44 - 66 (1986 a)

Edelstein, W., Moralische Intervention in der Schule. Skeptische Überlegungen, in Oser, Fatke, Höffe 1986, S. 327 - 349 (1986 b)

Eifler, G., Saame, O., Hrsg., Postmoderne. Anbruch einer neuen Epoche? Eine interdisziplinäre Erörterung, Wien 1990

Elias, N., Über den Prozeß der Zivilisation, Soziogenetische und psychogenetische Untersuchungen, Erster Band, Wandlungen des Verhaltens in den weltlichen Oberschichten des Abendlandes, Frankfurt 1977

Engfer, H.-J., Handeln, Erkennen und Selbstbewußtsein bei Kant und Fichte. Historische Anmerkungen zur Handlungstheorie in systematischer Absicht, in Poser 1982, S. 101 - 125

Erdmann, E., Forst, R., Honneth, A., Hrsg., Ethos der Moderne. Foucaults Kritik der Aufklärung, Frankfurt, New York 1990

Eßbach, W., Deutsche Fragen an Foucault, in, Ewald, F., Waldenfels, B., 1991, S. 74 - 85

Etter, U.W., Sinnvolle Verständigung. Bd. 1: Die Vor-Gaben und die Entwicklung eines integrativen Kommunikations-Modells aus Psychologie, Sprachwissenschaften und Soziologie, Bern 1987

Ewald, F., Waldenfels, B., Hrsg., Spiele der Wahrheit. Michel Foucaults Denken, Frankfurt a.M. 1991

Fahrenbach, H., Hrsg., Wirklichkeit und Reflexion.Walter Schulz zum 60. Geburtstag, Pfullingen 1973

Fauser, P., Fintelmann, K.J., Flitner, A., Hrsg., Lernen mit Kopf und Hand, Weinheim 1983

Fauser, P., Fintelmann, K.J.,Flitner, A., Lernen mit Kopf und Hand - Zur Pädagogischen Begründung des praktischen Lernens in der Schule, in Fauser 1983, S. 127 - 148 (Fauser 1983 a)

Fend, H., Konformität und Selbstbestimmung. Mündigkeit und Leistungsmotivation in sozialisationstheoretischer Sicht, Weinheim 1971

Fend, H., Sozialgeschichte des Aufwachsens. Bedingungen des Aufwachsens und Jugendgestalten im zwanzigsten Jahrhundert, Frankfurt 1988

Ferry L., Renaut, A., Antihumanistisches Denken. Gegen die französischen Meisterphilosophen, aus dem französischen von U. Bokelmann, München 1987

Forneck, H.J., Alltagsbewußtsein und Erwachsenenbildung - Zur Relevanz von Alltagstheorien, Frankfurt, New York 1982

Forneck, H.J., Alltagsbewußtsein in der Erwachsenenbildung. Zur legitimatorischen und didaktischen Konkretisierung einer alltagsweltlich-orientierten Erwachsenenbildung, Bad Heilbrunn 1987

Foucault, M., Die Geburt der Klinik. Eine Archäologie des ärztlichen Blicks, München 1973

Foucault, M., Die Ordnung der Dinge. Eine Archäologie der Humanwissenschaften, Frankfurt 1974

Foucault, M., Mikrophysik der Macht. Über Strafjustiz, Psychiatrie und Medizin, Berlin 1976

Foucault, M., Archäologie des Wissens, Frankfurt 1986

Foucault, M., Vom Licht des Krieges zur Geburt der Geschichte, hrsg. von W. Seitter, Berlin 1986a (in P-3 noch 1986 a ändern)

Foucault, M., Von der Subversion des Wissens, hrsg. v. W. Seitter, Frankfurt 1987

Frank, M., Was ist Neostrukturalismus?, Frankfurt 1984

Frank, M., Die Unhintergehbarkeit von Individualität, Reflexionen über Subjekt. Person und Individuum aus Anlaß ihrer »postmodernen« Toterklärung, Frankfurt 1986

Frank, M., Zwei Jahrhunderte Rationalitäts-Kritik und ihre »postmoderne« Überbietung, in, Kamper 1987, S. 99 - 121

Frank, M., Raulet, G., Reijen, von W., Hrsg., Die Frage nach dem Subjekt, Frankfurt 1988

Frank M., Die Grenzen der Verständigung. Ein Geistergespräch zwischen Lyotard und Habermas, Frankfurt 1988 a

Freire, P., Pädagogik der Unterdrückten. Bildung als Praxis der Freiheit, Reinbek 1973

Freitag, B., Theorie des kommunikativen Handelns und genetische Psychologie. Ein Dialog zwischen Jürgen Habermas und Jean Piaget, in, Kölner Zeitschrift für Soziologie und Sozialpsychologie, 35/3.1983, S. 555 - 576

Frese, J. »The Education of Henry Adams« und die Postmoderne, in, Baacke 1985, S. 118 - 130

Fromm, E., Gesamtausgabe. Bd. 1: Analytische Sozialpsychologie, Stuttgart 1980

Fulda, H.F., Henrich, D., Hrsg., Materialien zu Hegels 'Phänomenologie des Geistes', Frankfurt 1973

Furrer, H., Annäherungen an einen Behinderungsbegriff des kommunikativen Handelns, Diss., Zürich 1986

Furth, H., Freud, Macmurray and Piaget: a theory of knowledge from the standpoint of personal relations, in, New Ideas in Psychology 1/1.1983, S. 51 - 65

Furth, H., A Developmental Interpretation of Habermas's Concept of Communicative Action, in, Human Development 27/3-4.1984, S. 183 - 187

Gadamer, H.-G., Hrsg., Hegel-Tage Royaumont 1964. Beiträge zur Deutung der Phänomenologie des Geistes, Hegel-Studien, Beiheft 3, Bonn 1966

Gadamer, H.-G., Die verkehrte Welt, in, Gadamer 1966, S. 135 - 154

Gamm, G., Die Wiederkehr des Verdrängten. Über einige Motive der Aufklärungskritik, in, Schmid Noerr 1988, S. 27 - 55

Garfinkel, H., Das Alltagswissen über soziale und innerhalb sozialer Strukturen, in, Arbeitsgruppe Bielefelder Soziologen, Bd. 1, 1973, S. 189 - 262

Garfinkel, H., Sacks, H., Über formale Strukturen praktischer Handlungen, in, Weingarten 1976, S. 130 - 176

Geyer-Ryan, H., Von der Dialektik der Aufklärung zur Dialektik der Odyssee. Gegen eine puristische Moderne bei Adorno und Horkheimer, in, Kunneman, de Vries 1989, S. 114 - 127

Ginzburg, C., Der Käse und die Würmer. Die Welt eines Müllers um 1600, Frankfurt 1979

Glockner, H., Beiträge zum Verständnis und zur Kritik Hegels sowie zur Umgestaltung seiner Geisteswelt, Hegel-Studien, Beiheft 2, Bonn 1965

Gmünder, U., Kritische Theorie. Horkheimer, Adorno, Marcuse, Habermas, Stuttgart 1985

Goffmann, E., Interaktionsrituale. Über Verhalten in direkter Kommunikation, Frankfurt 1978

Goffmann, E., Wir spielen alle Theater. Die Selbstdarstellung im Alltag, München 1988

Grell, J., Grell, M., Unterrichtsrezepte, München, Wien 1979

Groys, B., Politik als Kunst, in, Baudrillard 1986, S. 177 - 190

Groothoff, H.-H., Zur Bedeutung der Diskursethik von Jürgen Habermas für die Pädagogik, in, Pädagogische Rundschau 39.3.1985, S. 275 - 298

Groothoff, H.-H., Erziehung zur Mündigkeit bei Adorno und Habermas, in, Paffrath 1987, S. 69 - 96 (1987 a)

Groothoff, H.-H., Zu Luhmanns und Schorrs systemtheoretisch begründeten 'Fragen an die Pädagogik' (1979 - 1986) - Ein kritischer Literaturbericht, in, Pädagogische Rundschau 41/5.1987, S. 529 - 545 (1987 b)

Groothoff, H.-H., Wege und Umwege der neueren Theorie-Praxis Diskussion in der Wissenschaftlichen Pädagogik. Zum Problem der Pädagogik als einer Theorie erzieherischer und unterrichtlicher Praxis, in, Pädagogische Rundschau 42/1.1988, S. 23 - 34

Guillaume, M., Post-Moderne Effekte der Modernisierung, in, Le Rider 1987, S. 75 - 88

Guzzoni, U., Selbsterhaltung und Anderssein. Ein Beitrag zur Kritischen Theorie, in, Ebeling, 1976, S. 314 - 344

Habermas, J., Pädagogischer 'Optimismus' vor Gericht einer pessimistischen Anthropologie. Schelskys Bedenken zur Schulreform, in, Neue Sammlung 1/3.1961, S. 251 - 278

Habermas, J., Vorbereitende Bemerkungen zu einer Theorie der kommunikativen Kompetenz, in, Habermas, Luhmann 1971, S. 101 - 141

Habermas, J., Theorie der Gesellschaft oder Sozialtechnologie? Eine Auseinandersetzung mit Niklas Luhmann, in, Habermas, Luhmann 1971, S. 142 - 290

Habermas, J., Luhmann, N., Theorie der Gesellschaft oder Sozialtechnologie - Was leistet die Systemforschung?, Frankfurt 1971

Habermas, J., Philosophisch-politische Profile, Frankfurt 1971 a

Habermas, J., Theorie und Praxis, Sozialphilosophische Studien, Frankfurt 1971 b

Habermas, J., Wahrheitstheorien, in, Fahrenbach 1973, S. 211 - 265

Habermas, J., Erkenntnis und Interesse. Mit einem neuen Nachwort, Frankfurt 1973 a

Habermas, J., Legitimationsprobleme im Spätkapitalismus, Frankfurt 1973 b

Habermas, J., Technik und Wissenschaft als 'Ideologie', Frankfurt 1973 c

Habermas, J., Was heißt Universalpragmatik ? in, Apel 1976, S. 174 - 272

Habermas, J., Zur Rekonstruktion des Historischen Materialismus, Frankfurt 1976 a

Habermas, J., Moralentwicklung und Ich-Identität, in Habermas 1976 a, S. 63 - 91

Habermas, J., Theorie des kommunikativen Handelns. Bd. 1: Handlungsrationalität und gesellschaftliche Rationalisierung, Frankfurt 1981 a

Habermas, J., Theorie des kommunikativen Handelns. Bd. 2: Zur Kritik der funktionalistischen Vernunft, Frankfurt 1981 b

Habermas, J., Zur Logik der Sozialwissenschaften, Frankfurt 1982

Habermas, J., Eine Polemik (1964):Gegen einen positivistisch halbierten Rationalismus, in, Habermas 1982, S. 45 - 76

Habermas, J., Moralbewußtsein und kommunikatives Handeln, Frankfurt 1983

Habermas, J., Die neue Unübersichtlichkeit. Kleine Politische Schriften V, Frankfurt 1985

Habermas, J., Vorstudien und Ergänzungen zur Theorie des kommunikativen Handelns, Frankfurt 1986

Habermas, J., Entgegnung, in, Honneth 1986, S. 327 - 405 (1986 a)

Habermas, J. Der philosophische Diskurs der Moderne. Zwölf Vorlesungen, Frankfurt 1986 b

Habermas, J., Metaphysik nach Kant, in, Cramer, Fulda, Horstmann, Pothast 1990, S. 425 - 443

Haferkamp, H., Interaktionsaspekte, Handlungszusammenhänge und die Rolle des Wissenstransfers, Eine handlungstheoretische Kritik der Theorie des kommunikativen Handelns, in, Kölner Zeitschrift für Soziologie und Sozialpsychologie, 36/4.1984, S. 783 - 798

Hassan I., Die Frage des Postmodernismus, in, Hoffmann, G., 1988, S. 355 - 364

Hegel, G.W.F., Phänomenologie des Geistes, Theorie-Werkausgabe G.W.F. Hegel, Bd. 3, Frankfurt 1970

Hegel, G.W.F., Grundlinien der Philosophie des Rechts oder Naturrecht und Staatswissenschaft im Grundrisse, Theorie-Werkausgabe G.W.F Hegel, Bd. 7, Frankfurt 1970a

Hegel, G.W.F., Enzyklopädie der philosophischen Wissenschaften im Grundrisse. Dritter Teil: Die Philosophie des Geistes. Mit den mündlichen Zusätzen, Theorie-Werkausgabe G.W.F. Hegel, Bd. 10, Frankfurt 1970b

Hegel, G.W.F., Vorlesungen über die Geschichte der Philosophie I, Theorie-Werkausgabe G.W.F. Hegel, Bd. 18, Frankfurt 1971

Hejl, P.M., Konstruktion der sozialen Konstruktion: Grundlinien einer konstruktivistischen Sozialtheorie, in, Schmidt 1987, S. 303 - 339

Held, D., Introduction to Critical Theory, Horkheimer to Habermas, London 1980

Heller, A., Habermas and Marxism, in, Thompson 1982, S. 21 - 41
Heller, A., Der Mensch der Renaissance, Köln 1982 (1982 a)
Henrich, D., Selbsterhaltung und Geschichtlichkeit, in, Ebeling 1976, S. 303 - 313
Hentig, von H., Magier oder Magister, Über die Einheit der Wissenschaft im Verständigungsprozeß, Stuttgart 1972
Hentig, von H., Die Erziehung des Menschengeschlechts. Ein Plädoyer für die Wiederherstellung der Aufklärung, in, Akademie der Künste 1985, S. 105 - 124
Herzog, W., Modell und Theorie in der Psychologie, Göttingen 1984
Herzog, W., Mit Kohlberg unterwegs zu einer pädagogischen Theorie der moralischen Erziehung, in, Neue Sammlung 28/1.1988, S. 16 - 33
Heydorn, H.-J., Zu einer Neufassung des Bildungsbegriffs, Frankfurt 1972
Heydorn, H.-J., Ungleichheit für alle. Zur Neufassung des Bildungsbegriffs. Bildungstheoretische Schriften 3, Frankfurt 1980
Heydorn, H.-J., Zur bürgerlichen Bildung. Anspruch und Wirklichkeit. Bildungstheoretische Schriften 1, Frankfurt 1980 a
Heydorn, H.-J., Koneffke, G., Studien zur Sozialgeschichte und Philosophie der Bildung II. Aspekte des 19. Jahrhunderts in Deutschland, München 1973
Höffe, O., Autonomie und Verallgemeinerung als Moralprinzipien. Eine Auseinandersetzung mit Kohlberg, dem Utilitarismus und der Diskursethik, in, Oser/Fatke/Höffe 1986, S. 56 - 86
Hoffmann, D., Kritische Erziehungswissenschaft, Stuttgart 1978
Hoffmann, G., Hrsg., Der zeitgenössische amerikanische Roman: Von der Moderne zur Postmoderne. Bd. 3: Autoren, München 1988
Holbach, P.T.d', Religionskritische Schriften, hrsg. v. M. Naumann, Schwerte (Ruhr) o.J.
Honegger, C., Michel Foucault und die serielle Geschichte, in, Merkur 36.1982, S. 500 - 523
Honneth, A., Arbeit und instrumentales Handeln. Kategoriale Probleme einer kritischen Gesellschaftstheorie, in, ders. 1980, S. 185 - 233
Honneth, A., Jaeggi, U., Hrsg., Arbeit, Handlung, Normativität. Theorien des historischen Materialismus 2, Frankfurt 1980
Honneth, A., Joas, H., Hrsg., Kommunikatives Handeln. Beiträge zu Jürgen Habermas' 'Theorie des kommunikativen Handelns', Frankfurt 1986

Honneth, A., Kritik der Macht. Reflexionsstufen einer kritischen Gesellschaftstheorie, Frankfurt 1986 a

Horkheimer, M., Begriff der Bildung, in, Horkheimer 1985, S. 409 - 419 (1952)

Horkheimer, M., Adorno, Th.W., Dialektik der Aufklärung. Philosophische Fragmente, Frankfurt 1969

Horkheimer, M., Traditionelle und kritische Theorie. Vier Aufsätze, Frankfurt 1970

Horkheimer, M., Vernunft und Selbsterhaltung, in, Ebeling 1976, S. 41 - 75

Horkheimer, M., Gesammelte Schriften. Bd. 8 Vorträge und Aufzeichnungen 1949 - 1973, hrsg. von A. Schmidt und G. Schmid Noerr, Frankfurt 1985

Hubig, C., Zur Dialektik von Handlung und Identität, in Poser 1982, S. 199 - 230

Humboldt, von W., Gesammelte Schriften, hrsg. von Königlich Preußische Akademie der Wissenschaften, Bd. 1 - 17, Berlin 1903 - 1936

Huschke-Rhein, R. Bildung - Subjekt - Natur. Zur Entwicklungsgeschichte der Allgemeinbildung. Bericht über ein Referat, in, Zeitschrift für Pädagogik, 21. Beiheft: Allgemeinbildung, Weinheim 1987, S. 280 - 283

Husserl, E., Die Krisis der europäischen Wissenschaften und die transzendentale Phänomenologie. Eine Einleitung in die phänomenologische Philosophie, Hamburg 1977

Huyssen, A., Mapping the Postmodern, in, Lenz, G.H., Shell, K.L., 1986, S. 253 - 299

Huyssen, A., Postmoderne - eine amerikanische Internationale, in, Huyssen, Scherpe 1986, S. 13 -44 (1986 a)

Huyssen, A., Scherpe, K.R., Hrsg., Postmoderne. Zeichen eines kulturellen Wandels, Reinbek 1986

Jakob, S., Zwischen Gespräch und Diskurs. Untersuchungen zur sozialhermeneutischen Begründung der Agogik anhand einer Gegenüberstellung von Hans-Georg Gadamer und Jürgen Habermas, Bern 1985

Joas, H., Die unglückliche Ehe von Hermeneutik und Funktionalismus, in, Honneth 1986, S. 144 - 176

Jonas, H., Das Prinzip Verantwortung. Versuch einer Ethik für die technologische Zivilisation, Frankfurt 1984

Jung, Th., Scheer, K.-D., Schreiber, W., Hrsg., Vom Weiterlesen der Moderne. Beiträge zur aktuellen Aufklärungsdebatte, Bielefeld 1986

Kamper, D. Dissens als Dissens. Überlegungen zum Elend der Aufklärung, in, Jung 1986, S. 124 - 131

Kamper, D., Reijen, W. van, Die unvollendete Vernunft: Moderne versus Postmoderne, Frankfurt 1987

Kamper, D., Aufklärung - was sonst? Eine dreifache Polemik gegen ihre Verteidiger, in, Kamper 1987, S. 37 - 45

Kant, I., Ausgewählte Schriften zur Pädagogik und ihrer Begründung, besorgt von Hans-Hermann Groothoff, Paderborn 1963

Kant, I., Kritik der reinen Vernunft, Akademie-Textausgabe Bd. 3, Berlin 1968

Kaulbach, F., Kants Theorie des Handelns, in, Lenk 1979, S. 643 - 669

Kessler, A., Identität und Kritik, Zu Habermas' Interpretation des psychoanalytischen Prozesses, Würzburg 1983

Kimmerle, H., Philosophie der Geisteswissenschaften als Kritik ihrer Methoden, Den Haag 1978

Kimmerle, H., Die "Dialektik der Aufklärung" als Ausgangspunkt einer Bifurkation der philosophischen Denkwege? Zu Habermas' Deutungsschema der Philosophie der Moderne, in, Schmid Noerr 1988, S. 99 - 112

Klafki, W., Studien zur Bildungstheorie und Didaktik, Weinheim 1972

Klafki, W., Abschied von der Aufklärung? Grundzüge eines bildungstheoretischen Gegenentwurfs, mss 1989

Klein, W., Vom Glück des Mißverstehens und der Trostlosigkeit der idealen Kommunikationsgemeinschaft, in, Zeitschrift für Literaturwissenschaft und Linguistik 50.1983, S. 128 - 140

Kneer, G., Die Pathologien der Moderne. Zur Zeitdiagnose in der 'Theorie des kommunikativen Handelns' von Jürgen Habermas, Opladen 1990, S. 36

Kojève, A., Zusammenfassender Kommentar zu den ersten sechs Kapiteln der »Phänomenologie des Geistes«, in, Fulda 1973, S. 133 - 188

Konersmann, R., Der Philosoph mit der Maske. Michel Foucaults L'ordre du discours, in, Michel Foucault. Die Ordnung des Diskurses, Frankfurt a.M. 1991, S. 51 - 94

Koslowski, P., Supermoderne oder Postmoderne? Dekonstruktion und Mystik in den zwei Postmodernen, in Eifler, Saame 1990, S. 73 - 99

Kratochwil, L., Der Erziehungsbegriff aus handlungstheoretischer Perspektive, in, Pädagogische Rundschau 42/2.1988, S. 165 - 185

Krautkrämer, U., Staat und Erziehung, Begründung öffentlicher Erziehung bei
 Humboldt, Kant, Fichte, Hegel und Schleiermacher, München 1979
Krieger, W., Identität und Erziehung, Die Bedeutung von Identitätstheorien für die
 Pädagogik, Frankfurt 1985
Krüger, H.-P., Kommunikatives Handeln oder gesamtgesellschaftliche
 Kommunikationsweise, in, Honneth 1986, S. 216 - 254
Künzli, R., Die pädagogische Rede vom Allgemeinen, in, Tenorth 1986, S. 56 - 75
Kuhn, Th. S., Die Struktur wissenschaftlicher Revolutionen, Frankfurt 1981
Kunneman, H., de Vries, H., Hrsg., Die Aktualität der »Dialektik der Aufklärung«.
 Zwischen Moderne und Postmoderne, Frankfurt/New York 1989
Kunneman, H., Der Wahrheitstrichter. Habermas und die Postmoderne, Frankfurt,
 New York 1991
Lange, A.L., Geschichte des Materialismus und Kritik seiner Bedeutung in der
 Gegenwart. Erstes Buch: Geschichte des Materialismus bis auf Kant,
 hrsg. v. A. Schmidt, Frankfurt 1974
Lempert, W., Moralische Urteilsstufen und Niveaus sozialer Aggregation, Zum
 Verhältnis von psychischen Strukturen und sozialen Anwendungsbe-
 reichen des moralischen Bewußtseins, in, Oser, Althof, Garz 1986, S.
 84 - 107
Lempert, W., Moralkognitive Sozialisation. Soziobiographische Bedingungen der
 Entwicklung moralischer Urteilsstrukturen, in, Bildungsforschung und
 Bildungspraxis 11/1.1989, S. 8 - 26
Lenhart, V., Schulalternativen aus der Dritten Welt, in, Neue Sammlung 23/ 1.1983,
 S. 62 - 73
Lenk, H., Hrsg., Handlungstheorien interdisziplinär II. Handlungserklärungen und
 philosophische Handlungsinterpretation, Zweiter Halbband, München
 1979
Lenz, G.H., Shell, K.L., ed., Crisis of Modernity. Recent Critical Theories of Culture
 and Society in the United States and West Germany, Frankfurt 1986
Lenzen, D., Mythos, Metapher und Simulation. Zu den Aussichten Systematischer
 Pädagogik in der Postmoderne, in, Zeitschrift für Pädagogik 33/1.1987,
 S. 41 - 60
LeRider, J., Raulet, G., Hrsg., Verabschiedung der (Post-)Moderne?. Eine
 interdisziplinäre Debatte, Tübingen 1987

Leschinsky, A., Roeder, P.M., Schule im historischen Prozeß. Zum Wechselverhältnis von institutioneller Erziehung und gesellschaftlicher Entwicklung, Frankfurt 1983

Lichtenstein, E., Zur Entwicklung des Bildungsbegriffs von Meister Eckhart bis Hegel, Heidelberg 1966

Löwisch, D.-J., Utopisches Denken und Parteilichkeit in einer kritischen Pädagogik als konstruktiver Theorie, in, Claußen, Scarbath 1979, S. 87 - 101

Lübbe, H., Fortschritt als Orientierungsproblem. Aufklärung in der Gegenwart, Freiburg 1975

Lübbe, H., Im Zug der Zeit. Über die Verkürzung des Aufenthalts in der Gegenwart, in, Zimmerli 1988, S. 212 - 224

Luhmann, N., Systeme verstehen Systeme, in, Luhmann, Schorr 1986, S. 72 - 117

Luhmann, N., Schorr, K.E., Hrsg., Zwischen Intransparenz und Verstehen, Frankfurt 1986

Lyotard, J.-F., Apathie in der Theorie, Berlin 1979

Lyotard, J.-F., Das postmoderne Wissen, Ein Bericht, Wien 1986

Lyotard, J.-F., Der Widerstreit, München 1987

Lyotard, J.-F., Über den Terror und das Erhabene - Ein Nachtrag, in, Le Rider, Raulet 1987, S. 269 - 274 (Lyotard 1987 a)

Lyotard, J.-F., Die Moderne redigieren, Bern 1988

MacIntyre, A., Der Verlust der Tugend. Zur moralischen Krise der Moderne, Frankfurt/New York 1987

Mackay, C.K., Vom voroperatorischen zum konkret-operatorischen Denken, in, Steiner 1984, Bd. 1, S. 121 - 154

Maier, M.F., Entwicklungslogik und Reziprozität kommunikativer Ethik, Eine inhaltlsanalytische Untersuchung zum Einfluß kritischer Theorie (Habermas) auf die Gestaltung Curricula im Elementarbereich - unter besonderer Berücksichtigung des Begründungszusammenhangs Piaget - Habermas, Frankfurt 1980

Marotzki, W., Zum Verhältnis von Lernprozeß und Subjekthypothese. Lerntheoretische Überlegungen am Beispiel Gregory Batesons, in, Zeitschrift für Pädagogik 34/3.1988, S. 331 - 346

Martens, E., Schnädelbach, H., Hrsg., Philosophie. Ein Grundkurs, Reinbek 1986

Marti, U., Michel Foucault, München 1988

Marx, W., Das Selbstbewußtsein in Hegels Phänomenologie des Geistes, Frankfurt 1986

Masschelein, J., Kommunikatives Handeln und pädagogisches Handeln: die Bedeutung der Habermasschen kommunikationstheoretischen Wende für die Pädagogik, Weinheim 1991

McCarthy, Th., Kritik der Verständigungsverhältnisse. Zur Theorie von Jürgen Habermas, Frankfurt 1980

Mensching, G., Hrsg., Das Testament des Abbé Meslier, Frankfurt 1976

Menze, C., Unvergänglichkeit und Bildung, Einige Bemerkungen zu einem Grundzug des klassischen deutschen Bildungsdenkens, in, Pädagogische Rundschau 27/5.1973, S. 510 - 527

Menze, C., Die Bildungsreform Wilhelm von Humboldts, Hannover 1975

Menze, C., Bildung und Bildungswesen. Aufsätze zu ihrer Theorie und ihrer Geschichte, Hildesheim 1980

Menze, C., Grundzüge der Bildungsphilosophie Wilhelm von Humboldts, in, ders. 1980, S. 1 -23

Mertens, G., Verbindliche Argumentation in der Pädagogik? Überlegungen zu Lyotards Postmodernismus, in, Pädagogische Rundschau 45/1.1991, S. 81 - 100

Meßner, C., Die Tauglichkeit des Endlichen, Zur Konvergenz von Freuds Psychoanalyse und Diltheys Hermeneutik, St. Ingbert 1985

Miedema, S., Pädagogik an der Nahtstelle zwischen System und Lebenswelt, in, Pädagogische Rundschau 41/6.1987, S. 747 - 757

Mollenhauer, K., Erziehung und Emanzipation. Polemische Skizzen, München 1969

Mollenhauer, K., Theorien zum Erziehungsprozeß. Zur Einführung in erziehungswissenschaftftliche Fragestellungen, München 1972

Münch, R., Die Struktur der Moderne. Grundmuster und differentielle Gestaltung des institutionellen Aufbaus der modernen Gesellschaften, Frankfurt 1984

Münster, A., Pariser philosophisches Journal. Von Sartre bis Derrida, Frankfurt 1987

Nägele, R., The Scene of the Other: Theodor W. Adorno's Negative Dialectic in the Context of Poststructuralism, in, Arac 1986, S. 91 - 111

Nagl-Docekal, H., Das heimliche Subjekt Lyotards, in, Frank, M. u.a. 1988, S. 230 - 246

Natorp, P., Sozialpädagogik, hrsg. v. R. Pippert, Paderborn 1974,

Nelson, B., Der Ursprung der Moderne. Vergleichende Studien zum
    Zivilisationsprozeß, übersetzt von M. Bischoff, Frankfurt 1986
Nieß, M., Das postmoderne Begehren nach Unvernunft. Oder: Das Vergnügen, einen
    Jaguar zu fahren, in, Baacke 1985, S. 12 - 22
Nietzsche, F., Werke in drei Bänden, hrsg.von K.Schlechta, Bd. 3, München 1966
Nipkow, K-E., Die Individualität als pädagogisches Problem bei Pestalozzi,
    Humboldt und Schleiermacher, Weinheim 1960
Nohl, H., Die pädagogische Bewegung in Deutschland und ihre Theorie, Frankfurt
    1978
Nonne, F., »Postmoderne« - Ein neues Modethema für die Pädagogik?, in, Baacke
    1985, S. 33 - 41
Nutt, H., Strategien des Verschweigens. Zwei Versuche die Zeichen der Postmoderne
    zu lesen, in, Frankfurter Rundschau 19.8.86, Nr. 190, S. 9
Oelkers, J., Pädagogische Anmerkungen zu Habermas' Theorie kommunikativen
    Handelns, in, Zeitschrift für Pädagogik 30/2.1983, S. 271 - 280
Oelkers, J., Pädagogische Reflexionen zur Lehrerbildung, in, Beiträge zur
    Lehrerbildung 5/2.1987, S. 93 - 100
Oelkers, J., Subjektivität, Autobiographie und Erziehung, in, Zeitschrift für Pädagogik
    33/3.1987, S. 325 - 344 (1987 a)
Oelkers, J., Öffentlichkeit und Bildung in erziehungsphilosophischer Sicht. Bericht
    über ein Symposion, in, Zeitschrift für Pädagogik, 23. Beiheft:
    Erziehung und Bildung als öffentliche Aufgabe, Analysen-Befunde-
    Perspektiven, Weinheim 1988, S. 27 - 33
Oelkers, J., Öffentlichkeit und Bildung: Ein künftiges Mißverhältnis?, in, Zeitschrift
    für Pädagogik 34/5.1988, S. 579 - 599 (1988 a)
Oesterreich, R., Rech, M., Zur Analyse arbeitsplatzbezogener Kommunikation, in,
    Zeitschrift für Sozialisationsforschung und Erziehungssoziologie
    5/2.1985, S. 271 - 289
Oevermann, U., Hermeneutische Sinnrekonstruktion: Als Therapie und Pädagogik
    missverstanden. Oder: Das notorische strukturtheoretische Defizit
    pädagogischer Wissenschaft, in, Garz, Kraimer 1983, S. 113 - 155
Oser, F., Althof, W., Garz, D., Hrsg., Moralische Zugänge zum Menschen. Zugänge
    zum moralischen Menschen. Beiträge zur Entstehung moralischer
    Identität, München 1986

Oser, F., Fatke, R., Höffe, O., Hrsg., Transformation und Entwicklung, Grundlagen der Moralerziehung, Frankfurt 1986

Osterrieth, J., Piaget, J., u.a., Le Problème des Stades en Psychologie de l'Enfant. 3ème Symposium de l'Association psychlogique scientifique de langue française à Genève 1955, Paris 1956

Ottmann, H., Cognitive Interests and Self-Reflection. The status ans systematic connection of the cognitive interests in Habermas's Knowledge and Human Interests, in, Thompson 1982, S. 79 - 97

Paffrath, F.H., Hrsg., Kritische Theorie und Pädagogik der Gegenwart. Aspekte und Perspektiven der Auseinandersetzung, Weinheim 1987

Peirce, Ch.S., Schriften I. Zur Entstehung des Pragmatismus, hrsg. v. K.-O. Apel, Frankfurt 1967

Peukert, H., Über die Zukunft der Bildung, in, Dirks, W., Kogon, E., Frankfurter Hefte, Zeitschrift für Kultur und Politik. Nach 1984: Die Krise der Zivilisation und unsere Zukunft, 10/6 extra, 1984, S. 129 - 137

Piaget, J. Les stades du développement intellectuel de l'enfant et de l'adolescent, in, Osterrieth 1956, S. 33 - 42, Diskussion S. 73 - 74

Piaget, J., Psychologie der Intelligenz, Olten 1972

Piaget, J., Einführung in die genetische Erkenntnistheorie, Frankfurt 1973

Piaget, J., Die Entwicklung des Erkennens III. Das biologische Denken. Das psychologische Denken. Das soziologische Denken, Stuttgart 1973 a

Piaget, J., Inhelder, B., Von der Logik des Kindes zur Logik des Heranwachsenden. Essay über die Ausformung der formalen operativen Strukturen, Olten 1977

Piepmeier, R., Finis hominis? Postmoderne Philosophien und die Frage nach der Wissenschaft der Technik, in, Zimmerli 1988, S. 127 - 152

Pleines, J.-E., Mensch und Erziehung, Studien zur Philosophie und Pädagogik, Kastellaun 1976

Pleines, J.-E., Allgemeinbildung. Das Allgemeine der Bildung, Karlsruhe 1986

Pleines, J.-E., Das Problem des Allgemeinen in der Bildungstheorie, in, Zeitschrift für Pädagogik, 21. Beiheft: Allgemeinbildung, Weinheim 1987, S. 35 - 40

Pöggeler, O., Die Komposition der Phänomenologie des Geistes, in, Gadamer 1966, S. 27 - 74

Pollak, G., Fortschritt und Kritik. Von Popper zu Feyerabend: der kritische Rationalismus in der erziehungswissenschaftlichen Rezeption, Paderborn 1987

Pollak, G., Heid, H., 'Kritischer Rationalismus' - 'Moderne' - 'Postmoderne'. Grundfragen ihrer Wechselbeziehung und Probleme der Entwicklung und Bestimmung ihrer Identität(en), mss, o.O. 1989

Pongratz, L., Notizen über Pädagogik und Postmoderne, in, Neue Sammlung 29/2.1989, S. 226 - 239

Popper, K.R., Objektive Erkenntnis. Ein evolutionärer Entwurf, Hamburg 1984

Poser, H., Hrsg., Philosophische Probleme der Handlungstheorie, Freiburg 1982

Privitera, W., Stilprobleme. Zur Epistemologie Michel Foucaults, Frankfurt a.M. 1990

Raulet, G., Gehemmte Zukunft: Zur gegenwärtigen Krise der Emanzipation, Neuwied 1986

Raulet, G., Zur Dialektik der Postmoderne. Keine toten Hunde, in, Huyssen, Scherpe 1986 , S. 128 - 150 (1986 a)

Raulet, G., Die neue Utopie. Die soziologische und philosophische Bedeutung der neuen Kommunikationstechnologien, in, Frank, M. u.a. 1988, S. 283 - 316

Rausch, A., Galperin und Piaget. Eine Analyse und ein Vergleich. Handlung und Lernprozeß in Beziehung zur handlungstheoretischen Betrachtungsweise, München 1984

Reijen, van W., Das unrettbare Ich, in, Frank M. u.a. 1988, S. 373 - 400

Renaut, A., Lère de l'individu. Contribution à une histoire de la subjectivité, Paris 1989

Rest, J.R., Ein interdisziplinärer Ansatz zur Moralerziehung und ein Vierkomponenten-Modell der Entstehung moralischer Handlungen, in, Oser, Althof, Garz 1986, S. 20 - 41

Robinsohn, S.B., Bildungsreform als Revision des Curriculum, Neuwied 1975

Rosenfeldt, H., Wilhelm von Humboldt. Bildung und Technik. Zur Kritik eines Bildungsideals, Frankfurt 1982

Rutschky, K., Hrsg., Schwarze Pädagogik. Quellen zur Naturgeschichte der bürgerlichen Erziehung, Frankfurt 1977

Rutschky, K., Das Milchmädchen rechnet. Über den Pessimismus als pädagogische Triebkraft, in, Baacke 1985, S. 83 - 95

Sander, H.-D., Die Theokratie als höchstes Stadium des Weltbürgerkrieges, in,
    Baudrillard 1986, S. 143 - 151
Schäfer, K.-H., Schaller, K., Kritische Erziehungswissenschaft und kommunikative
    Didaktik, Heidelberg 1976
Schäfer, Th., Aufklärung und Kritik. Foucaults Geschichte des Denkens als
    Alternative zur Dialektik der Aufklärung, in, Erdmann, Forst, Honneth
    1990, S. 70 - 86
Schaller, K., Einführung in die kritische Erziehungswissenschaft, in, Schäfer, Schaller
    1976, S. 9 - 74
Schmid Noerr, G., Hrsg., Metamorphosen der Aufklärung, Vernunftkritik heute,
    Tübingen 1988
Schmid Noerr, G., Das Eingedenken der Natur im Subjekt: Jenseits der Aufklärung?,
    in, diess. 1988, S. 68 - 98
Schmidt, B., Postmoderne - Strategien des Vergessens, Darmstadt 1986
Schmidt, S.J., Hrsg., Der Diskurs des Radikalen Konstruktivismus, Frankfurt 1987
Schmidt, S.J., Der Radikale Konstruktivismus: Ein neues Paradigma im
    interdisziplinären Diskurs, in, Schmidt, S.J. 1987, S. 11 - 88
Schnädelbach, H., Hrsg., Rationalität. Philosophische Beiträge, Frankfurt 1984
Schnädelbach, H., Vernunft, in, Martens, E., Schnädelbach, H., Philosophie. Ein
    Grundkrus, Hamburg 1986, S. 77 - 115
Schnädelbach, H., Was ist Aufklärung?, in, Schmid Noerr 1988, S. 15 - 19
Schwemmer, O., Handlung und Struktur, Zur Wissenschaftstheorie der
    Kulturwissenschaften, Frankfurt 1987
Seel, M., Die zwei Bedeutungen 'kommunikativer' Rationalität. Bemerkungen zu
    Habermas' Kritik der pluralen Vernunft, in, Honneth 1986, S. 53 - 72
Segady, Th.W., Values, Neo-Kantianism, and the develepment of Weberian
    methodology, New York, Bern, Frankfurt, Paris 1987
Seitter, W., Michel Foucault - Von der Subversion des Wissens, in, Foucault 1987, S.
    116 - 139
Sesink, W., Der Eigensinn des Lernen. Studien zur Dialektik der Bildung, mss, St.
    Augustin 1988 (inzwischen Weinheim 1991 erschienen)
Spaemann, R., Bürgerliche Ethik und nichtteleologische Ontologie, in, Ebeling 1976,
    S. 76 - 96
Specht, R., Die Vernunft des Rationalismus, in, Schnädelbach 1984, S. 70 - 93

Steiner, G., Hrsg., Entwicklungspsychologie, 2 Bde., Weinheim 1984
Steiner, G., Die geistige Entwicklung aus Genfer Sicht, in, Steiner 1984, Bd. 1, S. 87 - 93 (1984 a)
Sünker, H., Bildungstheorie und Erziehungspraxis. Prolegomena zur Restrukturierung des Subjektbezugs in der Erziehungswissenschaft, Bielefeld 1984
Taubes, J., Zur Konjunktur des Polytheismus, in, Bohrer 1983, S. 457 - 470
Tenorth, H.-E., Hrsg., Allgemeine Bildung. Analysen zu ihrer Wirklichkeit. Versuche über ihre Zukunft, Weinheim, München 1986
Tenorth, H.-E., Bildung, allgemeine Bildung, Allgemeinbildung. Zum Thema dieses Bandes, in, ders. 1986, S. 7 - 30
Tenorth, H.-E., Geschichte der Erziehung. Einführung in die Grundzüge ihrer neuzeitlichen Entwicklung, Weinheim, München 1988
Thomas, K., Analyse der Arbeit. Möglichkeiten einer interdisziplinären Erforschung industrialisierter Arbeitsvollzüge, Stuttgart 1969
Thompson, J.B., Held, D., Habermas. Critical Debates, Cambridge, Mass. 1982
Treml, A.K., Einführung in die Allgemeine Pädagogik, Stuttgart 1987
Tugendhat, E., Selbstbewußtsein und Selbstbestimmung. Sprachanalytische Interpretationen, Frankfurt 1979
Türk, H.J., Postmoderne, Mainz, Stuttgart 1990
Vogt, K., 'Kritische Erziehungswissenschaft' - kritisch betrachtet, in, Westermanns Pädagogische Beiträge 28/3.1976, S. 142 - 151
Vossenkuhl, W., Praxis, in, Martens, Schnädelbach 1986, S. 217 - 261
Wehler, H.U., Modernisierungstheorie und Geschichte, Göttingen 1975
Weingarten, E., Sack, F., Schenkein, J., Hrsg., Ethnomethodologie. Beiträge zu einer Soziologie des Alltagshandelns, Frankfurt 1976
Weiß, E., Ethik, Psychoanalyse und Pädagogik. Studien zur Grundlegung mündigkeitsorientierter Moralerziehung, Frankfurt 1987
Wellendorf, F., Schulische Sozialisation und Identität. Zur Sozialpsychologie der Schule als Institution, Weinheim 1979
Wellmer, A., Zur Dialektik von Moderne und Postmoderne. Vernunftkritik nach Adorno, Frankfurt 1985
Welsch, W., Die Postmoderne in Kunst und Philosophie und ihr Verhältnis zum technologischen Zeitalter, in, Zimmerli 1988, S. 36 - 72
Welsch, W., Unsere postmoderne Moderne, Weinheim 1988 (1988a)

Wetzel, F.G., Kognitive Psychologie. Eine Einführung in die Psychologie der kognitiven Strukturen von Jean Piaget, Weinheim 1980

Wiggershaus, R., Die Frankfurter Schule. Geschichte Theoretische Entwicklung Politische Bedeutung, München 1987

Wilkiewicz, L.A., Das Diskursmodell von Jürgen Habermas. Ein Beitrag zur Rezeptionsproblematik in der gegenwärtigen pädagogischen Diskussion, Frankfurt 1983

Wimmer, K.-M., Der Ort des Anderen im philosophischen Diskurs der Moderne. Das Andere als Spur des Heiligen, in, Jung 1986, S. 164 - 188

Wimmer, K.-M., Der Andere und die Sprache. Vernunftkritik und Verantwortung, Berlin 1988

Wittgenstein, L., Tractatus logico-philosophicus. Logisch-philosophische Abhandlung, Frankfurt 1982

Wright, G.H. von, Norm und Handlung. Eine logische Untersuchung, Königstein/Ts. 1979

Zilsel, E., Die sozialen Ursprünge der neuzeitlichen Wissenschaft, hrsg. v. W. Krohn, Frankfurt 1976

Zimmerli, W.Ch., Hrsg., Technologisches Zeitalter oder Postmoderne, München 1988

Zimmerli, W.Ch., Das antiplatonische Experiment. Bemerkungen zur technologischen Postmoderne, in, ders. 1988, S. 13 - 35

Winfried Marotzki/Heinz Sünker (Hrsg.)

Kritische Erziehungswissenschaft – Moderne – Postmoderne

Band 1
(Studien zur Philosophie und Theorie der Bildung, Bd. 14)
1991. IV, 334 S. DM 48,–
(3 89271 312 X)

Vor dem Hintergrund des gegenwärtigen Problembewußtseins über die Konstitutionsbedingungen von Erziehungswissenschaft, damit auch über Verhältnisbestimmungen von Gesellschaft und Pädagogik, wollen die Bände zum einen disziplininterne Diskurse, die zur Formulierung einer Position Kritischer Erziehungswissenschaft geführt haben, rekonstruieren und im weiteren – damit die bisherige Diskussion überholend – die Vermitteltheit dieser Diskurse mit dem Projekt Moderne nachzeichnen sowie sie auf ihre modernitätsaffirmativen aber auch modernitätskritischen Elemente hin befragen. Dabei gilt es, sich der Frage zu stellen, was und mit welchen Folgen eine Kritische Erziehungswissenschaft aus den Diskussionen um Kritik und Selbstkritik der Moderne lernen kann. Aus diesem Grunde nehmen sich die Bände der Auseinandersetzungen um Moderne und Postmoderne an: In der Folge aktueller sozialwissenschaftlicher und philosophischer Debatten ist es geboten, sich dem Problem zu nähern, inwieweit postmoderne Konzepte eine Herausforderung für heutiges erziehungswissenschaftliches Denken und pädagogisches Handeln darstellen. Herausforderungen können sich vor allem auf einer grundlagentheoretischen Ebene ergeben: Auf dem Spiel stehen dann Fragen nach der Haltbarkeit grundlegender Kategorien wie Fortschritt, Vernunft, Rationalität, Subjektivität, Erfahrung, Kausalität, Lernen, Erziehung, Bildung. Ein Nachdenken bzw. Neudurchdenken dieser Kategorien bedeutet nicht zwangsläufig das Ende von Erziehungswissenschaft und Pädagogik, vermag aber vielleicht doch einen Gestaltwandel anzudeuten.

DEUTSCHER STUDIEN VERLAG

Postfach 100154
6940 Weinheim

Dirk Rustemeyer

Historische Vernunft, politische Wahrheit

(Studien zur Philosophie und Theorie der Bildung, Bd. 15) 1992. IV, 267 S. Br DM 58,– (3 89271 318 9)

Mit dem »Projekt der Moderne« und der Idee eines internen Zusammenhangs theoretischer, moralisch-praktischer und ästhetischer Fragen steht auch der Reflexionstypus einer »Bildungstheorie« zur Disposition. Vor diesem Hintergrund werden die Probleme einer epistemologisch reflektierten, empirisch fundierten und normativ gehaltvollen Theorie des Sozialen anhand paradigmatisch ausgewählter Theoriemodelle der neueren Soziologie und Sozialphilosophie vergleichend analysiert. Leitend ist dabei die Frage, in welcher Weise sie mit dem Prinzip der »Differenz« umgehen, das häufig gegen »bildungs-« und »identitätstheoretische« Positionen ins Feld geführt wird. Im Fluchtpunkt dieser Analyse erscheint der Typus einer komplex-selbstreferentiellen Theorieform, die Disziplingrenzen ebenso unterläuft wie sie den Abschied von dem Projekt einer »Bildungstheorie« nahelegt. Wissenssoziologische Untersuchungen zur Semantik von »Kultur« und »Bildung« sowie ihrer Zirkulation und Verwendung im Bildungssystem konkretisieren die sozialphilosophischen Analysen. Dabei tritt in der Logik der Selektivitäten und Differenzen von Theorien und Semantiken in verschiedenen sozialen Kontexten das unvermeidlich politische Profil theoretischer Reflexion zutage.

DEUTSCHER STUDIEN VERLAG

Postfach 100154
6940 Weinheim